文 明

決定人類走向的六大殺手級Apps

弗格森——著　黃煜文——譯

Civilization

The West and the Rest

by Niall Ferguson

目次

前言

西方文明的興衰

我試著回想這個念頭是在何時何地在我腦海中出現的。是二〇〇五我首次走在上海外灘時想到的？還是在粉塵彌漫的重慶，聆聽中共官員描述眼前堆積如山的瓦礫堆日後將成為中國西南方的金融重鎮時產生的？那是在二〇〇八年，我覺得眼前的那幅景象比同時間在北京熱鬧進行的奧運開幕儀式更讓我印象深刻。還是在二〇〇九年的卡內基音樂廳，我聆聽中國傑出年輕作曲家，同時也是古典音樂東方化的代表人物，林安淇的悠揚樂曲中得到的啟示？我想大概就是到了這個時候，當二十一世紀第一個十年即將步入尾聲之際，我的腦子裡閃過這麼一個念頭：**我們正經歷西方五百年優越地位的終結**。

我認為，本書提出的主要疑問也是現代史家最感興趣的問題。從一五〇〇年開始，為什麼歐亞大陸西端的幾個小國能成為世界其他地區的支配者？就連人口比西歐眾多，社會比西歐複雜的東方國家也無法倖免於難？我的次要問題是：如果我們能對西方過去的支配地位提出充分的解釋，那麼我們是否能預測西方的未來？西方世界是否真的已經到了終點，而新興的東方是否即將迎接屬於他們的時代？換句話說，西歐在文藝復興與宗教改革之後興起，在科學革命與啟蒙運動推波助瀾下將文明傳布到大西洋彼岸，甚至抵達世界最偏遠的角落，最後在革命、工業與帝國的年代達到極盛，宰制世界絕大多數的人口，然而，現今的我們是否將目睹這個時代的終結？

我提出這樣的問題，正說明了二十一世紀前十年的一些現象。我出生並成長於蘇格蘭，先後就讀於格拉斯哥中學與牛津大學。在二、三十歲的時候以為自己的學術生涯將在牛津或劍橋度過。我最早開始產生去美國的念頭，是因為慷慨捐款給紐約大學史登商學院（Stern School of Business）的資深華爾街人物考夫曼（Henry Kaufman）問我一個問題，為什麼一個對金錢與權力的歷史感興趣的人不到實際充滿金錢與權力的地方見識一下？而談到金錢與權力，有哪個地方能比得上曼哈頓鬧區？隨著新千禧年的展開，紐約證券交易所不證自明地成為美國一手設計與操控的全球巨大經濟網路核心。網路泡沫顯然正在消退，而令人難受的小衰退也使即將還清國債的民主黨失去了白宮寶座。然而繼起的小布希上任才八個月便遭遇一起事件，這事件明顯凸顯出曼哈頓是西方支配世界的中心。蓋達組織的恐怖分子摧毀了世貿中心，這是對紐約致上的醜惡恭維。凡是想挑戰西方支配地位的人，一定會將此地視為頭號攻擊目標。

往後一連串事件的發展使美國躊躇滿志。塔利班政權在阿富汗遭到推翻。將敵對者烙上「邪惡軸心」的稱號，就能為「推翻敵方政權」提供完美的藉口。「有毒的德州佬」（Toxic Texan）[1]民調居高不下，為他鋪平了連任的坦途。美國經濟因減稅而景氣回春。「老歐洲」（更別說美國自由派人士）對此雖然憤怒，卻無可奈何。這些歷史事件深深吸引著我，我開始大量閱讀與發表許多有關帝國的作品，尤其想知道美利堅帝國能從大英帝國的歷史中得到什麼教訓；結果我完成了《帝國：英國如何塑造現代世界》（*Empire: How Britain Made the Modern World*, 2003）。當我開始思索美利堅帝國的興起、宰制與可能來臨的衰微時，我逐漸發現美國的權力中心有三項不足之處：**人力不足**（未在阿富汗與伊拉克駐紮充足的地面部隊）、**注意力不足**（民眾對於長期占領征服國家興趣缺缺），以及最重要的，**財政不足**（與投資相比，儲蓄明顯不足；相對於公共開支，稅捐顯然太少）。

我曾在《巨人：美利堅帝國的興起與衰微》（*Colossus: The Rise and Fall of America's Empire*, 2004）中提出警告，美國已不知不覺過度仰賴東亞資本來挹注本身失衡的經常帳與財政收支。美國是個從未以帝國自稱的帝國，它的衰頹與沒落不是因為恐怖分子進犯國門，也不是因為流氓政權資助恐怖分子，**美國步入衰弱的真正禍首其實是帝國內部核心的金融危機**。二〇〇六年下半年，當我與舒拉里克（Moritz Schularick）創造「中美國」（Chimerica）一詞——奇梅拉（chimera）[2]的雙關語——來形容我們看到的吝嗇的中國與揮霍的美國之間難以維繫的關係時，我們也看到了全球金融危機即將來臨的重要徵兆。如果美國人沒有廉價的中國勞動力與資本供他們恣意消費，那麼二〇〇二到二〇〇七年的泡沫也不會如此嚴重。

美國以「超級強權」自任，這種幻覺在小布希總統任內破滅了不只一次，而是兩次。首次的幻滅出現在伊拉克薩德爾城後街與阿富汗的赫爾曼德省荒野，這兩場戰鬥不僅暴露出美國軍

---

❶ 譯註：指小布希。

❷ 譯註：希臘神話中由不同動物的部位湊集而成的怪獸。

事力量的極限，更重要的是，它們顯示出新保守主義者對大中東地區民主浪潮抱持過於天真的願景。第二次的打擊是二〇〇七年次級房屋信貸危機，而後進一步擴大為二〇〇八年的信用緊縮，最後演變為二〇〇九年的「大衰退」。在雷曼兄弟（Lehman Brothers）破產之後，「華盛頓共識」[3]與「大平穩」[4]——各國中央銀行官員認為大平穩如同「歷史的終結」，將成為往後世界經濟的常態——在人們眼中成了虛妄之物，遠遠被拋在腦後。第二次經濟大恐慌成為世人可怕的夢魘。到底哪裡出了問題？我從二〇〇六年年中開始發表一系列文章與演說，到了二〇〇八年十一月，也就是金融危機最嚴重的時期，我將這些作品集結成《貨幣崛起》（*The Ascent of Money*）。我在書中指出，國際金融體系的重要成分遭到嚴重削弱，原因出在銀行資產負債表出現過度短期的債務，不動產擔保證券與其他結構金融產品的定價嚴重失真與估價過高，美國聯準會（Fed）採行過度寬鬆的貨幣政策，政治操作產生的房地產泡沫，以及無限出售假保險契約（稱為衍生性金融商品）對不可知的不確定性風險（而非可量化的風險）提供虛假保障。源自西方的金融制度傳布到全球各地，原以為可以開展出經濟波動減緩的新時代，然而光是傳統的流動性危機，就足以讓使用槓桿的財務工程在搖晃下癱倒在地。其實只要了解過去的歷史，自然可以察覺到當中充斥的危機。

二〇〇九年夏天過後，第二次經濟大恐慌的危險逐漸消散，但危機尚未完全解除。然而，整個世界卻起了變化。金融危機造成全球貿易恐慌性的崩潰，與金融信貸緊縮一樣，一般預期貿易量的減少將重創亞洲幾個出口仰賴西方的大經濟體。然而，中國藉由大規模的信貸擴張來推動高效能的政府刺激方案，使中國的經濟成長在這場危機中僅受到些微的影響。幾乎沒有任何專家預期到中國能有如此傑出的表現。把規模達十三億人口的大陸經濟當成一個巨大的新加坡來經營確實很困難，儘管如此，在我寫作的當下（二〇一〇年十二月），中國似乎越來越有可能藉由工業革命而持續擴張，並且在十年內超越美國的國內生產毛額，正如日本在一九六三年超越英國一樣。

過去五百年來，西方實際上一直凌駕於世界各地之上。西方與中國的所得差距早在十七世紀就已出現，而且不斷擴大，這種趨勢直到一九七〇年代末（如果不是更晚的話）才出現轉折。此後，雙方的所得差距開始以驚人的速度縮小。金融危機凸顯出我想提出的下一個歷史問題：**西方現在還具有優勢嗎**？唯有明確分析構成西方優勢的是哪些要素，才有希望得出解答。

接下來我要談的是歷史方法論；性子較急的讀者可以跳過這一段直接閱讀導論。我寫這本書是因為我有一種強烈的印象，覺得目前活著的人似乎對死去的人不夠重視。看著自己的三名子女成長，我有一股不安的情緒，他們學的歷史遠比我在同年齡時學的歷史少得多，不是因為他們的老師拙劣，而是因為他們的差勁教科書，就連考試的出題也糟糕透頂。看著金融危機不斷擴大，我發覺我的子女並非特例，因為似乎只有在銀行與各國財政部裡工作的人員才對歷史

❸譯註：一九八九年，如國際貨幣基金、世界銀行與美國財政部等機構在華府召集開會，針對面臨經濟危機的開發中國家提出應該採行的經濟改革項目。

❹譯註：指一九八〇年代中葉之後，世界經濟的景氣循環波動呈現平穩狀態。

上曾發生過的經濟大恐慌稍有認識。大約有三十年的時間，西方的中小學生與大學生接受的是自由派的教育理念，缺乏實質的歷史知識。他們知道的是割裂孤立的「單元知識」，而非歷史敘事，對於歷史事件的先後次序更是一無所知。他們所受的訓練是對摘錄的文獻進行制式的分析，而非磨練出廣泛而快速閱讀的技巧。我們的教育鼓勵學生設身處地想像羅馬百夫長或大屠殺受害者的處境，卻不要求他們寫文章討論這些處境是怎麼出現與如何發生的。在《歷史課男孩》中，劇作家班內特（Alan Bennett）提出一個「三難困境」：歷史應該以什麼方式教導，是提出異議的論證模式，還是浸淫於過去的真與美，或者是「一則接一則該死的事件」？班內特顯然不知道，現在的高二與高三學生接受的歷史教育都不在他提及的三種方式之內——他們頂多可以得到一堆「該死的事件」，而且不按時代順序排列。

我任教的大學的前任校長坦承，他就讀麻省理工學院的時候，他的母親求他至少選修一門歷史課。這位聰明過人的經濟學家趾高氣揚地回答說，跟過去相比，他對未來比較有興趣。但他現在知道，自己當時追求的是一種幻覺。事實上，單一的未來根本不存在；真正存在的是多元的未來。歷史的解釋各色各樣，其中沒有任何一種是確然無疑的——但我們至少可以確定過去只有一個。雖然過去已經消逝無蹤，但基於兩個理由，我們必須擁有過去，才能理解我們現今體驗的各種事物，與日後即將面對的未來。首先，目前全世界的人口占了所有曾經存活過的人口的七%左右。死者的數量遠多於活人，用另一種方式來說是十四比一，如果我們忽視這麼龐大的人口累積的經驗，對我們來說肯定將帶來危險。其次，當我們面對短暫的現在與即將來臨的多種未來（其中實際發生的只有一種）時，唯有過去是我們可以依靠的知識來源。歷史不只研究過去，也研究時間本身。

首先，我們必須承認歷史的局限。歷史學家不是科學家，他們無法（甚至不該嘗試）以可靠的預測力來建立放之四海皆準的社會或政治「物理學」法則。為什麼？因為我們不可能重複過去這場獨一無二且時間長達數千年的實驗。人類歷史的樣本只有一個。此外，在這場單一而巨大的實驗中存在著許多「粒子」，這些粒子具有意識，因此受到各種認知偏見的扭曲。這意味著預測它們的行為要比預測毫無感覺與毫無心靈的旋轉粒子困難得多。人性有許多奇特之處，其中之一是**人類天生能從過去的經驗中記取教訓。因此人類的行為具有適應性，會隨著時間而改變**。我們不是漫無目的地遊蕩，而是行走在路徑上，我們過去遭遇的事物決定了我們面對岔路時的選擇——我們一直是如此。

那麼，史學家能做什麼呢？首先，史家可以仿傚社會科學家與仰賴量化資料，設計出韓培爾（Carl Hempel）所說的「涵蓋律」，也就是對過去的一般陳述可以用來解釋絕大多數的例子（例如，當獨裁者取代民主領袖時，國家走向戰爭的機會可能提高）。或者如偉大的牛津哲學家柯靈烏（R. G. Collingwood）在一九三九年的《自傳》所描述的——這兩種取徑並不互相排斥——史家可以藉由想像來重構歷史人物的經驗。這兩種歷史探索模式使我們能將流傳至今的遺跡轉變成歷史。歷史是一種知識與詮釋，能回溯地排比與闡明人類的困境。我們對於自己可能經歷的未來所做的嚴肅預測，大體上（無論間接還是直接）都是以這兩種歷史程序為基礎。若非如此，則這樣的預測就跟早報的占星專欄一樣。

第一次世界大戰造成大量的人命傷亡，也讓柯靈烏對自然科學與心理學感到幻滅。他決心帶領歷史學走進現代，摒棄他所謂的「剪貼史學」，也就是，史家不能「一味以不同文字排列與描述風格來複述前人說過的話」。柯靈烏的思想歷程值得我們進一步加以說明：

一、「史家研究的過去不是死的過去，就某種意義來說，過去仍然活在今日」，它們以殘存遺跡（文獻與物品）的形式呈現。

二、「一切歷史都是思想史」，如果無法推論歷史證據背後隱藏的意圖與目的，則歷史證據便毫無意義可言。

三、推論的過程必須穿越時空進行想像的跳躍：「歷史知識是史家在內心重演自己研究的思想的歷史。」

四、但是，歷史的真實意義來自於過去與現在的並存：「歷史知識是過去思想的重演，而過去的思想壓縮在現在的思想脈絡裡，矛盾的是，現在的思想又將過去的思想局限於與現在不同的層面上。」

五、因此，史家「與非史家的關係非常像受過訓練的樵夫與一無所知的旅人。『這裡什麼都沒有，只有樹木與草叢。』旅人這樣想著，然後繼續往前走。『看啊！』樵夫說：『草叢裡躲著一頭老虎。』」換句話說，柯靈烏認為，歷史提供的是「完全不同於科學法則的東西，它提供的是洞察。」

六、歷史洞察的真正功能是「告訴人們與現在有關的事。表面上看來，歷史的主題是過去，然而實際上，過去壓縮在現在之中，構成現在的一部分，未受過訓練的人無法一眼看出這一點。」

七、談到歷史調查選擇的主題，柯靈烏明白表示，同時代的劍橋學者巴特菲爾德（Herbert Butterfield）認為不該以「現在的觀念」來看待歷史，但他認為這麼做並無不妥：「真正的歷史問題是從實際問題中產生的。我們研究歷史是為了看清我們面對的處境並做出回應。因此，終極來說，產生所有問題的層面才是「真實」生活的層面：可以協助我們找出解答的正是歷史。」

柯靈烏學富五車，不僅精於考古，也擅長哲學；他勇於反對綏靖政策，同時也身先士卒對《每日郵報》❺提出批評。多年來，柯靈烏一直是我的指引，尤其在這本書的寫作上，他是我不可或缺的靈感來源。文明何以衰微的問題實在太重要，絕不能交給只會剪貼的歷史學家來處理。這是我們這個時代的切身問題，本書打算充當樵夫的角色，為大家指引出解答。因為躲在草叢裡的老虎可不只一頭。

為了忠實重構過去的思想，我一直牢記過去一項單純的事實，這項事實現代人未必能感受到，因此很容易受到忽略。過去，大多數人要不是年輕時就死亡，就是預料自己可能活不到老

❺柯靈烏批評《每日郵報》是「英國第一份讓『新聞』喪失事實意義的報紙，而事實正是報紙讀者應該知道的……相反的，《每日郵報》也讓『新聞』獲得了全新的事實意義，也就是無論報導是真是假，能吸引讀者閱讀就是新聞。」

年，而那些能順利活到老年的人則是不斷遭受親人早逝之痛。以我最喜愛的詩人，詹姆士一世時代的文學大師鄧約翰（John Donne）為例，他活到五十九歲，比目前正寫書的我大了十三歲。鄧約翰是一名律師與國會議員，在聲明放棄羅馬天主教之後，他成為英國國教派牧師。鄧約翰娶了自己深愛的女子為妻，卻因此得罪新娘的叔叔掌璽大臣伊格頓爵士（Sir Thomas Egerton）[6]，原本私人祕書的工作也丟了。在十六年的貧困歲月裡，鄧約翰夫人為丈夫生下十二名子女。其中三名子女，弗蘭西斯、尼古拉與瑪麗，未到十歲就夭折。鄧約翰夫人在生完第十二胎後去世，而最後一胎還是個死胎。在最疼愛的女兒露西死後，鄧約翰自己也死期將至，他寫下《為突如其來的時刻祈禱》，表達對愛女的無限哀思：「至親好友的死，令人神傷。我絕不探聽輓鐘為誰而敲；想不到竟是為你。」三年後，一名親密異性友人的去世使他有感而發，寫下〈聖露西日的夜晚，白晝最短的一日〉：

世間的愛侶，來年春暖花開之時
請以我為鑑；
我已如槁木死灰，
但愛使我起死回生。
從虛無中，從了無生趣的日子裡，從慘淡無味的空虛中，
愛提煉出生命的精華；
愛毀滅了我，卻又讓我重生

從空虛、黑暗、死亡這些虛無的事物中。

想更了解過去，那個預期壽命不到現今一半的時代，每個人都應該閱讀這首詩。

死亡在人們正值盛年之時奪走他們的性命，這股強大的力量不僅讓生命顯得朝不保夕，也令人感傷。這意謂過去文明的創造者多半是在年輕時做出貢獻。偉大的荷蘭猶太哲學家斯賓諾莎（Baruch or Benedict Spinoza）假設只有一個由實體與決定論因果律構成的物質宇宙，我們可以隱約發現上帝是這個宇宙唯一的自然秩序。斯賓諾莎死於一六七七年，享年四十四歲，他或許是在擔任磨鏡師傅期間吸入過多的玻璃粉末而早逝。帕斯卡（Blaise Pascal）是機率論與流體力學的先驅，同時也是《沉思錄》這部基督教信仰最偉大的護教作品的作者，他只活了三十九歲；如果那場喚起他靈性面的交通意外更嚴重一點，恐怕他的壽命還會更短。如果斯賓諾莎與帕斯卡這兩位天才能活到像偉大的人文主義者伊拉斯謨斯（Erasmus，六十九歲）與蒙田（Montaigne，五十九歲）的歲數，也許他們還會陸續完成其他偉大的作品。莫札特是最完美的歌劇作品《唐喬凡尼》的作者，他只活了三十五歲。舒伯特創作了崇高的弦樂五重奏C大調（D956），去世時只有三十一歲，死因可能是梅毒。莫札特與舒伯特雖然多產，但如果他們能像冷漠的布拉姆斯活到六十三歲，或如沉悶的布魯克納（Anton Bruckner）更罕見的活到七

❻ 鄧約翰因拒絕接受愛人父親的禁令而被捕入獄，鄧約翰的愛人自嘲說：「John Donne（鄧約翰）—Anne Donne（指嫁給鄧約翰的自己）—Un-done（一事無成）。」難怪鄧約翰會喜歡她。

十二歲，他們能創作出多少樂曲呢？蘇格蘭詩人伯恩斯（Robert Burns）的作品〈無論如何，人就是人〉表現出至高無上的平等精神，他在一七九六年去世，享年三十七歲。上天真是太不公平，像伯恩斯這樣一位鄙視世襲特權的詩人（「身分等級只是金幣上的印記，無論如何，人才是真正的黃金」），應該要比一切以世襲特權是尚的詩人長命才對：丁尼生勳爵（Alfred, Lord Tennyson）享盡各種榮譽，活到八十三歲。帕爾格雷夫（Palgrave）的《英詩名作選集》如果多一點伯恩斯的作品，少一點丁尼生的作品，將會是一部更優美的作品集。如果辛苦作畫的維梅爾（Jan Vermeer）活到九十一歲，而多產的畢卡索死於三十九歲（剛好與兩人實際的歲數相反），則現今世界上各大美術館的收藏必然會有很大的不同。

政治是一門藝術，就跟哲學、歌劇、詩或繪畫一樣，是我們文明的重要部分。然而美國歷史上最偉大的政治藝術家林肯卻只在白宮待滿一個總統任期，他在發表第二次就職演說的六個星期之後，便遭到對他恨之入骨的凶手暗殺身亡，享年五十六歲。如果這位在小木屋出生、自學成功，而且發表了舉世聞名的蓋茨堡演說——這場演說將美國重新定義為「一個自由的、遵奉所有人生而平等的信條的國家」，而且擁有一個「民有、民治、民享的政府」——的巨人，能跟打馬球而後染上小兒麻痺、出身上流社會的小羅斯福一樣長壽（醫學的進步，使小羅斯福得以繼續存活，直到他任滿將近四屆的總統任期，並且在六十三歲去世為止），那麼美國重建時期會出現何種不同的景象？

我們的生命與過去絕大多數人的生命有很大的差異，這種差異不僅表現在壽命長短上，也表現在生活舒適度上，因此我們必須發揮想像才能了解過去的男女。在《道德情操論》中——

比柯靈烏的回憶錄早一個半世紀問世——偉大的經濟學家與社會理論家亞當斯密（Adam Smith）解釋為什麼文明社會不是所有人對抗所有人的戰爭，因為文明社會的基礎是同情：

> 雖然我們無法直接體驗其他人的感受，也無法得知其他人受到什麼事物的影響，但我們可以設想自己在類似處境下會有什麼感受。我們的兄弟遭受拷問，如果我們此時置身於舒適的環境裡，我們的感官絕不可能傳達他所遭受的痛苦。我們的感官只能透過身體感知外物，因此只能仰賴想像才能了解我們的兄弟所感受到的痛苦。然而想像的作用並不是讓我們直接感受他人的感受，而是設身處地了解自己在他人的處境下會有什麼感受。那只是我們的感官產生的印象，是我們的想像對他人感受的複製，不等同於他人的感受。透過想像，我們能讓自己置身於他人的處境中。

當然，柯靈烏認為這就是史家應該從事的工作，也是我對本書讀者的期望，我希望大家能用相同的態度來面對在書中復生的過往思想。**本書的主旨在於，是什麼原因使某些文明能在財富、影響力與權力上擴展得如此巨大。**我們若不運用想像，就無法設身處地了解這些文明發展的過程。而當我們試圖重現其他文明（被西方征服或至少臣服於西方的文明）的思想時，想像將更加困難。因為無論西方還是其他文明，在這場戲劇裡的角色均同等重要。這不是西方的歷史，而是整個世界的歷史，我們只是想從中解釋西方支配的現象。

一九五九年，法國史家布勞岱爾（Fernand Braudel）在百科全書的條目裡為文明下了定義：

文明是空間，是一塊「文化地區」……是一處地點。你必須描繪這處地點的各種「商品」、文化特質，從房屋的形式、建材、屋頂，到製作箭羽的技術，到一種方言或一群方言，到烹調的口味，到特定的科技、信仰結構、做愛方式，乃至於羅盤、造紙、印刷術。固定的群集，特定特質反覆出現的頻率，以及普遍存在於某個範圍明確的區域，（加上）……某種時間的持續性……

然而，布勞岱爾描述結構要比描述變遷來得拿手。近年來，有越來越多人認為史家應該講述故事；因此，本書將提供大故事——以大敘事說明某個文明何以能超越原本束縛所有文明的限制——並且在大故事中講述大量的小故事或微觀歷史。儘管如此，本書要做的不只是敘事技藝的復興。除了故事之外，提出問題也很重要。「為什麼西方支配了世界其他地區？」這個問題需要的不只是原原本本講述整個過程的故事。它的解答應該是分析性的，需要證據加以支持，也要能以反事實問題來加以檢驗：如果我指出的關鍵創新不存在，西方是否還能基於別的原因（也許因為我的忽略或低估而漏舉這些原因）支配世界其他地區？世界是否將因此變得全然不同，成為由中國或其他文明領導的世界？我們不應該自欺欺人，以為我們的歷史敘事（很多人這麼認為）絕對未經過事後增補或修飾。我們將會看到，對當時的人來說，西方宰制的結果似乎不是他們想像中最可能發生的未來；這些歷史人物心中經常浮現的，不是現代讀者已知的幸福結局，而是災難性失敗的場景。歷史現實是活生生的經驗，與其說像部小說，不如說像盤棋局，與其說是一齣戲，不如說是一場足球賽。

西方的支配不全然是好的。嚴肅的寫作者絕不會認為西方文明的統治毫無缺點。但有些人堅定主張西方文明毫無可取之處，這種說法也不合理。與所有偉大的文明一樣，西方也有兩張臉孔：有高貴的一面，也有卑鄙的一面。我們也許可以做個更好的類比，西方就好像哈格（James Hogg）《有理的罪人》（*Private Memoirs and Confessions of a Justified Sinner*, 1824）或史蒂文森（Robert Louis Stevenson）《巴倫特雷的少爺》（*Master of Ballantrae*, 1889）中兩個彼此敵對的兄弟。競爭與壟斷、科學與迷信、自由與奴役、治療與殺害、辛勤與懶惰——在每個例子裡，西方同為善與惡的根源。只是在哈格或史蒂文森小說中，最終是由兩兄弟中較好的一位勝出。我們必須抗拒誘惑，避免用浪漫的眼光看待歷史上的輸家。其他文明被西方超越，它們可能透過學習西方或在西方干預下和平轉變，但這段過程並非毫無瑕疵，最明顯的是，這些文明無法持續地改善自身居民的物質生活條件。我們無法完全重構非西方民族過去的思想，其中的困難在於，並非每個存在於文明中的民族都有紀錄工具或保存思想的手段。歷史研究的對象終究是文明，少了文字紀錄，史家必須回到矛頭與破碎的陶片中尋找線索，如此一來，能推論出來的結果將變得更少。

法國史家與政治家吉佐（François Guizot）曾說，文明史是「範圍最廣的歷史……它無所不包」。文明史必須超越術業專攻的學院人士樹立的學科疆界，並且穿梭於經濟、社會、文化、思想、政治、軍事與跨國歷史之間。文明史必須涵蓋大量的時間與空間，因為文明並非微小而短暫的事物。但談論文明的作品也不能像百科全書一樣。對於抱怨本書過於簡略的人，我只能引用卓然不群的爵士鋼琴家孟克（Thelonious Monk）的話來回應：「別想什麼都彈（或每次都彈）；你要懂得跳過某些曲子……不彈什麼要比彈什麼更重要。」我同意他說的話。因此我在本書中將省略許多音符與和弦。但這些省略是有理由的。這些選擇是否反映出一名中年蘇格蘭人，同時也是西方優勢主要受惠者的偏見？很有可能。但我非常希望自己的選擇不會受到許多熱忱而善辯的西方價值辯護者的反對，這些人可能來自與我完全不同的族裔——從沈恩（Amartya Sen）到劉曉波，從德索托（Hernando de Soto）到本書所題獻的愛揚（Ayaan Hirsi Ali）。

一部企圖涵蓋六百年世界史的作品，必然是眾人合作下的成果，我要感謝很多人的協助。我要感謝以下檔案館、圖書館與各個機構的工作人員：AGI Archive、musée départemental Albert Kahn、Bridgeman Art Library、British Library、Charleston Library Society、北京中國國家圖書館、Corbis、Institut Pasteur in Dakar、Deutsches Historisches Museum in Berlin、Geheimes Staatsarchiv Preussischer Kulturbesitz at Berlin-Dahlem、Getty Images、Greenwich Observatory、Heeresgeschichtliches Museum in Vienna、Irish National Library、Library of Congress、Missouri History Museum、musée du Chemin des Dames、Museo de Oro in Lima、National Archives in London、National Maritime Museum、Başbakanlık Osmanlı Arşivleri in Istanbul、PA Photos、Peabody Museum of Archaeology and Ethnology at Harvard、Archives Nationales du Sénégal in Dakar、South Carolina Historical Society、School of Oriental and African Studies、Sülemaniye Manuscript Library，當然還有哈佛大學無可比擬的總圖書館。此外，我還要感謝Google，它現在已成為加快歷史研究不可取代的資料來源，另外還有Questia與維基百科，這些網站也讓史家的工作更容易進行。

我要感謝Sarah Wallington，以及Daniel Landsberg-Rodriguez、Manny Rincon-Cruz、Jason Rockett

與Jack Sun提供寶貴的研究協助。

跟過去一樣，本書在大西洋兩岸的發行工作完全交由企鵝出版集團負責，分別由倫敦的Simon Winder與紐約的Ann Godoff以一貫的技術與熱情進行編輯。技術超群的Peter James從事的工作已遠超過審稿。我還要感謝Richard Duguid、Rosie Glaisher、Stefan McGrath、John Makinson與Pen Vogler以及其他許多未能一一提及姓名的工作同仁。

《文明》與我過去的四本作品一樣，從一開始就同時以電視影集與書籍的形式推出。第四頻道的Ralph Lee協助我避免太過艱深或不易理解的說明方式，此外Simon Berthon給予我不少支持。如果沒有Chimerica Media的傑出工作團隊，則無論電視影集還是書籍都不可能順利完成：Dewald Aukema，電影攝影泰斗；James Evans，第二集與第五集的助理製作；Alison McAllan，我們的檔案研究人員；Susannah Price，負責製作第四集；James Runcie，執導第二集與第五集；Vivienne Steel，我們的製片經理；與Charlotte Wilkins，第三集與第四集的助理製作。Joanna Potts在計畫的初期階段扮演了重要角色。Chris Openshaw、Max Hug Williams、Grant Lawson與Harrik Maury嫻熟地在英格蘭與法國從事拍攝工作。他們很有耐性而慷慨地接受作者所有的要求，我和Chimerica的工作夥伴Melanie Fall與Adrian Pennink，因而能繼續維持三人共治的工作形態。我的朋友Chris Wilson則負責提醒我該趕飛機了。

許多人協助我們拍攝電視影集，同樣的，也有許多人協助我進行書籍的研究與寫作。我要感謝Manfred Anderson、Khadidiatou Ba、Lillian Chen、Tereza Horska、Petr Janda、Wolfgang Knoepfler、Deborah McLauchlan、Matias de Sa Moreira、Daisy Newton-Dunn、José Couto Nogueira、

Levent Öztekin與Ernst Vogl。

我還要感謝我們在世界各地訪談的許多人士，特別是Gonzalo de Aliaga、Nihal Bengisu Karaca、Pastor John Lindell、Mick Rawson、Ryan Squibb、Ivan Touška、Stefan Wolle、Hanping Zhang，以及位於Dagenham的Robert Clack School的學生們。

我非常幸運能擁有Andrew Wylie這位世上最優秀的出版代理人，以及Sue Ayton協助我與英國電視公司洽談各項事宜。我要感謝Wylie Agency在倫敦與紐約辦公室的所有工作同仁，尤其是Scott Moyers與James Pullen。

許多傑出的歷史學家慷慨抽出時間閱讀了我的草稿，此外也有一些朋友幫我看過稿子，他們有些是我過去的學生，有些則是現在的學生：Rawi Abdelal、Ayaan Hirsi Ali、Bryan Averbuch、Pierpaolo Barbieri、Jeremy Catto、J. C. D. Clark、James Esdaile、Campbell Ferguson、Martin Jacques、Harold James、Maya Jasanoff、Joanna Lewis、Charles Maier、Hassan Malik、Noel Maurer、Ian Morris、Charles Murray、Aldo Musacchio、Glen O'Hara、Steven Pinker、Ken Rogoff、Emma Rothschild 、Alex Watson、Arne Westad、John Wong與Jeremy Yellen。我還要向Philip Hoffman、Andrew Roberts與Robert Wilkinson致謝。本書出現的所有錯誤，一切概由作者自負文責。

在牛津大學，我要感謝校長與耶穌學院的同仁，還有Oriel College教職員與Bodleian圖書館員。在史丹福大學胡佛研究所，我獲得所長John Raisian及所上同仁的諸多協助。本書完成於倫敦政經學院IDEAS centre，我在二〇一〇年到二〇一一年這一學年蒙受Philippe Roman教授在各方面的照顧。不過，我最感謝的還是哈佛大學的同事。我在這裡無法一一向哈佛大學歷史系的同事致謝，所以請容我整體地向諸位說聲謝謝：如果沒有各位的協助、鼓勵以及在思想上的激發，我不可能完成這本書。同樣的，我要感謝哈佛商學院的同事，特別是國際經濟組商業與政府研究以及歐洲研究中心的同仁。此外，我還要向Weatherhead Centre for International Affairs、Belfer Centre for Science and International Affairs、Workshop in Economic History and Lowell House的朋友致謝。我非常感謝分別在Charles River兩岸上我的課的學生，尤其是那些選修我的通識課「世界社會」的學生。各位的出席，以及各位繳交的報告與回饋，促成了本書的誕生。

最後，我要向我的家人致上最深的謝意，特別是我的父母與長期被我冷落的孩子Felix、Freya與Lachlan。我不會忘記感謝他們的母親Susan以及我們的大家族。從許多方面來說，孩子們，這本書是為你們而寫的。

此外，這本書也是獻給比我認識的任何人都要了解西方文明真正意涵——以及西方還能為世界做出什麼貢獻——的人士。

於倫敦

|導　論|

拉瑟拉斯的提問

他不願意（在他第四版的字典中）收錄「文明」（civilization）一詞，而只願意接受「禮貌」（civility）。基於對他的崇敬，我認為，從動詞「開化」（to civilize）衍生而來的「文明」，在這層意義上要比「禮貌」更適合做為「野蠻」（barbarity）的相反詞。

——鮑斯威爾（James Boswell, 1740-1795, 英國傳記作家）

文明的定義……來自於詞性變化，例如，我是文明的，你屬於某個文化，他是個野蠻人。

——費南德茲－阿梅斯托（Felipe Fernández-Armesto，1950-，英國歷史學家、記者兼作家）

克拉克（Kenneth Clark）在自製的電視影集《文明》中定義文明時，無疑留給觀眾一種印象，文明指的就是西方文明，而且主要是指中世紀以降到十九世紀的西歐藝術與建築。克拉克為英國廣播公司（BBC）製作了十三集影片，他在第一集委婉而堅定地表現出對拜占庭人的拉溫那、凱爾特人的赫布里底群島、維京人的挪威乃至於查理曼的阿恆的輕視。依照克拉克的定義，從羅馬衰亡到十二世紀文藝復興之間的黑暗時代顯然沒有資格稱為文明。一直等到興建夏特爾主教座堂時——雖然在一二六〇年舉行落成典禮，但實際上尚未完成——文明才開始復興。到了克拉克的時代，曼哈頓摩天大樓的聳立，卻顯示文明已近強弩之末。

克拉克的電視影集在英國首播時我才五歲，這部膾炙人口的影集對文明的定義在英語世界流行了一個世代。文明是羅亞爾河河畔的城堡，是佛羅倫斯富麗堂皇的宮殿宅邸，是西斯汀禮拜堂、是凡爾賽宮。從荷蘭共和國的樸實無華，到巴洛克的絢爛外觀，克拉克充分展現身為藝術史家的才華。他在影集中介紹了音樂與文學，偶爾也談論政治乃至於經濟層面。儘管如此，克拉克定義的文明，本質上顯然屬於上層社會的視覺文化。他的歷史主角是米開朗基羅、達文西、杜勒（Dürer）、康斯塔伯（Constable）、特納（Turner）、德拉克羅瓦（Delacroix）[1]。

平心而論，克拉克的電視影集還附有副標題，題為「個人的觀點」。克拉克自知自己在影集中傳遞了某種意涵——早在一九六九年，這樣的意涵已廣受質疑——他認為「前基督教時代與東方」就某種意義來說是「不文明的」。四十年後，克拉克的觀點（無論是他個人的觀點還是其他的立場，更別說他略嫌刺耳的上層階級史觀）已越來越難站得住腳。在本書中，我將採取更宏觀、更具比較性的觀點。我將把目光放在底層的骯髒事物，而非上層的權力者。我認為文明不僅關乎華麗的建築物，也連繫著汙水管線，而後者的重要性不亞於前者。城市若少了有效率的公共管線，將成為死亡陷阱，河流與水井將成為霍亂弧菌的溫床。無來由地，我對藝術作品的市價與文化價值同感興趣。對我來說，文明的內容絕非少數一流美術館的館藏所能道盡，它是極為複雜的人類組織。繪畫、雕像與建築是最引人注目的文明傑作，但我們如果不了解設計、資助與實踐這些藝術（乃至於將它們保存至今而供今人觀賞）的經濟、社會與政治制度，則恐怕很難掌握這些作品的精髓。

「文明」源自於法文，法國經濟學家圖爾戈（Anne-Robert-Jacques Turgot）於一七五二年最早使用這個詞，四年後，米拉波侯爵里克提（Victor Riqueti）——他的兒子後來成為舉足輕重的革命分子——首次以印刷品的形式傳布這個詞[2]。本篇一開始引用了鮑斯威爾的說法，他明白表示約翰生（Samuel Johnson）傾向於使用「禮貌」，而不願接受「文明」這個新詞。對約翰生來說，野蠻的反義詞指的就是自己在倫敦所享有的彬彬有禮的城市生活——雖然城市有時也有極粗魯的一面。從文明的語源學可以看出，文明是以城市為中心發展起來的，因此從各方面來說，城市也是本書的主題[3]。然而，城市的法律（民法或其他法律）與城牆一樣重要；城市的建立與風俗——居民的習俗（世俗或其他層面）——與宮殿宅邸一樣重要[4]。文明不僅包括藝術家的閣樓，也包括科學家的實驗室，它不僅與土地產權的形式有關，也與地形地貌有關。**文明的成功與否，不能只以美學的成就來衡量，更要以居民生活的持續內容與品質來衡量**。而生活的品質有許多向度，無法輕易判定。我們也許可以估計十五世紀世界的人均所得，或當時的人出生時的平均預期壽命，但我們如何衡量他們的生活舒適程度，生活環境的整潔，以及他們是否覺得幸福？他們擁有幾件衣服？他們每日的工時？他們的薪資能購買多少糧食？他們製作的美術工藝品或許可以提供一些暗示，但無法回答這些問題。

然而，光憑一座城市顯然無法締造文明。文明是人類最大的單一組織，它的層次高於帝國，但組織不如帝國嚴密。文明有部分是人類面對環境——食物、水源、住居與安全的挑戰——所做的實際回應，但文明也具有文化性格；文明通常（雖然不總是如此）具有宗教性；文明通常（雖然不總是如此）是語言構成的社群[5]。文明雖然稀少，但絕不罕見。奎格利（Carroll Quigley）估計，在過去一萬年間人類建立了二十四個文明[6]。而波茲曼（Adda Bozeman）認為前近代時期只出現過五個文明：西方、印度、中國、拜占庭與伊斯蘭[7]。梅爾科（Matthew Melko）提出十二個文明，其中七個已經消失（美索不達米亞、埃及、克里特、古典、拜占庭、中美、安地斯），五個依然存在（中國、日本、印度、伊斯蘭、西方）[8]。艾森斯塔特（Shmuel Eisenstadt）添入猶太文明，使俱樂部成員增加為六個[9]。為數不多的文明的交流，以及文明及其所處環境之間的互動，是驅動歷史變遷最重要的因素[10]。這些互動最引人注目的地方在於，擁有獨特性格的文明儘管遭遇外在影響，還是能長期維持自身的特質。如布勞岱爾所言：「文明其實是所有故事中最漫長的篇章……文明就算經歷了一連串經濟或社會變遷，仍能繼續留存。」[11]

一四一一年，如果你能在當時環航世界，那麼最讓你印象深刻的或許是東方文明的生活品質。明朝的北京正在興築紫禁城，這項工程的展開仰賴大運河的重新通航與改良；在近東，鄂圖曼土耳其人正進逼君士坦丁堡，他們終將在一四五三年攻陷這座城市。拜占庭帝國已是風中殘燭。軍閥帖木兒在一四〇五年去世，中亞因而免於周而復始燒殺擄掠的威脅——文明的反面。此時，擺在中國永樂皇帝（見圖4）與鄂圖曼土耳其穆拉德二世眼前的是一片璀璨的未來。

相反的，一四一一年的西歐讓你留下的印象卻是可悲的落後景象，這個地區正緩慢地從黑死病的摧殘中恢復——從一三四七到一三五一年，黑死病往東傳布，所到之處，殺死了半數的人口。瘟疫雖然已經退去，但西歐仍飽受惡劣衛生條件與長期戰亂的蹂躪。在英格蘭，罹患癲瘋病的國王亨利四世在位，他成功推翻並且殺害了運氣不佳的理查二世。法國正陷入勃艮第公爵與奧爾良公爵兩派人馬的廝殺混戰。英法百年戰爭（見圖1）將再度點燃戰火。西歐其他好戰的王國，如亞拉岡、卡斯提爾、那瓦爾、葡萄牙與蘇格蘭，情況也沒比英法好多少。穆斯林仍統治著格拉納達。蘇格蘭國王詹姆斯一世被英格蘭海盜擒獲，淪為英格蘭階下囚。歐洲此時最繁榮的地區其實是義大利的北部城邦：佛羅倫斯、熱那亞、比薩、西耶納與威尼斯。十五世紀，阿茲特克人、馬雅人與印加人已在中南美洲建立王國，他們興築高聳的廟宇與通達天際的道路，與此相比，北美洲仍處於無政府的蠻荒狀態。當環遊世界的旅程接近尾聲，你無法想像往後五百年西方將成為世界其他地區的支配者，這種想法只會被當成狂野的幻想。

然而這樣的幻想卻成了事實。

基於某些原因，從十五世紀晚期開始，西歐小國在粗劣借用拉丁文（與一部分希臘文）拼寫自己的語言，從拿撒勒猶太人的教誨中衍生自己的宗教，以及從東方的數學、天文學與科技中取得各項思想進展之後，創造的文明不僅征服了東方各大帝國，使非洲、美洲和澳大拉西亞[1]臣服在他們腳下，同時也使世界各民族接受西方的生活方式——這樣的轉變最終靠的多半是說

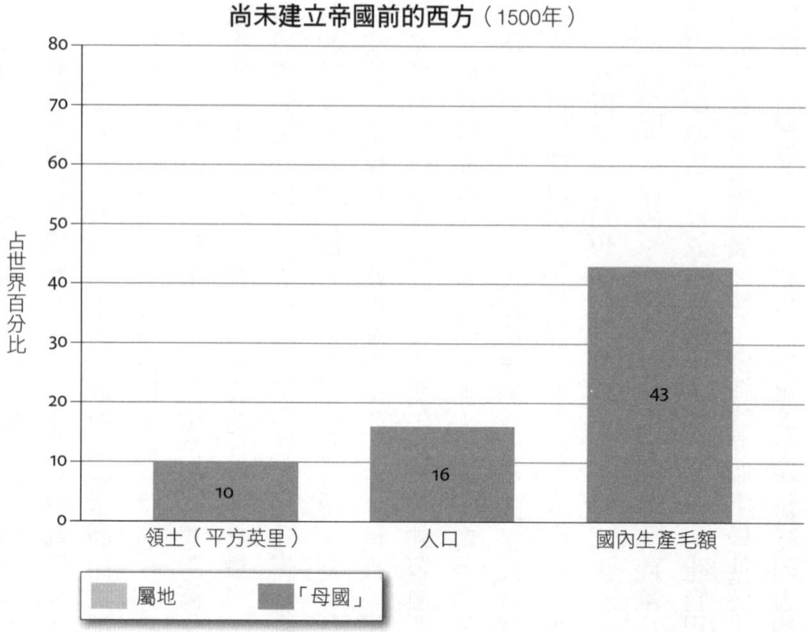
尚未建立帝國前的西方（1500年）
80
70
60
50
40
30
20
10
0
占世界百分比
10
16
43
領土（平方英里）
人口
國內生產毛額
屬地
「母國」

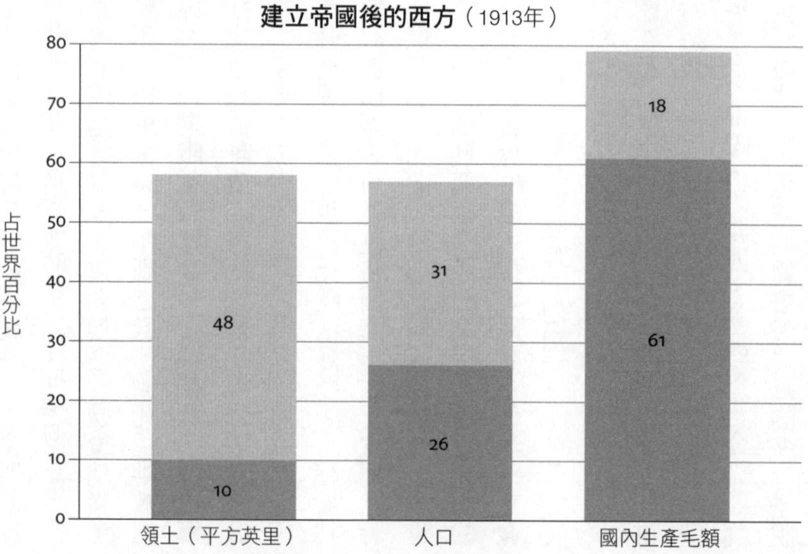
建立帝國後的西方（1913年）
80
70
60
50
40
30
20
10
0
占世界百分比
48
10
31
26
18
61
領土（平方英里）
人口
國內生產毛額

服力而非武力。

有些人提出不同的見解，他們宣稱所有文明就某種意義上來說都是平等的，因此西方不能主張自己優越於東方[12]。然而這種相對主義顯然相當荒謬。過去從來沒有任何文明能像西方一樣宰制世界其他地區[13]。一五〇〇年，歐洲未來的帝國霸權控制了全球一〇%的土地，人口頂多占全球一六%。到了一九一三年，十一個西方帝國控制了全球五分之三的土地與人口，經濟產出接近全球的四分之三（七四%，令人不敢相信的比例）[14]。英格蘭的平均預期壽命將近印度的兩倍。西方較高的生活標準也反映在較佳的飲食（就連農村勞工也一樣）與較高大的體格上（普通士兵與犯人均是如此）[15]。如我們所見，文明與城市有關。如果以城市來衡量，西方也同樣位居前列。就我們所知，**一五〇〇年世界最大的城市是北京，人口在六十萬到七十萬之間**。當時世界前十大城市只有一座在歐洲（即巴黎），人口還不到二十萬。倫敦當時大概只有五萬居民。北非與南美的城市化比例甚至高於歐洲。**然而到了一九〇〇年卻出現驚人的逆轉。當時世界前十大城市只有一座在亞洲，而且是東京**。擁有六百五十萬人口的倫敦成為全球性的特大城市[16]。西方的支配並未因歐洲帝國的衰亡而終止。美國的興起反而進一步擴大了東西方的落差。到了一九九〇年，美國人的平均財富是中國人的七十三倍[17]。

此外，**到了二十世紀下半葉**，人們已經可以明顯看出，**東方社會想縮小與西方的所得差**

❶ 譯註：大洋洲的部分區域，包括澳洲、紐西蘭、新幾內亞島與鄰近島嶼。

距，唯一的做法是遵循日本模式，採行一部分（而非全部）西方制度與企業營運方式。結果，西方文明成為世界其他地區渴望自立自強的樣板。當然，在一九四五年之前，非西方社會已採行各種發展模式——用電腦術語比喻就是作業系統。但最吸引人的全來自歐洲：自由派資本主義、國家社會主義、蘇維埃共產主義。第二次世界大戰將國家社會主義從歐洲徹底剷除，不過它仍以其他名稱存活於許多開發中國家。一九八九年到一九九一年，蘇維埃帝國的崩潰使共產主義土崩瓦解。

可以確定的是，在全球金融危機之後，與西方不同的亞洲經濟模式引發各界熱烈的討論。但即使是最熱切的文化相對主義者也不認為應回歸明朝或蒙兀兒帝國的體制。目前自由市場與國家干預兩派的論爭，追根究柢源自於西方思想學派的論辯：亞當斯密與凱因斯的門徒互不相讓，再加上少數死忠的馬克思擁護者仍努力不懈參與論戰。這三名思想家的出生地說明了一切：科寇迪、劍橋與特里爾。事實上，世界絕大多數地區現在均已整合到西方的經濟體系中，如亞當斯密所言，市場設定了絕大多數商品的價格，決定了貿易流動與分工，但政府扮演的角色則如凱因斯預想的，藉由干預的方式緩和景氣循環，並且降低所得的不平等。

至於非經濟的制度，人們比較容易匯聚共識。全世界的大學都是依照西方的標準設立的。醫學也一樣，從罕見的研究到一線的醫療工作，完全根據西方的方式組織起來。現在絕大多數人都已接受牛頓、達爾文與愛因斯坦發現的偉大真理，就算有人不同意，在遭遇流行性感冒或支氣管炎的初期症狀時，他們也會急切地尋求西方藥理學的協助。只有少數社會持續抗拒西方市場與消費模式以及西方生活方式的入侵。越來越多人接受西方飲食、西方服飾與西式住房。

就連西方獨特的工作方式，一星期工作五到六天，朝九晚五，一年有兩到三個星期的假期，也成為普世標準。在此同時，西方傳教士試圖將宗教傳布到世界其他地區，並且成功獲得世界三分之一人口的信仰——在世界人口最多的國家也出現令人矚目的進展。就連西方倡導的無神論也有令人印象深刻的發展。

一年年過去，有越來越多人購物的方式跟我們一樣，求學的過程跟我們一樣，保持健康（或不健康）的方式跟我們一樣，以及禱告（或不禱告）的方式跟我們一樣。漢堡、本生燈、ＯＫ繃、棒球帽與《聖經》：無論走到哪兒，你無法輕易擺脫這些東西。只有在政治制度上，全球各地才出現重大分野，有許多政府反對以法治觀念（連同法律對個人權利的保障）做為有意義的代議政府的基礎。政治意識形態就像宗教一樣，因此好戰的伊斯蘭國家依然抗拒二十世紀晚期西方在性別平等與性解放上面的進展[18]。

因此，主張西方文明的興起是基督紀元第二個千年後半段最重要的單一歷史現象，不表示這就是「歐洲中心論」或（反）「東方主義」。這只是針對顯而易見之事所做的陳述。這裡的挑戰在於解釋西方文明何以興起。十五世紀之後，是什麼原因讓西歐文明勝過外表看來遠較西歐優越的東方帝國？顯然，除了西斯汀禮拜堂的美，我們還需要別的說法來解釋這段歷史。

關於這個問題，最簡單（如果這不是同義反覆的話）的回答是，**西方之所以能支配世界其他地區是因為帝國主義**[19]。現今仍有許多人對於歐洲帝國的罪行抱持強烈的道德義憤。帝國主義的惡行不容否認，本書也不打算規避這點。不同的殖民形式，例如移民與榨取，長期而言顯然會產生非常不同的效果[20]。但帝國主義無法從歷史層面充分解釋西方的優勢。早在馬克思恩格斯主義者抨擊的帝國主義出現之前，帝國就已經存在。事實上，十六世紀時有些亞洲帝國在國力與版圖上都出現重大拓展。而就在同時，查理五世試圖建立大哈布斯堡帝國的計畫——從西班牙延伸到低地國（指荷蘭、比利時、盧森堡），直到日耳曼地區——卻遭遇失敗，歐洲因此變得更加破碎。而宗教改革則開啟持續一個世紀以上的歐洲宗教戰爭。

十六世紀的旅人不可能沒注意到這個對比。除了掌握安那托利亞、埃及、阿拉伯半島、美索不達米亞與葉門，鄂圖曼帝國在蘇萊曼大帝（一五二〇—六六）統治下，領土還擴展到巴爾幹半島與匈牙利，並於一五二九年兵臨維也納城下。旅人繼續往東走，薩法維帝國（Safavid Empire）在阿拔斯一世（一五八七—一六二九）統治下，版圖由伊斯法罕與塔布里茲延伸到坎達哈；北印度從德里到孟加拉，完全掌握在雄才大略的蒙兀兒皇帝阿克巴（一五五六—一六〇五）手裡。明朝在長城屏障下，四海昇平一片安寧景象。歐洲人若是有幸朝覲萬曆皇帝（一五七二—一六二〇）的宮廷，絕對無法想像在他駕崩後不到三十年的時間，明朝就傾覆滅亡。一五五〇年代晚期，法蘭德斯外交官德・布斯貝克（Ogier Ghiselin de Busbecq）從伊斯坦堡寫信回國，他比較歐洲分崩離析的狀態與鄂圖曼帝國的「富強」，並對此深感憂心。

十六世紀是歐洲汲汲營營於海外活動的時代，這點不容否認。但對偉大的東方帝國而言，葡萄牙與荷蘭的航海者只是一群鄙俗無文的粗人；他們是新一波威脅中國的蠻族——如果他們比倭寇更令人憎惡，或身上更臭的話。此外，歐洲人為什麼要來亞洲，不就是為了精緻的印度織品與中國瓷器嗎？

一六八三年，鄂圖曼大軍第二次圍攻哈布斯堡帝國首都維也納，要求全市居民投降改信伊斯蘭教。這場危機的解除促成基督教世界的反攻，基督教國家慢慢地擊退鄂圖曼帝國在中歐與東歐的勢力，逐步將力量延伸到巴爾幹半島，直到博斯普魯斯海峽，然而歐洲帝國還需要多年的努力才能締造出能與東方帝國主義平分秋色的成就。在別的地方，西方與世界其他地區的「大分歧」出現得更晚。北美與南美的物質差距一直要到十九世紀才見端倪，直到二十世紀初，非洲仍只有少數海岸地帶臣服於歐洲人的統治。

如果西方的支配不能用帝國主義這種陳腔爛調來解釋，那麼是否如某些學者所言，一切只是出於好運？大分歧的發生，是否源自於歐亞大陸西端地理或氣候環境的特異性？歐洲人是否只是因為運氣奇佳才在偶然間登上加勒比海島嶼，而這些小島又剛好適合栽種高熱量的甘蔗？新世界是否提供中國缺乏的「幽靈耕地」給歐洲？中國的煤礦產地比歐洲難開採與運輸，是否印證了禍不單行的諺語[21]？或者就某個意義來說，中國是因為自己的成功而成為受害者——中國農民有能力供養大量人口，但僅止於餬口的程度，這種現象使中國陷入「高度均衡陷阱」中[22]？英格蘭之所以能率先進行工業化，主要是因為惡劣的衛生條件與疾病使絕大多數人的生命異常短暫，因此那些富裕而具進取心的少數人往往能成功繁衍後代，這種說法是否信而可徵[23]？

不朽的英語辭典編纂者約翰生反對西方是在偶然的狀況下興起。在他的《阿比西尼亞王子拉瑟拉斯的故事》（*History of Rasselas: Prince of Abissinia*, 1759）中，拉瑟拉斯問道：

> 憑藉什麼方式……歐洲人能如此強大？或者，為什麼歐洲人能如此輕易前往亞非尋求貿易與進

行征服？反過來說，亞洲人與非洲人為什麼不入侵歐洲海岸，在他們的港口建立殖民地，並且立法讓歐洲的君主遵從？海風可以帶歐洲人返鄉，我們當然也能乘著相同的風前往歐洲❷。

對此，哲學家伊姆拉克回答說：

> 殿下，他們比我們強大是因為他們更睿智；知識總能支配無知，正如人類能宰制其他動物。但為什麼他們的知識超越我們，我找不到解釋的理由，其中的奧祕只有至高無上的神才知曉[24]。

如果知識能提供更好的方式讓人航行船隻、挖掘礦藏、發射槍砲與治療疾病，那麼知識確實是力量。但歐洲人真的比其他民族更有知識嗎？在一七五九年或許是如此；一六五〇年後連續兩個半世紀的科學發明幾乎完全出自西方人之手[25]。但在一五〇〇年呢？如我們所見，當時中國的科技、印度的數學與阿拉伯的天文學遠比西方領先好幾個世紀。

那麼，抽象的文化差異是否能解釋歐洲人為什麼後來居上？這項論點是德國社會學家韋伯（Max Weber）提出的。韋伯從英格蘭農民的遺囑、地中海商人的帳簿與宮廷禮儀的規定中，找出各種文化元素，如中世紀的英格蘭個人主義、人文主義與新教倫理。在《國家的富有與貧窮》中，蘭德斯（David Landes）也提出幾項文化理由，包括發展出自主的思想探索、科學的檢證方法，與研究的理性化及其普及。然而，蘭德斯也同意光憑文化要素不足以讓西方興起，還需要金融媒介與良好的政府[26]。因此顯然**關鍵在於制度**。

當然，制度就某個意義來說是文化的產物。但因為制度將一套規範予以形式化，所以制度通常明確表現出文化的內容，而且清楚決定它將鼓勵哪些行為與不鼓勵哪些行為。二十世紀的一連串實驗可以說明這點，我們看到有兩套完全不同的制度加諸在兩群德國人（西與東）、兩群韓國人（北與南）與兩群中國人（中華人民共和國內與外）身上。結果顯而易見，其中的教訓再清楚也不過。如果你找來相同的民族，所受的文化大體相同，在其中一群人身上施行共產主義制度，另一群人施行資本主義制度，幾乎馬上就能發現他們的行為方式開始出現分歧。

現今許多史家同意，十六世紀歐亞大陸東西兩端幾乎不存在真正深刻的差異。東西方同樣很早進入農業時代，從事以市場為基礎的商品交換，並且建立以城市為中心的國家結構[27]。但東西方存在著一個關鍵的制度差異。中國維持著統一帝國，但歐洲在政治上卻一直分崩離析。在《槍炮、病菌與鋼鐵》中，戴蒙（Jared Diamond）解釋歐亞大陸為什麼領先世界其他地區[28]。但一直等到〈如何富足〉（How to Get Rich, 1999）一文，戴蒙才針對西方何以領先東方提出他的見解。他認為，在歐亞大陸的東部平原，東方的統一帝國扼殺了發明創新，相反的，在多山、河川縱橫的歐亞大陸西部，王國與城邦林立，各國莫不致力創造競爭與彼此交流[29]。

這是個很吸引人的解釋，可惜並不充分。只要觀賞一六三〇年代洛林藝術家卡洛（Jacques

❷十八世紀非西方帝國的確提過這問題。一七三一年，鄂圖曼作家穆特費里卡（İbrahim Müterferrika）問道：「為什麼與過去與穆斯林國家相比如此孱弱的基督教國家，現在開始支配這麼多土地，甚至能擊敗戰無不勝的鄂圖曼軍隊？」

Callot）出版的兩個版畫系列，題為《戰爭的慘禍》，就能感受到這些畫作向世界其他地區所傳達的宗教衝突的慘痛。十七世紀上半葉歐洲小國之間與內部的競爭帶來一連串的災難，不僅使中歐人口大量減少，也讓不列顛群島陷入長達一個世紀以上周而復始自相殘殺的鬥爭。政治分裂的結果通常就是如此。你要是不信，大可去問前南斯拉夫的居民。競爭當然是西方興起的部分原因，我們將在第一章討論這點，但它終究只是一部分。

在本書中，我要指出西方之所以能自別於世界其他地區——也就是，**西方成為全球霸權的主要原因——在於它具備六個由制度、相關觀念及行為具體構成的新複合物**。為求簡單明瞭，我將以六項標題來表示這些複合物：

1. 競爭
2. 科學
3. 財產權
4. 醫學
5. 消費社會
6. 工作倫理

以目前流行的電腦行銷術語來說，這是**六項殺手級應用Apps**，正是這六項事物使居住於歐亞大陸西端的少數人在近五百多年的時間裡支配世界。

現在，當你義憤填膺準備寫信提醒我漏掉一些西方興起的關鍵面向（如資本主義、自由、民主，或甚至是槍砲、病菌與鋼鐵）之前，請閱讀以下的簡短定義：

1. **競爭**：政治與經濟生活去中心化，使民族國家與資本主義獲得發展的平臺。
2. **科學**：一種研究、理解，最終能改變自然世界的方式，它使西方在軍事（以及其他事物）上取得對世界其他地區的巨大優勢。
3. **財產權**：以法治保護人民的所有權，以和平方式解決人民的財產爭端，並且為最穩定的代議政府形式奠定基礎。
4. **醫學**：科學的一門分支，大幅改善了人類的健康與預期壽命，這項進展始於西方社會，而後擴及到西方的殖民地。
5. **消費社會**：一種物質生活模式，衣服與其他消費品的生產與購買，在這當中扮演核心的經濟角色，一旦少了這種模式，工業革命就無從存續。
6. **工作倫理**：一種可以追溯到基督新教（以及其他來源）的道德架構與行動模式。前五項殺手級應用創造出來的社會，雖然充滿動力，但隱含著不穩定的因子，工作倫理可以為這個社會提供黏著結合的功能。

請不要誤解我的意思：本書不是另一本自鳴得意的「西方的勝利」[30]。我想說明的是，世界其他地區之所以遭到征服與殖民，不只是因為西方的優越，也因為西方的對手意外由盛轉衰所致。舉例來說，一六四〇年代，財政與貨幣的危機，加上氣候變遷與疫病流行，使明朝內部民變蜂起，王朝因此面臨生死存亡的危機。這一連串的災難與西方毫無關連。同樣的，鄂圖曼帝國在政治與軍事上的衰敗，根源也起於內部，而不是源於外在力量的壓迫。當南美走上衰落之時，北美的政治制度卻欣欣向榮；波利瓦（Simón Bolívar）未能成功建立拉丁美洲合眾國，並不是因為英美兩國從中作梗。

因此，西方與世界其他地區出現差異的關鍵是**制度**。西歐能趕上中國，部分原因是西方的政治與經濟領域**存在較多競爭**。奧地利、普魯士乃至於日後的俄羅斯，這些國家的行政與軍事效能逐日提升，是因為產生科學革命的網絡興起於基督教世界，而不是穆斯林世界。北美前殖民地的發展遠較南美前殖民地優越，是因為英國殖民者在北美建立的財產權與政治代議制度迥異於西班牙、葡萄牙在南美建立的體制（北美採行的是「開放參與的秩序」，而不是由一群尋租而排外的菁英統治的封閉體制）[31]。歐洲帝國能深入非洲內陸，靠的不只是馬克沁機關槍，他們也研發了疫苗，能對抗連非洲人也束手無策的熱帶疾病。

同樣的，西方率先工業化也反映西方的制度優勢：早在蒸汽動力或工廠體系來臨與傳布前，不列顛群島已經具備大眾消費社會的雛形。即使工業科技幾乎傳遍世界，西方與世界其他地區的差異依然存在，而且還不斷擴大。歐洲或北美的工人使用完全標準化的紡紗機與織布機，他們的生產力仍高於東方，歐洲或北美資本家僱主累積財富的速度也更為快速[32]。公共衛生與公共教育的投資帶來鉅額收益；在缺乏這類投資的地方，民眾無法擺脫貧窮[33]。本書要討論西方與世界其他地區的各項差異——這些差異為什麼存在，它們為什麼能產生如此巨大的影響？

到目前為止，我一直隨意地使用「西方」一詞，究竟我說的「西方文明」的確切意義是什麼？戰後，盎格魯撒克遜裔白人新教徒不加思索地以「西方」（或是「自由世界」）來指稱（理所當然）從倫敦到麻州萊辛頓，以及（可能）從史特拉斯堡到舊金山的狹長走廊地帶。一九四五年以後，英語成為戰後西方最重要的語言，其次則是努力圖存的法語。隨著歐洲在一九五〇與六〇年代整合成功，西方俱樂部也逐漸壯大。現在幾乎沒有人爭論低地國、法國、德國、義大利、葡萄牙、斯堪地納維亞（Scandinavia）與西班牙是否屬於西方。另一方面，儘管希臘後來信仰了東正教，卻被視為西方的當然成員，因為西方承襲了古希臘哲學的悠久遺產，而最近的希臘也積欠歐盟大筆的債務。

那麼，地中海的南部與東部是否算是西方？這些地區不僅包括伯羅奔尼撒以北的巴爾幹半島，也涵蓋北非與安那托利亞。埃及與美索不達米亞這兩處人類文明最初的發源地呢？南美與北美一樣被歐洲人殖民，在地理上也屬於同一個半球，它是否也屬於西方的一部分？俄羅斯呢？歐俄是否真的可以歸類為西方，而俄羅斯位於烏拉山脈以東的領土是否就某個意義來說應該劃歸東方？冷戰期間，蘇聯及其衛星國被稱為「東歐集團」。但我們有充分的理由認為蘇聯與美國一樣都是西方文明的產物。蘇聯的核心意識形態，與民族主義、反奴隸制及婦女投票權一樣，都發源於維多利亞時代——它的誕生與培育都發生在大英圖書館的舊圓形閱覽室。蘇聯遼闊的地理幅員與歐洲人移民美洲一樣，都是歐洲對外擴張與殖民的一環。中亞的情況與南美雷同，由歐洲人統治著當地非歐洲族裔。就這層意義來看，一九九一年蘇聯的瓦解，標誌著最後一個歐洲帝國的死亡。不過，近年來最具影響力的西方文明定義來自於美國學者杭廷頓（Samuel Huntington），他不僅排除了俄羅斯，同時也把信仰東正教的國家全摒棄於西方之外。杭廷頓眼中的西方只包括西歐、中歐（不含東正教東歐）、北美（不含墨西哥）與澳大拉西亞。希臘、以色列、羅馬尼亞與烏克蘭都不符合西方的標準；加勒比海島嶼雖然許多與佛羅里達州一樣充滿西方風味，卻未被歸類為西方[34]。

因此，「西方」不只是一種地理表達，也是一套規範、行為與制度的集合，而其疆界極為模糊。西方的意義值得我們反覆思索。亞洲社會如果完全接受西方的服飾與商業規範——例如日本從明治時代開始西化，以及其他亞洲國家目前正推動的措施——是否可能因此轉變成西方社會？過去曾流行一種說法，認為資本主義「世界體系」在做為核心的西方與做為邊緣的世界其他地區之間，建立了永久性的勞動分工關係[35]。然而，如果全世界最終都被西方化（至少從外表與生活方式來看），那會是什麼樣貌？或者，其他文明是否如杭廷頓所言，未來可能重獲活力，尤其是「中華」文明（指大中華地區）❸與伊斯蘭文明（包括「充滿血腥的邊界與內部地區」）[36]？這些文明採用了西方的運行模式，但在多大程度上它們的學習僅止於粗淺的現代化而未及於文化的深層面向？這些將是接下來要討論的問題。

西方文明另一個令人不解的地方，在於分崩離析似乎是西方的一項明顯特徵。二十一世紀初，許多美國評論家抱怨「大西洋兩岸漸行漸遠」——冷戰期間，將美國與西歐盟國連繫在一起的共同價值已然崩解[37]。季辛吉擔任美國國務卿期間，美國政治人物想與歐洲對話，就應該打電話給季辛吉，然而現今大西洋兩岸的關係已不如過去緊密，我們很難說接電話的那個人是否就能代表西方文明。然而，美國與「舊歐洲」過去在宗教、意識形態乃至於文明本身的意義上曾存在巨大分歧，與此相比，大西洋兩岸目前的各自為政顯得溫和與友善多了。第一次世界大戰期間，德國人宣稱他們要為高尚的「文化」而戰，反對低俗唯物的英法「文明」（這項區別是曼恩〔Thomas Mann〕、佛洛伊德與其他人提出的）。但這項區別很難合理化戰爭初期焚燒比利時魯汶大學圖書館與迅速處決比利時平民的行為。英國宣傳人員抨擊德國人是「匈人」，是生活在文明領域之外的野蠻人，他們日後以勝利者的姿態稱這場戰爭為「為挽救文明而進行的大戰」[38]。現今，關於「西方」是單一文明的討論，難道會比一九一八年對這個問題的討論更有意義嗎？

最後，我們應該記住，西方文明曾經衰亡過。羅馬時代的廢墟散布在歐洲、北非與近東各地，清楚提醒人們西方曾經衰敗的事實。西方最初——西方文明1.0版——興起於從尼羅河谷地延伸到幼發拉底河與底格里斯河匯流處的肥沃月彎，而其發展的兩個極致是雅典民主與羅馬帝國[39]。現今，我們文明的關鍵元素——不只是民主，還有體育競技、算術、民法、幾何學、古典的建築風格以及比例相當高的現代英語辭彙——全源自於古代西方文明。極盛時期的羅馬帝國是一個複雜得令人吃驚的體系。穀物、製品與錢幣流通於從英格蘭北部延伸到尼羅河上游的

❸ 杭廷頓有個獨特的看法，他認為應該為中華文明——這個世界上最受尊崇的文明，取一個政治理論家從未聽過的名稱——Sinic civilization。而在一九九三年，杭廷頓曾在最初的論文裡使用「儒家」文明一詞。

廣大經濟區，學術繁榮，擁有法律、醫學乃至於像羅馬圖拉真廣場的購物中心。然而上古西方文明逐漸衰敗，到了西元五世紀時急速殞落。蠻族入侵破壞了文明業績，也使西方陷入分裂。經過一個世代的時間，羅馬這座偉大的帝國城市已殘破不堪，輸水道年久失修，原本繁華的市場也杳無人煙。西方古典知識在拜占庭圖書館員[40]、愛爾蘭僧侶[41]與羅馬天主教會的教宗與教士——不要忘了還有阿拔斯王朝的哈里發[42]——的保存下免於失傳。如果沒有他們的細心維護，西方文明不可能在義大利重生，進而開啟文藝復興時代。

西方文明2.0版是否也將面臨衰敗的命運？以人口統計的角度來說，西方社會人口長久以來在世界上一直居於少數，而現今西方的人口甚至還不增反減。曾一度居於支配地位的歐美經濟，現在正面臨中國在二十年乃至於十年內的真實威脅，而巴西與印度落後它們的幅度也不大。正如自由市場經濟政策的「華盛頓共識」開始瓦解，西方的「硬實力」似乎也在大中東地區（從伊拉克到阿富汗）陷入泥淖。始於二〇〇七年的金融危機也顯示出消費社會核心（及其過於強調舉債消費）的根本缺陷。新教強調的節儉美德，曾在西方社會裡受到重視，現在卻消失無蹤。在此同時，西方菁英擔心的卻是即將來臨的環境末日這類千禧年式的恐懼。

更嚴重的是，西方文明似乎喪失了對自己的信心。一九六三年，史丹福大學首開先例，停開大學部的古典「西方文明史」課程，之後一些知名大學也陸續跟進。在中學歷史課程裡，有關西方興起的大敘事也被認定為過時。教育者熱衷推動所謂的「新歷史」課程（課程改革帶來意想不到的結果），強調「歷史技術」比歷史知識更重要，結果有太多英國學生在中學階段只學到零碎片斷的西方歷史：亨利八世與希特勒，再加上一點金恩牧師（Martin Luther King, Jr.）。

針對英國一所知名大學歷史系大一新生進行調查後發現，只有三四％知道西班牙無敵艦隊時代的英格蘭國王是誰，三一％知道波耳戰爭的發生地，一六％知道誰在滑鐵盧之役指揮英軍（超過兩倍的學生認為是納爾遜而非威靈頓），而只有一一％的學生說得出十九世紀某位英國首相的姓名[43]。另一項對十一到十八歲英國學生的類似調查顯示，一七％以為克倫威爾（Oliver Cromwell）打贏了哈斯丁戰役，二五％把第一次世界大戰發生的世紀搞錯[44]。此外，通觀整個英語世界，有越來越多人認為我們應該認識其他文化，而不是自己的文化。一九七七年送往外太空的航海家號太空船，上面附有二十七首曲子，其中只有十首是西方作曲家創作的，包括巴哈、莫札特與貝多芬，還有阿姆斯壯（Louis Armstrong）、貝瑞（Chuck Berry）與盲眼威利（Blind Willie Johnson）。二〇一〇年，大英博物館館長出版了用「一百件文物」寫世界史，其中西方文明的文物不超過三十件[45]。

然而，世界文明史的寫作，如果輕忽了一五〇〇年後世界其他地區逐漸從屬於西方的過程，等於錯失了整部世界史的核心重點——這是世界史最須解釋的部分。西方的興起是基督紀元第二個千年後半部最引人注目的歷史現象。它是近代史的核心。對史家而言，它或許是最具挑戰性的謎團。我們試圖解決這個問題，不只是為了滿足我們的好奇心，也是為了其他更重要的理由。唯有找出西方興起的真正原因，我們才能更清楚地看出目前的西方正如何走向衰敗。

| 第一章 |

競　爭

中國長期以來似乎一直停滯不前，或許在很久以前，它就已經達到法律與制度所能支持的充分富足狀態。然而這樣的富足似乎遠低於中國的土地、氣候與形勢所能發展的極限。一個忽略或鄙視海外貿易，只允許外國商船到一兩個口岸交易的國家，除非改採不同的法律與制度，否則不可能提升貿易量……更廣泛的海外貿易……勢必能大量增加中國的製造產品，大幅改善中國製造業的生產力。透過更遠程的海外航行，中國自然會學習使用與製造其他國家使用的各種機器，以及世界其他地區運用的改良技藝與優良產業。

——亞當斯密（1723-1790，英國哲學家、經濟學家）

彼何以小而強？我何以大而弱？……然則有待於夷者，獨船堅砲利一事耳。

——馮桂芬（1809-1874，中國近代思想家、教育家）

泰晤士河與長江

紫禁城（故宮）位於北京的心臟地帶，由一百萬名以上的工人使用來自帝國各地的原料興建而成。城內羅列了近千幢建築物，所有的建築與裝飾全為了表彰明王朝的權力而設。紫禁城不僅是世界最偉大文明的遺跡，也提醒我們世上沒有任何文明能傳之永恆。遲至一七七六年，亞當斯密仍認為中國是「世上最富有的國家之一，也就是說，中國是世上土地最肥沃、耕作技術最好、人民最勤奮與人口最多的國家之一……遠比歐洲任何一個國家都要來得富有」。然而亞當斯密也認為中國長期以來一直「停滯不前」或「靜止不動」[I]。他的說法點出了事實。從一四〇六到一四二〇年，紫禁城修建完成，而後不到一個世紀的時間，東方便逐漸步入衰途。相反的，窮困而戰禍頻仍的西歐小國，卻在往後五百年間如火如荼地對外擴張。就在這段時期，東方的偉大帝國停止發展，最後終於屈服在西方的宰制之下。

為什麼歐洲向前邁進的時候，中國卻走向沒落？亞當斯密的主要解釋是**中國人未能「鼓勵海外貿易」，因此失去了比較利益與跨國分工的好處**。但其他的解釋也可能成立。一七四〇年代，孟德斯鳩在作品中指責「暴政的解決方式」，他將這種現象歸咎於中國異常眾多的人口，而人口數量的龐大又歸因於東亞的氣候：

> 我的理由如下：亞洲沒有一處適合稱為溫帶。氣候極寒冷的地區，與氣候極炎熱的地區直接接壤，也就是土耳其、波斯、印度、中國、朝鮮與日本。歐洲剛好相反，溫帶分布的地區非常遼

> 鬪……因此彼此接壤的國家氣候都相當類似；國與國之間沒有太大差異……在亞洲，強國與弱國對立；尚武、勇猛而進取的民族直接與懶散、陰柔而膽怯的民族接觸；因此，一方必須征服，另一方必須被征服。歐洲剛好相反，強國與強國並立；彼此接壤的國家幾乎擁有相同的勇氣。這是亞洲何以弱，歐洲何以強；歐洲何以自由，亞洲何以奴役的重要理由：而這個理由我在記憶中尚未聽聞有誰提過[2]。

日後的歐洲作家相信，西方勝過東方的原因是科技——尤其是引發工業革命的科技。馬戛爾尼伯爵（Earl Macartney）在結束令人沮喪的一七九三年出使中國之行後（詳見後述），心中顯然浮現了這種想法。另一個在二十世紀頗為流行的觀點是儒家學說阻礙了創新發明。然而每個時代針對東方衰弱所做的解釋都各有所偏。西方擁有而東方缺乏的六項殺手級應用的第一項，不是商業，不是氣候，不是科技，也不是哲學。如亞當斯密所言，**東方缺乏的是制度**。

一四二〇年，如果你分別沿著泰晤士河與長江旅行，你會對這兩條河川的對比感到驚訝。

長江是龐大水路網的一環，這條水路從南京往北延伸五百多英里到北京，往南則可通往杭州。這個水路系統的核心是大運河，它的延伸距離最長可達一千英里以上。大運河最早可以追溯到西元前七世紀，船閘的引進則是在西元十世紀，另外還有聯拱寶帶橋這類精緻橋梁。大運河實質的修復與改善是在明朝永樂年間（一四〇二－一四二四年）。永樂帝的總工程師白英完成黃河的築壩與改道工程，可以讓近一萬兩千艘運送穀物的平底船每年南北往返於大運河[3]。有近五萬人受僱維護運河。當然，西方最大的運河一直是威尼斯大運河。然而當大膽的威尼斯旅行家馬可波羅於一二七〇年代造訪中國時，連他也對長江的舟楫繁忙感到印象深刻：

> 在大江上航行的船隻數量非常多，若不是親眼所見，光憑文字或轉述恐怕難以置信。船舶往來運載的商品堆積如山，也超乎人們的想像。事實上，這條江河實在太過遼闊，與其說是一條河，倒比較像是汪洋大海。
>
> 大運河不僅是中國國內貿易的主要動脈，它也使帝國政府得以透過五座國家糧倉平抑糧價。在穀價便宜時買進，昂貴時賣出[4]。

南京在一四二〇年時或許是世界上最大的城市，人口大約在五十萬到一百萬之間。數百年來，南京一直是繁華的絲業與棉業中心。永樂年間，南京也成為學術重鎮。永樂這個年號意指「永保安樂」，然而宵旰圖治、勤於政事，或許才是更貼切的描述。明朝最偉大的永樂皇帝勵精圖治。他召集兩千名以上學者完成的《永樂大典》，卷帙達一萬一千冊以上。近六百年來，《永樂大典》一直是世界最大的百科全書，直到二〇〇七年才被維基百科超越。

永樂帝不滿意南京。即位後不久，他決定在北方營建一座嶄新而更加壯麗的都城。到了一四二〇年紫禁城落成之時，明朝已可明確宣示自己是世界上最先進的文明。

倫敦是個繁忙的港口，是英格蘭與歐陸貿易的主要匯集點，然而與長江相比，十五世紀初的泰晤士河看起來卻死氣沉沉。著名的倫敦市長惠廷頓（Richard Whittington）是一名顯赫的布商，他因為經營英格蘭羊毛出口生意而致富。英格蘭與法國連年作戰，將人員與補給運往歐陸的龐大需求，造就了英格蘭首都造船業的繁盛。在謝德威爾（Shadwell）與雷特克里夫（Ratcliffe），工人將船隻拖上泥灘進行整修。當然，此時已有倫敦塔，在禁止進入之外還多了一股令人厭惡的味道。

然而，來自中國的訪客對這一切可能不屑一顧。與紫禁城的廳樓殿堂相比，倫敦塔只能算是簡陋的建築物。相較於寶帶橋，倫敦橋只是以幾根柱子支撐在河上的簡陋市集。原始的航海技術使英格蘭水手只能靠著熟悉的河岸與海岸來辨識方向，因此他們多半局限在泰晤士河與英吉利海峽的近岸航行。儘管如此，無論是英格蘭人還是中國人都無法想像船隻可以從倫敦航行到長江。

一四二一年，亨利五世擊敗法國人凱旋而歸——其中最著名的是阿金庫爾（Agincourt）之役——此時的倫敦與南京相比只勉強算是一座小鎮。東填西補的倫敦老城牆延伸約三英里，這樣的長度大概只是南京城牆的一小段。明太祖花了二十年以上的時間修築南京城牆，牆身延伸好幾英里，城門極為巨大，光是一座城門就可駐紮三千名士兵。城牆建成後歷久不衰。其中絕大部分留存至今，反觀倫敦的中世紀城牆早已片瓦不存。

從十五世紀的標準來看，明代中國是相對適合居住的地方。明初建立的嚴謹封建秩序在國內貿易盛行下逐漸鬆動[5]。現今到蘇州觀光的遊客，無論航行於樹影搖曳的運河，還是信步走過舊日的城鎮中心，均可感受到昔日建築的繁華。英格蘭城市生活則是另一番景象。黑死病——

寄生在跳蚤身上的鼠疫桿菌，這種導致淋巴腺腫的細菌於一三四九年傳到英格蘭——使倫敦人口減少到約四萬人，不到南京人口的十分之一。除了鼠疫，斑疹傷寒、痢疾與天花也持續流行。即使沒有這些流行疫病，惡劣的衛生條件也使倫敦淪為死亡陷阱。沒有任何汙水系統，街道臭不可聞，反觀在中國的城市，排泄物有系統地收集起來做為城外稻田的肥料。而在惠廷頓擔任市長時期——他連任四次，從一三九七到一四二三年去世為止——倫敦街道滿是汙水與排泄物。

英國學生在課本上學到亨利五世是英格蘭歷史的英雄人物，與軟弱的前任國王理查二世迥然不同。可悲的是，無論是理查二世還是亨利五世，他們治理下的英格蘭離莎士比亞《理查二世》（*Richard II*）「君權至上之島」還差得遠——說是腐臭之島還比較合適。莎士比亞信以為真地寫道：「這處新伊甸園，宛若天堂，這座自然女神為自己修築的堡壘，百病不侵……」。實際上，從一五四〇到一八〇〇年，英格蘭的出生預期壽命平均而言是可悲的三十七歲；倫敦甚至只有二十幾歲。英格蘭兒童在出生第一年，大約每五名就有一名死亡；倫敦更是每三名就有一名死亡。亨利五世在二十六歲登基，三十五歲就因痢疾而死——這提醒我們，直到現代之前，大部分歷史都是由年輕短命之人締造的。

暴力是這個時代的特徵。對法戰爭幾乎成了持久戰。不與法國人作戰時，英格蘭人就與威爾斯人、蘇格蘭人及愛爾蘭人打仗。不與以上這些凱爾特人作戰時，英格蘭人就自相殘殺，掀起一連串王位繼承戰爭。亨利五世的父親就是以暴力奪位；他的兒子亨利六世也基於類似的理由在玫瑰戰爭失去王位。玫瑰戰爭造成四名國王失位、四十名成年貴族死於戰場或絞刑臺。

從一三三〇到一四七九年，有四分之一的英格蘭貴族死於暴力。普通殺人事件成了家常便飯。十四世紀的資料顯示，牛津每年發生凶殺案的比率是每十萬名居民有一百件以上。倫敦略微安全，大約每十萬名居民有五十人死於非命。現今世界謀殺率最高的地方在南非（每十萬名居民六十九人）、哥倫比亞（五十三人）與牙買加（三十四人）。即使底特律在一九八〇年代治安最糟的時候，每十萬名居民也只有四十五件謀殺案[6]。

這個時期的英格蘭生活誠如日後政治理論家霍布斯（Thomas Hobbes）所言（他稱之為「自然狀態」），是「孤獨的、貧窮的、險惡的、殘酷的與短暫的」。就連帕斯頓（Pastons）這個富有的諾福克郡的家族也很難得到安全與保障。帕斯頓的妻子瑪格麗特被人從住所扔出去，當時她正向占住格雷咸姆莊園的前屋主繼承人主張帕斯頓家族的正當權利。法斯托夫男爵將開斯特堡遺留給帕斯頓家族，但帕斯頓死後不久，這座城堡就遭到諾福克公爵圍攻，並且被占用了十七年[7]。儘管如此，英格蘭仍是歐洲較繁榮與較不暴力的國家。生活在法國甚至更險惡、殘酷與短暫——越往歐洲東部走，情況越糟。十八世紀初，法國人平均每天攝取的熱量是一千六百六十卡路里，勉強維持一天生活所需，但大約只有現今西方平均的一半。法國大革命之前，法國人平均身高是五英尺四又四分之三英寸（約一百六十四公分）[8]。而就我們握有的中世紀歐陸國家資料來看，這些國家的謀殺率全高於英格蘭，義大利尤其嚴重——義大利的刺客就跟藝術家一樣著名。

有些人認為西歐的險惡是一種隱藏性優勢。高死亡率在窮人特別常見，這種現象多少有助於富者越富。雖然黑死病使歐洲人均所得提高，因為勞動力變得非常稀少，因此活下來的人可以獲得較高的薪資。但英格蘭富家子弟比窮人家的孩子更有機會長大成人也是事實。儘管如此，這些歐洲人口統計資料並不能解釋西方與東方的巨大分歧。現今世界上有些國家的生活幾乎像中世紀英格蘭一樣悲慘，瘟疫、饑饉、戰爭與謀殺使平均預期壽命維持在可悲的低水準，在這種地方只有富人活得長久。但我們看不出來阿富汗、海地與索馬利亞的悲慘能為當地帶來什麼好處。我們將會看到，歐洲躍升到繁榮與強大，是因為克服了死亡，而非因為死亡。

我們必須提醒現代學者與讀者，死亡在過去是什麼模樣。《死亡的勝利》（*The Triumph of Death*）是法蘭德斯藝術家布呂格爾（Pieter Bruegel the Elder，約一五二五－一五六九年）的想像傑作（見圖3），這幅畫顯然不是寫實主義作品，但布呂格爾描繪的一連串令人反胃的死亡與毀滅的景象，卻不全然出於想像，其中勢必存在著現實的範本。在一片被骷髏大軍統治的土地上，一名國王倒地垂死，財寶挽救不了他的性命，就在他的附近，有隻狗正啃食著死屍。我們看到背景有兩個人吊死在絞刑臺，有四個人慘死在車輪上，還有一個人正要被砍頭。軍隊廝殺，房屋焚燬，船隻沉沒。在前景中，無論男女老少還是士兵百姓，全在混亂中被驅趕到狹窄的方形隧道裡。沒有人能倖免於難。就連對著情婦歌唱的吟遊詩人也無法擺脫死亡的命運。布呂格爾自己只活了四十幾歲，甚至還不及本書作者寫作時的歲數。

一個世紀之後，義大利藝術家羅薩（Salvator Rosa）描繪出最令人動容的死亡象徵，題為《人類的脆弱》（*Human Frailty*）。一六五五年，一場瘟疫襲擊羅薩的家鄉那不勒斯，奪走了還在襁褓中的兒子羅薩沃的性命，也帶走了他的弟弟、妹妹、妹夫與妹妹生下的五名子女，《人類的脆弱》就是這場悲劇激發的產物。死亡天使陰森地露齒而笑，從黑暗中隱隱逼近羅薩的妻子，他們的兒子第一次提筆寫字，但死神已準備取走他的性命。帆布上寥寥八個拉丁單字，讓這名心碎藝術家的心聲永遠流傳後世：

Conceptio culpa
Nasci pena
Labor vita
Necesse mori

「懷孕是罪，分娩是痛，生命是苦，死亡是必然。」有哪句話比這段文字更能簡潔表現當時歐洲人的生活？

太監與獨角獸

我們如何了解東方的卓越？首先，亞洲農業遠比歐洲更具生產力。在東亞，一英畝土地足以養活一個家庭，反觀英格蘭，要養活一個家庭需要近二十英畝的土地。這點有助於解釋東亞人口為什麼比西歐人口多。東方複雜的種稻系統可以養活更多人口。明代詩人周是修無疑以一種稱許的眼光看待鄉村生活，而他也描繪出鄉村居民恬淡自足的氣氛：

陰暗的小路上隱約可見簡陋的屋舍，沿著蜿蜒小徑走去，就到了農家門口。這裡聚居了十戶人家……他們在此居住已有數代。舉目所見，家家炊煙裊裊，這裡的農家彼此協力，共同耕作。某人的兒子就住在西邊那戶，而另一個人的女兒則是西邊鄰居的妻子。寒冷的秋風吹拂著地神神龕；居民獻上小豬與米酒祭祀農神，老巫覡燒著紙錢，男孩則在一旁敲起銅鼓。霧氣悄悄浸潤了甘蔗園，細雨落在芋田中，祭典結束，鄉民各自返家，他們攤開草蓆，閒話家常，直到微醺為止❶……

然而這種牧歌式的靜謐景象並非故事的全貌。日後西方人因此認為帝制時期的中國是個靜態社會，對創新敬謝不敏。在《儒教與道教》（*Confucianism and Taoism*, 1915）中，德國社會學家韋伯把儒家的理性主義定義為「理性地適應世界」，與此相反，西方的理性主義卻是「理性地支配世界」。中國哲學家馮友蘭在《中國哲學史》（一九三四）中大力支持這項觀點，而劍橋大學學者李約瑟（Joseph Needham）的鉅著《中國的科學與文明》（*Science and Civilization in China*）也抱持相同看法。這種文化解釋特別吸引像馮友蘭與李約瑟這類同情一九四九年後毛澤東政權的學者，然而這種說法卻很難與證據吻合，因為早在明代之前，中國文明早已一貫地透過科技創新來支配世界。

我們不確定最早設計出水鐘的人是誰，也許是埃及人、巴比倫人或中國人。一〇八六年，蘇頌增添了齒輪擒縱器而發明了世界第一座機械鐘，這個高四十英尺的精巧裝置不僅能報時，還能顯示日月星辰的運行軌跡（見圖5）。馬可波羅造訪大都時曾看到鐘樓上擺放著這種機械鐘，這座鐘樓建成的時間是一二七二年，以馬可波羅當時參觀時間來說還不算久遠。英格蘭能製造出同樣精確的時鐘是在一個世紀之後，諾里奇（Norwich）、聖奧爾本斯（St Alban's）與索斯布里（Salisbury）的主教座堂設置了最早的天文鐘。

傳統上一直認為活字印刷機源自於十五世紀的日耳曼，然而實際上它是十一世紀中國發明的。紙張也早在傳入西方之前就由中國人發明，此外還有紙幣、壁紙與廁紙也源於中國[11]。

人們通常認為條播機是英國農業先驅圖爾（Jethro Tull）於一七〇一年發明的。事實上，這種裝置早在他之前兩千年就由中國人製造完成。羅瑟勒姆犁（Rotherham plough）有鐵製曲面犁板，這是十八世紀英國農業革命的關鍵工具，然而這也是中國人率先發明[12]。王禎一三一三年的《農書》記載了許多西方聞所未聞的工具[13]。工業革命的一些前兆也率先在中國出現。首座用來鎔化鐵砂的鼓風爐不是出現在一七〇九年的科爾布魯克達爾（Coalbrookdale），而是西元前二〇〇年之前的中國。世界最古老的鐵製吊橋不是出現在英國，而是在中國；時間最早可以追溯到西元六六五年，至今雲南省景東附近仍可見鐵橋遺跡[14]。即使到了一七八八年，英國的產鐵水準仍然低於一〇七八年的中國。中國人發明了紡車與繅絲車，為紡織產業帶來革命性的進展，這些工具後來在十三世紀傳入義大利[15]。一般以為中國人只會把他們最著名的發明（火藥）用在煙火上，這也不是事實。焦玉與劉基合著的《火龍經》出版於十四世紀末，裡面描述了地雷與水

❶ 編註：明代周是修〈田家秋日〉：「衡門逼幽蹊，曲巷通極浦。十家兩三姓，世世相托處。舉目皆累姻，出入無齟齬。男為東舍郎，女作西鄰婦。寒風及秋社，豚酒酬田祖。老巫燒紙錢，稚子喧銅鼓。漠漠柘園煙，紛紛芋田雨。歸來肆筵席，半醉相爾汝。」

雷，火箭與內填炸藥的砲彈。

中國其他的發明包括化學殺蟲劑、釣魚用的捲線器、火柴、磁羅盤、紙牌、牙刷與獨輪手推車。每個人都知道高爾夫球最早出現在蘇格蘭，但宋朝（九六〇－一二七九年）的《東軒錄》提到一種名叫捶丸的遊戲，遊戲者使用十種球桿，包括了攛棒、撲棒與杓棒，相當於現今高爾夫球的一號木桿、二號木桿與三號木桿。這些球桿上鑲有玉與黃金，顯示當時的高爾夫球跟現今一樣，都是屬於有錢人的娛樂（見圖6）。

中國的發明不僅如此。當一四〇〇年新世紀即將開展之際，中國已經準備好進行另一項科技突破，這項突破不僅能讓永樂帝成為中國的主人，甚至能讓他宰制世界，成為名副其實的「天下」共主。

在現今的南京，你可以看到中國歷史上最著名的航海家鄭和航行的寶船的原尺寸複製品。寶船有四百英尺長，是哥倫布於一四九二年橫跨大西洋搭乘的聖瑪利亞號的五倍。而這艘船只是由三百艘以上大型遠洋船舶組成艦隊的其中一艘。寶船設置了數根桅杆與彼此分隔的浮力室，以避免船隻在水線下方出現破洞時沉沒，以這種方式建造的船隻遠比十五世紀歐洲建造的任何船隻都要來得巨大。鄭和的艦隊總計有兩萬八千名船員，西方一直要到第一次世界大戰時才擁有如此龐大的海軍規模。

艦隊指揮官鄭和是個擁有非凡才能的人物。十一歲那年，鄭和在戰場上被明太祖朱元璋俘獲。依照慣例，俘虜都要接受閹割之刑。之後鄭和被分配到太祖四子朱棣身邊當差，朱棣後來篡奪帝位，成為我們所知的永樂帝。為了酬庸鄭和的忠心，永樂帝把探索遠洋的重責大任交託給他。

從一四〇五到一四二四年，在連續六次史詩般的航行中，鄭和艦隊將中國航海事業擴展到極度遼遠的地方❷（參考下頁圖）。鄭和航經泰國、蘇門答臘、爪哇與當時的大港口卡里卡特（Calicut，今日印度喀拉拉邦〔Kerala〕的科澤科德〔Kozhikode〕）；抵達淡馬錫（Temasek，日後的新加坡）、麻六甲與錫蘭；遠至印度奧里薩邦（Orissa）的喀塔克（Cuttack）、荷姆茲（Hormuz）、亞丁（Aden），並且上溯紅海直到吉達（Jeddah）[16]。名義上，這幾次航行是為了尋找神祕失蹤的建文帝，以及與建文帝一同遺失的傳國玉璽。永樂帝想彌補奪位時造成的殺戮，還是要湮滅罪證，我們不得而知。但可以確定的是，尋找失蹤的建文帝絕不是遠航的真正動機。

前六次航行，鄭和「奉詔前往荷姆茲與其他國家，統領大小船艦六十一艘……運載色絹與紵絲」。鄭和麾下軍官也接到指令，要「採辦瓷器、鐵鍋、禮品與軍械、紙、油、蠟等」[17]。這顯示鄭和的遠航具有商業目的，而中國顯然擁有印度洋商人垂涎的商品（瓷器、絲綢與麝

❷ 第七次航行是在一四三〇到一四三三年間。孟西士（Gavin Menzies）主張，中國艦隊曾繞經非洲南端的好望角，然後沿非洲西岸北上到維德角（Cape Verde Islands），越過大西洋，再南下直到火地島（Tierra del Fuego）與澳洲海岸；而鄭和麾下另一名將領可能到了格陵蘭，然後從西伯利亞北岸穿過白令海峽返回中國。支持這項主張的頂多只是間接證據，而最糟的狀況則是根本沒有證據。

鄭和第七次遠航（1430－1433年）與達伽馬首航（1497－1499年）

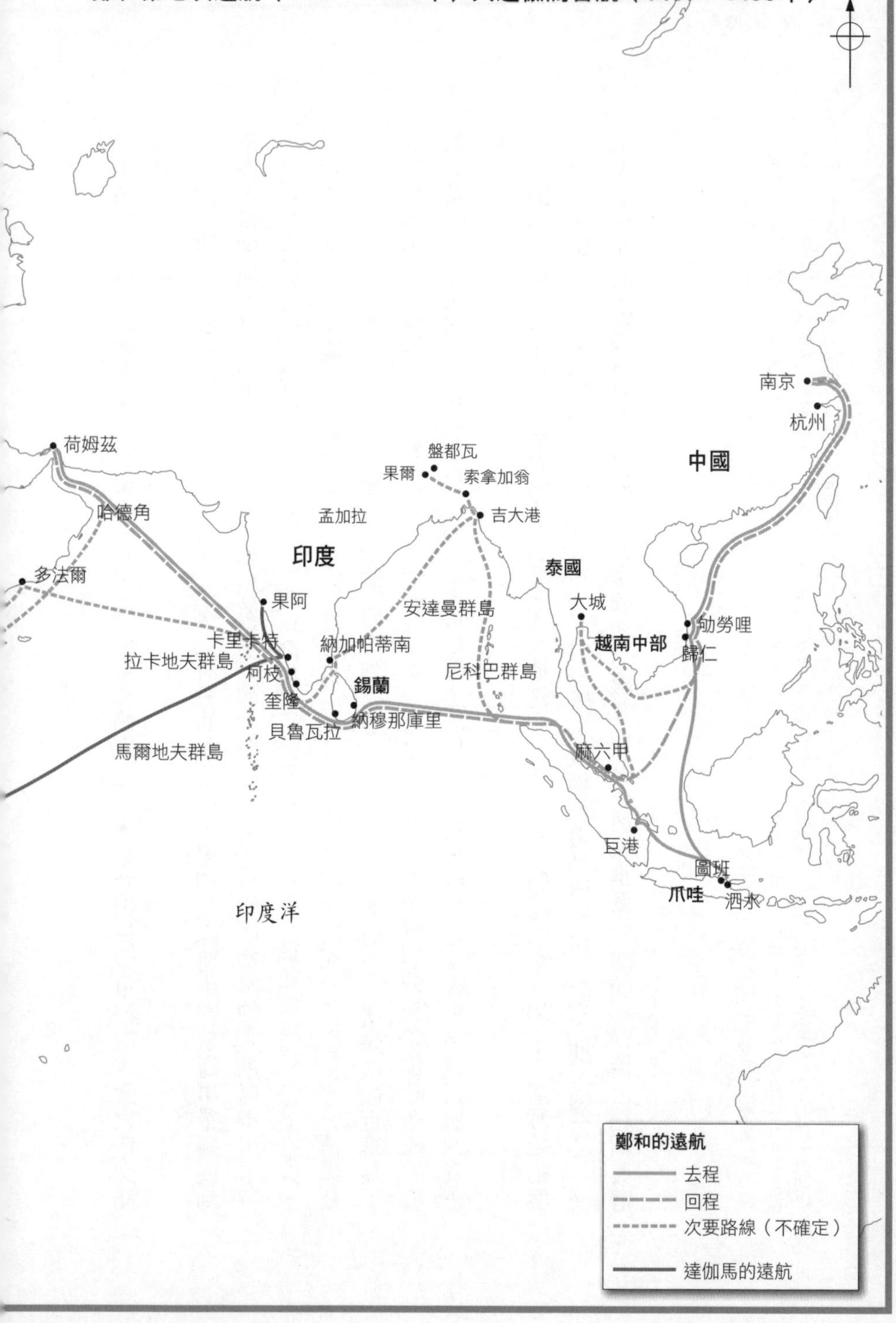

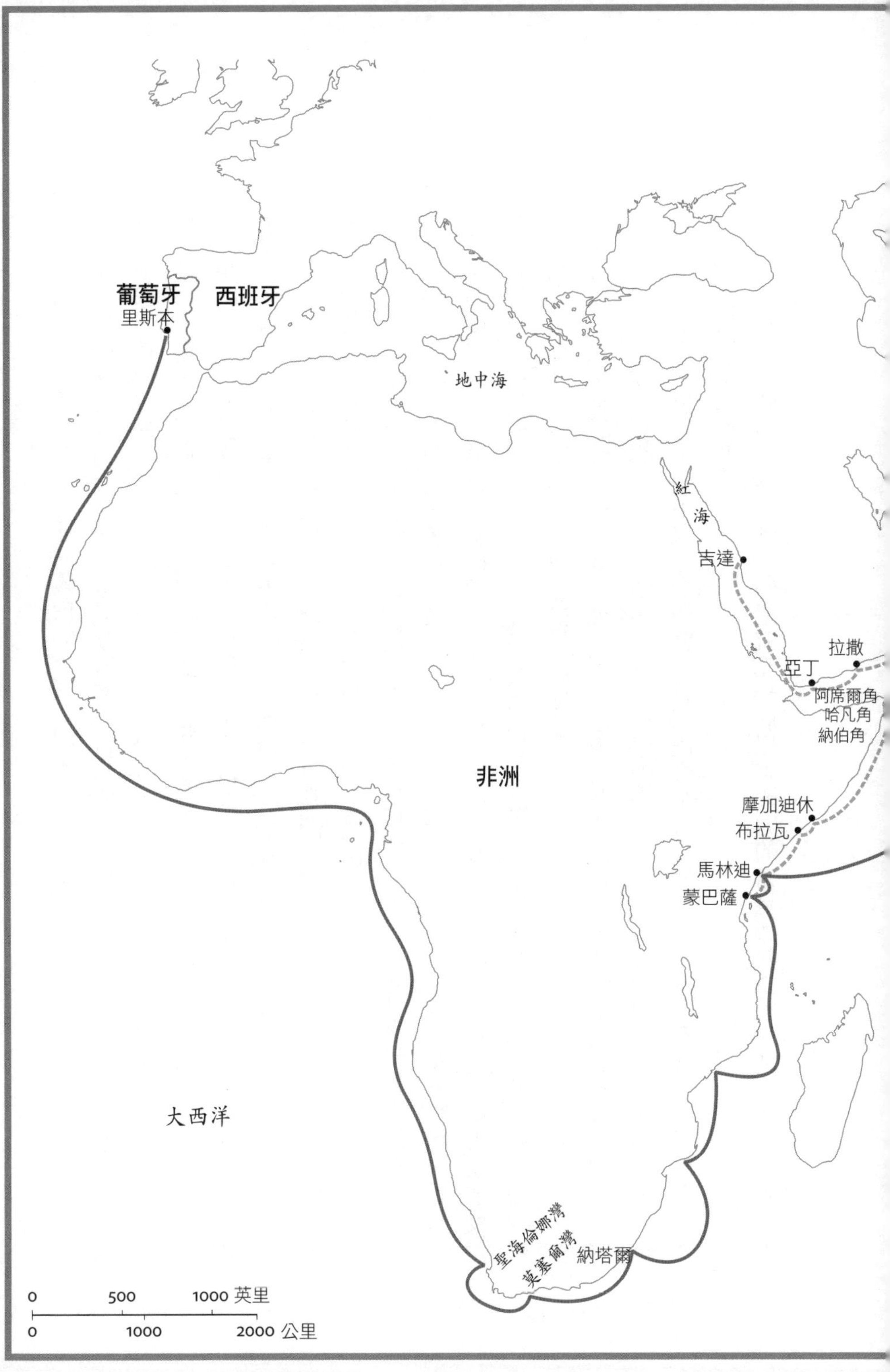

葡萄牙
西班牙
里斯本
地中海
紅海
吉達
拉撒
亞丁
阿席爾角
哈凡角
納伯角
非洲
摩加迪休
布拉瓦
馬林迪
蒙巴薩
大西洋
聖海倫娜灣
莫塞爾灣
納塔爾
0 500 1000 英里
0 1000 2000 公里

香）。相對的，中國也有渴望運回國內的珍物（胡椒、珍珠、寶石、象牙與藥用犀牛角）[18]。不過，實際上皇帝對貿易的關注與日後亞當斯密對貿易的關注似乎不太一樣。以當時留下的碑文來看，艦隊的目的在於「宣德化而柔遠人」。永樂帝希望「德化」帶來的回報是異國君主能像中國的鄰邦一樣向他朝貢。面對中國皇帝擁有的強大艦隊，誰敢不向他低頭呢[19]？

鄭和第三次遠航抵達了非洲東岸。他們並未停留很久。約有三十名非洲領袖派遣使臣隨鄭和至中國朝貢，瞻仰明朝皇帝的「天威」。馬林迪（Malindi，位於今日肯亞）的蘇丹遣使獻上異國珍品，其中包括了一頭長頸鹿。永樂帝親往南京宮門迎接。人們視長頸鹿為瑞獸麒麟（獨角獸），認為牠「象徵完美的德行、廉能的政府，以及帝國與宇宙的和諧」[20]（見圖7）。

但到了一四二四年，這個和諧被粉碎了。永樂帝駕崩，中國的海外事業也跟隨他一同埋葬。鄭和的遠航計畫立即遭到擱置，僅僅在一四三二到一四三三年間才獲得短暫恢復，進行了最後一次印度洋航行。海禁令明確禁止了遠洋航行。從一五〇〇年起，中國凡是有人私造雙桅大船，就會被處以死刑；一五五一年，就連登上這類大船出海也有罪[21]。鄭和遠航的紀錄遭到銷毀。鄭和自己也在遠航中去世，而且進行了海葬。

在這項重大決定的背後存在著什麼原因？是因為財政問題，還是因為朝廷的政治鬥爭？或者是因為安南（今日的越南）戰爭的支出出乎意料地龐大[22]？抑或是儒家學者對於鄭和從海外帶來的各種「奇珍異寶」（而不只是長頸鹿）感到懷疑？我們無法獲得確定答案。但可以確定的是，中國從此成為內向性的國家。

與阿波羅登月任務一樣，鄭和的遠航充分展現了國力的富足與科技的先進。一四一六年，中國太監在東非海岸登陸，就各方面來說都足以媲美一九六九年美國太空人登陸月球。但突然取消海上探險，永樂帝的後繼者似乎認為遠航成就帶來的經濟利益是微不足道的。

與此相反，從歐亞大陸另一端的歐洲小王國派出的船員，雖然無法與鄭和龐大的海軍相比，但他們擔負的遠航任務卻有著極為重大的意義與價值。

香料競賽

位於迎風面的里斯本港，聖喬治堡矗立在港口旁的高丘上，剛舉行加冕儀式的葡萄牙國王曼努埃爾（Manuel）在此將四艘小船的指揮權交給達伽馬（Vasco da Gama），託付他重要的任務。這四艘船可以放進鄭和的寶船裡還綽綽有餘，船員合計也不過才一百七十人。但他們的任務「進行探索並且尋找香料」，卻具有讓世界往西方傾斜的潛力。

這裡提到的香料指的是肉桂、丁香、荳蔻與肉荳蔻，歐洲人無法栽種這些植物，但又渴望獲得它們來增添食物風味。數世紀以來，香料之路一直是從印度洋往北經紅海，或由陸路經阿拉伯半島與安那托利亞傳入歐洲。到了十五世紀中葉，香料運往歐洲有利可圖的最後一段里程，遭到土耳其人與威尼斯人的控制。葡萄牙人發現，如果他們能找到其他途徑從非洲西岸南下，繞過好望角到印度洋，那麼運送香料將成為他們的獨門生意。另一名葡萄牙船員迪亞士（Bartolomeu Dias）曾於一四八八年繞過好望角，卻在其他船員逼迫下返航。九年後，輪到達伽馬接續這段旅程。

藉由曼努埃爾國王的命令可得知西方文明往海外擴張的關鍵事實。我們將看到，西方比世界其他地區多了不只一項優勢，但真正推動西方向前的卻是激烈競爭，正是激烈競爭為「探索時代」揭開序幕。對歐洲人來說，繞經非洲不是為了替國內某個至高無上的君主尋求象徵性的貢品，而是為了在經濟與政治上領先對手。如果達伽馬成功，那麼里斯本將勝過威尼斯。簡單說，海上探索是十五世紀歐洲的太空競賽，或者應該說是香料競賽。

達伽馬於一四九七年七月八日啟航。四個月後，當達伽馬與他的葡萄牙船員繞經非洲最南端的好望角時，他們並未問自己該為國王帶回什麼珍禽異獸，他們只想知道自己最終是否能完成別人所無法完成的事——找到新的香料航路。他們想要貿易，而不是朝貢。

一四九八年四月，就在鄭和登陸整整八十二年後，達伽馬抵達了馬林迪。中國人在這裡幾乎沒有留下任何東西，除了一些瓷器與ＤＮＡ。相傳當初有二十名中國船員在帕特島（island of Pate）附近發生船難，他們游泳上岸，在當地娶了非洲人為妻，並且引進中國的竹籃式織法與製絲方式[23]。與中國人不同的是，葡萄牙人馬上就看出馬林迪做為貿易站的潛力。達伽馬對於能在當地遇見印度商人特別感到興奮，我們幾乎可以確定他是在印度商人的指點下，利用季風航行到卡里卡特。

對貿易的渴望，並不是葡萄牙人與中國人唯一的差異。這些來自里斯本的船員個個冷酷無情（或者說是野蠻殘忍），這種性格是鄭和的將士所少有的。當卡里卡特國王狐疑地看著葡萄牙人從里斯本帶來的貨物時，達伽馬隨即抓住十六名漁夫做為人質。當達伽馬第二次來到印度時，他率領了十五艘船隻，不僅開砲轟擊卡里卡特，而且將擄獲船隻的船員手腳切斷。據說還有一次，達伽馬把一艘開往麥加的船上乘客全鎖起來，然後放火燒船。

葡萄牙人刻意彰顯暴力，因為他們知道要打開繞經好望角的新香料航線可能會遭遇抵抗，因此他們認為必須先發制人。一五一三年，第二任葡屬印度總督阿爾布克爾克（Afonso de Albuquerque）自豪地向葡王報告：「一聽到我們要來，（當地）船隻全不見蹤影，就連鳥兒也停止掠過水面。」然而面對某些敵人，大砲與短彎刀是無用的。達伽馬首次遠航的船員有半數無法生還，原因不單出在他們的船長想逆著季風風向把船開回非洲。原本的四艘船只剩兩艘成功返回里斯本。達伽馬自己也於一五二四年第三次航行中死於瘧疾；遺體運回歐洲，現安放在里斯本聖熱羅尼莫修道院（現為貝倫聖瑪麗亞教堂）的美麗石棺裡（見圖9）。其他葡萄牙探險家繼續航行，他們經過印度，一路航向中國。過去，中國即使不是輕視，至少也是冷眼看待這些遙遠的歐洲蠻族。但現在香料競賽把這些蠻族帶到國門前。值得一提的是，雖然葡萄牙人沒什麼物品是中國人感興趣的，但他們卻帶來了白銀。明朝自從以銀錢取代紙幣與勞役做為主要支付工具之後，對白銀的需求量大增。

一五五七年，葡萄牙勢力到達澳門，這是珠江三角洲上的一座半島。他們做的第一件事就是興建一座大門——關閘，在上面題字：「畏懼我們的偉大，尊敬我們的美德。」澳門這個貿易前哨站由於地位相當重要，因此獲得了城市地位，人稱中國的天主聖名之城。澳門也是歐洲在中國建立的第一個商業飛地（編按：指在本國境內，卻隸屬於他國的領土）。葡萄牙海外擴張的史詩《魯吉阿達斯》（*The Lusiads*）的作者卡蒙伊斯（Luís da Camões）曾因傷害事件而從里斯本被流放，他在澳門住過一段時間。卡蒙伊斯感到好奇的是，像葡萄牙這個人口不到中國一％的小國，怎麼會想支配亞洲這幾個人口眾多的帝國的貿易？然而，藉由探險家的航行，葡萄牙建立了驚人的貿易站網路，它像項鍊一樣在地球上延伸，從里斯本繞過非洲海岸、阿拉伯半島與印度，穿過麻六甲海峽，抵達目的地香料群島，而後又繼續延伸，甚至到了比澳門更遠的地方。「如果還有需要探索的世界」，卡蒙伊斯寫道，他的同胞「也會找到這些地方」！[24]

葡萄牙在歐洲的競爭對手也想分食海外擴張的利益。西班牙緊跟在葡萄牙之後進行遠航，不僅率先抵達新世界（見第三章），也在亞洲的菲律賓建立前哨站，西班牙人從這裡將大量的墨西哥白銀運往中國[25]。托爾德西里亞斯條約（Treaty of Tordesillas, 1494）瓜分世界數十年後，伊比利半島上的西葡兩國以無比的自信看待自己的帝國成就。然而西班牙治下桀驁不馴而嫻熟商業的荷蘭人，也注意到新香料航路的潛力；事實上，到了十七世紀中葉，荷蘭人航經好望角的船舶數量與噸數已經趕上葡萄牙人，法國人也加入遠航的行列。

英格蘭人呢？他們的領土野心曾經伸展到法國，他們在中世紀也產生新的經濟觀念，把羊毛販售給法蘭德斯人。當英格蘭人得知宿敵西班牙人與法國人正從海外獲得大筆財富時，他們怎麼可能不動聲色？果然，英格蘭不久也加入海外貿易競爭。一四九六年，卡伯特（John Cabot）從布里斯托（Bristol）首次嘗試橫越大西洋。一五五三年，衛勒比（Hugh Willoughby）與錢斯勒（Richard Chancellor）從德特佛德出發尋找通往印度的「東北航道」。衛勒比在途中凍死，錢斯勒則抵達阿克安傑爾，然後從陸路抵達位於莫斯科的恐怖伊凡宮廷。錢斯勒一回到倫敦就成立莫斯科公司（全名是「神祕與商人探險者公司，專門探索未知的地區、國家、島嶼與地方」），以發展和俄國的貿易。英格蘭王室的熱情贊助，推動了許多類似的計畫，除了橫跨大西洋的航行，還有香料航線。到了十七世紀中葉，從貝爾法斯特（Belfast）到波士頓，從孟加拉到巴哈馬，英格蘭的貿易開始欣欣向榮。

在狂暴的割喉競爭中，世界被瓜分了。但問題依然存在：為什麼歐洲人看起來比中國人更具商業熱忱？為什麼達伽馬如此清楚地顯露對金錢的渴望，甚至於為金錢而殺人？

你可以從中世紀歐洲的地圖上找到答案，從西部濱海的王國，到散布於波羅的海到亞德里亞海（Adriatic）、呂北克（Lübeck）到威尼斯之間的許多城邦，總共有數百個國家彼此競爭。十四世紀的歐洲大約有一千個政治體；兩百年後，仍有約五百多個獨立的政治單位。何以如此？最簡單的答案是地理環境。中國有三條大河，黃河、長江與珠江，都是由西往東流[26]。歐洲的河流眾多，而且流向不同的方向，此外還有許多山脈，如阿爾卑斯山與庇里牛斯山，更別提德國與波蘭境內的茂密森林與沼澤濕地。對於以掠奪為能事的蒙古人來說，入侵中國顯得容易多了；歐洲的地理環境不利於騎馬民族滲透深入，因此比較不須形成統一國家。我們不清楚為什麼在帖木兒之後中亞的威脅全面退出歐洲。或許是因為俄國的防衛能力提升，也或許是因為蒙古騎兵在大草原上較為有利。

然而我們也看到，歐洲的衝突帶來各種毀滅——只要回顧十七世紀中葉日耳曼地區三十年戰爭導致的破壞。在十餘個較大歐洲國家的邊境地帶，民眾生活充滿災難。從一五五〇年到一六五〇年，有三分之二以上的時間各國處於混戰狀態。從一五〇〇到一七九九年，西班牙有八一%的時間與外敵作戰，英格蘭有五三%，而法國有五二%。但這種持續戰爭卻帶來三項意想不到的好處。首先，它鼓勵軍事科技的創新。在陸地上，隨著大砲威力越來越大且越來越容易操作，堡壘也越蓋越堅固。位於日耳曼南部澤海姆（Seeheim）坦能堡（Tannenberg）的「強盜男爵」城堡，一三九九年的毀壞是一則預兆：成為歐洲第一座被火藥攻破的城堡。

在此同時，海上的船艦基於一些理由仍維持較小的船身。與地中海的槳帆船（外型從羅馬時代以來就少有變化）相比，十五世紀晚期的葡萄牙卡拉維爾帆船（有橫帆與雙桅）在速度與火力配合上顯得較為均衡；與鄭和的巨艦相比，則更容易調轉方向也更難被擊中。一五〇一年，法國人在船艦兩側架設大砲，使歐洲的軍艦成為浮動堡壘[27]。假如鄭和與達伽馬在海上較量，葡萄牙人可能有能力擊沉笨重的中國船，正如他們在印度洋上迅速殲滅小巧靈活的阿拉伯單桅帆船一樣——不過，一五二一年時，明朝艦隊曾在屯門島擊沉一艘葡萄牙卡拉維爾帆船。

歐洲綿延不絕的戰事帶來的第二項好處，是競爭的國家越來越懂得如何籌措軍費。從一五二〇到一六三〇年，英格蘭與法國的統治者要求每人要繳交數公克的白銀，他們獲得的稅收甚至遠高於中國皇帝[28]。**從十三世紀的義大利開始，歐洲人也開始嘗試史無前例的政府借貸，因而成為現代債券市場的先河。**明朝完全不知道有公債這東西，一直要到十九世紀末才由歐洲人引進中國。**另一項改變世界的財政創新是荷蘭人提出的，政府讓合資公司取得專賣權並且分享該公司的營業利益。**此外，也讓這些公司成為海軍轉包商以對抗其他競爭強權。**一六〇二年成立的荷屬東印度公司，以及英格蘭仿傚成立的英屬東印度公司，兩者是最早出現的資本主義公司，它們的權益資本分割成可交易的股份，由經營者斟酌給予持股者現金股利。**東方從未出現這類具有驚人動力的機構。然而，雖然國王的收入增加，但這些近代初期國家創造的嶄新而常設的資金保管人（銀行家、債券持有者與公司管理者）也削弱了王室特權。

最重要的是，經過幾個世代的傾軋衝突，歐洲已沒有任何國家的君主有足夠實力禁止海外探險。即便在土耳其人進逼東歐之時（他們在十六、十七世紀也曾不斷進犯），也沒有泛歐洲的皇帝下令葡萄牙人應中止海外探險，而將精力集中在對抗東方的敵人上[29]。相反的，歐洲各國君主仍持續鼓勵商業、征服與殖民，以與其他國家爭勝。

從路德宗教改革橫掃日耳曼地區之後（見第二章），超過一個世紀的時間，宗教戰爭成為歐洲生活的災難。然而新教徒與羅馬天主教徒之間的血腥戰爭，與各地間歇性的對猶太人的迫害，也產生了好的副作用。一四九二年，猶太人被當成宗教異端而被逐出卡斯提爾與亞拉岡。一起初有許多猶太人前往鄂圖曼帝國避難，不過在一五〇九年之後，猶太社群在威尼斯建立。一五六六年，荷蘭人反抗西班牙的統治，聯合省（United Provinces）獨立成為新教共和國，阿姆斯特丹因此成為宗教寬容的避風港。當雨格諾派（Huguenots）新教徒於一六八五年被逐出法國時，他們重新定居於英格蘭、荷蘭與瑞士[30]。當然，宗教熱情也提供海外擴張的另一項誘因。葡萄牙王子航海者亨利（Henrique the Navigator）鼓勵船員探索非洲海岸，部分原因是希望他們能找到失落的基督教聖人祭司王約翰（Prester John）建立的神祕王國，祭司王也許會援助歐洲抵抗土耳其人。除了向印度堅持免除關稅外，達伽馬還無恥地要求卡里卡特國王驅逐所有的穆斯林，而他自己則針對前往麥加的穆斯林船隻發動海盜式的攻擊。

簡單說，歐洲政治分裂的特徵，使一切與中華帝國類似的特質都無法在歐洲出現。政治分裂也促使歐洲人到海外尋找機會，不管是經濟、地緣政治還是宗教。你也許認為這是個分而治之的例子，然而弔詭的是，歐洲人卻因為分裂而統治世界。在歐洲，小就是美，因為小意味著競爭，而競爭不只出現在國與國之間，也出現在國家內部。

以官方來說，亨利五世是英格蘭與威爾斯的國王，他甚至主張自己是法國國王。但實際上在英格蘭的鄉村，真正的權力掌握在大貴族——這些貴族的後裔曾向約翰王（King John）提出大憲章（Magna Carta）——以及數千名土地士紳、無數的結社團體、教士與俗人手裡。教會直到亨利八世在位時才受到王室控制。城鎮通常是自治的。一個國家最重要的商業中心幾乎都擁有完全自主的地位。歐洲不只是由國家組成；它也由各個階級組成，包括貴族、教士與市民。

倫敦市這個法人團體，其起源與組織最遠可以上溯到十二世紀。換句話說，這個團體當中的市長、司法長官、市議員、普通議會、同業公會與榮譽市民全有大約八百年的歷史。倫敦市法人團體是自治商業機構最早的例子——某方面來說，可以算是我們現今公司法人的先驅，而從另一方面來看，它也帶有民主制度的雛形。

最早從一一三〇年代開始，亨利一世給予倫敦市民選擇「獨立判斷」的司法長官與法官的權利，也給予他們處理司法與財政事務而不受國王或其他權威干涉的權利[31]。一一九一年，當理查一世率領十字軍於聖地作戰之際，倫敦市民也為自己爭取到選舉市長的權利；一二一五年，約翰王確認了該項權利[32]。這個結果使倫敦市再也不懼怕國王。在倫敦榮譽市民支持下，市長湯瑪斯於一二六三到一二六五年間協助蒙佛（Simon de Montfort）舉兵反叛亨利三世。一三一九年，愛德華二世在倫敦布商要求減少外國商人特權一事上，與倫敦市出現對立。國王堅持不退讓，「倫敦暴民」於是支持莫提默（Roger Mortimer）廢黜國王。愛德華三世在位時，情勢開始對倫敦不利；義大利與漢薩同盟商人在倫敦設立據點，他們不僅以優惠條件貸款給愛德華三世，甚至在國王未成年的孫子（未來的理查二世）還沒登基前就開始資助他[33]。但倫敦人仍繼續挑戰王室權威，即使在理查二世面臨農民反叛（Peasants' Revolt, 1381）與上訴貴族（Lords Appellant）的挑戰時，也沒有意願支持他。一三九二年，理查廢除倫敦的特權與自由，但五年後，在市長惠廷頓的協商下，倫敦以慷慨的一萬英鎊「禮金」確保了城市的權利。貸款與禮金成為城市自治的關鍵。惠廷頓借給亨利四世至少兩萬四千英鎊，而他的兒子亨利五世則大約七千五百英鎊[34]。

不只倫敦市與國王爭奪權力，就連倫敦市內部也充滿競爭。幾乎每個同業公會的歷史都能追溯到中世紀：紡織工到一一三〇年，麵包師傅到一一五五年，魚商到一二七二年，金匠、裁縫師與皮革工到一三二七年，服飾商到一三六四年，布商到一三八四年，而雜貨商到一四二八年。這些同業公會在他們所屬的特定經濟部門有極大的影響力，但他們也擁有政治權力。愛德華三世承認這點，他曾宣稱自己是亞麻軍械製造公會（後來的裁縫師公會）的一員。到了一六〇七年，裁縫師公會已能列出許多榮譽會員，包括七名國王與一名王后，十七名王子與公爵，九名伯爵夫人、公爵夫人與男爵夫人，兩百名以上的侯爵、男爵與其他士紳，以及一名大主教。「十二大」同業公會依地位排列是布商、雜貨商、服飾商、魚商、金匠、皮革工、裁縫師、針線用品商、製鹽業者、五金商、釀酒人與紡織工——這提醒了我們倫敦工匠與商人公會曾經擁有權力，即使他們現今的角色主要是儀式性的。在他們競爭最激烈的時候，爭鬥也許就像家常便飯一樣[35]。

這種多層次的競爭（國與國之間、國家內部，乃至於城市內部）有助於解釋歐洲機械鐘科技的快速傳布與進展。早在一三三〇年代，沃林佛德（Richard of Wallingford）已經在聖奧爾本斯修道院的翼廊南牆上裝設一座相當精巧的機械鐘，可以顯示月亮、潮汐與其他天體的運行。由於每小時敲鐘一次（clock原意即是指這種敲擊發出聲響的鐘），這座機械鐘與十五世紀取代它的發條鐘，要比中國水鐘來得精確，而且可以向外傳播，而不是像中國一樣壟斷在皇帝的天文學家手裡。因此，如果某個小鎮的主教座堂鐘樓裝設了一座美麗的新鐘盤，那麼最鄰近的小鎮很快就會跟進互別苗頭。如果新教鐘匠在一六八五年後的法國不受歡迎，那麼瑞士倒是很樂意接納他們。就像軍事科技一樣，「競爭」促使鐘匠努力在產品的精確與優雅上做出微小但不斷累積的改善。十六世紀晚期，耶穌會傳教士利瑪竇攜帶歐洲鐘來到中國，對照之下，東方鐘相形見絀[36]。一六〇二年，在萬曆皇帝要求下，利瑪竇在米紙上繪製了美麗的世界地圖（也就是《坤輿萬國全圖》），並且將中國畫在地圖的中心。然而利瑪竇肯定知道，此時的中國科技已落居世界邊陲。

由於時鐘可以使測量更精準，行動更協調一致，我們也許可以說，時鐘及日後可攜式鐘錶的興起，與歐洲的崛起及西方文明的傳布息息相關。在談過時鐘之後，我們接下來要花一點時間談談東方優越的時代。

與歐洲充滿各色補綴的棉被相比，東亞像一條巨大的單色毛毯——至少從政治的角度看是如此。中國主要的競爭者是北方掠奪成性的蒙古人與東方的日本海盜。從秦始皇（西元前二二一—二一〇年）以來，北方一直帶來巨大的威脅，而這項威脅也使帝國在防衛上投入巨大資金，也就是我們現今所知的萬里長城。羅馬哈德良（Hadrian）皇帝與東德領導人何內克（Erich Honecker）雖然也興築圍牆，但規模完全無法與長城相比。中國另一項足以與長城輝映的浩大工程，是用來灌溉可耕地的運河與溝渠網路，馬克思主義漢學家魏特夫（Karl Wittfogel）認為這是東方「水利官僚」專制主義最重要的產物。

北京紫禁城是中國專制權力的另一座紀念碑。想體會紫禁城的碩大無比與獨特氣息，遊客應該穿過太和門，走到太和殿，殿中有金鑾寶座；然後走到中和殿，這是皇帝上朝前休息之處；接著是保和殿，這是皇帝進行科舉殿試的地方（見圖8）。顯然，「和」這個字與不可分割的皇帝權威有著極密切的關係[37]。

與長城一樣，十五世紀的西方找不到能與紫禁城相比的宮殿建築，倫敦更是如此，這裡的權力被細分成國王、上議院（世俗與宗教議員）與下議院，以及倫敦市法人團體與同業公會團體。每個團體都有自己的宅邸與聚會所，但從東方的標準來看，這些建築物都小得可憐。中世紀歐洲王國是由一群世襲地主與教士（這些人的去留完全取決於國王一己的好惡）治理，中國則是由一群儒家官員由上而下進行統治，選拔官員的標準號稱是人類史上最嚴格的考試。凡是想在朝中當官的人，必須通過三次足以讓人耗盡體力的考試。考場經過特殊設計，現今南京還保留過去考場的建築——占地廣大的建築群，外圍有圍牆，裡面則區隔成數千間小室，大小幾乎跟火車上的廁所一樣：

> 這些小磚房（一名歐洲旅人寫道）大約一・一公尺深、一公尺寬、一・七公尺高。房裡有兩張石臺，一張當做桌子，另一張則是椅子。在為期兩天的考試期間，守望塔裡的士兵監視著考生的一舉一動……可以四處走動的只有僕役，由他們負責補充食物飲水與清運排泄物。考生若是累了，只能在狹窄的房間裡蜷曲著身子休息。但隔壁房間的燈光或許會逼得他繼續提筆寫字……有些考生受不了這樣的壓力，就在考場內發瘋了[38]。

在有如鞋盒的房間裡待上三天兩夜，無疑只有最傑出（與最有毅力）的考生才能通過考試。但考試對儒家四書五經的過度強調——必須記誦的文字竟有四十三萬一千兩百八十六個字——加上從一四八七年引進的八股文，使科舉只能甄拔出最順從與最謹慎的人[39]。科舉的競爭非常激烈，這點毋庸置疑，但這種競爭不能激勵創新，也不能產生改變。漢字是中國文明的核心，它產生了保守的菁英，也局限了一般民眾從事文字活動的可能。我們可以從歐洲各種彼此競爭的方言——義大利語、法語與卡斯提爾語，以及葡萄牙語與英語——看到鮮明的對比，這些方言不僅成為菁英創作文學的來源，也讓一般民眾只需要相對簡單而容易進階的教育，就能用方言拼寫出文字[40]。

孔子曾說：「君子中庸，小人反中庸」，明代中國因為過於因循舊習，才難以創新。

平庸之國

文明是複雜的事物。文明可以連續好幾個世紀維持強大繁榮的太平局面，卻也可能在相當短的時間內越過臨界點而陷入混亂。

明朝建立於一三六八年，起兵的朱元璋登基為帝，年號洪武。如我們所見，往後三百年間，無論從哪個標準衡量，明朝都是最高度發展的世界文明。但到了十七世紀中葉，明朝卻瞬間土崩瓦解。這不表示我們對明朝先前的穩定過於誇大。永樂帝發動靖難之役，奪取姪子的合法帝位入繼大統，但這段內戰其實相當短暫。與靖難相比，十七世紀中葉的危機無疑是更大的崩壞。白銀購買力的降低侵蝕了稅收的實質價值，而財政危機又進一步惡化政治派系的傾軋[41]。寒冬、饑荒與瘟疫引發國內民變與外族寇邊[42]。一六四四年，北京被闖王李自成攻陷，崇禎帝於景山羞憤上吊自盡。從儒家的海晏河清到天下大亂，居然不過十餘年的時間。

明朝的衰亡帶來極大的破壞。從一五八〇到一六五〇年，戰爭與瘟疫使中國人口減少了三五％到四〇％。到底問題出在哪裡？答案是，當文明往內發展時，往往會帶來致命的結果，尤其像中國這種複雜而人口稠密的社會。明朝建立了高度均衡的體系——外在極為輝煌，但內在卻很脆弱。鄉村可以供養大量人口，但它的基礎本質上是靜態的社會秩序，完全沒有任何創新。這是一個陷阱。只要有任何一件小事不對勁，陷阱就會戛然關閉，外界的資源也將停止挹注。的確，有許多學者認為明代中國是一個繁榮社會，有著大量的國內貿易與活力充沛的奢侈品市場[43]。然而，較新的中國研究卻顯示，明代人均所得是停滯的，而資本存量實際上也不斷縮減[44]。

與此相反，英格蘭人口在十七世紀晚期的增加，海外擴張扮演著關鍵角色，它使英格蘭擺脫了馬爾薩斯陷阱。跨大西洋貿易帶回新的營養食物，如馬鈴薯與蔗糖——一英畝的甘蔗可以提供十二英畝小麥的熱量[45]——此外還有鱈魚與鯡魚。國內剩餘人口也可殖民海外。經過一段時

英國／中國人均國內生產毛額比值（1000－2008年）

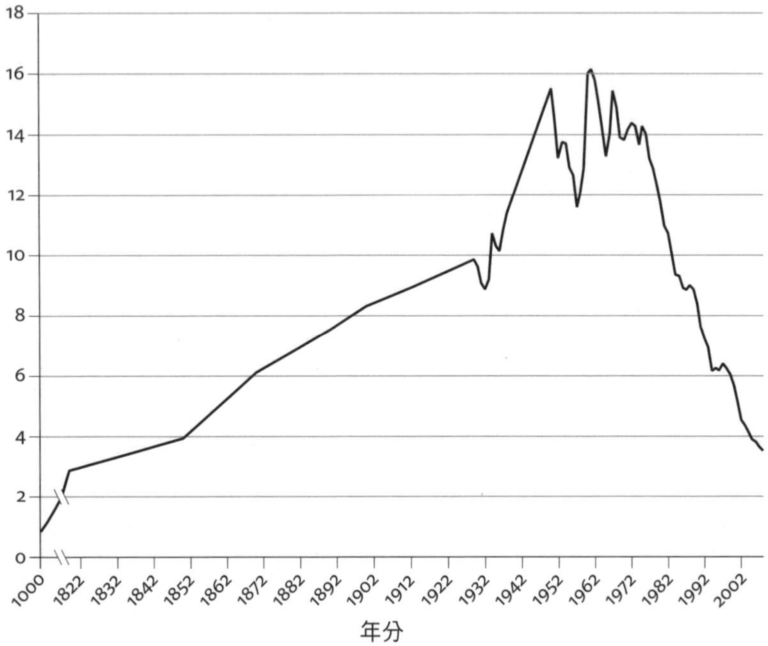

間之後，海外擴張明顯提升了英格蘭的生產力、所得與營養，甚至還包括身高。

我們可以思考另一個島國民族的命運，他們與英格蘭人非常類似，雙方都住在歐亞大陸旁的群島上。當英格蘭人野心勃勃向外發展，奠定所謂「盎格魯全球化」（Anglobalization）的基礎時，日本人卻走上相反的道路，德川幕府於一六四〇年後頒布鎖國令。與外在世界各種形式的接觸都遭到禁止。結果，日本完全錯失急速增溫的全球貿易與移民的種種好處。其後果有目共睹。到了十八世紀晚期，英格蘭農民的飲食有二八％是動物製品；反觀日本農民的飲食十分單一，九五％是穀物，通常是稻米。

營養的分歧是一六〇〇年後雙方體格明顯出現差異的主因。十八世紀，英格蘭囚犯的平均身高是五英尺七英寸（約一百七十公分）。同時期日本士兵的平均身高只有五英尺二又二分之一英寸（約一百五十九公分）[46]。東方與西方若在此時相遇，他們將無法平視對方的眼睛。

換句話說，早在工業革命前，小英格蘭已經因為商業與殖民的物質優勢，而領先東方的偉大文明。中國與日本的發展路線——禁止海外貿易與密集生產稻米——意味著當人口成長時，所得將跟著下跌，同步降低的還有營養、身高與生產力。當作物減產或無法順利從事農作時，結果將是災難性的。英格蘭在成癮藥物上也比較幸運：英格蘭人原本一直耽溺於酒精中，但十七世紀時，美洲的菸草、阿拉伯的咖啡與中國的茶使他們從酩酊中醒來。他們在咖啡廳裡得到刺激，在這邊他們可以喝著咖啡、談論股市或者閒聊[47]；中國人最後全癱軟在鴉片窟裡，他們的菸管裡塞的全是英屬東印度公司的產品[48]。

不是所有的歐洲評論家都跟亞當斯密一樣認為中國處於「停滯狀態」。一六九七年，日耳曼哲學家與數學家萊布尼茲（Gottfried Leibniz）表示：「我必須在我的門上貼上告示：中國知識資訊辦公室。」在他的作品《中國的最新消息》（*The Latest News from China*）中，他提議：「中國應該派傳教士到我們這兒來，教導我們自然神學的宗旨與做法，如同我們派遣傳教士到中國，教導他們天啟宗教一樣。」一七六四年，法國哲士（philosophe）❸伏爾泰（Voltaire）表示：「我們不須沉迷於中國人的優點，也能承認……中國人的帝國確實是世上有史以來最好的帝國。」兩年後，重農學派魁奈（François Quesnay）出版《中國的專制主義》（*The Despotism of*

China），讚揚中國經濟政策把農業放在首要地位。

然而，在英吉利海峽的對岸，人們更關注商業與產業——他們比較不會藉由理想化中國的形象，一面倒地批評自己的政府——而且更能清楚看出中國停滯的現實。一七九三年，馬戛爾尼伯爵率使節團覲見乾隆皇帝，他想說服中國開放口岸進行貿易，但未獲成果。雖然馬戛爾尼堅拒行叩頭之禮，但他還是呈上了大量貢品：日耳曼製的天象儀，「或許可以說是當今世上最大最精美的玻璃透鏡」，還有望遠鏡、經緯儀、空氣幫浦、電力機器與「用來解釋與說明科學原則的各種儀器設備」。然而年老的皇帝（他已經八十幾歲）與他的近臣，對西方文明的新奇之物不感興趣（見圖10）：

> 顯然，過去對科學的喜好，現今已不在……無知的中國人已經丟失與拋棄了科學……據說，當英國使節一離開，中國人馬上把這些物品堆進圓明園（昔日的避暑離宮）的倉庫裡。這些全是英國製品的上上之選，是精緻與技術的巔峰之作。這些物品似乎只在大臣心中留下了猜忌……這種心態或許歸因於國家的政策，中國不鼓勵引進新奇事物……。

乾隆帝隨後頒布了一道語帶輕視的敕諭給英王喬治三世：「天朝物產豐盈，無所不有，原不藉外夷貨物以通有無。」[49]

馬戛爾尼打開中國門戶的行動胎死腹中，充分顯示全球霸權已由東方轉移到西方，而這項改變從一五〇〇年就已開始。中國曾經是創新發明的故鄉，現在卻淪為平庸的國度，而且惡意敵視其他民族的創新。聰明的中國人發明的物品——時鐘，現在又回到中國，只是已經由歐洲人的改造與改良，以彈簧與齒輪製造出更精確的計時裝置。現今，在紫禁城中有一間單獨的房間，裡面放置的全是皇室收藏的計時器械，數量相當龐大。清朝前幾任皇帝與目空一切的乾隆帝完全不同，他們熱衷於收集時鐘。這些時鐘要不是歐洲生產的，就是由來自歐洲的工匠在中國製造的。

一八四二年六月，當英國皇家砲艦溯長江而上，直抵大運河，以報復中國官吏積極查禁鴉片時，西方的優勢也於此時獲得確認。中國必須賠償兩千一百萬銀元，開放五處口岸與英國貿易並且割讓香港島。令人覺得諷刺卻又合適的是，中國首次「不平等條約」在南京靜海寺簽訂，正好是奉祀鄭和與曾於四百多年前保護鄭和與他的艦隊平安往返海上的海神天妃的寺廟。

英國人再次在中國造船——能夠環航全球的大船，運載著裝滿中國製品的貨櫃出航，然後運回大量原料餵養中國不斷成長而難以饜足的工業經濟。當我於二〇一〇年六月造訪上海最大的造船廠時，我被建造中的龐大船身所震懾。這個場景足以讓我幼年時見過的格拉斯哥（Glasgow）船塢相形失色。在溫州工廠，工人們大量生產數十萬套服裝與數百萬支塑膠筆。數不盡的平底船運載著堆積如山的煤炭、水泥與礦砂，日夜翻攪著長江水。競爭、公司、市場、

❸譯註：哲士指十八世紀啟蒙運動的思想家。這些思想家與其說是哲學家，不如說是公共知識分子，他們憑藉理性思辨來考察社會與自然的各個領域，例如哲學、歷史、科學、政治、經濟乃至於社會議題。

貿易——這些都曾是中國棄之如敝屣的事物，但現在已經大不相同。現今，鄭和是中國擴張主義的化身，他曾長久湮沒於歷史之中，但現在又成為中國的英雄。後毛澤東時代最偉大的經濟改革者鄧小平曾說：

> 現在任何國家要發達起來，閉關自守都不可能。我們吃過這個苦頭，我們的老祖宗也吃過這個苦頭。恐怕明朝明成祖時候，鄭和下西洋還算是開放的。明成祖死後，明朝逐漸衰落。中國被侵略了。如果從明朝中葉算起，到鴉片戰爭，在三百年的閉關自守，把中國搞得貧窮落後，愚昧無知。不開放不行。

這是一段合理的歷史解讀（而且非常接近亞當斯密的歷史觀點）。

三十年前，如果你預言中國在半世紀之內將成為世界最大的經濟體，人們會認為你在幻想。然而，如果時光倒流到一四二〇年，你預言西歐有一天產值將超越整個亞洲，而且在五百年內，平均每個英國人會比中國人富有九倍以上，人們會認為你脫離現實。**這正是西歐競爭產生的動態效果，而東亞的政治壟斷卻遲滯了文明的發展。**

| 第二章 |

科　學

我曾假裝對科學充滿興趣，但不久就從敷衍了事轉為全心投入。我放棄成為一名實業家……並決心離開故鄉，於是辭去法院的工作。過去我一直是個國王的忠僕，但我強調自己急欲精通西方科學，並且暗示我的旅行其實也是服侍國王的一種方式。

——孟德斯鳩（1689-1755，法國啟蒙時代思想家、社會學家）

布蘭登堡這個土地並不肥沃的國家，何以握有如此的力量，使諸國召集了遠比對抗路易十四還龐大的力量來對抗它。若能解釋這個現象，應能給我們一些啟示。

——伏爾泰（1694-1778，法國啟蒙時代思想家、文學家）

圍城

自從七世紀伊斯蘭教從阿拉伯沙漠向外擴張以來，西方與東方的衝突便層出不窮。穆罕默德的追隨者向耶穌基督的信眾發動聖戰，而基督徒也報以進攻聖地的十字軍東征——從一〇九五到一二七二年，一共九次——與西班牙和葡萄牙的再征服運動。過去三百年來，絕大多數的時間，雙方各有零星勝負，但整體來看西方逐漸在這場文明衝突中占了上風。主要原因之一是**西方科學的優越**。然而，這項優勢並非想當然爾[1]。

到了八世紀中葉，先知穆罕默德的繼承者建立了伊斯蘭帝國，從西班牙往東延伸，橫跨北非，穿過阿拉伯核心地區，往北經敘利亞進入高加索，然後向東經波斯直抵阿富汗——等於掌握了從托雷多到喀布爾的大片領土。這些穆斯林能夠開疆拓土，靠的不只是強烈的宗教熱忱，還有阿拔斯王朝（Abbasid）頂尖的科學技術。九世紀時，阿拔斯哈里發哈倫・拉希德（Caliph Harun al-Rashid）在巴格達設立智慧之屋（House of Wisdom），將亞里斯多德及其他作者的希臘文作品翻譯成阿拉伯文。有些人認為，人類史上第一所醫院是伊斯蘭帝國設立的，例如，七〇七年瓦里德（al-Waleed bin Abdel Malek）哈里發在大馬士革的病坊（bimaristan），主要是進行治療而不只是收容病患。穆斯林也設立了最早的高等教育機構，例如，八五九年於費茲（Fez）設立的卡魯因大學（University of Al-Karaouine）。而以希臘人，尤其是印度人的成就為基礎，穆斯林數學家建立了代數學（algebra，源自阿拉伯文「al-jabr」，意指將雜亂無章的事物重新整理結合），做為算術與幾何學以外的新學科。第一本代數學教科書是波斯學者花剌子密（Muhammad ibn Mūsā al-Khwārizmī, 780-850）於八二〇年左右完成的《還原與平恆計算書》。第一位從事實驗的科學也是穆斯林：哈伊薩姆（Abū Alī al-ḤaHsan ibn al-Ḥasan ibn al-Haytham, 965-1039）的七冊《光學書》（*Book of Optics*）推翻古代的錯誤觀念，尤其過去誤以為人類能看見事物是因為眼睛會放射光線。哈伊薩姆首先發現如果讓拋射物以直角射入牆中，穿透的可能性較高。他也首次發現星體不一定是固體。哈伊薩姆建造了第一間暗房——至今小學仍利用針孔相機來教導孩子光學。他的研究由十三世紀晚期的波斯學者法里希（Kamal al-Din al-Farisi）發揚光大，後者在彩虹的研究上大有建樹[2]。西方從中世紀穆斯林世界獲益甚多，穆斯林不僅保存了古典時代的智慧，也在製圖學、醫學、哲學，乃至於數學與光學上開創新的領域。英格蘭思想家培根（Roger Bacon）因此坦承：「**哲學得益於穆斯林。**[3]」

那麼，穆斯林世界如何在科學領域上落後於西方世界？科學革命到底對西方文明掌控世界起到什麼作用，無論是軍事還是學術層面？為了回答這些問題，我們必須回到三個世紀之前，也就是伊斯蘭帝國最後一次嚴重威脅西方安全的時候。

一六八三年，鄂圖曼大軍再度兵臨維也納城下——上一次是一五二九年。領軍的是蘇丹穆罕默德四世（Mehmed IV）的大宰相科普魯琉（Kara Mustafa Köprülü）。

鄂圖曼人在拜占庭帝國的廢墟上建立了安那托利亞王朝，自從一四五三年征服君士坦丁堡以來，他們一直是伊斯蘭教忠實的支持者。鄂圖曼帝國未能向東橫掃阿拔斯王朝❶，卻成功地將伊斯蘭教傳往當時尚屬基督教的地區——不僅包括拜占庭帝國昔日位於黑海海峽兩岸的領土，還擴展到保加利亞、塞爾維亞與匈牙利。一五二一年，貝爾格勒（Belgrade）被鄂圖曼人攻陷，一五四一年，布達（Buda）也落入他們手裡。鄂圖曼海軍也於一五二二年取得羅得島。維也納（連同馬爾他〔Malta〕）也許幸運逃過一劫，但此時鄂圖曼的版圖已從巴格達擴展到巴斯拉，從高加索的凡恩延伸到紅海口的亞丁，沿著巴貝里海岸（Barbary Coast）❷從阿爾及爾到的黎波里，蘇萊曼大帝（一五二〇－六六年）因此能正當地主張：「我是蘇丹中的蘇丹，君主中的君主，世界諸王的分封者，上帝在塵世的影子……❸」伊斯坦堡有一座以蘇萊曼命名的清真寺，長久以來做為蘇萊曼大帝偉大事蹟的見證，至今仍屹立不搖。比較少為人知的是蘇萊曼也曾設立一所醫學校（Dârüttib或Süleymaniye Tip Medresesi）[4]。蘇萊曼集宗教、政治與經濟大權（包括定價的權力）於一身，不僅是立法者，也是一名富有才華的詩人。在他眼中，強大的神聖羅馬帝國皇帝查理五世只是「維也納國王」[5]，而葡萄牙商人探險家比海盜好不到哪兒去。只要蘇萊曼在位，鄂圖曼帝國在印度洋起而面對葡萄牙人的挑戰並加以擊退，不是不可想像的事[6]。

十六世紀晚期的外交使節德．布斯貝克（Ogier Ghiselin de Busbecq）對於哈布斯堡帝國與鄂圖曼帝國之間的極端對比感到擔憂：

> 只要想到如此不同的兩個體制鬥爭的必然結果，就讓我不寒而慄；其中必有一方勝出，另一方毀滅，無論如何，最後只有一方存活。鄂圖曼國力殷實，有完好的軍事資源、經驗與作戰方式，久經戰陣的老兵，從未間斷的勝仗，艱苦卓絕的韌性，團結，井井有條，紀律，儉約與機警。至於我國則國庫空虛，奢靡成性，資源耗盡，士氣不振，將士未臨戰陣不習號令，貪得無厭，紛爭

四起；軍隊毫無紀律，驕縱橫暴，酗酒貪食，更糟的是，敵軍百戰百勝，我軍每戰必敗。在這種狀況下，我們還需要懷疑結果嗎[7]？

十七世紀，鄂圖曼領土繼續擴大：克里特島於一六六九年遭到征服。蘇丹的統治範圍甚至延伸到西烏克蘭。鄂圖曼的海軍也令人生畏[8]。因此，一六八三年的事件一直讓西方十分恐

❶ 關鍵在於，鄂圖曼帝國宣稱自己繼承伊斯蘭帝國所有領土的主張遭到拒絕，而且遭受波斯什葉派（Shi'a）穆斯林與不堅守伊斯蘭教條主義的印度蒙兀兒人的抵抗。

❷ 譯註：大約指今日摩洛哥、阿爾及利亞、突尼西亞與利比亞的海岸地帶。

❸ 蘇萊曼完整的頭銜如下：「蘇萊曼一世，至高無上的蘇丹陛下，奧斯曼（Osman）皇室最高領袖，蘇丹中的蘇丹，汗中之汗，天主先知的信徒與後繼者，聖城麥加、麥地那與耶路撒冷的守護者，君士坦丁堡、阿德里安堡（Adrianople）與布爾薩（Bursa）三城以及大馬士革與開羅諸城的皇帝，統治亞美尼亞、馬格里斯（Magris）、巴爾卡（Barka）、凱魯萬（Kairuan）、阿勒坡（Aleppo）、阿拉伯伊拉克與阿吉姆、巴斯拉、哈薩、迪倫、拉卡、摩蘇爾（Mosul）、帕提亞（Parthia）、迪亞巴克爾（Diyarbakır）、奇里乞亞（Cilicia）、埃爾祖倫諸省（Vilayets of Erzurum）、席瓦斯（Sivas）、阿達納（Adana）、卡拉曼（Karaman）、凡恩、巴貝里、阿比西尼亞（Abyssinia）、突尼西亞、的黎波里、大馬士革、賽普勒斯・羅得島、坎地亞（Candia）、摩里亞省（Vilayet of the Morea）、馬摩拉海（Marmara Sea）、黑海及其濱海地區、安那托利亞、魯梅利亞（Rumelia）、巴格達、庫德斯坦（Kurdistan）、希臘、突厥斯坦（Turkistan）、韃靼大草原、切爾卡西亞（Circassia）、卡巴爾達（Kabarda）兩地區、喬治亞、欽察平原、韃靼人居地、克法及其鄰近國家、波士尼亞（Bosnia）及其屬地、貝爾格勒城及要塞、塞爾維亞省及其境內所有城堡、堡壘與城市、阿爾巴尼亞全境、與所有的伊弗拉克（Iflak）與伯格達尼亞（Bogdania）族人……」

懼。神聖羅馬帝國皇帝利奧波德一世（Leopold I）❹徒勞地墨守一六六四年在瓦斯瓦爾簽訂的和約[9]。他自欺欺人地認為，法王路易十四才是更嚴重的威脅。

一六八二年夏，蘇丹開始採取行動，他承認馬札兒叛軍特克里（Imre Thököly）為匈牙利王，以換取鄂圖曼對匈牙利的宗主權（共主地位）。冬天，鄂圖曼大軍集結於阿德里安堡，然後部署於貝爾格勒。一六八三年六月，土耳其人越過哈布斯堡國界。七月初，土耳其人攻下傑爾。在此同時，維也納的利奧波德手足無措。城市防務嚴重不足，首都衛戍部隊因最近爆發的瘟疫受到重創。在洛林的查理（Charles of Lorraine）指揮下，哈布斯堡的老弱殘兵看來無法阻擋鄂圖曼人的推進。然而，哈布斯堡派駐伊斯坦堡的使節給了利奧波德一個虛假的希望，他信誓旦旦地認為土耳其的軍隊「平凡無奇」[10]。

一六八三年七月十三日，這支使節所稱的「平凡無奇」的軍隊——六萬多名土耳其禁衛軍與騎兵，負責後勤的八萬名巴爾幹輔助部隊，以及令人恐懼的韃靼人——抵達維也納城門前。鄂圖曼統帥是大宰相科普魯琉，他的綽號卡拉（Kara）有黝黑的意思，但這不只是指他的外表，也顯示他的性格。他曾在攻下一座波蘭城市之後，將擄獲的人犯活活剝皮。科普魯琉在離維也納城牆四百五十步的距離紮營，並且給守軍一個選擇的機會：

> 改信伊斯蘭教，在蘇丹統治下和平生活！或者交出堡壘，在蘇丹統治下以基督徒的身分和平生活；如果有人不接受這兩項選擇，那麼就讓他帶著自己的財物平安離城！但如果你們堅持（抵抗），那麼死亡、掠奪與奴役會是你們即將面臨的命運[11]！

正當征服拜占庭的穆斯林與繼承羅馬的基督徒對峙之時，教堂的鐘聲響徹了全中歐，基督徒莫不誠心祈求上帝的調停。聖史蒂芬大教堂牆上刻劃的文字與圖案，顯示當時維也納城內瀰漫的氣氛：「穆罕默德，你這狗東西，滾回家去吧！」但利奧波德的反抗也僅止於此。雖然逃亡有失君主顏面，但群臣還是說服他逃往安全的地方。

鄂圖曼人紮營的地點顯示他們的自信。科普魯琉甚至在自己的宮帳前開闢一塊園圃[12]。他的訊息很清楚：如果有必要，土耳其人會斷絕維也納的糧食飲水，逼他們投降。鄂圖曼人敲起巨大的科斯鼓（kös drums），詭異而具威脅性的音樂傳進城內。土耳其人刻意利用這個噪音來掩蓋他們挖掘地道與填滿壕溝的聲響。七月二十五日，巨大的地雷爆炸聲成功破壞了柵欄，這是

❹ 利奧波德體現了哈布斯堡家族以通婚而非戰爭來獲取領土的能力，但近親通婚帶來的問題也在他身上顯現。利奧波德受洗並取教名。當他被選為神聖羅馬帝國皇帝時，被冠上的完整頭銜是「利奧波德一世，受上帝恩寵被選為神聖羅馬帝國皇帝，永遠威嚴的日耳曼國王，匈牙利國王，波希米亞、達爾馬提亞、克羅埃西亞、斯拉沃尼亞、拉瑪、塞爾維亞、加利西亞、洛多梅里亞、庫曼尼亞、保加利亞諸王，奧地利大公，勃艮第、布拉班特、施泰里亞、卡林希亞、卡尼歐拉諸公爵，摩拉維亞邊境伯爵、盧森堡公爵，上下西里西亞公爵，符騰堡與特克公爵，斯瓦比亞親王，哈布斯堡、提洛、吉堡與戈里提亞諸伯爵，阿爾薩斯領地伯爵，神聖羅馬帝國、勃戈維亞、恩斯、上下盧薩斯諸侯爵，斯拉沃尼亞侯爵領主、納翁港與薩林斯領主」。利奧波德有著特別突出的下巴（惡名昭彰的「哈布斯堡唇」），他結過三次婚：第一次是西班牙的德蕾莎，她不僅是他的外甥女，也是他的表妹；然後是提洛女公爵費莉希塔絲，最後是紐堡公主艾琳諾。他有十六名子女，只有四名活得比他久。

維也納最外圍的防線。另一場大爆炸使鄂圖曼人直接越過壕溝攻擊稜堡（位於維也納城外的一座孤立的三角要塞）。九月四日，土耳其人即將要攻下中央堡壘。

然而就在這個時候，科普魯琉犯了致命的錯誤，他突然猶豫不決。秋天即將到來，大軍與鄂圖曼領土的補給線拖得太長，軍中糧秣已然不足。此外，他還沒決定如果成功攻下維也納下一步該怎麼做。科普魯琉的遲疑使利奧波德有了求援的喘息時間。早在鄂圖曼入侵之前，他已經與波蘭王國簽訂共同防禦條約，新任波蘭國王約翰三世索比耶斯基（Jan III Sobieski）親率六萬多名波蘭日耳曼聯軍前來援救維也納。索比耶斯基雖然年邁，卻仍充滿追求榮耀的決心。事實上，他率領的不過是一支七拼八湊的部隊：波蘭人、巴伐利亞人、弗蘭肯人與薩克森人，此外還有哈布斯堡的士兵。索比耶斯基的行軍速度緩慢，對奧地利的地理不熟悉是原因之一。然而，反攻終於在一六八三年九月十二日拂曉時分以一連串的火箭攻擊揭開序幕。鄂圖曼軍分成兩部分，有些部隊繼續拚命攻城，有些部隊則抵擋從後方襲來的波蘭軍隊。科普魯琉一時大意，未對進軍路線進行防衛。下午五點，索比耶斯基命騎兵從俯瞰維也納的卡倫貝爾格丘陵往下衝殺鄂圖曼營地。一名土耳其人描述自己看到的景象：波蘭輕騎兵「如同黑色瀝青排山倒海而來，所到之處，摧殘殆盡」。最後階段是一場惡戰，但勝利隨即底定。索比耶斯基進入科普魯琉大帳，發現空無一人。維也納圍城戰結束（見圖11）。

索比耶斯基被守城維也納人視為救世主，並且接受他們的歡呼，索比耶斯基志得意滿地引用凱撒的名言，然後用自己的話說：「我們來，我們見，上帝征服。」擄獲的鄂圖曼大砲鎔成聖史蒂芬大教堂的新鐘，上面裝飾了六個浮雕的土耳其人頭。敗退的科普魯硫付出終極的代價。土耳其人在艾斯特根遭到如此重大的打擊，蘇丹因此下令立即處死科普魯硫。他被人以絲質的綢帶絞死，這是鄂圖曼維持大臣尊嚴的做法。

維也納解圍之後，出現了一連串傳說：土耳其旗幟上的新月給了人們靈感，因而製作出牛角麵包❺；遺留下來的鄂圖曼咖啡被用來開設維也納第一家咖啡廳，與製作出第一杯卡布其諾；擄獲的土耳其打擊樂器（鐃鈸、三角鐵與大鼓）被奧地利軍樂隊採用。一六八三年事件的歷史意義其實更為重大。對鄂圖曼帝國來說，第二度攻取維也納失利，標誌著末尾的開端——帝國過度擴張的結果，導致了災難性的長期影響。一次次的敗仗，最慘烈的是一六九七年薩伏伊公國的歐根親王（Prince Eugene of Savoy）在珍塔擊潰土耳其軍隊，使鄂圖曼人幾乎完全喪失蘇萊曼大帝征服的歐洲領土。卡爾洛維奇條約（Treaty of Karlowitz）是一項屈辱協議，蘇丹宣布放棄對匈牙利與外西凡尼亞的領土主張[13]。

維也納圍城戰的勝利，不只是基督教與伊斯蘭教為期數世紀鬥爭的轉捩點，也是西方興起的關鍵時刻。其實在戰場上，一六八三年雙方的實力已是平分秋色的局面。從各方面來看，兩邊的軍隊也少有分別。韃靼人同時為雙方作戰，從土耳其控制下的摩達維亞與瓦拉奇亞前來助戰的基督徒軍隊也為鄂圖曼人作戰，許多描繪這場戰爭的畫作與版畫清楚顯示兩軍的差異並非

❺ 這則故事可能源自於戈茨夏克（Alfred Gottschalk），他是《美食考》（*Larousse Gastronomique*，1938）第一版的作者。一開始，他認為牛角麵包起源於一六八六年的布達佩斯圍城，一名麵包師傅警告當局他聽到土耳其人挖地道的聲音。日後，戈茨夏克把發生時地改成一六八三年的維也納。

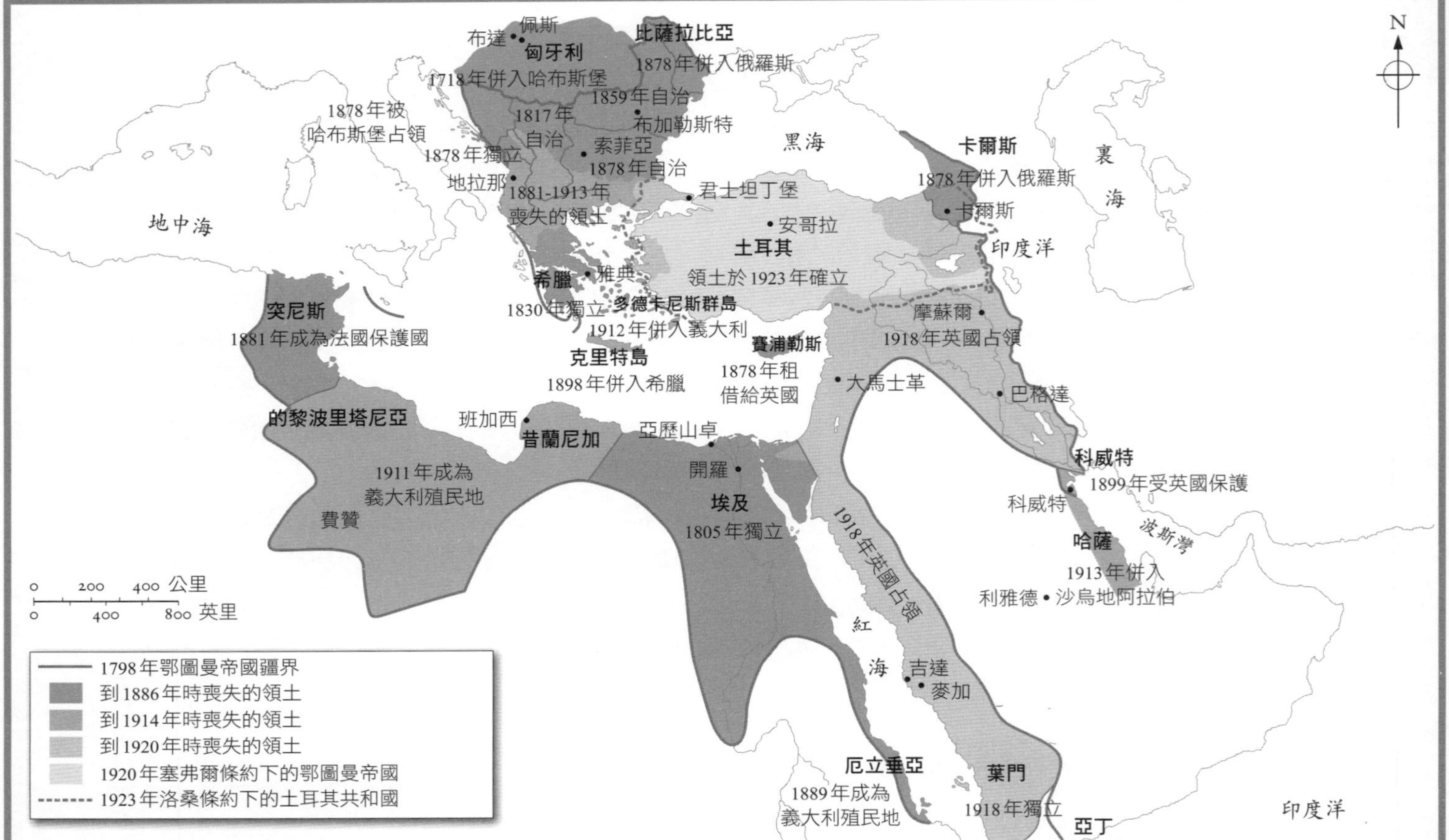

1683年後鄂圖曼帝國的瓦解

科技或戰術，而是服裝式樣。但圍城的時機十分重要。十七世紀晚期，歐洲正處於急速改變的時刻，尤其表現在兩方面：自然哲學（即當時所謂的科學）與政治哲學。一六八三年後，西方心靈對自然與政府的看法出現深刻的轉變。一六八七年，牛頓出版了《自然哲學的數學原理》（*Principia*）。三年後，牛頓的朋友洛克（John Locke）出版了《政府論次講》（*Second Treatise of Government*）。如果說有哪項特點區別出西方與東方的差異，那就是這類嶄新而深刻的知識受到不同程度有系統地探討與適用。

一六八三年後鄂圖曼人的長期退縮，不完全出於經濟因素。伊斯坦堡與中歐鄰邦城市相比並不窮困，鄂圖曼帝國在擁抱全球貿易與日後的工業化上，也不比歐洲大部分地區緩慢[14]。上一章用來解釋中華帝國衰弱的原因在此無法適用；鄂圖曼帝國並不缺乏經濟競爭以及同業公會這類自治的法人團體[15]。鄂圖曼人、薩法維人與蒙兀兒人之間也存在激烈競爭。鄂圖曼的衰弱也不能只歸因於西方軍事日漸強大優越的結果[16]。如果更仔細地觀察可以發現，**西方的優越本身來自於科學能更有效地適用在戰爭上，政府的運作也較為合理**。我們在上一章提到，**十五世紀政治與經濟的競爭使西方迎頭趕上了中國**，甚至凌駕其上。**到了十八世紀，西方對近東的優勢則不僅來自於火藥，更來自於腦力層面。**

《顯微圖譜》

歐洲通往科學革命與啟蒙運動的道路絕非筆直而狹窄；相反的，這是一條漫長而曲折的旅程。這段過程源自於基督教的基本教義：教會與國家必須分離。「該撒的物當歸給該撒，神的

1668年後普魯士的擴張

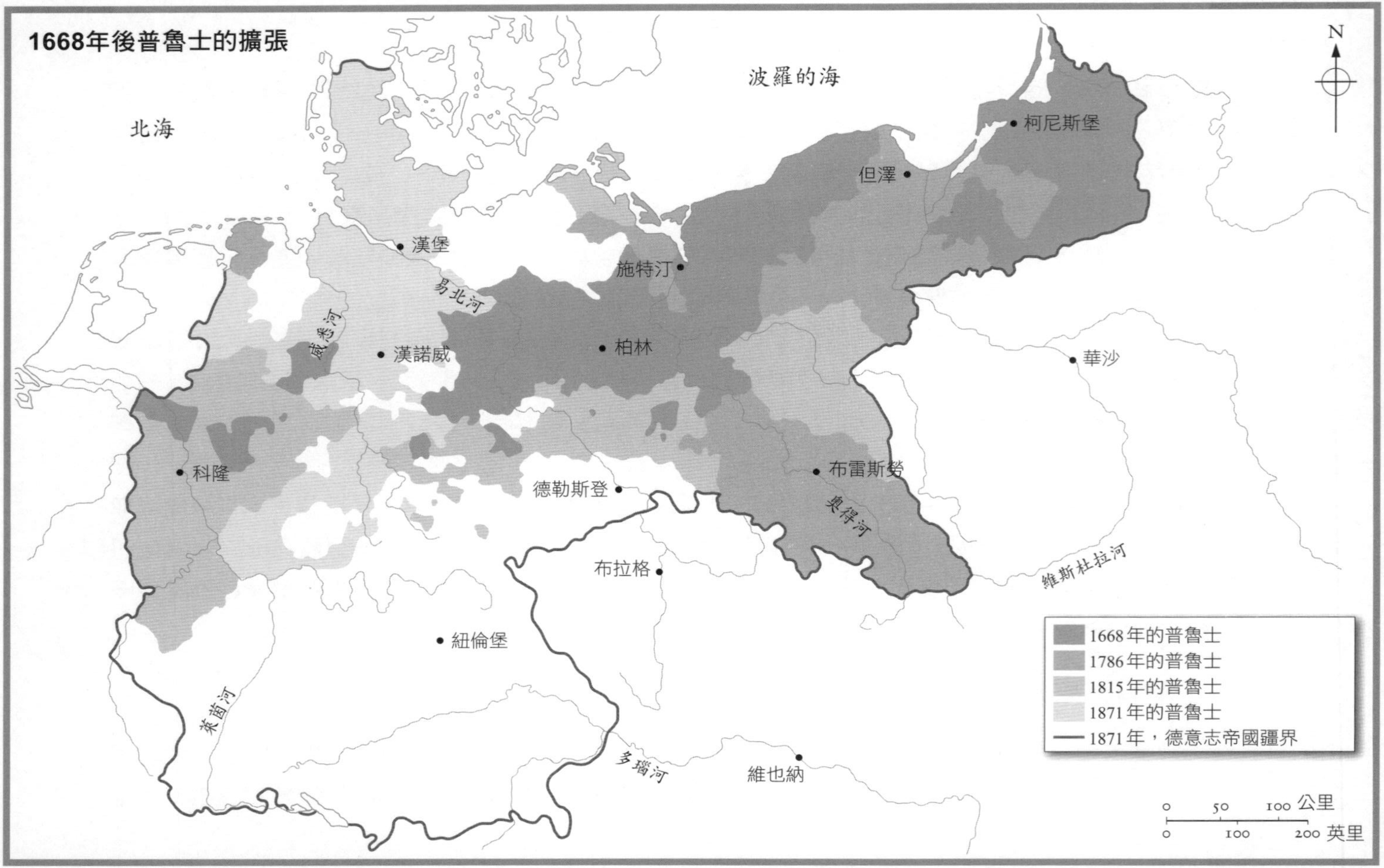
N
北海
波羅的海
柯尼斯堡
但澤
漢堡
施特汀
易北河
威悉河
漢諾威
柏林
華沙
科隆
布雷斯勞
德勒斯登
奧得河
布拉格
維斯杜拉河
紐倫堡
萊茵河
多瑙河
維也納
1668年的普魯士
1786年的普魯士
1815年的普魯士
1871年的普魯士
1871年，德意志帝國疆界
0 50 100 公里
0 100 200 英里

物當歸給神」（《馬太福音》22:21），這是個與《古蘭經》迥然不同的誡命，《古蘭經》堅持上帝啟示先知的律法，與一切基於伊斯蘭教而成立的權力結構，兩者不可分割。耶穌基督對世俗與精神的區分，在五世紀聖奧古斯丁（St Augustine）的《上帝之城》（*City of God*，與羅馬帝國的「地上之城」對立）中獲得初步輪廓，使日後歐洲的統治者有理由拒絕羅馬教廷提出的各項政治要求；事實上，世俗政治權威一直威脅要將教宗變成傀儡，這種現象直到教宗額我略七世（Gregory VII，1073-85）重申教廷有敘任教士的權力才出現變化。

一五〇〇年之前的歐洲充滿苦難，但並不無知。許多古典時代學問在文藝復興時代被重新挖掘出來，這點通常要歸功於與穆斯林世界的接觸。這個時期也出現重要的發明。十二世紀誕生了複曲調音樂，這是西方音樂史的革命性突破。十三世紀，實驗方法的重要性首先由格羅斯泰斯特（Robert Grosseteste）提出，而後得到培根的支持。一四一三年左右，布魯內雷斯基（Filipo Brunelleschi）發明線性透視的繪畫技法。第一部真正的小說《托梅斯河上的小拉撒路》（*La vida de Lazarillo de Tormes*, 1500）是作者不詳的作品。但是，比文藝復興更具決定性的突破乃是宗教改革的來臨，以及一五一七年後西方基督教的分裂。其中有很大一部分是因為**印刷機扮演了革命角色**，而印刷機肯定是工業革命之前最重要的一項科技創新。我們曾在第一章提到中國人發明了印刷機。但古騰堡的金屬活字系統要比中國發展的印刷機來得靈活而便於使用。他說：「字模與活字不可思議的吻合、比例與和諧」使小冊子與書籍能非常快速地印製。這是一項強大的科技，要壟斷它（雖然古騰堡希望獨占這項科技）並不容易。從古騰堡最初於美因茲（Mainz）獲得突破，不到數年的時間，許多模仿者已紛紛在各地製造出印刷機——其中最有名的是英格蘭人卡克斯頓（William Caxton）——科隆（一四六四年）、巴塞爾（一四六六年）、羅馬（一四六七年）、威尼斯（一四六九年）、紐倫堡、烏特勒支、巴黎（一四七〇年）、佛羅倫斯、米蘭、那不勒斯（一四七一年）、奧格斯堡（一四七二年）、布達佩斯、里昂、瓦倫西亞（一四七三年）、克拉科夫、布魯日（一四七四年）、呂北克、布雷斯勞（一四七五）、西敏、羅斯托克（一四七六年）、日內瓦、巴勒摩、梅西納（一四七八年）、倫敦（一四八〇年）、安特衛普、萊比錫（一四八一年）、歐登塞與斯德哥爾摩（一四八三年）[17]。到了一五〇〇年，光是日耳曼地區就有超過兩百家印刷廠。一五一八年，日耳曼地區總共印行了一百五十份印刷品，一五一九年增加到兩百六十份，一五二〇年五百七十份，到了一五二四年達到九百九十份。

在出版爆炸中獲益最大的莫過於**路德**（Martin Luther），當然這不只是因為他察覺到以方言取代拉丁文進行寫作的潛力。起初路德先嘗試印行少量的《德意志神學》（*Theologia Deutsch*）與七首懺悔詩，但不久，他與威騰堡出版商格魯倫伯格（Johann Grunenberg）出版的批判羅馬天主教會惡行的宗教書籍也充斥於日耳曼市面。路德最有名的反對教會販賣贖罪券的《九十五條論綱》，起初並未出版，而是釘在威騰堡城堡教堂的門上。然而不久，《九十五條論綱》就以印刷品的形式大量流通市面[18]。路德傳布的訊息是「因信稱義，因信仰而獲得自由與救贖」，所有人都是「教士……都有資格直接面對上帝，都可以為他人禱告，彼此傳揚上帝的教誨」[19]。這種憑藉己力「每個信徒都能成為教士」的觀念，本質上相當激進。但它的成功有賴於印刷機，路德的命運因此不同於更早之前的胡斯（Jan Hus）對教宗的挑戰，胡斯後來就像所有中世紀異端一樣，遭到無情的打擊。儘管沃姆斯敕令（Edict of Worms）下令焚燬，但路德的小冊子僅僅數年的時間就傳遍日耳曼各地。從一五一七年三月到一五二〇年夏天，路德印行了三十篇布道講稿與其他文章，總計印行了三百七十多版。如果平均一版印行一千冊，那麼到了一五二〇年夏天，他已經有三十幾萬冊作品在市面流通。從一五二一到一五四五年，光是路德一人就包辦了半數提倡宗教改革的作品[20]。

在路德強調個人可以閱讀《聖經》與「相互教導」下，能大量印行書籍的印刷機的確成為傳遞宗教改革訊息的新媒介。然而，西方的興起還有其他許多面向，商業競爭就是其中之一。路德曾抱怨他的出版商都是一些「骯髒的貪財鬼」，他們關心的是「自己的獲利，而非公眾的福祉」[21]。事實上，**印刷機為整個社會帶來經濟利益**。十六世紀，擁有印刷機的城鎮遠比沒有印刷機的城鎮成長快速[22]。

重點是，印刷機傳布的不只是路德的說法而已。《新約》由丁道爾（Matthew Tyndale）翻譯成英文，英文版首次出版是在一五二六年，這使識字的世俗民眾可以自行閱讀《聖經》。宗教保守分子曾抨擊印刷機是「像惡棍一樣的機器」，他們以懷舊的眼光回顧「過去的幸福時光，當時所有的學問都寫在手稿上，圖書館的鑰匙……由小官員把守看管」[23]。但美好的日子一去不復返。英王亨利八世的大臣摩爾（Thomas More）不久發現，就連那些反對宗教改革的人士也不得不利用印刷工具參與論戰。想阻止喀爾文教派的日內瓦《聖經》（一五六〇年）在蘇格蘭與英格蘭散布，唯一的方法是由蘇格蘭王詹姆士六世（兼英格蘭王，稱詹姆士一世）另外授權發行一套「權威」版本，這是第三個同時也是最成功的官方英文版《聖經》❻。印刷機也揭露、傳布了古代哲學家的作品，如亞里斯多德《論靈魂》（*De Anima*）的近代譯本出版於一五〇九年，此外還有宗教改革前的人文主義者馬夏爾克（Nicolaus Marschalk）與西布圖斯（George Sibutus）的作品。到了一五〇〇年，已經有一千冊以上的科學與數學作品出版，其中包括盧克瑞提烏斯（Lucretius）的《論事物本質》（*De natura rerum*），這本書於一四一七年再度被人發現；克爾蘇斯（Celsus）的《論醫學》（*De re medica*），這是羅馬時代編纂的希臘醫學作品；以及拉丁文版的阿基米德作品[24]。在義大利，印刷機在散布商業算術與會計技術上也扮演特別重要的角色，重要作品有《特雷維索算術》（*Treviso Arithmetic*, 1478）與帕喬立（Luca Pacioli）的《算術、幾何、比和比例全集》（一四九四）。

在當時的日耳曼，反土耳其的作品跟反教廷的作品同樣流行[25]，因此當巴塞爾出版商歐伯里納斯（Johannes Oporinus）出版《古蘭經》的拉丁文譯本時，引起許多人的側目。一五四二年，巴塞爾市議會決議禁止《古蘭經》譯本並且準備將市面上流通的《古蘭經》沒收充公，路德親自寫了一篇文章為歐伯里納斯辯護：

> 我認為，人們如果想讓穆罕默德或土耳其人心裡難受，想給他們最大的傷害，那麼莫過於（這比所有武器都來得管用）將他們的《古蘭經》攤在陽光底下讓基督徒看個分明。讓大家看清楚這是一本充滿詛咒、仇恨與絕望的作品，土耳其人從此將無法掩飾他們的謊言、虛妄與敵意……若想榮耀基督，幫助基督徒，打擊土耳其人，令魔鬼睡不安枕，那麼就讓這本書自由流通，不須查禁它……唯有勇於揭開瘡疤，我們才能治癒創傷[26]。

一五四三年，《古蘭經》有三種譯本問世，七年後又出現新的版本。《古蘭經》的例子充分說明宗教改革之後歐洲人心靈的開啟與解放。

當然，並不是每一件出版品都能增添人類知識。十六與十七世紀有許多出版品不僅沒有好處，反而帶來毀滅性的結果，例如從一四八七到一六六九年，《女巫之鎚》（*Malleus maleficarum*）一共印行了二十九版，這本書把迫害女巫的行動正當化，並且在全歐掀起熱潮，結果造成一萬兩千人到四萬五千人喪生，絕大多數是女性[27]。馬洛（Christopher Marlowe）的《浮士德博士》（*Doctor Faustus*）首次公演是在一五九二年，劇中的日耳曼學者將自己的靈魂賣給撒旦以換取二十四年無窮的權力與快樂，而看戲的觀眾對此深信不疑：

憑藉他的力量，我成為世上的偉大君王，
我能在虛無縹緲的流動空氣中造橋，
驅策眾人穿過海洋；
我能連結山嶺直通非洲海岸，

❻ 權威版《聖經》（又稱一六一一年欽定版《聖經》）與莎士比亞劇作同為英國最偉大的文學作品。負責製作權威版《聖經》的四十七名學者對於王室只印行一次感到失望。一六三一年版被稱為「邪惡的《聖經》」，因為這個版本裡的十誡，其中的「不可姦淫」少了一個「不」字。

讓那塊大陸與西班牙相連，
然後讓兩地匍匐在我膝下：
即使是皇帝，也對我唯命是從……

然而，才過了七十年的時間，虎克（Robert Hooke）就出版了《顯微圖譜》（*Micrographia*, 1665），為科學經驗主義敲響了勝利頌歌：

有了「望遠鏡」，任何「遙遠的」事物都能呈現在我們眼前；有了「顯微鏡」，再怎麼「細微的」事物也逃不過我們的觀察；我們發現一個嶄新的可見世界等待我們去探索理解。天幕開啟了，許多新的星辰，新的天體運行，新生成的星體，這些全是古代天文學家無法得見的事物。原本踩在我們腳下，與我們如此親近的大地也變得如此不同，我們可以從中發現許多前所未見的東西……我們或許無法完全了解自然的奧妙原理，然而如果我們盡力探索，誰說不能得到各種有用的知識？「空談」與「口舌之辯」很快將轉變成「勞動」；人們心中編織的美好「夢想」與「普世的形上性質」不過是精巧腦袋構思的奢侈品，不久就會被「確鑿的歷史、實驗與工程」取代。最初，人類因「嚐了」知識樹的禁忌果實而「墮落」。做為後代的我們或許可以藉由同樣的方式「回復」，我們不只要「觀察」與「思索」，還要「嚐嚐」那些尚未遭到禁止的自然知識果實的滋味。從此以後，世界將出現「各種」便利的發明，人們將「蒐羅」各項「新的」科學事物，改善「陳舊」的想法，去除「鏽蝕無用」的觀念……

虎克用「細胞」一詞來表示顯微鏡下看到的有機體單元，它與其他詞彙共同構成一連串概念的突破。令人吃驚的是，這些概念的突破全匯聚於特定的時空，它們從根本上改變了人類對自然世界的理解。

一般認為科學革命的起源大約與行星運動及血液循環研究的進展發生於同時。但**真正讓科學突破既有藩籬的是虎克的顯微鏡**，它使原本肉眼看不見的事物清楚呈現在大家面前。《顯微圖譜》是一份新經驗主義宣言，宣布我們已經遠離浮士德的巫術世界。然而，新科學需要的不只是精確的觀察。從伽利略開始，科學的進展便與系統性的實驗與數學關係的辨識有關。等到牛頓與萊布尼茲各自引進無窮小微積分與微分，數學的可能性因而大為擴充。最後，科學革命也引發了哲學革命，使笛卡兒與斯賓諾莎推翻傳統的知覺與理性論。我們可以毫不誇張地說，這一連串如瀑布般流洩而下的思想創新可說是近代解剖學、天文學、生物學、化學、地質學、幾何學、數學、力學與物理學的源頭。我們可以舉出從一五三〇到一七八九年最重要的二十九項突破來說明這些思想創新的性質[7]。

❼ 世界最重要的科學突破——科學史的參考書籍提到三百六十九項創新——發生於宗教改革之初到法國大革命初期之間的比例高得驚人（三八％）。莫雷（Charles Murray）值得注意但一直飽受忽視的人類成就理論提到，思想自由（無論是宗教還是政治）對科學創新的影響極為關鍵。莫雷也認為城市化與（或許有點弔詭）軍事衝突對科學帶來正面貢獻。事實上，我們將會發現，戰爭與科學進步之間的關係十分密切。

一五三〇年　帕拉克爾蘇斯（Paracelsus）提倡化學、生理學與病理學的應用。

一五四三年　哥白尼的《天體運行論》提出太陽中心說。

　　　　　　維薩里（Andreas Vesalius）的《人體構造論》取代了蓋倫（Galen）的解剖學教科書。

一五四六年　阿格里科拉（Agricola）的《化石本質論》將礦石進行分類，而且引進了「化石」一詞。

一五七二年　布拉厄（Tycho Brahe）觀測到超新星，這是歐洲首次出現的觀測紀錄。

一五八九年　伽利略進行落體實驗（之後寫成《運動論》出版），為實驗方法帶來革命。

一六〇〇年　吉爾伯特（William Gilbert）的《論磁石與磁性物體》描述地球的磁性與電。

一六〇四年　伽利略發現，自由落體落下的距離與落下時間的平方成正比。

一六〇八年　里伯斯海（Hans Lippershey）與楊森（Zacharias Jansen）獨立發明了望遠鏡。

一六〇九年　伽利略首次用望遠鏡觀察夜空。

一六一〇年　伽利略發現木星有四個衛星，因此推論地球不是宇宙的中心。

一六一四年　納皮爾（John Napier）《好用的對數表的使用方式》引進了對數。

一六二八年　哈維（William Harvey）的《關於動物心臟與血液運動的解剖研究》精確描述了血液循環。

一六三七年　笛卡兒的〈幾何學〉（這是他的《方法論》書中的附錄）建立了解析幾何。

一六三八年　伽利略的《論數學證明》建立了近代力學。

一六四〇年　費馬（Pierre de Fermat）建立數論。

一六五四年　費馬與帕斯卡建立機率理論。

一六六一年　波以耳《懷疑的化學家》定義了元素與化學分析。

一六六二年　波以耳提出波以耳定律，固定質量的氣體所占體積的大小與其造成的壓力成反比。

一六六九年　牛頓的《無限級數的解析》獨立於萊布尼茲的發現，首次有系統地陳述了微積分。

一六七六年　雷文霍克（Antoni van Leeuwenhoek）發現微生物。

一六八七年　牛頓《自然哲學的數學原理》提出萬有引力定律與運動定律。

一七三五年　林奈（Carolus Linnaeus）的《自然系統》對有機體的種屬做了有系統的分類。

一七三八年　白努利（Daniel Bernoulli）的《流體力學》提出了白努利原理，而且建立對流體的數學研究以及氣體的動力學。

一七四六年　蓋塔（Jean-Etiene Guettard）繪製首幅真實地質地圖。

一七五五年　布萊克（Joseph Black）發現二氧化碳。

一七七五年　拉瓦謝（Antoine Lavoisier）精確描述了燃燒。

一七八五年　赫頓（James Hutton）〈關於地球的系統〉提出地質發展的齊一觀點。

一七八九年　拉瓦謝的《化學元素論》提出了質量守恆定律。

到了十七世紀中葉，與一個世紀前新教改革宣揚教義的速度一樣，此時科學知識的傳布也極為快速。印刷機與越來越可靠的郵政服務共同交織出一個不尋常的網絡，雖然從近代的標準來看這樣的網絡相當小，但與過去學者社群建立的連結相比卻強大許多。當然，當典範（也就是概念架構本身）轉移時不免會產生激烈的思想抗拒[28]。事實上，有些抗拒來自於社群內部。牛頓自己也對煉金術稍有涉獵。虎克差點死於庸醫用來醫治消化不良的藥方。對於牛頓與虎克這些學者來說，要調和新科學與基督教信仰絕對不是件容易的事，而當時幾乎沒有任何科學家願意抨擊基督教[29]。然而不可否認的是，這場思想革命確實比無意間孕生它的宗教革命更具有強大的轉變世界的能力。科學研究的基本原則，例如科學發現應公諸於世，以及科學成果的出版應載明首位發現者的姓名，也從此確立下來。一七三二年，莫佩爾杜伊（Pierre-Louis Moreau de Maupertuis）出版《論行星的不同形狀》。之後，年輕機智的法國哲學家阿魯埃（François-Marie Arouet，他的筆名就是一般人熟知的伏爾泰）寫信告訴莫佩爾杜伊：「你的第一封信使我接受了牛頓宗教的洗禮」，「第二封信更讓我對此深信不疑。我要感謝你賜予的聖餐」[30]。這些話聽起來相當諷刺，卻充分顯示新科學的啟示性質。

有些人認為「歐洲中心論」是一種令人厭惡的偏見，然而這些人必須面臨一個問題：無論從哪個科學角度來看，科學革命完全是歐洲的產物。科學革命的成果有相當驚人的比例（大約八成）集中在由格拉斯哥、哥本哈根、克拉科夫、那不勒斯、馬賽與普利茅斯圍成的六角形區域內，其餘部分也發生在離這個區域不到一百英里的範圍[31]。與此構成鮮明對比的是，在同一時期，鄂圖曼帝國在科學上居然毫無建樹。最能解釋這種分歧的答案是穆斯林世界的宗教擁有至高無上的權力。十一世紀末，具影響力的伊斯蘭教士開始主張研究希臘哲學與《古蘭經》的訓示不符[32]。事實上，認為人也許有能力看出神的行為模式，這種想法本身就是瀆神，因為上帝理應是隨心所欲的。加札利（Abu Hamid al-Ghazali）是《哲學家的矛盾》（*The Incoherence of the Philosophers*）的作者，他表示：「潛心研究這種（外國）科學，卻不抨擊宗教也不放棄信仰的人，實在太少見了。」[33]在教士影響下，古代哲學的研究受到打壓，書籍遭到焚燬，而所謂的自由思想家也遭到迫害；逐漸的，伊斯蘭學校完全專注於神學教育，在此同時，歐洲大學卻擴大了自身的學術視野[34]。穆斯林世界也拒絕印刷術。對鄂圖曼人來說，文字是神聖的：書寫時使用的筆受到宗教的尊崇，對書法藝術的講究遠超過對印刷事業的追求。他們認為，「學者的筆墨要比殉教者的血更神聖」[35]。一五一五年，蘇丹塞利姆一世（Selim I）下令，凡被人發現使用印刷機者，最重可處以死刑[36]。伊斯蘭教無法包容科學的發展，因而造成災難性的結果。穆斯林科學家原本是歐洲學者觀念與靈感的來源，如今卻與歐洲最新的研究成果斷了連繫。假如科學革命是由網路產生的，那麼我們可以說鄂圖曼帝國現在正處於離線狀態。直到十八世紀晚期，西方書籍唯一被譯為中東語言的竟是治療梅毒的醫療書籍[37]。

西方與鄂圖曼的分歧，最明顯的莫過於一五七〇年代伊斯坦堡天文臺的命運——這是為著名的博學者塔基尤丁（Takiyüddin al-Rāsid, Taqi al-Din）興建的天文臺。一五二一年，塔基尤丁生於敘利亞，在大馬士革與開羅接受教育，他是一名優秀的科學家，曾發表過無數關於天文學、數學與光學的論文。他曾經獨力設計出極為精確的天文鐘，甚至曾進行過蒸汽力的實驗。一五七〇年代中期，塔基尤丁是蘇丹底下最重要的一名天文學家，他成功說服蘇丹興建天文臺。據說新設的天文臺擁有非常精巧的設備，與丹麥人布拉厄擁有的赫赫有名的烏蘭尼伯格（Uraniborg）天文臺不相上下。一五七七年九月十一日，彗星經過伊斯坦堡上空，天文學家必須對這個天象進行詮釋。根據一些資料記載，塔基尤丁不智地將彗星解釋成鄂圖曼即將戰勝的前兆。當時最德高望重的教士，伊斯蘭教長卡迪札德（Sheih ul-Islam Kadizade）煽惑蘇丹相信，塔基尤丁窺探天意是一種褻瀆神明的行為，就像撒馬爾罕天文學家貝格（Ulugh Beg）的占星表一樣，貝格正是因為瀆神的魯莽行徑而掉了腦袋。一五八〇年一月，天文臺完成才剛滿五年，蘇丹就下令拆除[38]。伊斯坦堡再度興建天文臺要等到一八六八年。藉由這種手段，穆斯林教士有效扼殺了鄂圖曼科學發展的可能——而就在這個關鍵時期，歐洲基督教會卻反其道而行，鬆綁了自由探索。在伊斯坦堡當局眼裡，歐洲的進步不過是一種「虛榮」[39]。伊斯蘭地區曾經引以為傲的智慧之屋，其所留下的種種遺產在虔信的烏雲籠罩下完全消失無蹤。到了十九世紀初，新式學校的首席老師塔瑪尼（Hüseyin Rıfkı Tamani）還這麼向學生解釋：「宇宙的外觀就像一顆球，地球就位在這顆球的中心……太陽與月亮繞著地球旋轉，而且沿著黃道帶行進。[40]」

十七世紀下半葉，奧斯曼王朝的後裔越來越顢頇消沉，而歐洲各地的君主莫不積極獎掖科學，完全無視教士的疑慮。一六六二年七月，也就是倫敦皇家自然知識促進學會在格雷咸姆學院設立兩年之後，學會終於獲得英王查理二世授予的王室特許。皇家學會的目標是建立一個「促進物理與數學實驗知識」的機構。重要的是（根據學會第一位歷史學家的說法），創立者：

> 自由接受不同宗教信仰、不同國家與不同職業的人加入。這是他們必須遵守的信條，否則就無法如自己的宣言所說的那麼偉大。他們曾公開宣示，他們建立的不是英格蘭人、蘇格蘭人、愛爾蘭人、天主教徒或新教徒哲學的基礎；而是人類哲學的磐石……透過廣納各國人才，他們為學會的未來立下許多巨大的優勢。藉由這種方式，學會可以持續得到各文明國度的優秀人士加入；使學會成為世界的銀行與自由港。[41]

四年後，法國科學院在巴黎成立，起初是做為開創性的地圖繪製中心。[42]英國皇家學會與法國科學院成為歐洲各地類似機構的典範。雷恩（Christopher Wren）是皇家學會創立者之一，他是建築師、數學家、科學家與天文學家。一六七五年，當查理二世委託他在格林威治設計皇家天文臺時，國王當然不會期待雷恩藉由觀測天象而預測戰爭勝敗。查理二世很清楚，真正的科學總是符合國家利益。

皇家學會之所以重要，不在於王室的支持，而在於它是一個新科學社群。這個社群允許觀念分享，同時藉由開放競爭的過程，匯聚眾人之力一同解決問題。經典的例子是引力定律，如果沒有虎克一開始的努力，恐怕牛頓不見得能有系統地陳述這項定律。事實上，皇家學會（牛頓於一七〇三年擔任會長）本身就是一個新科學網絡的匯聚點。當然，這不表示近代科學完全是集體合作的成果。當時的個別科學家與現在一樣，既可能受野心激勵，也可能出於利他主義。然而，由於出版新發現已經成為科學研究的必經路程，因此科學知識往往呈現累積性的成長，當然其中也存在尖刻的批評。牛頓與虎克曾激烈爭論誰才是第一個反平方引力定律或光的真實性質的發現者[43]。牛頓也與萊布尼茲有過激烈論戰，因為萊布尼茲認為引力具有「神祕的性質」[44]事實上，在歐陸的形上思想與不列顛群島的經驗實踐之間，隔著一條重要的思想斷層線。不列顛群島透過特有的經驗嘗試與耐心觀察的文化，因此比歐陸更可能推動科技進展，而這些進展正是工業革命出現的前提（見第五章）[45]。從牛頓定律到紐科門（Thomas Newcomen）的蒸汽引擎（最早使用是在一七一五年，用來為懷特哈文〔Whistehaven〕煤礦排水），這條發展路徑顯得特別簡便而筆直，儘管紐科門原先只是一名卑微的達特茅斯五金商[46]。世界最重要的三項科技發明——瓦特改良的蒸汽引擎（一七六四年）、哈里森（John Harrison）的經線儀（一七六一年）與阿克萊特（Richard Arkwright）的水力紡紗機（一七六九年）——相繼在十年內由同一個國家發明，這絕對不是巧合。

一七二七年三月，牛頓去世，遺體置於西敏寺四天才舉行葬禮，為他抬棺的有兩名公爵、三名伯爵與大法官。伏爾泰觀看典禮的進行，他對於出身卑微的科學家能獲得如此殊榮感到吃驚。「我看見」，這位著名的哲士在返回法國途中寫道：「一名數學教授，只因為他為自己的職業做出卓越貢獻，因此獲得像國王一樣受臣民禮遇的葬禮。」**在西方，科學與政府成為夥伴關係**。沒有任何一名國王比伏爾泰的朋友普魯士的腓特烈大帝（Frederick the Great）更能顯示這種夥伴關係的好處。

奧斯曼與弗里茨

維也納圍城後過了七十年，兩名男子象徵著西方文明及其近東穆斯林對手之間不斷擴大的差距。在伊斯坦堡，蘇丹奧斯曼三世怠惰地統治著衰弱的鄂圖曼帝國，另一方面，在波茨坦，腓特烈大帝進行的改革使普魯士王國成為軍事效率與行政理性的代名詞。

如果不仔細觀察，鄂圖曼帝國似乎一如蘇萊曼大帝時代，維持著專制政體的強大外觀。然而實際上從十七世紀中葉開始，帝國已出現尖銳的結構問題。鄂圖曼面臨嚴重的財政危機，支出遠超過稅收；以及貨幣危機，從新世界輸入的白銀與鑄幣品質惡劣造成通貨膨脹，使得物價不斷上升（歐洲也有相同情況）[47]。科普魯琉家族的穆罕默德、他的兒子阿梅德（Ahmed）以及他運氣不佳的養子穆斯塔法（Kara Mustafa）❽擔任大宰相期間，一直苦於支應蘇丹宮廷的龐大花費、防止禁衛軍坐大（這些鄂圖曼步兵原本應該嚴守獨身主義，現在卻衍生成世襲階級，靠著保障他們的法律作威作福），以及努力控制位於帝國邊陲的省分。腐敗風氣日熾，民眾離心離德。地主階級，也就是土耳其的騎士階級（sipahi）的力量也開始衰微。安那托利亞地方官員的反叛動搖了中央權威。正統派教士與蘇菲派神祕主義者也爆發宗教衝突，前者的代表人物卡迪札德（Kadizade Mehmed）❾把鄂圖曼所有的問題全歸咎於人們偏離先知穆罕默德的指示[48]，至於

❽ 譯註：卡拉．穆斯塔法即本章一開始提到的，於一六八三年率領鄂圖曼大軍圍攻維也納的科普魯琉，他因兵敗而遭到處死。

後者的代表人物是艾芬迪（Sivasi Efendi）。[49]鄂圖曼的官僚體系原本由奴隸充任（「強制徵用」制度），這些奴隸通常是從巴爾幹半島上的基督教社群抓來的。但現在官員的選任與晉升似乎更取決於賄賂與私寵而非才能；官員輪替的頻率高得驚人，因為大家都爭相搶奪官職的特權[50]。現今，我們回溯鄂圖曼的政府檔案，可以看出當時行政水準的低落。舉例來說，一四五八年的人口普查相當詳實。到了一六九四年，同樣的紀錄卻極為草率，出現許多省略與脫漏之處[51]。鄂圖曼官員對於行政效率低落心知肚明，但他們唯一想得到的方法，卻是回想當年蘇萊曼大帝的盛世[52]。

然而，最嚴重的問題或許在於蘇丹本身素質的降低。領導人更換的頻率過於頻繁；從一五六六年蘇萊曼大帝去世，到一六四八年穆罕默德四世即位，中間一共出現九名蘇丹。其中有五名遭到罷黜，兩名遭到刺殺。一夫多妻制使鄂圖曼蘇丹免於遭遇基督教君主面臨的麻煩，英王亨利八世為了生出男性繼承人，前後至少娶了六任妻子，其中兩名被他處死，兩名離婚收場。在伊斯坦堡，身為蘇丹眾多子嗣的一員是一件危險的事。由於只能有一個兒子繼承大統，所以直到一六〇七年之前，為了避免爭位，往往會把其他未能登基的兒子絞死。這使得王室親子之間幾無情感可言。蘇萊曼極為幹練的長子穆斯塔法也逃不過周而復始的宮廷陰謀，他在父親的大帳裡遭到謀殺，主謀是蘇萊曼第二任妻子，也就是他的繼母，動機當然是為了讓自己的兒子當上蘇丹。另一個兒子巴耶吉德（Bayezid）也被絞死。一五九七年，當穆罕默德三世登基時，他的十九名兄弟全被處死。一六〇七年後開始推行長子繼承制，這種做法才告一段落。此後，長子以外的兒子只能幽居在「後宮」，與蘇丹的妻妾子嗣住在一起[53]。

「病態」一詞似乎不足以形容後宮的氣氛。奧斯曼三世在五十七歲那年成為蘇丹，過去三十一年來他其實是個後宮囚徒（見圖12）。當他得以離開後宮，出現在大臣面前時，他對於自己統治的國家根本一無所知，後宮的生活只讓他養成了厭惡女性的性格。他因此穿上鐵製鞋子，後宮嬪妃只要一聽到鐵鞋匡噹的聲響，馬上退避三舍，免得讓他看了心煩。半個世紀以來，奧斯曼一直過著躲避嬪妃的生活，難以想像這樣的人如何能掌握權力。相較之下，在巴爾幹以北的國家，王室生活與鄂圖曼迥然不同。

「統治者是國家的第一人」，腓特烈大帝於一七五二年說道，這是他為後人寫的兩篇政治宣言的第一篇：「他受領豐厚的俸祿，因而得以維持職位的尊嚴。為了回報，他必須拿出實效，為國家謀福利。」[54] 一個世紀之前，他的曾祖父選帝侯威廉（Elector Frederick William）也曾表達類似的情感。威廉將飽受戰火摧殘的布蘭登堡邊境伯國轉變成中歐治理得最好的國家。這個國家的財政奠基於領地的有效管理，社會秩序建立在地主階級之上（這些地主階級忠實地擔負起作戰與治理的工作），它的安全仰賴接受完整戰技訓練的農民軍隊。一七〇一年，威廉的兒子成為「普魯士國王」。此時的普魯士已近似於英格蘭政治理論家霍布斯理想中的絕對君主國，足以對抗可能發生的無政府狀態。它是個年輕瘦小的巨靈（Leviathan）⑩。

⑨ 譯註：這裡的卡迪札德並不是上一節提到的那位要求拆除天文臺的伊斯蘭教長卡迪札德。

普魯士與鄂圖曼在體制上的差異，可以從腓特烈大帝最喜愛的波茨坦王宮看出。這座王宮由國王親自設計，與其說是宮殿，不如說像棟別墅。儘管如此，腓特烈還是稱它為無憂宮（Sanssouci），顯示宮殿主人萬事俱足，唯獨無法擺脫憂愁。腓特烈說：「我追求的利益必須等同於民眾的利益。如果兩者無法並存，那麼應以國家的福祉與利益為先。」

無憂宮的簡約設計，成為整個普魯士官僚體系的範例。嚴謹自律，如鋼鐵般執行公務，如白雪般廉潔自持操守，這是普魯士官員的精神標語。腓特烈在無憂宮只配置少數隨從：六名隨車僕役、五名一般僕役與兩名聽差。腓特烈沒有貼身侍從，因為他的服裝極為簡單，一年到頭幾乎只穿著滿是鼻煙味的陳舊軍裝。他認為王室華貴的禮袍毫不實用，王冠不過是「一頂會積存雨水的帽子」[55]。與鄂圖曼帝國的托普卡皮宮相比，他的生活如同僧侶。腓特烈沒有後宮，他只娶了布朗什維克的伊麗莎白為妻，而且兩人感情不睦。在分居很長一段時間之後，他見到妻子的第一句話竟是「夫人變胖了」[56]。普魯士與鄂圖曼的差異也表現在書面文件上。普魯士王室內閣文件逐頁記錄國王的明確裁示，與十八世紀鄂圖曼的官方文件形成強烈對比。

詩人拜倫在給朋友的信上寫著：「在英格蘭，我們認為的惡習是嫖妓與酗酒，在土耳其，他們認為的惡習是雞姦與抽菸，我們喜愛女人與杯中物，他們熱愛菸斗與孌童……」諷刺的是，腓特烈大帝這位開明專制的先驅，如果年輕時能在鄂圖曼宮廷裡度過，那麼他可能會快樂些。他是個極為敏感而且可能帶有同性戀傾向的知識分子，在暴躁易怒愛好閱兵的父親腓特烈・威廉一世督導下，他一直忍受著刻苦與有時近乎虐待的訓練。

腓特烈・威廉一世放鬆心情的方式是找一群粗魯的酒友組成「抽菸俱樂部」，但他的兒子卻是在歷史、音樂與哲學中尋求慰藉。在紀律嚴明的父親眼中，他的兒子「是個娘娘腔，完全不像個男子漢，既不會騎馬，又不懂得射擊，此外，他整個人看起來髒兮兮的，不修邊幅，蓬亂的頭髮讓他看起來像個白癡」[57]。腓特烈想逃離普魯士卻未能成功，他的父親將他囚禁在庫斯特林堡，逼迫他親眼看著協助他逃亡的朋友卡特被斬首。朋友的屍體與頭顱就棄置在關押腓特烈的牢房旁[58]。他被軟禁在庫斯特林堡達兩年之久。

腓特烈終究無法違逆父親對普魯士陸軍的熱情。他在獲釋之後，進入陸軍戈爾茨團服役，官拜上校。腓特烈在軍中磨練軍事技能，這些歷練對他日後致力彌補普魯士地理位置的劣勢頗有幫助，普魯士幾乎是以斜插的角度橫貫中歐。腓特烈統治期間，將陸軍從八萬人擴充到十九萬五千人，使普魯士成為歐洲第三大陸軍國。事實上，從每二十九名普魯士民眾就有一名士兵來看，到了一七八六年，也就是腓特烈統治晚期，普魯士已成為世上最軍事化的國家[59]。與父親不同的是，腓特烈的軍隊不只出現在閱兵場上，它更多的時候是用來對外擴張。一七四〇年，腓特烈即位才幾個月，便火速出兵奪取奧地利富裕省分西里西亞，此舉震驚全歐。這位心思敏感的審美家，原本一直對騎上馬鞍感到遲疑，原本喜愛笛聲更勝於馬蹄聲，然而此時的他卻成為施展權力的藝術家：人稱老弗里茨（der alte Fritz）⓫。

---

❿ 譯註：原指《舊約聖經》裡的海中怪物。霍布斯認為，民眾為了避免戰爭與混亂而讓渡權力成立政府，讓國家握有權力來建立秩序與安全。霍布斯說的利維坦，指的就是國家。

⓫ 譯註：弗里茨（Fritz）為腓特烈（Frederick）的暱稱。

人們該如何解釋腓特烈的轉變？其中一條線索隱藏在腓特烈早期的政治哲學作品《反馬基維利》（*The Ant-Machiavel*）之中（見圖14）。這部作品針對佛羅倫斯人馬基維利（Niccolò Machiavelli）惡名昭彰而又憤世嫉俗的君王使用手冊《君王論》提出反駁。腓特烈認為，「一旦歐洲最強大的霸權隱然有對外擴張席捲世界之勢時，其他國家的君主便有權利率先發動戰爭。換句話說，就是維持權力平衡，「透過明智的均勢原則，我們可以聯合各國的力量來抗衡某些國家的優越力量」：「我們最好趁著自己還能自由選擇橄欖枝與桂冠⑫時先發制人，枯坐等候只能暫時延緩戰爭帶來奴役與破壞的時間。」[60] 腓特烈又說，鄰邦波蘭是「朝鮮薊，可以輕易地逐步加以燒燬」——最後這個國家果然被奧地利、普魯士與俄國所瓜分[61]。腓特烈攫取西里西亞絕非臨時起意。普魯士的擴張就像鄂圖曼疆土日削的反面：這種新權力形式創造的成就，完全以無情的理性主義為依歸。

腓特烈．威廉一世蓄積了大量金錢，他從自己廣袤的直屬領地榨取每一分錢，最後留給他的兒子八百萬塔勒⑬。腓特烈大帝決心好好善用這筆錢，不僅用來擴大領土，也用來營造與一等國地位相符的首都。他想在柏林心臟地帶興建雄偉的建築，第一座雀屏中選的宏構是國家歌劇院。在它旁邊的是壯觀的聖黑德維希大教堂。在漫不經心的現代觀光客眼中，這兩座歌劇院與大教堂與其他歐洲首都的歌劇院與大教堂沒有什麼不同。然而如果他們更仔細觀察，必能發現許多特殊之處。柏林國家歌劇院完全未與皇宮相連，這點在北歐很不尋常。它不是為了國王個人的娛樂而設，而是為了滿足一般民眾的需要。腓特烈的大教堂也同樣奇特，它是一座位於路德派城市的天主教教堂——由不可知論的國王興建，而且不是虛應故事地興建在城市邊緣，而是位於首都最宏偉的廣場的核心地帶。大教堂的柱廊以古羅馬的萬神殿為範本[62]。這座紀念性建築成為腓特烈大帝宗教寬容的永恆象徵。

腓特烈即位後頒布的法令充滿自由主義精神，即使從今日的標準來看仍令人感到驚異：不僅在宗教上完全寬容，而且對新聞報導不加限制，同時也開放移民。一七〇〇年，幾乎每五名柏林人就有一名是法國雨格諾派教徒，他們生活的地方形成了法語區。此外還有薩爾茨堡新教徒、瓦爾德派、門諾會、蘇格蘭長老教會、猶太人、天主教徒與公開的宗教懷疑論者。腓特烈宣布：「在這裡，每個人都能以對自己最好的方式尋求救贖」，就連穆斯林也不例外[63]。儘管鄂圖曼帝國也寬容猶太人與天主教徒，但卻僅限於讓他們在當地居住生活。他們的地位其實更類似於中世紀的猶太人——僅能居住於特定區域與從事特定職業，而且必須繳納重稅[64]。

在自由與外國移民鼓舞下，普魯士的文化蒸蒸日上，這點可以從新閱讀學會、討論團體、書店、報紙與科學學會的大量出現看出。雖然腓特烈本人曾公開表示自己鄙視德語，他比較喜歡用法文寫作，而且只在跟馬說話時才使用德語，但在他統治期間，德文出版品卻如雨後春筍般急速湧現。此外，腓特烈時代也出現了十八世紀最偉大的哲學家康德，他的《純粹理性批判》（*Critique of Pure Reason*, 1781）探討了人類理性的本質與限制。康德畢生都在柯尼斯堡的阿爾

⓬ 譯註：橄欖枝與桂冠象徵和平與勝利。
⓭ 譯註：塔勒（thalers）當時歐洲流通的銀幣。

伯提那大學居住與工作，他過著比國王還簡樸的生活，每天準時外出散步，當地人甚至以他外出的時間來校準鐘錶。這位偉大思想家的祖父是一名來自蘇格蘭的製鞍匠，但腓特烈對於一個人的出身毫不在意。就連當時能與康德並駕齊驅的思想家孟德爾頌（Moses Mendelssohn）是猶太人，也不影響腓特烈對他的尊敬。國王曾語帶嘲諷地說，基督教「充斥著奇蹟、矛盾與荒謬，它是東方狂熱想像的產物，傳到歐洲之後，有些盲目的信徒支持它，有些心懷不軌的人假裝自己被它說服，另外還有一些智能低下的人真的相信它」[65]。

普魯士的文化運動，其核心本質其實就是我們說的啟蒙運動。從許多方面來看，啟蒙運動可說是科學革命的延伸，儘管兩者不完全相同。啟蒙運動與科學革命的差異表現在兩方面。首先，哲士的交流圈較為廣闊。普魯士發生的現象也是全歐各地發生的現象：由於識字率大幅提升，書籍、雜誌與報紙出版商必須滿足更大的市場需求。在法國，男性能夠簽名的比例（足以用來表示識字能力）從一六八〇年代的二九%增加到一七八〇年代的四七%，但女性能夠簽名的比例仍相當低（一四%到二七%）。一七八九年，巴黎男性的識字率約九成，女性約八成。新教教會與天主教教會之間的競爭、國家教育機構的增加、城市化的提升以及運輸交通的改善——這些都提高了歐洲人的閱讀能力。啟蒙運動不僅僅透過閱讀傳布。十八世紀的公眾領域也包括售票音樂會（例如一七八四年莫札特在維也納的音樂會）、新的公共劇院與藝術展覽，更別說還有文化社團與兄弟會（當時有很多這類團體，例如共濟會）構成的複雜網絡。「我是以身為一名世界公民的身分寫作」，一七八四年，日耳曼詩人與劇作家席勒（Friedrich Schiller）熱情地寫道：

> 現在，對我來說，公眾是一切——他們是我關心的焦點，是我的統治者，也是我的朋友。從今以後，我只屬於公眾。我希望自己能置身於此，任由公眾檢視。唯有這裡才能令我感到畏懼與崇敬。我的心裡產生一股崇高的感受，我唯一穿戴的腳鐐是世界對我的判決，我唯一該求助的權力者是人類的靈魂[66]。

其次，啟蒙運動思想家關切的主要不是自然科學而是社會科學，蘇格蘭哲學家休謨稱這些科學為「人的科學」。啟蒙運動實際上有多麼科學，這是個值得討論的問題。尤其在法國，人們並不完全相信經驗主義。十七世紀的科學家對探索自然世界如何運作充滿興趣。十八世紀的哲士則比較關心人類社會可能與應該如何運作。我們曾經提到孟德斯鳩主張氣候在形塑中國政治文化上扮演的角色，魁奈讚揚中國在經濟上採行重農政策，以及亞當斯密認為中國的停滯與國外貿易不發達有關。然而這三個人都沒去過中國。洛克與艾爾維修（Claude Adrien Helvétius）同意人類心靈如同一塊白板，要靠後天的教育與經驗加以形塑。但他們完全沒有任何實驗證據可以證明這個觀點。這些思想家的想法通常是反思與大量閱讀下的成果。

啟蒙運動的成就，在於它以理性質疑迷信，無論這些迷信來自於宗教信仰還是形上學。腓特烈大帝一向輕蔑基督教，相較於伏爾泰、休謨、吉朋（Edward Gibbon）與其他思想家在哲學或歷史作品中隱晦地批評基督教，他則是直率地提出抨擊。啟蒙運動最具影響力的地方在於它的諷刺性——無論是吉朋在令人驚訝的章節中談論早期基督教（《羅馬帝國衰亡史》〔*Decline and Fall of the Roman Empire*〕第一冊第十五章），還是伏爾泰在《憨第德》（*Candide*）中不留情面地嘲弄萊布尼茲的主張，「我們的世界是可能存在的世界中最好的一個，所有的事物都為最好的結果而設」[14]。

然而，這個時代最偉大的成就或許是亞當斯密對市民社會（《道德情操論》）與市場經濟（《國富論》）這兩個環環相扣的制度所做的分析。重要的是，相較於同時代其他作品，這兩部著作主要來自於亞當斯密對自己身處的蘇格蘭資產階級世界所做的觀察。亞當斯密說的市場中「看不見的手」顯然必須建立在慣例與互信交織的網絡上，相較之下，激進的法語圈「哲士」想挑戰的不只是既有的宗教制度，還包括既有的政治制度。瑞士人盧梭在《社會契約論》（*Social Contract*, 1762）中對於未以「一般意志」為基礎的政治制度的正當性感到懷疑。孔多塞（Nicolas de Caritat, marquis de Condorcet）在《論黑奴》（*Reflections on Negro Slavery*, 1781）中質疑奴役勞工的正當性。如果普魯士國王可以嘲弄基督教信仰，那麼又有什麼能阻擋巴黎窮苦民眾咒罵自己的國王與王后呢？啟蒙運動分布的層面極廣，從思想高不可攀的康德柯尼斯堡延伸到臭不可聞的巴黎貧民窟，後者成為許多辱罵時政小冊子的溫床，例如莫朗德編輯的《鐵甲記者》（*Le Gazetier Cuirassé*）。即使是伏爾泰也對《鐵甲記者》粗鄙批評政府的言論感到吃驚，他把這份刊物稱之為「撒旦的作品，上至國王，下至升斗小民，大概沒有人沒被他們罵得狗血淋頭」[67]。

諷刺的是，對於革命，啟蒙運動的態度保留，這是因為啟蒙運動原屬貴族色彩濃厚的運動。許多領導人物都是貴族出身，如孟德斯鳩男爵、米拉波侯爵、孔多塞侯爵與知名的無神論者多爾巴克男爵。出身較低的哲士或多或少都要仰賴王室或貴族的資助：伏爾泰依靠夏特雷侯爵夫人、亞當斯密仰賴布克魯公爵、席勒受符騰堡公爵資助，而狄德羅（Denis Diderot）則成了凱薩琳大帝的座上賓。

與歐洲其他國王一樣，腓特烈大帝不只是讓知識分子享有宗教與各項自由，他對伏爾泰的資助也不僅止於讓他在無憂宮住下。當莫佩爾杜伊證明牛頓的假說，認為地球是橢圓形球體（兩極稍扁）時，腓特烈對此感到印象深刻。於是他在一七四〇年六月邀請這名法國人來柏林做客，希望他能協助普魯士成立類似英國皇家學會的機構。不過這項計畫卻遭遇挫折，因為莫佩爾杜伊在第一次西里西亞戰爭時不名譽地淪為奧地利人的戰俘，然而計畫並未因此中斷[68]。一七四四年六月，腓特烈成立普魯士科學與文學院（合併早期的皇家科學院與在此之前成立的民間文學學會），而且說服莫佩爾杜伊回柏林擔任該院院長。他對伏爾泰說，「這是我平生最大的戰果」[69]。

腓特烈本人無疑也是一名認真的思想家。他的《反馬基維利》堅持君主是公僕，光是這點就足以使這部作品成為一部革命文獻：

> 君主真正的智慧表現在他能為國家興利造福……光采的行為與滿足一己的野心與榮耀並非君

⓮在旅途中，憨第德、庫妮宮德（Cunégonde）與信奉萊布尼茲的潘格羅斯博士（Dr Pangloss）及卡康波（Cacambo）遭受或目擊了鞭刑、戰爭、梅毒、船難、絞刑、地震、奴役、獸交、疾病與火刑隊的處決。

主真正的職責，他必須……把人類的福祉置於首位……偉大的君主總是忘卻一己之私而致力追求全民的福利……被熾熱的野心推入戰火的君主，應該睜大眼睛看看戰爭將為自己的臣民帶來什麼樣悲慘的結果——重稅使民不聊生，兵役帶走年輕人，戰場上癘疫橫行讓許多士兵無助死去，慘烈的攻城戰，血肉橫飛的白刃戰，倖存的人卻喪失了賴以維生的四肢，孤兒成為敵軍的戰利品……輕易啟釁的君主因為自身的魯莽躁進而犧牲無數人的福利，他忘記自己對這些人負有保護之責……視百姓如草芥的君主，毫無憐憫地驅策民眾進入險境，即使眼見他們死亡也毫無悔意；認為百姓與自己平起平坐，甚至認為人民是自己的主人的君主，他們是有血有肉的經濟學家與充滿人性的守財奴。[70]

擁有音樂天分的腓特烈實際譜寫過曲子，其中著名的如沉靜安詳的C大調長笛奏鳴曲，這首曲子已經跳脫單純模仿巴哈的階段。腓特烈其他的政論作品，眼光也絕非那些業餘評論家所能比擬。然而，腓特烈設想的啟蒙運動與更早的科學革命之間有一項重大差異。英國皇家學會是開放的思想網絡的匯聚點，相較之下，普魯士科學院卻是一個由上而下、以絕對君主為中心的階序體系。「正如牛頓不可能與萊布尼茲或笛卡兒合作發想出引力體系」，腓特烈在他的《政治宣言》（*Political Testament*, 1752）中表示：「因此政治系統的創造與維持也應該出自個人的巧思。[71]」這種做法是秉持自由精神的伏爾泰難以忍受的。當莫佩爾杜伊濫用大權，一意吹捧自己提出的最小作用量原理時，伏爾泰無情地寫了一部作品《阿卡基亞醫師的謾罵》（*Diatribe du Docteur Akakia, médecin du Pape*）來諷刺他，這種犯上的行為正是腓特烈無法容忍的。他下令將該書銷毀，並且明白表示柏林不歡迎伏爾泰來訪[72]。

其他人比較傾向於服從。康德在成為哲學家之前原是一名天文學家。一七五四年，他的地表磨擦力減緩地球自轉速度研究榮獲普魯士科學院獎項，這是他首次受到公眾注意。康德在他頗具影響力的論文〈何謂啟蒙？〉（What is Enlightenment?）的某個著名段落裡表達了感謝之意，雖然他鼓勵所有的人「敢於運用理智！」，卻不鼓勵他們不服從國王：

> 唯有已經啟蒙……而且擁有無數紀律嚴明的軍隊來確保公共和平的君主，才能說出：「你可以盡可能地辯論，陳述自己的想法，但要懂得服從！」一個共和國不敢說出這樣的話……更多的市民自由表面上看來有利於心靈自由，實際上這種自由反而限制了心靈。相反的，較少的市民自由反而讓心靈擁有更多空間，使每個人都能充分發揮自己的能力[73]。

簡單說，普魯士的啟蒙運動只涉及思想自由，而非行動自由。此外，思想自由的用意主要是為了增強國家權力。正如移民有助於普魯士的經濟，可以讓國家徵收更多的稅收，維持更多的軍隊，征服更廣大的領土，學術研究也是一樣，它可以在策略上做出貢獻。新知識不僅能闡明自然世界，解開天體運動之謎，它也可能左右塵世權力的盛衰。

今日，波茨坦只是柏林一處老舊過時的郊區，夏季時滿是灰塵，冬季時陰鬱沉悶，它的天際線布滿醜陋的公寓街廓，見證了東德「真實存在的社會主義」遺跡。然而，在腓特烈大帝時代，波茨坦絕大多數的居民是士兵，當地建築幾乎與軍事用途相關。今日的電影博物館最早原本是個橘子園，後來被開闢為騎兵的馬廄。走過市中心，你會經過軍人孤兒院、閱兵場與前騎術學校。在林登街與夏洛特街的交叉口有一座充滿軍事裝飾的建築物，這是前警衛大樓。甚至連一般房舍也會在頂樓加蓋供士兵住宿。

波茨坦是具體而微的普魯士，也是一幅普魯士的諷刺畫。腓特烈的副官貝倫霍斯特曾經半開玩笑地評論：「普魯士王國不是一個擁有軍隊的國家，而是一支擁有國家的軍隊，國家只是它屯駐的地方。[74]」軍隊不再只是王朝的權力工具：它成為普魯士社會不可或缺的部分。地主服軍官役，四肢健全的農民取代外籍傭兵成為軍隊的主幹。普魯士是軍隊——而軍隊是普魯士。到了腓特烈統治晚期，普魯士人口超過三%是軍隊，是法國與奧地利比例的兩倍以上。

人們普遍認為普魯士對軍事操練與紀律的重視，是它在軍事上獲得成功的關鍵。從這方面來看，腓特烈可說是拿騷的毛里茨（Maurice of Nassau）與瑞典國王古斯塔夫（Gustavus Adolphus）這兩位十七世紀軍事大師的真正傳人。身穿藍色制服的普魯士步兵行軍就像上了發條的玩具兵，每分鐘固定走九十步，接近敵軍時才減到七十步[75]。一七五七年十二月爆發的洛伊騰會戰（Battle of Leuthen），普魯士的生存受到三大強權同盟（法國、奧地利與俄羅斯）的威脅。奧地利軍想不到普魯士步兵居然採取他們最不樂見的方式，向它們的戰線發動突襲，而且順利突破南方側翼。然而，當奧地利人試圖重新部署時，他們遭遇比急速行軍的敵人更致命的事物：火砲。極精確的火砲打擊能力，與傳奇性的「至死遵守命令」的步兵，這兩者造就了普魯士的興起[76]。

法軍的軍事勞動生產力：每名步兵的射擊成功率（1600-1750年）

約略年代	每把手槍的射擊成功率（每分鐘擊發數）	每名步兵擁有的手槍數	每名步兵的射擊成功率（每分鐘擊發數）	假設
1600年（1620年，步兵開始使用手槍）	0.50	0.40	0.20	火繩槍每分鐘射擊一發，不發火率0.50
1700年	0.67	1.00	0.67	燧發槍每分鐘射擊一發，不發火率0.33；刺刀的出現取代了矛兵
1750年	2.00	1.00	2.00	燧發槍加上通條與紙製彈筒，每分鐘射擊三發，不發火率0.33

腓特烈早年排斥火砲，認為它是「錢坑」[77]。但後來逐漸認識火砲的價值。「我們現在要對抗的不只是人」，腓特烈表示：「我們必須牢記，此後進行的戰爭將是砲兵的對決……」[78]在洛伊騰會戰中，普魯士人有六十三門野戰砲與八門榴彈砲，以及十門被稱為「咆哮者」（Brummer）的十二磅火砲，之所以如此命名是因為它們會發出令人不安的隆隆砲聲。腓特烈發明以馬牽引的機動砲兵隊，很快就成為歐洲軍隊的標準編組[79]。腓特特快速而集中地部署砲兵，規模遠超過以往，這種做法成了日後拿破崙取得勝利的關鍵。

這些武器充分顯示軍事領域對科學知識的應用。這段競爭、創新與進步的過程很快擴大了西方與世界其他地區的差距。然而這段過程的幕後英雄至今仍未得到應有的重視。

羅賓斯（Benjamin Robins）僅有的就是他

那顆聰明的腦袋。沒錢上大學的他，自學數學，並且成為一名私人教師。他在二十一歲那年入選為皇家學會成員，而後又成為東印度公司的砲兵軍官與軍事工程師。一七四〇年代初，羅賓斯利用牛頓物理學來解決火砲問題，以微分方程首次真實描述空氣阻力對高速拋射物彈道造成的影響（這是伽利略未能解決的問題）。一七四二年於英格蘭出版的《新砲術原理》（*New Principles of Gunnery*）（見圖15），羅賓斯在這本書裡結合自身的謹慎觀察、波以耳定律與牛頓《數學原理》第一冊第三十九條命題（這條命題分析物體在向心力影響下的運動），計算拋射物離開砲口時的速度。然後，羅賓斯運用他提出的衝擊擺原理，證明空氣阻力（大約是拋射物本身重量的一百二十倍）的效果完全扭曲了伽利略提出的拋物線彈道。羅賓斯也首次顯示飛行中的毛瑟槍子彈，子彈本身的旋轉力如何使子彈偏離原先的射擊路徑。他的論文〈論膛線槍管的性質與優點〉，於一七四七年在皇家學會宣讀（這一年他榮獲學院頒贈科普利獎章）文中建議子彈應該做成蛋形，而槍管應刻上膛線。這篇論文的結論顯示羅賓斯不僅了解他的作品在科學上的重要性，也了解它在戰略上的價值：

> 任何國家都應該徹底掌握膛線槍管的性質與優點，並且加速完成膛線槍管的生產，使軍隊熟悉這項武器並加以廣泛運用；就像任何時代出現過的任何一種先進武器一樣，軍隊可以憑藉膛線槍管在戰場上立於不敗之地[8]。

火砲越精確而有效，堅固的要塞堡壘就越失去價值；即使是最精良的正規軍，在精準的火砲面前也將喪失威脅性。

腓特烈大帝只花了三年時間就將羅賓斯的《新砲術原理》翻譯成德文。翻譯者歐拉（Leonard Euler）本身是傑出的數學家，他補充了原作，增訂了周詳的附錄表，說明當拋射物在特定初速與仰角發射出去時，有哪些因素決定了拋射物的速度、射程、最高高度與飛行時間[81]。一七五一年，法文譯本問世。當然這個時期也出現其他軍事發明家（著名的有奧地利的溫策爾親王與法國的格里波瓦爾將軍）但十八世紀彈道學革命的首要功臣仍非羅賓斯莫屬。科學的殺手級應用給予西方真正致命的武器：精準的火砲。對於羅賓森這個出生就是貴格會（Quakers）信徒的人來說，這項成就毋寧相當令人吃驚。

羅賓森的彈道學革命，鄂圖曼人當然未能參與，正如他們錯失了更重要的牛頓運動定律一樣。十六世紀，鄂圖曼帝國鑄砲廠生產的武器遠優於歐洲火砲[82]。到了十七世紀，情勢開始逆轉。早在一六六四年，曾在聖哥塔德擊敗鄂圖曼軍隊的哈布斯堡戰略大師蒙特庫科利（Raimondo Montecuccoli）表示：「（土耳其人的）巨型大砲發射時能造成極大的損害，但它太笨重而難以移動，而且裝填與瞄準需時過久……我們的火砲較為輕便而易於移動，而且更有效率，因此我們對土耳其人的大砲擁有優勢。[83]」往後兩個世紀，這層差異只會隨著西方強權設立機構（例如於一七四一年設立的烏爾威治工兵與砲兵士官學院）鑽研軍事知識與武器而更形擴大。一八〇七年，當達克沃斯爵士的艦隊逼近達達尼爾海峽時，土耳其仍在使用古老的大砲，而且只能約略朝著來襲船艦的方向發射巨大的石球。

仁政改革

孟德斯鳩的書信體小說《波斯書簡》（*Persian Letters*），書中想像兩名穆斯林經由土耳其前往法國，進行了一場探索之旅。「我驚訝地發現鄂圖曼帝國的衰弱」，烏斯貝克在往西旅行的路上寫著：「這些蠻族拋棄了所有的技藝，包括戰爭的技術。歐洲各國每日精益求精，但鄂圖曼人卻停留在原始的無知狀態；他們幾乎沒有想過運用新的軍事發明，直到這些發明被用來對付他們不下千次，他們才稍有醒悟。」[84]

鄂圖曼帝國確實曾經派人考察西方軍事強盛的原因。一七二一年，塞勒比（Yirmisekiz Çelebi Mehmed）奉命前往巴黎，他「四處參觀要塞、堡壘與法國文明創造出來的物品，並且針對哪些層面可以在國內推行提出報告」。他在寄回國內的信件中熱切提起法國的軍事學校與練兵場。

鄂圖曼人此時了解到必須向西方學習。一七三二年，穆特費里卡（生於外西凡尼亞基督教社群的鄂圖曼官員）向蘇丹穆罕默德一世獻上他的作品《國家大政的合理基礎》（*Rational Bases for the Politics of Nations*），書中提出一個問題，此後穆斯林將一直無法擺脫這個疑問：「為什麼過去和穆斯林國家相比如此孱弱的基督教國家，現在開始支配這麼多土地，甚至能擊敗戰無不勝的鄂圖曼軍隊？」穆特費里卡提出了各種答案。他提到英格蘭與荷蘭的代議制度，基督教在美洲與遠東的擴張，甚至指出鄂圖曼帝國遵循沙里亞法（sharia law）[15]，但歐洲人卻擁有「以理性創造出來的法律與規則」。但最重要的還是必須迎頭趕上的軍事落差：

穆斯林要有遠見，必須盡快嫻熟歐洲新式的方法、組織、戰略、戰術與戰爭方式……世上所有的智者都同意，土耳其人要比世界其他民族都更願意遵守規則與秩序。如果土耳其人學到新的軍事科學並加以應用，就沒有任何敵人敢跟土耳其作對[85]。

這段訊息很清楚：鄂圖曼帝國如果想繼續扮演強權的角色，就必須同時擁抱科學革命與啟蒙運動。可想而知，一七二七年，穆特費里卡終於將印刷機引進鄂圖曼帝國，一年後，他使用阿拉伯活字印刷了第一本書，Van Kulu字典。一七三二年，他出版一本收錄英文與拉丁文作品的選輯，《磁學的啟蒙》（*The Enlightenment of Magnetism*）[86]。

一七五七年十二月二日，鄂圖曼官員暨外交使節雷斯米（Ahmed Resmî Efendi）離開伊斯坦堡啟程前往維也納，宣布新蘇丹穆斯塔法三世（Mustafa III）登基的消息。這次旅程不同於一六八三年科普魯琉的遠征。雷斯米率領的不是大軍，而是一百名以上的文武官員；他的任務不是圍攻哈布斯堡首都，而是向它學習。在當地停留一百五十三天之後，雷斯米詳細而熱切地寫了一篇厚達兩百四十五頁以上的報告[87]。一七六三年，雷斯米出使柏林（見圖13）。與奧地利相比，他對普魯士的印象更為深刻。雖然腓特烈的服裝（穿著便服，滿身都是塵土）令他略感困窘，但他還是對國王專注於國家事務、毫無宗教偏見以及普魯士經濟發展的興盛敬佩不已[88]。

⓯ 譯註：以伊斯蘭教教義為基礎而制定的法律體系。

鄂圖曼使臣早期對歐洲的描述往往充滿嘲弄之詞。事實上，長期以來對歐洲的優越感也是鄂圖曼改革不力的主因。雷斯米的熱情描述是一種戲劇性的（同時也是痛苦的）轉變。然而，伊斯坦堡方面並不是每個人都能接受他的說法。雷斯米直接或間接地對鄂圖曼的文官與軍事體系多所批評，這可能是這名優秀官員最終未能擔任大宰相的原因之一。描述歐洲政府的優越是一回事，要改革鄂圖曼的制度則是另一回事。

西方專家受邀前往伊斯坦堡擔任厄鄂圖曼蘇丹的軍事顧問。邦尼瓦伯爵負責改革鄂圖曼工兵與砲兵團以及擲彈兵團。匈牙利裔法國軍官德托男爵獲得重用，負責加強鄂圖曼首都的防禦工事。他曾搭船巡視博斯普魯斯海峽，驚訝地發現當地要塞不僅年代陳舊，而且選址錯誤，就算全部換裝現代火砲，也無法將敵船涵蓋在射程範圍之內。他在回憶錄裡表示，這些堡壘「與其說是防禦工事，不如說是圍城後的殘骸」。德托以法國機動兵團為範本，為鄂圖曼建立了機動砲兵團，另外還設立了軍事學院，由蘇格蘭人坎貝爾（Campbell Mustafa）教導軍校生數學。德托創設新式兵工廠，負責製造火砲以協助組建機動砲兵單位[89]。

然而，改革的嘗試經常因政治對立而中斷，例如一八〇七年舊式禁衛軍成功解散由法國杜巴耶將軍（General Albert Dubayet）指導設立的新式軍隊。結果，鄂圖曼軍隊存在的目的似乎是為了滿足軍官們的富足與便利。不僅無法應付外敵，連鎮壓內部叛亂都力不從心[90]。直到仁政改革時期，在改革派蘇丹馬哈穆德二世（Mahmud II）與阿布杜勒梅吉德一世（Abdülmecid I）的統治下，鄂圖曼國內局勢才重新穩定下來。

一八二六年六月十一日，在鄰近禁衛軍兵營的大型閱兵場上，兩百名身穿歐式軍服的士兵精神抖擻地邁步而過。兩天後，大約兩萬名禁衛軍士兵集會咆哮：「我們不接受異教徒式的軍事操練！」他們象徵性地傾倒飯鍋，威脅要行軍到托普卡皮宮⑯。馬哈穆德二世抓住這個機會，宣布若不剷除禁衛軍，那麼伊斯坦堡將化為廢墟。蘇丹早已準備周全，因為左右大局的砲兵部隊已向他輸誠。當砲口背轉過來朝禁衛軍開火時，反叛的勢力當下煙消雲散。數百人被殺。六月十七日，禁衛軍全軍遭到撤廢[91]。

軍隊歐洲化的不只是軍服，士兵也要按照全新的拍子行軍。蘇丹任命唐尼切帝（Giuseppe Donizetti）擔任鄂圖曼帝國音樂總教官，多尼切帝的弟弟正是赫赫有名的蓋耶塔諾（Gaetano Donizetti），《拉美莫爾的露琪亞》（*Lucia di Lammermoor*）的作曲人。多尼切帝譜寫兩首義大利風格的國歌供蘇丹選擇，並且負責組織一支歐洲風格的軍樂隊，他還教導這支軍樂隊演奏羅西尼的序曲。過去曾將真主阿拉的神威帶至維也納，令守城軍民日夜恐懼的戰鼓，如今已從軍樂隊中剔除。一八三六年十二月，法國《吟遊詩人報》（*Le Ménestrel*）表示：

> 在伊斯坦堡，古土耳其音樂已瀕臨消亡。馬哈穆德蘇丹喜愛義大利音樂，並且將其引進到軍隊之中……他尤其喜愛鋼琴，甚至為自己的嬪妃從維也納訂購許多樂器。我不知道她們要如何學習彈奏，因為到目前為止還沒有人能成功接近她們[92]。

⑯ 譯註：蘇丹居住的宮殿。

改革時期持續最久的象徵是由蘇丹阿布杜勒梅吉德一世建立的。多爾瑪巴赫切宮建於一八四三到一八五六年間，至少有兩百八十五間房間、四十四間大廳、六十八間廁所與六間土耳其澡堂。宮殿天花板使用了十四噸的金箔，並且懸掛了三十六座豪華枝型吊燈。沿著水晶梯間走到頂端，你會看到宮裡最大的房間——典禮廳。這間大廳鋪著一大片完整的地毯，面積廣達一千三百平方英尺，上面懸掛的枝狀吊燈重達四噸以上。整座廳堂看起來就像巴黎歌劇院舞臺擺放在紐約中央車站裡一樣。

接下來要做的就是（在延誤了近兩百年之後）進行科學革命。一八三八年的一份政府公報肯定了西方知識的重要性：「宗教知識有助於彼世的救贖，但科學能幫助此世的人類獲致完美。」然而，直到一八五一年，鄂圖曼才以法蘭西學院（成員應「嫻熟學問與科學，精通歐洲各國語言」）為範本設立了知識學會。又過了十年，鄂圖曼科學學會成立[93]。在此同時，隨著伊斯坦堡西部設立工業園區，製造現代軍服與武器的工廠也跟著興建完成。至少目前看來，鄂圖曼似乎真的願意向西方開放[94]。東方學者雷德豪斯（James Redhouse）在十七歲那年跳船到土耳其，一開始先擔任鄂圖曼海軍工程學校的老師。他花費數十年時間辛苦將英文作品翻譯成土耳其文，而且編纂字典、文法與常用語手冊，使鄂圖曼讀者更容易吸收歐洲知識，同時他也改善西方人對土耳其人的負面印象。一八七八年，米德哈特（Ahmed Midhat）創立《真理傳譯者報》（*Interpreter of Truth*），他在報上發表一系列作品，其中包括〈一八八九年歐洲之旅〉。這篇報導描述他參觀巴黎萬國博覽會的見聞，尤其是機器宮給他的印象[95]。

然而，儘管歷任大宰相如雷希德（Reshid Pasha）、傅阿德（Fuad Pasha）、阿里（Ali Pasha）與米德哈特（Midhat Pasha）⑰都真心想進行改革，但這些改變並未連帶推動鄂圖曼行政體系的改革。唯有行政體系改弦更張，才能為改革提供穩固的基礎[96]。新軍隊、新軍服、新國歌與新宮殿，這些都應該推動。然而，沒有有效的賦稅制度資助這些措施，需要的龐大開支只能向巴黎與倫敦借款才能支應。而歲收必須支付歐洲債權人的利息越多，能用來支持國防以免帝國傾頹的經費就越少。一八二〇年代，土耳其人被逐出希臘，一八七八年又喪失廣大的巴爾幹領土，鄂圖曼帝國的元氣似乎衰退已極：發行的紙幣（kaime）粗糙易於偽造，造成通貨貶值[97]；支付歐洲債權人的利息占歲收的比例逐年增加[98]；斯拉夫民族主義與霸權陰謀結合起來，對帝國邊陲構成威脅。想推動立憲限制蘇丹權力，最後卻以米德哈特流亡以及哈米德二世（Abdul Hamid II）重建專制統治告終。

在多爾瑪巴赫切宮許多大廳的某個角落，矗立著最不尋常的鐘，它既是溫度計，也是氣壓計，同時又有日曆功能。這是埃及赫迪夫（Khedive）⑱送給蘇丹的禮物。鐘上面甚至刻了阿拉伯文：「願蘇丹的每分鐘長如一小時，每小時長如一百年。」這座鐘看起來像是東方科技的精品——除了有個小地方不一樣：它是奧地利的製品，出自基爾什（Wilhelm Kirsch）之手。正如基

⑰ 譯註：這裡幾位大宰相名字裡都有Pasha這個字，Pasha是一種頭銜稱號，不是姓。為了避免讀者以為這幾名大宰相來自同一家族，在此略做說明。此外，前段的米德哈特與本段的米德哈特並非同一人。
⑱ 譯註：赫迪夫相當於總督。

爾什的時鐘清楚顯示的，西方科技的輸入無法讓現代化在鄂圖曼本土生根。土耳其人需要的不只是一座新宮殿，他們還需要一部新憲法、一套新字母——事實上，他們需要一個新國家。土耳其人最後靠著某個人的努力而獲得這一切。他的名字叫凱末爾（Kemal Atatürk），一心想成為土耳其的腓特烈大帝。

從伊斯坦堡到耶路撒冷

> 我有充分的理由相信，小王子來自的星球就是這顆人稱B-612的小行星。這顆小行星只被望遠鏡觀測到一次。那是在一九〇九年，由一名土耳其天文學家觀測到的。這名天文學家一發現這顆小行星，就馬上向國際天文學會提交了厚厚一疊的證明報告。但是他穿著土耳其服裝，所以沒有人相信他說的話……然而，慶幸的是，由於B-612小行星實在太有名了，所以土耳其獨裁者制定一項法律，要求他的臣民應該改穿歐洲服裝，否則就要處死。於是在一九二〇年，這名天文學家再度提交他的證明報告，這回他的穿著看起來就相當優雅華貴。而這一次每個人都接受他的報告。

在聖修伯里（Antoine de Saint-Exupéry）的故事《小王子》中，土耳其的現代化稍稍受到一點嘲弄。土耳其在第一次世界大戰後改變了服飾，逐漸向西方的規範靠攏，就跟日本明治維新後的做法一樣（見第五章）。但是，這種改變有多深刻呢？尤其新成立的土耳其是否真的有能力參與西方強權的科學聯盟？

凱末爾不像腓特烈大帝那樣，一出生就註定掌握權力。一八八〇年代與一八九〇年代初，由於戈爾茨（Colmar Freiherr von der Goltz）全面改革鄂圖曼陸軍，愛好酒色的凱末爾才得以從中得利。腓特烈大帝創造了普魯士，而戈爾茨則是普魯士的縮影：他出生於東普魯士，父親是一名平凡的士兵與農民，但智勇兼備的他，最終卻晉陞到陸軍元帥的高位。凱末爾學習德軍的戰鬥方式，一九一五年加里波利（Gallipoli）之役，他將理論付諸實踐，成功抵擋了英國的攻擊。一次大戰結束後，隨著鄂圖曼帝國的瓦解，希臘軍隊開始入侵安那托利亞，凱末爾組織了決定性的反擊，並且自稱新土耳其共和國之父。雖然凱末爾將首都從伊斯坦堡遷到安卡拉，但無疑在他的心中，他所創建的國家必須面向西方。凱末爾認為，數世紀以來，土耳其人一直「由東方往西邊的方向走去」[99]。他問法國作家裴爾諾（Maurice Pernot）：「你能指出來，有哪個追求文明的國家，不是朝著西方？[100]」

凱末爾改造土耳其的關鍵，在於他個人引進的激進字母改革。阿拉伯文字不僅是伊斯蘭教的支配象徵，也與土耳其語的發音格格不入。對許多土耳其民眾而言，阿拉伯文是不易讀寫的語言。一九二八年八月的一個夜晚，凱末爾在古蘭公園（原本是托普卡皮宮裡的花園）舉辦活動。他向大批受邀前來的民眾發言，然後要求某位能閱讀土耳其文的人上臺，請他朗讀紙張上所寫的文字。當這名自願者看著紙上的文字，表情明顯充滿疑惑時，凱末爾對群眾說：「這名年輕人感到很疑惑，因為他不認得真正的土耳其文。」於是他將這張紙遞給同伴朗讀：

> 從現在起，我們豐富而和諧的語言將能以新的土耳其文展現在這個世界上。我們必須讓自己

從這些不可理解的符號中解放，它們像虎頭鉗一樣箝制我們的心靈好幾個世紀……大家必須盡快學會新土耳其字母……把它視為愛國愛鄉的責任……一個國家只有一〇%或二〇%的人識字，而有八〇%或九〇%的人不識字，這是一件可恥的事……我們應該改正這些錯誤……透過文字與心靈，我們的國家將證明自己在文明世界占有一席之地[101]。

為了推動土耳其進入二十世紀，凱末爾進行一連串廣泛的文化革命，字母的西方化只是其中一環。無論男女，一律改穿西方服飾；停用土耳其毯帽與伊斯蘭頭巾，改戴西方帽子，不鼓勵穿著罩紗。採用西方曆年，包括接受基督教的紀年法。凱末爾最重要的一項改革是讓新土耳其成為一個世俗國家，與所有宗教權威分離。一九二四年三月，哈里發體制遭到廢除；一個月後，宗教法院關閉，以瑞士民法為制定基礎的新民法取代了沙里亞法。在凱末爾眼中，鄂圖曼帝國時期科學無法進展的元兇，就是宗教的干預。一九三三年，在徵詢日內瓦大學的馬爾希（Albert Malche）之後，凱末爾以西式的伊斯坦堡大學取代了舊式的科學所。科學所向來牢牢掌握在伊瑪目（Imam，伊斯蘭教宗教領袖或學者的尊稱）手裡，至於伊斯坦堡大學則日後陸續收容一百名為逃避納粹政權前來的德國學者，他們要不是猶太人，就是政治左派。凱末爾表示——他的這些話刻在安卡拉大學的主建築物上——「世上一切事物，無論是文明、生活，還是成功，最真實的指引就是知識與科學。不以知識與科學為依歸，你將陷入茫然、無知與錯亂。[102]」

第一次世界大戰除了使鄂圖曼帝國解體，也使位居帝國核心的土耳其轉向世俗主義。我們可以說，一次大戰不經意地使土耳其順利走向科學革命與啟蒙運動價值。然而，大戰期間為了確保勝利，英國人試圖動員鄂圖曼的內部敵人來反抗蘇丹，阿拉伯人與猶太人就是其中之一。英國人承諾讓阿拉伯人各自獨立成幾個王國，也答應讓猶太人在巴勒斯坦擁有「猶太民族自己的家園」。我們知道，這些承諾其實彼此衝突。

耶路撒冷雖然是三個一神教的共同聖地，但是今日的耶路撒冷，似乎成了現代版的一六八三年維也納——它是一座位於西方文明邊疆地帶的要塞城市。一九四八年五月，以色列建國。以色列是猶太人國家，雖然由猶太人建立，卻不完全由猶太人組成。以色列自稱是西方的前哨站，不過這座前哨站一直處於交戰狀態。以色列宣稱耶路撒冷是它的首都[19]，但以色列本身的存在卻受到來自四面八方穆斯林力量的威脅：加薩占領區與西岸的哈馬斯（現已控制加薩）、鄰

---

[19] 一九四八年，阿拉伯人暫時攫取了耶路撒冷，他們猛攻的結果，使許多猶太人社群遭到驅逐，當地許多古老的猶太會堂也遭到摧毀。然而到了一九四九年一月的停火時期，以色列卻主張自己同時擁有新城（西耶路撒冷）與舊猶太區；外約旦則主張領有東耶路撒冷以及約旦河西岸土地。將近二十年的時間，耶路撒冷被一分為二，就像一九六一到一九八九年的柏林一樣，不過耶路撒冷的分割並未經過國際承認。到了一九六七年六日戰爭期間，東耶路撒冷被以色列國防軍「解放」，此舉再度違反了聯合國決議。寇雷克（Teddy Kollek）擔任市長期間，耶路撒冷的阿拉伯區大部分遭到摧毀，包括馬格里比區。在東耶路撒冷建立猶太屯墾區的政策，用意在於讓以色列人能永久控制當地。然而周而復始的暴力事件，特別是年輕阿拉伯人發起的「暴亂」，使城市區分一直保持原狀，許多以色列人因此認為回到一九六七年前的疆界應該是永久和平協議的必要基礎。儘管如此，以色列法律仍然主張「完整而統一的耶路撒冷是以色列的首都」。從一九八八年起，巴勒斯坦人就主張耶路撒冷是他們的首都。就在我寫作之時，有關這個議題的妥協方案似乎還難以想像。

邦黎巴嫩的真主黨（Hezbollah）、東方的伊朗，別忘了還有沙烏地阿拉伯。在埃及與敘利亞，以色列人認為這兩個國家內部的伊斯蘭主義者已經對它們的世俗政府構成危害。就連傳統上對以色列友好的土耳其，現在顯然也偏向伊斯蘭主義與反猶太復國主義，更別提還抱持著新鄂圖曼外交政策。因此，許多以色列人感覺受威脅的程度，與一六八三年的維也納民眾不相上下。關鍵的問題在於，科學這種殺手級應用還能給予像以色列這樣的西方社會多少優勢，使它能夠對抗敵人。

就以色列這樣的小國來說，它在科學與技術上的創新居於世界先驅，這種成就的確令人刮目相看。從一九八〇到二〇〇〇年，以色列登錄的專利數量有七千六百五十二件，相較之下，所有阿拉伯國家加起來也不過三百六十七件。光是二〇〇八年，以色列發明家申請登錄的新專利件數就達到九千五百九十一件。同樣的專利申請在伊朗只有五十件，而全世界穆斯林占多數的國家的專利申請總計是五千六百五十七件[103]。以色列的人均科學家與工程師數量超過任何其他國家，而且也產生較多的人均科學論文。從國內生產毛額的比例來看，以色列民間的研發支出是世界最高的[104]。德裔猶太銀行家沃爾伯格（Siegmund Warburg）的判斷沒有錯，在六日戰爭期間，他曾把以色列比擬成十八世紀的普魯士。（沃爾伯格尤其對位於雷霍沃特的魏茨曼科學研究所感到印象深刻。這個研究所是一九三三年由魏茨曼〔Chaim Weizmann〕設立的，魏茨曼本人也是一名傑出的化學家，後來成為以色列第一任總統。[105]）置身於周遭圍繞著敵人的沙地，任何國家都要仰賴科學來確保自身的戰略生存。現今，最能說明科學與安全的連結，莫過於位在耶路撒冷市中心的警察監控室。舊城每條擁擠的街道都裝設有閉路電視攝影機，使警察能夠監控、記錄，必要時可以制止有嫌疑的恐怖分子。

然而，目前科學的差距似乎越來越小。伊朗雖然是伊斯蘭共和國，但每年仍定期舉辦兩次科學盛會（國際喀拉茲米基礎科學展覽會與年度拉茲醫療科學研究展覽會）用意是為了鼓勵理論與應用領域的高水準研究。伊朗政府最近斥資一千五百億里亞爾（rials，相當於一千七百五十萬美元）興建一座新天文臺，做為對天文學與天體物理學的一項重要投資。令人驚訝的是，雖然伊朗政權嚴格採行沙里亞法，但科學與工程學的學生卻有七成是女性。從德黑蘭到利雅德，再到二〇〇九年我在西倫敦拜訪的由沙烏地阿拉伯出資的私立穆斯林女子學校，我發現，穆斯林女性受教育的禁忌似乎越來越鬆綁了。這是個可喜的發展。然而比較令人不樂見的卻是伊朗利用這些科學人才的目的。

二〇〇六年四月十一日，伊朗總統阿哈瑪迪內賈德（Mahmoud Ahmadinejad）宣布，伊朗已經成功提煉出濃縮鈾。從那時起，儘管面臨經濟制裁的威脅，伊朗仍然緊抱著長期珍視的核子強權美夢。表面上，這是個用來產生核能的計畫。實際上，這是個公開的祕密，阿哈瑪迪內賈德渴望擁有核子武器。然而，伊朗終究未能成為伊斯蘭世界第一個擁有核武的國家。肆無忌憚的卡迪爾．汗博士（Dr A. Q. Khan）進行的先驅研究，使巴基斯坦過去幾年來成為核武擴散的主要國家。而在我寫作的此時，我們還不清楚以色列是否已對可能擁有核武的伊朗有了具體的軍事方案。

因此，在維也納圍城的三個多世紀之後，今日的關鍵問題是，西方仍然可以維持科學領先（西方的軍事優勢長期以來一直仰賴科學）到什麼程度？或者，我們可以用不同的方式來問這個問題。非西方國家如果持續拒絕西方勝利公式的其他關鍵部分，例如私有財產制這項制度創新、法治以及真正的代議政府，那麼光取得西方科學知識是否仍能讓這些國家獲利？

| 第三章 |

財產權

自由是……一種可處分的自由權，是一種在法律規定範圍內主宰（如法律條列的）自己人身、行動、占有與所有財產的權利；而在法律保障下，一己的自由毋須服從他人獨斷的意志……因此，人類之所以共同組成國家，其偉大而「主要的目的」……就是「保障自己的財產權」。

——洛克（John Locke，1632-1704，英國哲學家）

我們是掠奪成性的西班牙人的可恥子孫，西班牙人來美洲繁衍白人的後裔，豢養受害者供他們子孫驅使。往後，除了主僕結合誕生的私生子外，又添入了從非洲運來的黑奴後裔。在種族如此混雜而道德記錄如此不光采的狀況下，我們真能制定出上至領袖下至百姓都能遵行的法律與原則嗎？

——波利瓦（Simón Bolívar，1783-1830，拉丁美洲革命軍事家、政治思想家）

新世界

它是個新世界，但它即將成為西方的世界。歐洲人橫渡大西洋，占領這一大片過去從未出現在地圖上的大陸，時間甚至比瓦爾德澤穆勒（Martin Waldseemüller）於一五〇七年繪製的《世界宇宙誌》還早。這塊大陸以探險家維斯普契（Amerigo Vespucci）的名字命名，稱為亞美利加洲，也就是美洲❶。歐洲的君主國家（尤其西班牙與英格蘭）競逐人口、黃金與土地，它們強烈地想橫跨大洋征服大陸。對許多歷史學家來說，發現美洲（廣義的美洲包括加勒比地區）是西方取得優勢「最」主要的原因。他們認為，如果沒有新世界，「西歐將一直是歐亞大陸一處落後狹小的區域，必須仰賴東方科技的滲透、文化的傳布與財富的移轉。」[1] 沒有美洲的「幽靈耕地」與在上面耕作的非洲奴隸，就沒有「歐洲奇蹟」與工業革命[2]。然而，早在新世界大規模開發之前，西歐的經濟與科學已經有了長足進展，從這點來看，上述主張似乎有過度渲染美洲的嫌疑。征服與殖民美洲的實質意義，在於這是歷史上最大的一場自然實驗：將兩個西方文化出口與加諸於各種不同的民族與廣袤的土地上——英國人在北美洲，西班牙人與葡萄牙人在南美洲。看哪一方表現得較好。

這完全稱不上是競爭。四個世紀過去了，環顧今日世界，沒有人懷疑西方文明的主宰力量來自於北美的美國。直到最近，拉丁美洲仍遠遠落後於盎格魯美洲。怎會如此？原因是什麼？你也許認為是北方土地較為肥沃，或因為北方富含黃金與石油，或因為天氣較佳，或因為河流坐落的位置較優良——或只是因為歐洲在地理上比較接近北美洲。但這些都不是北美成功的關鍵因素。我們也不能宣稱西班牙帝國（或葡萄牙帝國）因為帶有東方偉大帝國的缺陷而難以圖強。西班牙人與中國人不同，他們是一五〇〇年後全球貿易熱潮的早期參與者。西班牙人也與鄂圖曼土耳其人不同，他們很早就已經產生了科學革命[3]。造成英屬美洲與伊比利美洲出現差異的關鍵是觀念問題，也就是**人民如何自我管理的問題**。有些人誤以為「民主」是任何國家都能採行的觀念，只要舉行選舉就叫做民主。事實上，民主是一棟建築物的頂石，而建築物的基礎是法治——說得更精確一點，**民主是透過代議制立憲政府來確保個人自由的神聖性與保障私有財產權**。

「幾乎找不到比『文明』一詞用法更為鬆散的詞彙」，一名最偉大的盎格魯美洲人說道，當時他所理解的文明正面臨生死存亡的關頭。「文明的意義是什麼？」他的回答首次完整定義西方與世界其他地區間的政治差異：

> 文明指的是以民眾意見為依歸的社會。文明指的是暴力、戰士與專制酋長的統治、軍營與戰爭的狀況、叛亂與暴政的狀態，被國會（制定法律的地方）與獨立法院（國會制定的法律長期受到維護的地方）所取代。這就是文明——在文明的土壤中可以不斷生長出自由、舒適與文化。當文明成為一國的統治力量時，民眾可以普遍過著不受驚擾的生活。昔日的傳統受到重視，睿智而勇

❶ 維斯普契其實應該稱這塊大陸為「哥倫比亞」（Columbia），但他於一五〇四年完成的作品《新世界》（*Mundus novus*）卻搶在哥倫布前面自稱是美洲第一位發現者。

敢的先人遺留給我們的事物成為眾人享有與使用的豐富地產。

文明的核心原則是統治階級順從民眾的既有風俗，服膺憲法表達的人民意志……。[4]

邱吉爾（Winston Churchill）是英格蘭貴族與美國女繼承人之子，他在一九三八年發表了這段演說。然而，這種獨特的盎格魯美洲式文明定義——自由與和平以法治與立憲政府為基礎——源自何處？為什麼這個定義無法在格蘭德河（Rio Grande）❷以南的美洲扎根？

我們的故事從兩艘船開始。其中一艘於一五三二年登陸厄瓜多北部，船上不到兩百名西班牙人，其中一名男子已經冠上「祕魯總督」的頭銜。他們的野心是奉西班牙國王之命征服印加帝國，同時也為自己奪取大量財富，也就是當地知名的貴金屬。另一艘船「卡羅萊納號」）於一百三十八年後，也就是一六七〇年抵達新世界，當時他們抵達的地方位於今南卡羅萊納州海岸外的小島（見圖17）。船上的人都是僕役，他們沒有太大的野心，只想逃離英格蘭的困苦日子，在當地尋找更好的生活。

這兩艘船分別代表著南北美洲的故事。其中一艘載著征服者，另一艘載著已經簽好契約的僕役。前者夢想著馬上進行掠奪——堆積如山的馬雅黃金正等著他們去拿；後者知道接下來還有數年的苦工等著他們，但他們也知道工作結束之後可以獲得世界上最具吸引力的資產（肥沃的北美土地）做為報酬，同時還可以參與立法過程。房地產加上代表權，這就是北美夢。

然而，起初發展較好的不是北美的英格蘭貧窮移民，而是南美的征服者。畢竟首先抵達美洲的是西班牙人。十六世紀，殖民美洲的工作幾乎全落到伊比利半島人民肩上。正當英格蘭人仍執意征服加萊（Calais）❸之際，強大的美洲原住民帝國已臣服在西班牙探險者腳下。一五一九到一五二一年，墨西哥嗜血好殺的阿茲特克人已被科爾特斯（Hernán Cortés）打倒。十年後，祕魯的印加人在高聳的安地斯山脈建立的帝國也被皮薩羅（Francisco Pizarro）征服。

征服的風險能帶來多少報酬，皮薩羅無暇去做幻想計算。一五二四年與一五二六年，他兩次率領探險隊尋找印加帝國。在第二次探險途中，有些人的意志開始動搖，於是皮薩羅在沙地上畫一條線，對隊員們曉以大義：

> 各位同志與朋友，線的「那邊」代表死亡、艱苦、飢餓、衣不蔽體、下雨與遺棄；線的這邊代表舒適。選擇這邊，表示你想回巴拿馬繼續過窮困日子；選擇那邊，表示你要前往祕魯並且滿載而歸。你們自己選擇，決定怎麼做才能成為最勇敢的西班牙人。[5]

一五三〇年，皮薩羅第三次探險，這回他們從巴拿馬搭船，隊員一共一百八十人，其中包括他的數名兄弟與來自家鄉特魯希琉的舊識。當他們抵達祕魯高地時，皮薩羅麾下只剩六十名騎士與九十名步兵。即使時隔五百多年，這些人勇敢無畏的態度仍令人感到吃驚。他們想征服

❷ 譯註：格蘭德河是美國與墨西哥的界河。格蘭德河以南指的是拉丁美洲。

❸ 譯註：法國北部面臨英吉利海峽的城市，此處也是離英國最近的渡口。

的帝國，人口多達五百萬到一千萬人。

然而，征服者陣營有一名無形的盟友：南美洲原住民對歐洲的疾病——天花、流行性感冒、痲疹與斑疹傷寒——毫無抵抗力。在此同時，西班牙人的馬匹、槍砲與十字弓遠優於印加軍械廠裡任何一種武器。西班牙人的武器使原住民陷入恐慌，他們發現自己完全無法對抗這些像外星人一樣的生物。此外，印加帝國本身也陷入分裂。印加帝國皇帝卡帕克（Huayna Capac）死後，他的兒子阿塔瓦爾帕（Atahualpa）與瓦斯卡爾（Huascar）爆發王位繼承戰爭，原本臣服的各個部族紛紛趁這個時機擺脫印加帝國的控制。卡哈馬爾卡戰役（Battle of Cajamarca，一五三二年十一月十四日）幾乎不能算是一場戰爭。皮薩羅的弟弟艾爾南多（Hernando）描述這場衝突時表示，阿塔瓦爾帕接受西班牙人的晚宴邀請，卻不知道這是西班牙人設下的陷阱：

> 當阿塔瓦爾帕來到開闊場地的中央，他停下腳步，此時與（皮薩羅）總督一同前來的道明會修士迎上前去，對阿塔瓦爾帕說，他奉總督旨意，前來告知總督現正在住處等候。修士又說，他是一名僧侶，來到此地是為了傳布信仰，希望讓當地民眾改信天主教。修士向阿塔瓦爾帕展示手中的書籍（《聖經》），告訴他這本書裡記載著上帝的言語事蹟。阿塔瓦爾帕從他手上要來這本書，旋即扔到地上，他說：「除非你們把從我手中奪走的東西交還給我，否則我不會離開此地。我清楚你們是誰，我知道你們來這裡做什麼。」接著阿塔瓦爾帕從轎中起身，對他的部屬說話，他們先是低聲交談，而後高聲叫喚全副武裝的士兵前來。修士急忙晉見總督，告訴他發生了什麼事，表示此時已是危急存亡的關頭。總督傳令過來；我立刻找來火槍隊，要他們聽我號令，隨時

準備開槍，其餘部隊在聽到槍響時就立刻衝上前去。這個做法奏效，手無寸鐵的印第安人還來不及傷害基督徒的性命，就遭到擊敗[6]。

十六世紀安地斯編年史家波馬（Waman Poma）描述，陷入恐慌的印第安人就像「螻蟻一樣」[7]，遭西班牙人任意殘殺。

光憑一場戰爭不足以征服祕魯。一五三五年，卡帕克（Manco Cápac）率領印加人叛亂，而後又在一五三六到一五三九年間發動更大一次叛亂。印第安人很快學會了歐洲的戰爭方式。他們充分證明自己是堅忍不拔的游擊戰士。在此同時，西班牙人卻陷入激烈內鬥，差點動搖了在當地的支配地位——一五四一年，這場內鬥甚至嚴重到奪走皮薩羅的性命。印加人的抵抗一直要到三十多年後的一五七二年九月，阿馬魯（Túpac Amaru）被處決後才告一段落。

西班牙人當中，有一位來自塞哥維亞、名叫阿里亞加（Jerónimo de Aliaga）的年輕上尉（見圖21）。對他來說，祕魯是個既神祕又奇妙的地方。他對印加建築的規模與精巧感到吃驚，例如印加首都庫斯科的薩克塞瓦曼要塞的巨大北牆，是由重達兩百噸的石頭彼此交錯堆砌而成。西班牙人日後在庫斯科興建的建築物，有許多矗立在印加的城牆與地基上，西班牙人很清楚印加建築有著驚人的耐震性[8]。現在，我們可以從馬丘比丘（傳說中「失落的印加之城」，彷彿飄浮在安地斯山脈的雲端）（見圖16）更進一步了解前征服時期印加非凡的建築成就。馬丘比丘位於烏魯班巴河之上，推測可能興建於十五世紀中葉。儘管它的位置似乎不切實際，依傍於海拔八千英尺的陡峭山坡上，但這裡顯然是個能自給自足的聚落，有著流淌的泉水與可供耕作及放牧牲口的臺地。直到一九一一年為止，這裡一直不為西方世界所知，而後才被美國學者與探險家賓厄姆（Hiram Bingham）發現[9]，它顯示出沒有任何一個文明（無論多麼強大）是不可摧毀的。到目前為止，我們還不清楚這座城市的用途。我們也不知道印加人何時與為什麼放棄這座城市。有一個可能性是來自西班牙島（Hispaniola，現今這座島嶼區分成多明尼加共和國與海地）的傳染病比西班牙征服者早一步殺光了此地的人口，使馬丘比丘成為一座鬼鎮。

最初，西班牙攻擊卡哈馬爾卡的藉口是印加人不願改信天主教。但皮薩羅真正感興趣的不是上帝而是黃金。被俘的阿塔瓦爾帕在房間裡裝滿黃金，然後再前後裝滿兩次白銀，他想用這些貴金屬換取自由，卻徒勞無功，反倒是養大了征服者的胃口。一萬三千四百二十磅的二十二克拉黃金，與兩萬六千磅的純銀，堆積起來足以讓每個探險隊員陡然而富。但這裡的黃金白銀其實只是冰山一角，其他地方還蘊藏著更多貴金屬[10]。西班牙人另外在西班牙島發現黃金，在墨西哥中部的薩卡特卡斯發現豐富的銀礦。然後，他們在波托西的富裕之山（cerro rico）發現世界最大的銀礦產地。西班牙人目不轉睛地直盯著祕魯，彷彿這裡到處都是銀幣。身為皮薩羅的總會計師，阿里亞加把握大好良機攫取大量新發現的財富。一五五〇年之前，祕魯開採出價值約一千萬披索（pesos）的黃金，其中一半遭到掠奪，實際進入國庫的只剩一半[11]。往後，銀礦的產出逐漸提升，從十六世紀早期每年五十噸，增加到一七八〇年的九百噸以上[12]。從一五〇〇到一八〇〇年，從新世界運到歐洲或經由太平洋運到亞洲的貴金屬，總價值相當現今的一千七百五十億美元，其中絕大部分來自祕魯礦區。說阿里亞加一夕致富一點也不為過。他甚至有能力為自己在新祕魯首都利瑪興建一棟豪華的城市宅邸，它的中庭就位在一座印加神廟上。此後，這

圖1 交戰中的小王國：
英格蘭與法國在百年
戰爭中衝突不斷

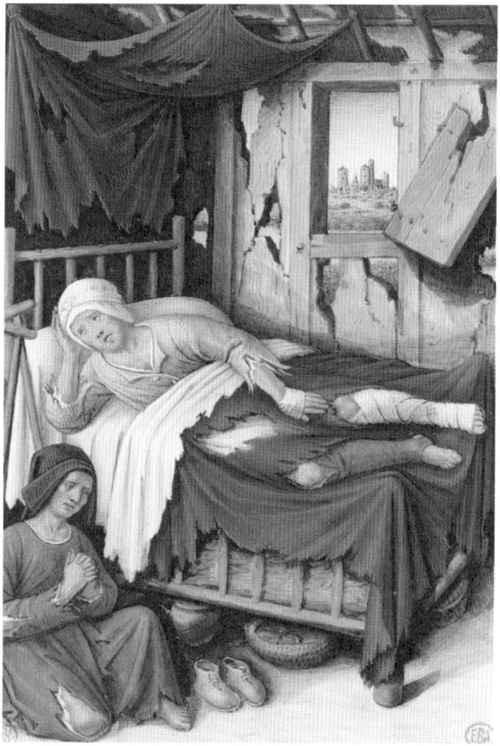

圖2 《社會的四種身分：窮人》
（*The Four Conditions of Society: Poverty*），
布迪雄（Jean Bourdichon，約1500年）

圖3 《死亡的勝利》，布呂格爾，約1562年

圖4 明朝永樂皇帝

圖5 蘇頌的水鐘，收藏於北京故宮

圖6 中國的高爾夫球（捶丸）

圖7 麒麟，馬林迪的蘇丹
向中國朝貢的異獸

圖8 趨同的文化：
宋仁宗時代的科舉
考試

圖9 香料競賽的勝利者：達伽馬之墓，里斯本聖哲羅姆修道院

圖10 馬戛爾尼伯爵想引起乾隆皇帝對西方文明的興趣，卻徒勞無功
吉爾雷（James Gillray）的諷刺畫

圖11 索比耶斯基率軍解除了鄂圖曼土耳其人對維也納的圍攻

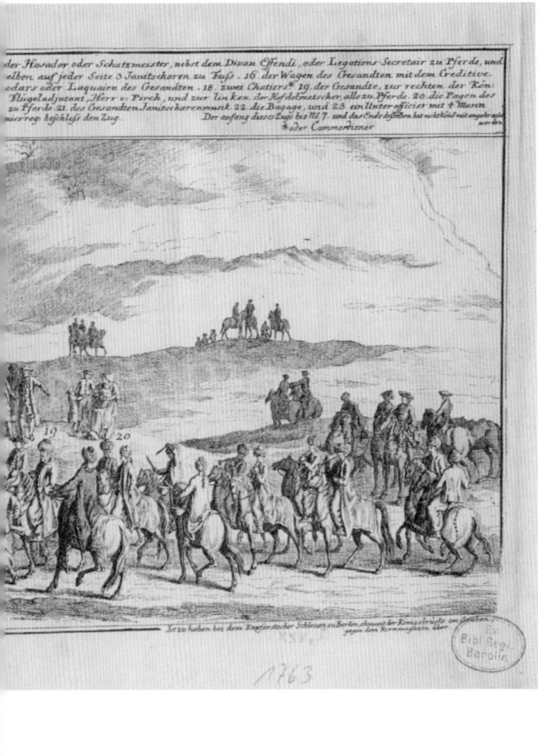

圖13 鄂圖曼特使雷斯米
抵達柏林，1763年

圖12 後宮的囚徒：
蘇丹奧斯曼三世

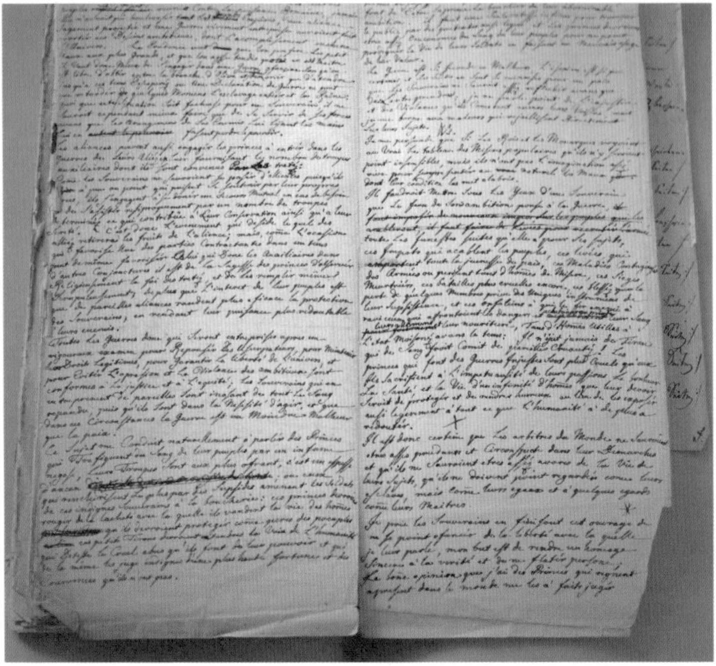

圖14 腓特烈大帝《反馬基維利》原稿，上有伏爾泰的註解

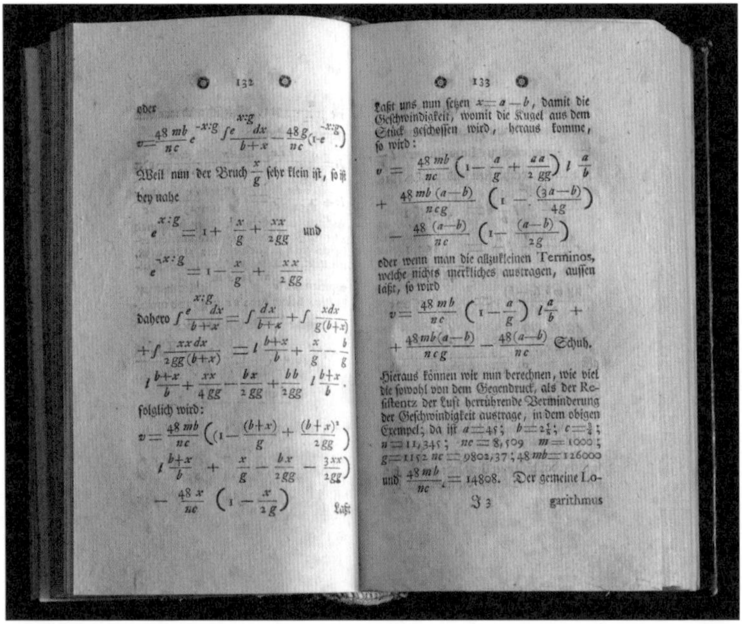

132

oder

$$v = \frac{48\,mb}{nc} e^{-x:g} \int e^{x:g} \frac{dx}{b+x} - \frac{48\,g}{nc}(1-e^{-x:g})$$

Weil nun der Bruch $\frac{x}{g}$ sehr klein ist, so ist bey nahe

$$e^{x:g} = 1 + \frac{x}{g} + \frac{xx}{2gg} \text{ und}$$

$$e^{-x:g} = 1 - \frac{x}{g} + \frac{xx}{2gg}$$

dahero $\int e^{x:g} \frac{dx}{b+x} = \int \frac{dx}{b+x} + \int \frac{xdx}{g(b+x)}$

$$+\int \frac{xx\,dx}{2gg(b+x)} = l\,\frac{b+x}{b} + \frac{x}{g} - \frac{b}{g}\,l\,\frac{b+x}{b} + \frac{xx}{4gg} - \frac{bx}{2gg} + \frac{bb}{2gg}\,l\,\frac{b+x}{b}.$$

folglich wird:

$$v = \frac{48\,mb}{nc}\left((1 - \frac{(b+x)}{g} + \frac{(b+x)^2}{2gg}\right)\,l\,\frac{b+x}{b} + \frac{x}{g} - \frac{bx}{2gg} - \frac{3xx}{2gg}\Big) - \frac{48\,x}{nc}\left(1 - \frac{x}{2g}\right)$$

Laßt

133

Laßt uns nun setzen $x = a - b$, damit die Geschwindigkeit, womit die Kugel aus dem Stück geschossen wird, heraus komme, so wird:

$$v = \frac{48\,mb}{nc}\left(1 - \frac{a}{g} + \frac{aa}{2gg}\right) l\,\frac{a}{b} + \frac{48\,mb\,(a-b)}{ncg}\left(1 - \frac{(3a-b)}{4g}\right) - \frac{48\,(a-b)}{nc}\left(1 - \frac{(a-b)}{2g}\right)$$

oder wenn man die allzukleinen Terminos, welche nichts merkliches austragen, aussen läßt, so wird

$$v = \frac{48\,mb}{nc}\left(1 - \frac{a}{g}\right) l\,\frac{a}{b} + \frac{48\,mb\,(a-b)}{ncg} - \frac{48\,(a-b)}{nc} \text{ Schuh.}$$

Hieraus können wir nun berechnen, wie viel die sowohl von dem Gegendruck, als der Resistentz der Luft herrührende Verminderung der Geschwindigkeit austrage, in dem obigen Exempel; da ist $a = 45$; $b = 2\frac{5}{8}$; $c = \frac{3}{4}$; $n = 11{,}345$; $nc = 8{,}509$ $m = 1000$; $g = 1152$ $nc = 9802{,}37$; $48\,mb = 126000$ und $\frac{48\,mb}{nc} = 14808$. Der gemeine Lo-

J 3 garithmus

圖15 羅賓斯《新砲術原理》德文版內頁

棟宅邸一直由他的子孫居住；目前的居住者鞏札羅（Gonzalo de Aliaga）居然忝不知恥地為他的征服者祖先感到自豪。

西班牙人為全新而壯觀的文明奠定基礎，尤其是幾座由少數富有的西班牙菁英經營的輝煌城市。這些城市成長得十分快速。一六九二年，墨西哥城有十萬名居民，在此同時的波士頓只有六千名居民。西屬美洲建立了二十五座大學，如位於聖多明哥（今多明尼加共和國的首都）的大學，它的歷史就比哈佛大學早了將近一個世紀[13]。製圖學與冶金學發展迅速[14]。西班牙人學著適應至少一部分的中美洲飲食：辣椒、花生、馬鈴薯與火雞（日後北美洲居民全接受了這些食物）[15]。這裡建立了數百座裝飾華麗的教堂，有些主教座堂莊嚴雄偉的程度與世界上各大教堂相比也毫不遜色。例如庫斯科大教堂，由建築師貝塞拉（Francisco Becerra）設計，最後在一六六九年由法蘭德斯耶穌會的艾吉迪亞諾（Juan Bautista Egidiano）建造完成。數千名方濟會與耶穌會教士雲集於南美洲，打算讓殘餘的原住民改信天主教。然而雖然教會有著龐大的影響力，最終的權力仍掌握在西班牙國王之手。重點是，國王擁有全部的土地。相較之下，北美洲土地所有權的故事完全與南美洲不同。

自由人之地

一六七〇年，身無分文的英格蘭夫妻在經歷凶險的跨洋航行後，終於在卡羅萊納殖民地上岸，這是第一艘在此地靠岸的英格蘭船隻。與旅伴史密斯（Abraham Smith）相同，郝伍（Millicent How）在一六六九年九月簽了一份制式的勞動契約（見圖18）：

> 特以此約向所有人宣布，我，倫敦紡織女工米莉森特・郝伍，即日起謹遵合約規定，忠實履行僕役之責，隨侍船長倫敦商人威斯特（Joseph West）前往卡羅萊納殖民地種植園工作[16]。

十七世紀抵達乞沙比克的英國人，有六五％到八〇％是根據這類合約渡海而來[17]。這種情況絕對不是例外。在整個殖民時期，抵達英屬美洲的歐洲移民，有四分之三以上是以契約勞工的身分前來[18]。

這與阿里亞加體驗到的殖民大不相同。西班牙人在墨西哥與祕魯發現名副其實的銀山。卡羅萊納的岸邊卻滿是被陽光晒得褪色的斷枝殘幹。這裡沒有黃金國，相反的，北美殖民者必須種植玉米以供食用，還要種植菸草來進行貿易[19]。許多年來，英屬美洲殖民地一直維持著農田與村落交織的景象，其間只有極少數市鎮，至於真正的城市則根本不存在。北美洲原住民雖然數量較少，卻不容易征服。如果你在一六七〇年認為阿里亞加的美洲是充滿未來的國度，郝伍的美洲將註定是個窮鄉僻壤，不會有人駁斥你的想法。

如果情況反過來，阿里亞加最後抵達的地方是西屬卡羅萊納，而郝伍與史密斯最後抵達的地方是英屬祕魯，結果會有什麼不同？歷史學家艾利歐特（J. H. Elliott）曾半開玩笑地思索：

> 如果（英格蘭國王）亨利八世願意支持哥倫布首航，而且（英格蘭人）組成的遠征隊為亨利八世征服了墨西哥，不難想像……隨著大量美洲白銀流入王室府庫，英格蘭國王的財富將大幅增

加；帝國將發展出一貫剝削新世界資源的策略；帝國將建立官僚體制，以統治殖民社會與當地被征服的人口；國會將逐漸喪失主宰國政的實力，在美洲白銀的支持下，英格蘭將建立絕對王權[20]。

換句話說，英國殖民地的發展並非註定如此，如果它們建立在南美而非北美，情況將有很大的不同。

如果新英格蘭位於墨西哥，而新西班牙位於麻薩諸塞州，歷史會有什麼不同？如果我們有可能想像英格蘭，而非卡斯提爾，在祕魯銀礦支持下建立絕對王權，那麼我們是否也可能想像卡斯提爾，而非英格蘭，在高緯度的北美地區播下共和主義的種子？西班牙的cortes（這是西班牙近代初期最接近國會的組織），能否獲得足夠的權力在西歐建立第一個立憲君主國？美利堅合眾國是否將從西班牙（而非英國）帝國權威的危機中誕生，而且從一開始就講西班牙語？這種角色轉換並非毫無道理，畢竟聯合省就是從反抗西班牙統治的荷蘭起義中產生的。或許英格蘭走向國會主義、而西班牙走向絕對主義僅僅是一種偶然，就像新世界裡有些地方有、有些地方沒有黃金與白銀一樣。一旦獲得國會掌控外的額外歲收，查理一世也許就能維持他的「個人統治」❹，因而得以避免英國內戰。若能如此，到了一六四〇年，反對他的下議院清教徒議員都將垂垂老矣。再過幾年，他們挑戰王權的力量將完全衰微[21]。此外，此時也看不出任何的必

❹譯註：指一六二九到一六四〇年，英王查理一世不訴諸國會，而以個人的命令獨斷地進行統治。

然性，顯示英國將因為荷蘭的入侵與政變而讓奧倫治的威廉（William of Orange）入主英國，使英國再度遠離絕對主義[22]。從詹姆士一世的財政危機到詹姆士二世遭到罷黜，這一連串的連鎖事件很可能在許多時點遭到打斷。沒有任何敘事比輝格派（Whig）❺對英格蘭的歷史詮釋更具宣傳性，輝格派一向抱持這樣的假定：一六八八年的光榮革命是神意主導下王權與立法機構的妥協。然而事實上，到了一六八八年後，即使斯圖亞特王室已經遭到罷黜，輝格派貴族身為實質的受惠者，他們的支配仍不斷遭受邊陲凱爾特人支持的詹姆士反政變派的威脅。

問題的核心在於，在歷史過程中，新世界殖民地的原初資源稟賦與殖民者從歐洲帶到新世界的制度藍圖之間的相對重要性。如果原初資源條件較具決定性，則不管是英格蘭人還是西班牙人在祕魯殖民，結果不會有什麼不同，英格蘭人同樣會在誘惑下掠奪印加人，而且同樣會遭受廉價金銀的「資源詛咒」[23]。同樣的，西班牙人如果置身於沒有黃金的乞沙比克灣，想必他們會更具創新性。然而，如果你認為關鍵變數是殖民者從歐洲帶到新世界的制度，那麼結果將會大不相同。

無論在哪裡，英國殖民地的經濟表現普遍比西班牙或葡萄牙殖民地來得優越。我們無法針對這項陳述提出完善的檢驗，因為沒有任何殖民地是完全相同的，但至少我們知道亞利桑那州比墨西哥富裕，而香港比馬尼拉繁榮。因此英國殖民墨西哥與祕魯，長期而言或許會比西班牙好，最終可能產生中南美利堅合眾國。而西班牙對北美的殖民或許將使當地相對貧困且分裂成數個彼此傾軋的共和國：產生大量像哥倫比亞的民族國家，而非產生單一的做為聯邦政府所在地的哥倫比亞特區，並且如同哥倫比亞與委內瑞拉一樣，造成威斯康辛州與明尼蘇達州之間的永久對立。

早在工業化來臨之前，一六七〇年的英格蘭已經與西班牙出現重大歧異。從十四世紀開始，英格蘭的暴力事件（以謀殺率做為衡量標準）已逐步降低。雖然邊境（尤其北蘇格蘭與南愛爾蘭地區）凱爾特人的反抗仍不時必須發動戰爭加以鎮壓，但大體而言，一六八八年光榮革命確實終結了以往周而復始的內戰。大約從一六四〇年代開始，英格蘭出生率從二六‰逐漸升高到十九世紀初巔峰的四〇‰。然而此時的英格蘭並不像過去以及其他地區一樣，面臨馬爾薩斯陷阱的威脅。實質薪資上升，租金呈下降趨勢，而識字率有了明顯提升[24]。此時出現的一項關鍵變化是人口有了宣洩的出口，不過前提是這些人必須冒險橫越大西洋。最早從一六四〇年代開[25]。有些人擔心移出的人口將失去與出生地的連結，然而這種想法是杞人憂天，他們未能看出跨大西洋遷徙的互惠利益，事實上，美洲殖民地與歐洲之間的貿易一直不斷成長。出口的勞力在土地豐富而勞動缺乏的美洲更有生產力。移民的遠走他鄉也間接為那些不願冒險的同胞創造利益，他們選擇待在國內，並且因國內人力缺乏而得以抬高自己的工作價格。

郝伍與史密斯這些人幾乎是孑然一身地在一六七〇年前後離開英格蘭前往美國。事實上，就連他們的旅費也是以未來的勞動做為抵押換來的。儘管如此，這些人的心中懷抱著一些觀念，這些觀念將對美國的未來產生深遠的影響。第一個觀念是財產權❻，這是十二世紀以來在普

❺譯註：輝格派是十七到十九世紀英國的政黨，是英國自由黨的前身。主張立憲君主制，反對絕對王權。

通法法院與衡平法院（Court of Chancery）形成的觀念[26]。第二個觀念是好戰的新教信仰，不過也不該忽略有相當數量的貴格會信眾、天主教徒與猶太人移居北美東岸[27]。第三個觀念是徵稅的正當性來自於國會批准；國王必須同意透過立法興利除弊才能獲准得到「收入」。這些觀念都是英國內戰的核心爭議。

大主教勞德（William Laud）希望國內民眾全部改信英國國教會，再加上詹姆士一世的新財政措施，這兩起事件點燃了對抗與敵視，這是十七世紀中葉不列顛群島的危機特徵。早在一六二八年，國會裡的反對派人士已在權利請願書（Petition of Right）提出：「未經國會同意，不許強迫民眾贈與、借貸、捐助、納稅或強加其他金錢負擔。」然而查理一世日後卻拙劣地逼迫蘇格蘭長老教會信徒使用勞德的公禱書（Book of Common Prayer），因而導致戰爭，最後國王不得不卑躬屈膝向國會求助。但國王無法接受長期國會（Long Parliament）❼取消他的王室特權，因此於一六四二年八月高舉王旗，內戰於是爆發。一六四九年一月三十日，查理一世不僅輸掉戰爭，也輸掉自己的腦袋。弒君之後，共和國成立。而後則是僭主制（Tyranny）的出現（古典政治理論早已預見整個過程），由克倫威爾擔任護國主。克倫威爾去世以後，君主制復辟，但老問題再度浮上檯面。人們懷疑（理由相當充分）國王查理二世與弟弟（即後來的詹姆士二世）的立場傾向羅馬天主教，而且意圖削減國會權力。一六八八年，國會借荷蘭之力發動政變，罷黜詹姆士二世；權利宣言（Declaration of Rights）明確終結了財政權爭議：「未經國會同意、逾越期限或以其他未經准許的方式，假託王室特權，為國王或提供國王之用而課徵金錢，屬非法行為。」光榮革命終結了獨斷徵稅的威脅，並且讓政府的歲收、歲出與借貸接受有產者組成的機構（實際上並未真實反映有產者的比例）的監督，為往後英國所謂的「海上財政複合體」的發展奠定堅實的基礎[28]。即使斯圖亞特王室於一七一四年或一七四五年復辟，一般均認為王室已無力取消這些措施。

不過，十七世紀英格蘭更深刻的變化主要與政治性質有關。這是一場發生在兩名牛津人之間的論戰，其中一名畢業於馬德林學院，另一名則是基督教堂學院的校友。兩人背後都有貴族撐腰，前者的支持者是德文郡伯爵（Earl of Devonshire），後者的金主則是夏夫茨貝里伯爵（Earl of Shaftesbury）。兩人分別在法國與荷蘭待過一段時間，並且從中擷取了大量靈感。對於《巨靈》（一六五一年）作者霍布斯來說，十七世紀前半的教訓十分清楚：「在這段時期，人類生活缺乏一股令所有人敬畏的共同力量，因此陷入……所有人對抗所有人的……戰爭中。」[29]霍布斯認為，唯有「恐懼」能使人盡忠職守，因此權力必須委託給強大的最高統治者，由他負起國防、教育、立法與司法的責任。重點是，霍布斯認為最高統治者必須不受下位者的挑戰。最高統治者不受任何「盟約」（憲法）拘束，它不可「分割」，不可「被公正地處以死刑」[30]。這種

---

❻ 更具體說，包括男性子嗣有優先繼承父親土地的權利；非限嗣繼承地產權與限嗣繼承地產權在土地轉讓上的區別；自由保有地產權與公簿保有地產權在保全占有上的區別；運用侵害與逐出租地之訴來確立自己對土地的「使用」與「信託」的權利與正當性，以規避封建稅金與義務。

❼ 譯註：查理一世為鎮壓蘇格蘭叛亂而發動戰爭，之後國家財政瀕臨破產，因此於一六四〇年召開國會尋求通過財政法案。然而國會不僅取消國王特權，甚至通過法案使國會成為須經國會議員同意才能解散的組織。國會因此從一六四〇年存續到一六五三年才解散，史稱長期國會。

說法並不是（有些人會這麼認為）用來合理化絕對王權；相反的，在人性不完美的陰鬱觀點以及要求強大的最高統治者的實用主義主張下，《利維坦》切斷了霍布斯與當時流亡海外的斯圖亞特王室之間的連結。因為霍布斯清楚表示，他所說的最高統治者可以是君主，也可以是國會（「一個人，或一群人的集合」）[31]。他的概念因此迥異於斯圖亞特保王派人士費爾瑪爵士（Sir Robert Filmer）在《君父論》（*Patriarcha*）中主張的君權神授絕對主義。

洛克的《政府論》首講（一六九〇年）反駁費爾瑪的說法，但他的《政府論》次講則對霍布斯提出更深入而原創的挑戰。洛克主張，強大的最高統治者不是解決戰爭的自然狀態的方的，相反的，真正的自然狀態應該是和諧的；真正與社會戰爭的是意圖「奪走『自由』」想成為絕對主義者的人。人類不會因恐懼而選擇接受統治。人類是「理性生物的社會」，「為了共同的好處而結合成一個社群」。洛克認為，根據這項基礎建立的國家，權力只是由「市民社會」委託給「立法機構」，後者的多數決是以所有公民隱含的共識為前提。霍布斯認為最高統治者必須單一而不可分割；與此相反，洛克明白表示「行政部門」與他所謂的「聯盟部門」（即外交部門）應與「立法部門」分離，不過他指出立法部門是主宰的機構，有任命法官與制定法律的權力。霍布斯與洛克的自由理論差異更大。根據霍布斯的說法，「臣民的自由……僅來自最高統治者置之不理的部分（也就是，最高統治者明白表示願意讓渡的部分）」——在「法律未明文」的狀況下，必須推定出有利於最高統治者的決定。洛克的看法完全不同：

沒有法律，就沒有自由……立法機構……必須以現行法與已獲授權的法官來執行司法……它的

> 終極目的只有一個，就是全民的福祉[33]。

自由在洛克眼中是相當具體的事物。它是人類「可處分的自由權，是一種在法律規定範圍內主宰（如法律條列的）自己人身、行動、占有與所有財產的權利；而在法律保障下，一己的自由毋須服從他人獨斷的意志……[34]」最重要的是，「人類之所以共同組成國家，其偉大而『主要的目的』……就是『保障自己的財產權』。[35]」立法機構不能「未經人民同意就任意拿走人民的『財產』」，也就是，要經過人民代表的多數同意才能徵稅。洛克在一六八八年事件結束後不久就寫下這段文字，他很清楚其中的革命意涵：

> 立法機構只是受人民委託來實現某些目的的權力機關，因此「人民手中仍握有最高權力」，當他們發現「立法機構」違反了他們的信託時，可以移除或「改組立法機構」[36]。

雖然在一七七六年以前，《政府論》只在美洲發行了一版，而且還是不完整的版本，但洛克的理念對北美社會與政治的發展仍產生潛移默化的影響。相反的，獨立後的拉丁美洲政治卻始終在霍布斯無政府的自然狀態以及粗劣地模仿專制統治者之間擺盪著。

新世界為西歐各國增添了廣大領土。美洲新移民（南美的西班牙人與北美的英國人）面臨關鍵的新土地分配問題。他們的解答最後將決定西方文明未來的領導者。而他們的做法可說是南轅北轍。

當船長從首艘抵達卡羅萊納的船隻踏上沙灘時，他也為新世界帶來了制度樣板——這個樣板的核心是土地議題。一六六九年三月，洛克起草了「卡羅萊納基本憲法」，當時的他是夏夫茨貝里伯爵的秘書，而伯爵當時是卡羅萊納殖民地的八大「領主」之一。這部憲法值得關注之處，除了殖民地居民採納的部分外，居民未採納的部分也同樣耐人尋味。夏夫茨貝里伯爵希望殖民地能「避免建立多數民主制」，洛克遵照他的要求，概略地擬定一份在美洲建立世襲貴族制與階序社會的綱要。在殖民地裡，有伯國、伯爵領地、男爵領地與各種奇特的人物，如受封的原住民酋長與受司法管轄的臣民，此外還對貴族大地產的轉讓與分割設下嚴格限制。洛克也禁止專業律師執業，他認為「為金錢或報酬辯護是可恥低下的事」。此外，洛克相當失敗的一點是，他被迫根據他的貴族金主的意見定下一條規定（第九十六條），將英國國教會定為卡羅萊納的正統教會[37]。殖民地居民明智地忽略絕大多數的條文，但他們確實保留洛克的一項關鍵假定——政治代表權與財產權應該連結起來。第四條明確規定，卡羅萊納五分之三的土地應由「所有民眾」取得與分配。第七十一條與第七十二條規定要設立議會，每兩年集會一次：

在選舉區內擁有的自由地產少於五百英畝者，無被選舉權；在選舉區內擁有的自由地產少於五十畝者，無選舉權。

因此，這裡的重點就在於卡羅萊納的土地要如何分配。

人們曾一度擔心首批前往卡羅萊納的移民已迷失在大海之中。當這些人平安抵達的消息傳回國內時，卻與一篇用來規定土地分配的文件連繫在一起，也就是巴貝多宣言。這份宣言的重點在於它保障了土地的最低分配額：「在一六七二年三月二十五日之前抵達當地耕種居住的每一名自由人，應分得一百英畝的土地，並且可由子孫繼承……」但是，如果自由人的數量不足以將土地分配完畢呢？答案很明顯，當契約僕役的服務年限屆滿後（通常是五到六年），他們也可以分到土地。

對郝伍與史密斯來說，英格蘭的生活相當艱苦。橫跨大西洋的旅程充滿危險，而他們也很清楚抵達北美殖民地的移民有很多人無法撐過前一兩年的「煎熬」。然而他們有充分的誘因去冒這個險。在英格蘭，財產權受到保障，但財產實際掌握在少數人手裡。（一四三六年，六千到一萬個貴族與鄉紳家庭擁有約四五％的土地；教會擁有二〇％；國王五％。）但在美洲，即使出身最低階層的人也有機會擁有土地。維吉尼亞、馬里蘭、紐澤西與賓夕法尼亞等殖民地紛紛引進這種「人頭權利制度」。這種制度特別適合於土地廣闊而勞工缺乏的殖民地區[38]。洛克在〈利率降低的影響〉文章中表示：「處於世界文明地區的絕大多數國家，其貧富多半取決於人口的多寡，而非土地的良窳。」彼此競爭的帝國，如西班牙與荷蘭，並未在「土地種植上做出多少改良；他們在東印度群島從事的只是戰爭、貿易以及在濱海地帶修築要塞城鎮與堡壘，以保障他們唯一看重的商業利益與征服的民族。開墾荒地與種植作物這些英格蘭人從事的工作，他們碰也不碰」[39]。這種積極從事種植的行為不僅是較具經濟利益的帝國主義形式，也能將奪取原住民（他們通常過著狩獵採集生活）土地的行為正當化。洛克表示：「人在土地上耕作、種植、改良、施肥與收穫，越是付出勞力，土地越有理由成為他的財產。他的勞動是他可以在公有地上圈圍的原因。」[40] 從私有財產制的定義來說，印第安人狩獵的土地其實是無主地，可以用來開墾。這是一紙用來合法奪取土地的特許狀。

從第一批移民抵達以來的每件土地交易，全都記錄在北查爾斯頓地政局（見圖20），其中包括已經服滿契約年限的男女勞工分得的小筆土地。郝伍與史密斯各自分得一百英畝與兩百七十英畝的土地，他們可以自由決定保留還是販售（見圖19）。此時的他們才算真的抵達美洲——不只是經濟上，也包括政治上。洛克曾在「基本憲法」中明白規定，在卡羅萊納，唯有地主能擁有政治權力。如果你和史密斯一樣是個男人（而不是像郝伍一樣是個女人），而且你擁有至少五十英畝的土地，那麼你不僅可以投票，還可以擔任陪審員。如果你有五百英畝土地，你可以成為卡羅萊納議員或法官。重要的是，無論你是選舉人、陪審員或議員，你都只有一張選票，這點不會因為你擁有最低額度的土地或百倍於此的土地而有所差別。

這個擁有財產者的民主制度在草創時期極不起眼。卡羅萊納第一屆民選代表最初在教會街十三號樓上開會，這是一間外表相當樸實的查爾斯頓民宅。儘管如此，這個機構卻成為政府革命的跳板。英國國王授予貿易公司特許權利，為英王在美洲建立帝國奠定基礎。雖然殖民地總督由國王指派，但公司的特許權利卻可邏輯地推導出殖民地居民有選舉人民代表的權利。事實上，殖民地居民很快就建立了代議制度。一六一九年，維吉尼亞首次組成議會。到了一六四〇年，英屬殖民地已出現八個議會，包括麻薩諸塞灣、馬里蘭、康乃狄克、普利茅斯、紐哈文與巴貝多[41]。類似這類制度在拉丁美洲並不存在。

簡單說，關鍵在於社會流動——像史密斯這樣的人孑然一身來到蠻荒之地，不到幾年的時間搖身一變成了地主與選舉人。在美國獨立革命前夕，未來將成為十三州的殖民地當中有七個，在這裡，投票權不僅代表地主的職能，也代表繳納財產稅後應有的權利，在有些州，這些原則直到一八五〇年代依然有效。

南方的西班牙殖民地，土地分配的方式完全不同。

在一五三四年八月十一日頒布的法令中，皮薩羅給阿里亞加與另一位名叫托雷斯（Sebastián de Torres）的征服者面積廣大的領地——這是一種信託制度（encomienda）。該地位於祕魯安地斯山區美麗的瓦伊拉斯縱谷中，人們稱這個地方為盧林貴拉（Ruringuaylas）。這座河谷的土壤肥沃，山區充滿珍貴礦石。阿里亞加思索著該如何開採這些資源。但他的方法與洛克為北美想出的方式完全不同。

起初，阿里亞加與托雷斯獲得的並不是土地；從技術上來說，他們獲得的是居住在當地的六千多名印第安人的勞動力。在卡羅萊納這樣的英屬殖民地裡，土地通常會廣泛分配給殖民地居民，但在西屬美洲，少數菁英獲得的卻是剝削原住民的權利。在此之前，南美原住民是根據「米塔制」（mita system）[8]為印加皇帝工作。現在，他們的命運是為西班牙人工作。本質上這

[8] 譯註：米塔制是一種有償的強制勞動制度，如同支薪的勞役。

是一種進貢制度，只是貢品是以辛苦勞動的形式呈現。阿里亞加可以隨心所欲指揮這些印第安人，無論是叫他們耕種，還是要他們到山裡挖掘金銀。這種苛刻的制度直到一五四二年才因另一種強制勞動制的引進而稍微舒緩，新制使王室力量得以介入原住民的勞動分配，以改正「受託人」的殘虐無道。（事實上，托雷斯正是因為殘酷而遭印第安工人殺害。）「信託制」不是永遠交由某人來執行，也不必然由他的子嗣繼承；根據卡斯提爾的法律，他們腳下的土地永遠為國王所有；按理說，就連在土地上圍籬都是違法的。必須緩慢經過一段時間之後，這些土地才逐漸成為世襲地產[42]。結果，這些征服者階級最後都在美洲成為閒散度日的富人。絕大多數人只能分到一小塊土地。即使在西班牙移民中，「受託人」也是極少數，或許只占了祕魯的西班牙人口五％[43]。儘管疫病橫行，原住民的勞動力仍然相對豐富——一七〇〇年，西班牙三大殖民地的人口密度仍是英屬北美大陸殖民地的數倍——因此西班牙人覺得沒有必要大規模從歐洲進口契約勞工。事實上，從十六世紀初開始，西班牙政府甚至還想盡辦法限制西班牙人遷往美洲殖民地[44]。結果，在西班牙統治下，南美洲從未出現英屬北美社會向上流動的現象。

西班牙的統治也意味著羅馬天主教的傳布，這不完全是件壞事——將「信託制」殘酷虐待原住民的事實公諸於世的正是道明會的佩德羅修士（Fray Pedro de Córdoba），但基本上天主教也是一種壟斷。另一方面，北美則成為無數新教派別的發源地；英國殖民地的發展原則是異議與多元。這種現象當然有陰暗的一面（令人想起薩倫女巫審判〔Salem witchcraft trials〕）❾，但明顯的好處是它創造了一個宗教自由與政治自由的農商社會。洛克在卡羅萊納基本憲法第九十七條明確表達英國宗教寬容的立場：

居住在種植園內的原住民勢必會感到不安，他們對基督教完全陌生，而且充滿偶像崇拜、無知或誤解。雖然如此，我們沒有權利驅逐或虐待他們；至於從別處搬來此地從事種植的人，他們不可避免對宗教事務有不同看法，他們也預期自己擁有宗教自由，從這點來看，我們驅逐這些人也是不合理的。各種意見並存有助於國內和平，我們應該適當而忠實地遵守與所有人的協定與契約；無論基於什麼理由，凡是違反協定與契約的人，就是嚴重冒犯全能的上帝，也使我們宣稱的真實宗教蒙上重大羞恥；此外，猶太人、異教徒與其他偏離基督宗教純淨的異議分子，他們不該受到威嚇與疏遠，相反的，應讓他們有機會認識真理與基督宗教的合理，了解基督宗教的導師是和平而不冒犯的，在和善的措詞與說服以及一切溫和與柔順的論理方式下，宣達福音的原則與宗旨，如此方可贏得對方的認可，使他們發自內心地接受真理；因此「只要有七人或七人以上同意信仰任何宗教，他們都可以成立教會」或職業，他們可以為自己的教會命名，以便與其他的教會區別（引號為作者所加，表示強調）。

在歐洲歷經多年痛苦的宗教衝突之後，洛克有足夠的自信設想出這樣一個社會，只要七個人就能正當地建立起一個嶄新的教會。北美與南美殖民地的市民社會存在著深刻的不同，而這

❾ 譯註：麻薩諸塞殖民地薩倫村於一六九二年發生了女巫審判事件，將近兩百名女性村民被誣指為女巫，最後十九人遭到處死，有六人死於刑求或死在獄中。

項差異將產生持續的影響，特別是在這些殖民地獲得獨立之後。

美洲革命

一七七五年，儘管南北美洲發展出深刻的經濟與社會差異，但兩者仍然是由遙遠的國王統治的殖民地。然而，這種情況即將出現變化。

一七七六年七月二日，大批民眾聚集在查爾斯頓老商業交易所前的臺階上，聆聽南卡羅萊納政府宣布殖民地從英國獨立的消息。這是美洲殖民地獨立的起點。大約四十年後，西班牙也終止對拉丁美洲的統治。北美的這場革命鞏固了有財產者的民主權利，建立了聯邦共和國，而這個國家將在百年內成為世界最富有的國度。然而，南美的革命卻讓格蘭德河以南的美洲陷入長達兩個世紀的分裂、動亂與停滯。為什麼會這樣呢？

西班牙帝國與大英帝國在十八世紀末期都面臨危機。帝國權威對跨大西洋貿易加強管制，加上七年戰爭（一七五六－一七六三年）的鉅額成本，這些都形成了殖民地反叛的先決條件。一七七〇年代在英屬美洲殖民地爆發的叛亂，在西屬殖民地也看到類似情況：一七八〇到一七八三年，阿馬魯二世在安地斯山脈發動叛亂；一七八一年，新格拉納達（今日的哥倫比亞）爆發寇姆尼羅反叛（Comunero Revolt）。當英屬北美十三個殖民地宣布獨立時，這是商人與農人組成的自由社會有意識地反對帝國權威過度擴張，而不僅只於抗稅與爭取代表權的老問題。那些強調老問題的人往往振振有詞地認為美國獨立革命是一六四〇年代英國內戰的延續，然而這種說法未必能掌握問題核心[45]。事實上，土地在美國革命中扮演著異常重要的角色。英國政

府限制殖民者越過阿帕拉契山脈往西移民，這種做法與殖民者的擴張主義願景產生嚴重衝突
46 ——後者這種公然竊占原住民土地的做法，顯然正中土地投機者的下懷，例如華盛頓（George Washington）就是其中一例⑩。當倫敦政府在七年戰爭期間與印第安人達成協議時，華盛頓認為這只是戰時的權宜之計。而當印第安人引用一七六三年王室聲明書，有效確認他們占有的土地時，華盛頓大驚失色：

> 我一直把這紙文書當成安撫印第安人的權宜之計（但我只在我們之間談論此事）（華盛頓於一七六七年寫信給未來的合夥人克洛佛德（〔William Crawford〕）。當然，幾年後，這份文件就會喪失作用，特別是那些印第安人同意我們占領土地的時候。人們應該把握眼前這個獵取沃土的機會，盡其所能為自己劃疆定界，好讓其他人無法在這塊土地上墾殖，若不這麼做，日後絕對無法再有相同的良機。如果你在尋找土地卻苦無機會，那麼我將為你分攤一點獲取土地的工作，只要有那麼一點可能性，我會不計任何代價與費用去測量與取得權利……眼下你顯然可以發現，我腦袋裡只想著獲取大量土地。總之，最後你一定能得到一筆數量豐厚的地產……（但是）請務必守

⑩華盛頓十七歲時被任命為郡測量員，負責測量新劃定的克爾佩珀郡界。這項技術使他在對法國與印第安人的戰爭中（殖民地居民的七年戰爭）成為一名卓越的軍官。一七五二年，華盛頓開始從事土地投機事業，他在維吉尼亞弗雷德里克郡的牛皮溪一帶買下了一千四百五十九英畝的土地。獨立戰爭勝利後，華盛頓與其他退伍軍人攻擊俄亥俄河以西之地，做為他們正當的戰利品。

1783年後美國的擴張

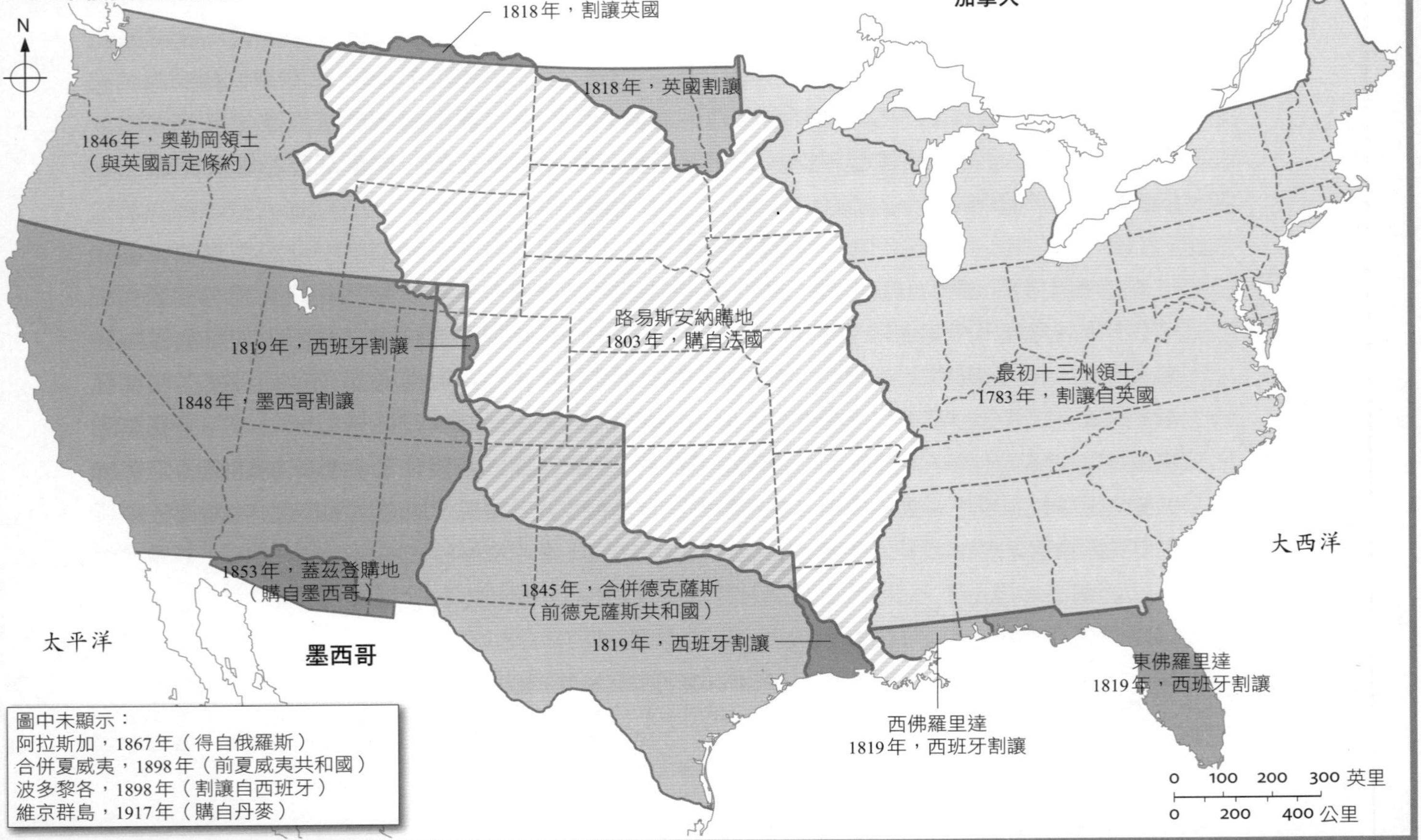

圖中未顯示：
阿拉斯加，1867年（得自俄羅斯）
合併夏威夷，1898年（前夏威夷共和國）
波多黎各，1898年（割讓自西班牙）
維京群島，1917年（購自丹麥）

口如瓶，或者只信任那些……能幫助你找到土地讓你獲利的人。[47]

一七六八年，華盛頓在梅森、普特南與卡諾瓦三郡（這幾個郡位於今日的西維吉尼亞州）取得四萬五千英畝的土地；隨後強制將德拉瓦、休尼與敏果等印第安人部落逐出俄亥俄河以南地區的行動，使華盛頓成為直接的受惠者。但華盛頓此時也注意到，一七七四年的魁北克法情勢惡化，該法不僅將原來的法屬加拿大擴張到今日的伊利諾州、印第安納州、密西根州、俄亥俄州、威斯康辛州與一部分的明尼蘇達州，而且還保障法語系天主教徒的信仰自由。難怪忿忿不平的新英格蘭人會把這項決定，連同波士頓傾茶事件（Boston Tea Party）之後通過的四項懲罰性措施合稱為「無可忍受之諸法」。

如果倫敦當局能及時針對稅捐與代表權這兩項重要議題做出讓步，則戰爭很可能可以避免。如果英國將領豪伍（Howe）與伯戈因（Burgoyne）能表現得更傑出一點，則戰事很可能轉為對英國有利。也許更高明[11]的外交手腕可以讓英國免於遭受致命的孤立，也就不會造成一七八一年法軍於約克鎮獲勝——一旦法國介入，事情就成為定局。我們甚至可以想像十三個殖民

[11] 譯註：英國因七年戰爭而財政陷入困難。戰後，英國要求殖民地居民負擔部分戰費，先後課徵印花稅與茶稅，唯殖民地居民以無代表權即無繳稅義務為由發起抗爭。一七七三年十二月十六日，波士頓居民將東印度公司三艘船隻上的茶葉倒入海中，表達對稅收問題的不滿，卻因此使英國與殖民地衝突升高，引發美國獨立革命。

地隨後陷入分裂，而非結合成一個國家。戰時與戰後的經濟問題相當嚴峻：通貨膨脹在一七七九年達到最高峰，將近四〇〇%；從一七七四到一七九〇年，人均所得減少了一半；一七九〇年，堆積如山的債務約當國民生產毛額的六二%；各州開始對其他州徵收關稅；最糟糕的是，麻薩諸塞州的農民，例如謝斯（Daniel Shays），他們的財產被充公以繳納稅款與清償私人債務，這群失去謀生資源的人只好起而叛亂。如果革命的進展並未逾越邦聯條例（Articles of Confederation）的範圍，那麼或許北美洲的命運會與南美洲更為接近——一則分裂而非統一的故事。革命產生了一七八七年憲法，這部憲法建立了人類史上最令人印象深刻的政治制度，它為新共和國創設了可行的聯邦結構，不僅創造出洛克的權力四重奏（行政、兩院制立法機構與最高法院），也產生了單一市場、單一貿易政策、單一通貨、單一軍隊與（這點值得注意）適用於債務大於財產的民眾的單一破產法律，此外別忘了憲法第四修正案保護個人免於受到「不合理的搜索與扣押」。

追根究柢，這一切全與財產有關。從這點來看，華盛頓確實是個冷靜實際的人，並且從獨立戰爭得到不少好處。他的遺囑（在一八〇〇年執行）列出的地產總計五萬兩千一百九十四英畝，分散在維吉尼亞州、賓州、馬里蘭州、紐約州、肯塔基州與俄亥俄河谷，此外還有一些地產位於維吉尼亞州的幾座城市，如亞歷山卓、溫徹斯特、巴斯（現為西維吉尼亞州的伯克利泉）與以他的名字命名的新城市。以上的例子充分說明了美國早期歷史中土地與自由關係的緊密。在南美洲，印第安人耕作土地。在北美洲，印第安人失去土地。

南美洲的華盛頓應該是波利瓦（Simón Bolívar）。他也推翻了一個帝國：西班牙帝國。但他未能創立南美洲的美利堅合眾國。美國革命不僅將前英國殖民地合而為一（當然，加拿大與加勒比殖民地仍忠於帝國，就連許多美洲保王派人士也選擇離開初生的共和國）[48]。獨立也讓美國走上無可匹敵的繁榮強大之路。然而，從西班牙獨立卻只為南美洲留下了恆久的衝突、貧困與不平等的遺產。為什麼資本主義與民主制度無法在拉丁美洲成長繁榮？為什麼當我詢問一名哈佛同事是否認為拉丁美洲屬於西方時，他卻面有難色？簡單地說，為什麼波利瓦無法成為拉丁美洲的華盛頓（見圖22）？

波利瓦生於一七八三年七月，是富有的委內瑞拉可可種植園主之子，十歲前成了孤兒，十四歲從軍。他曾在西班牙與法國念書，一八〇四年曾在巴黎住了一段時間，當時馬德里因糧食缺乏而將所有外國人趕出城外，包括拉丁美洲的克里歐雷人⓬。波利瓦於一八〇七年返回委內瑞拉，他受到法國大革命期間拿破崙統治的激勵，對西班牙的殖民統治深表不滿。他盼望能為自己的家鄉帶來類似的變革。然而，當革命降臨南美洲時，與其說它是個設想好的計畫，不如說是拿破崙於一八〇八年攻擊西班牙突然造成的權力真空而產生的混亂反應。兩年後，波利瓦被派往倫敦，商討一旦法國攻擊西屬美洲殖民地時英國能提供的協助。他的交涉未得到具體成果，但他卻見到曾為爭取委內瑞拉獨立而戰的前輩米蘭達（Francisco Miranda），並與他結為好友。一八一一年七月，他們一同返回家鄉，隨即宣布成立委內瑞拉第一共和國。

⓬譯註：克里歐雷人（creoles）指在西屬殖民地出生成長的西班牙人。

共和國以失敗告終。一八一一年憲法明文規定擁有財產者才有投票權，然而這舉動排除了絕大多數的人口，因而無法產生北美洲由大多數民眾參與的統治模式。結果使得無產者，包括大量獲得自由的奴隸，全倒向保王派勢力。保王派攻下波多卡貝優之後，波利瓦對米蘭達感到幻滅，於是向西班牙人舉報米蘭達，自己則逃往新格拉納達再次糾集克里歐雷人，尋求第二次獨立。

波利瓦宣布成立第二共和國，並且以獨裁者自任。他發動所謂的「令人讚揚的作戰」行動，將保王派逐出梅里達、波哥大、卡拉卡斯與特魯西琉，並且為自己贏得「解放者」的稱號。他於一八一三年發布戰至最後一人的命令，顯示這場衝突越來越凶險：「西班牙人若不以各種積極有效的方式，在我們高舉的正義大旗下與我們一起反抗暴政，那麼他們將被視為敵人並且遭受懲罰；身為一名叛國者，他唯一的下場就是被行刑隊槍決。」[50] 槍決囚犯成了例行公事──在同一個地點一次槍決八百個人。直到一名綽號「魔鬼」的舉事者將一名西班牙老人的頭顱呈現在波利瓦的面前，波利瓦才稍稍收斂他的做法。然而，儘管訴諸恐怖，非白種人仍不斷叛逃到保王派陣營。一八一二年三月，一場毀滅性的地震襲擊卡拉卡斯，造成約一萬人死亡，這個事件剛好坐實了教會對獨立運動的指控⓭。但目空一切的波利瓦表示：「如果自然女神反對我們，我們將打擊她，直到她屈服為止。」[51] 然而波利瓦最大的敵人不是自然，而是變節的西班牙人波維斯（José Tomás Boves），他率領衣衫襤褸的里亞尼諾部隊──成員有印第安人、逃亡的奴隸與逃兵，他們對掠奪的興趣更甚於自由──證明了自己是戰無不勝的隊伍[52]。一連串的軍事失利迫使波利瓦再次逃亡，這次他逃到了牙買加。在海地的短暫停留，使他更加確信解放委內瑞拉的奴隸必須成為戰略的一部分。唯有獲得黑人與白種克里歐雷人的支持，才有可能獨立成功。現在他訴求的對象是南美所有的民眾，包括有色人種[54]。

他的策略奏效，至少有一段時間是如此。在政治代表權的引誘下，許多獲得自由的奴隸加入波利瓦的軍隊。皮亞爾（Manuel Carlos Piar）是西班牙商人與庫拉索半荷蘭半非洲的穆拉塔人（mulatta）⓮之子，他很快就成為有色人種的精神象徵。因為身為卡斯塔人（casta，混血兒）的皮亞爾都能擔任總司令，顯示波利瓦是真心想解放所有的南美人，包括有色人種。在此同時，西班牙對於重新在美洲建立王室權威似乎也力有未逮。一八二〇年，卡地斯發生軍事譁變，一萬四千名士兵拒絕被派往大西洋彼岸「再次殖民美洲」[55]。這對保王派總司令莫里優（Pablo Morillo）構成沉重打擊，他一直努力挽回西班牙的帝國權威，但終究徒勞無功。

局勢轉而對波利瓦有利。但接下來還有許多硬仗要打。為了增強自己的實力，波利瓦決定尋求外援[56]。難以置信的是，他居然在英國找到了幫手。

卡拉卡斯市中心有一座宏偉的委內瑞拉建國英雄紀念碑，上面顯眼地刻著與當地極不相稱的人名，布朗、麥克葛瑞格與弗格森，更別提還有歐康諾、歐利亞里與羅伯森。一八一〇到一

⓭ 然而，確實有教士支持獨立運動，特別是在新格拉納達，當地對於西班牙向南美洲教會抽取重稅，累積了大量的不滿。為了對付這些異議教士，保王派在卡塔赫納（Cartagena）進行異端審問。

⓮ 譯註：穆拉塔人指雙親一人是白人（通常是西班牙人），一人是黑人。

八二五年，許多英國與愛爾蘭士兵為拉丁美洲自由而戰，不少人因此送命，紀念碑上刻的只是其中的部分名單。

總共約有七千名英國與愛爾蘭志願軍投入這場從西班牙統治下解放南美的運動。這些人當中有些是拿破崙戰爭的老兵，他們厭倦了滑鐵盧之後的太平日子。但絕大多數（約三分之二）卻是菜鳥新兵。少數人無疑是受到波利瓦崇高口號的感召而來：建立一個自由統一的南美。一八一五年後，解放的口號甚囂塵上，許多理想主義者（其中最著名的是拜倫）前往希臘協助他們擺脫鄂圖曼人的統治。然而前往委內瑞拉的人絕大多數都跟早期前往北美的英國移民一樣，是受到土地的吸引——他們得到承諾，如果他們願意參與軍旅，戰後將能得到一筆土地。這些人當中，有一名來自曼徹斯特的年輕陸軍上尉費利爾（Thomas Ferrier），他很快就成為波利瓦麾下英國軍團的指揮官。

費利爾來到波利瓦統治下的美洲，首先看到的是位於奧里諾科河荒涼河岸上的安哥斯圖拉（苦味酒之鄉）[15]，波利瓦的基地就位於此地。往後四年，他與其他士兵轉戰各地，從大西洋岸延伸到太平洋岸。一八一九年八月，波亞卡戰役（Battle of Boyacá）之後，他們協助攻取了屯哈與波哥大，波利瓦在此宣布哥倫比亞共和國成立[57]。然後他們北轉來到委內瑞拉。最後，一八二一年六月二十四日，他們抵達波多卡貝優南方的卡拉波波。這將是波利瓦在委內瑞拉的一場決定性戰役。大約六千五百名共和軍與五千名忠於西班牙的保王軍對峙。如果波利瓦的軍隊能在這一天獲勝，往東通往卡拉卡斯的道路將隨之敞開。

波利瓦命費利爾率六百名士兵從側翼包抄西班牙人，破壞他們在山丘上的地利優勢。在山溝掩護下，他們無聲無息地接近敵軍。然而一旦被察覺，西班牙人立即以兩門大砲與三千隻毛瑟槍的火力攻擊他們。在悶熱的天氣裡，費利爾徒勞地等待波利瓦增兵援助。最後，他下令進攻。這場刺刀衝鋒是南美戰場上最英勇的一幕。人們描述「這項任務不僅需要英雄般的勇氣，也需要無比的堅忍與鬥牛犬般的決心才能勝任，士兵們必須在此點燃生命最後的火花與投入所有殘存的氣力」。當他們攻下敵軍陣地時，費利爾也身受重傷。欣喜若狂的波利瓦稱這群英國士兵是「我國的救主」！

波利瓦現在成為「大哥倫比亞」的主人，統轄新格拉納達、委內瑞拉與基多（即現在的厄瓜多）。聖馬丁（José de San Martín，阿根廷與智利的解放者）也尊奉波利瓦為政治領袖。到了一八二五年四月，波利瓦的軍隊將西班牙最後一支軍隊逐出祕魯；為了向他致敬，人們將「上祕魯」更名為玻利維亞。下一步要做的將是建立由大哥倫比亞、祕魯與玻利維亞組成的安地斯邦聯。

波利瓦的大哥倫比亞共和國為什麼無法成為拉丁美洲聯邦的核心？從表面上看來，波利瓦想集權中央，卻遭到各地軍閥的反抗，這些人利用西班牙崩潰後的真空時期在地方取得權力[58]。但這種說法忽略了其他三種更深層的困難[59]。

---

⑮ 安哥斯圖拉苦味酒（bitters）其實是一名在波利瓦軍中服役，人稱席格勒博士（Dr Johann Gottlieb Benjamin Siegert）的日耳曼人發明的，一八二四年，他以一種至今仍無人知曉的製作方式首度釀出了這種酒。皮斯可雞尾酒（Pisco Sour）如果沒加上幾滴席格勒的苦味酒，就不算道地。

大哥倫比亞的瓦解

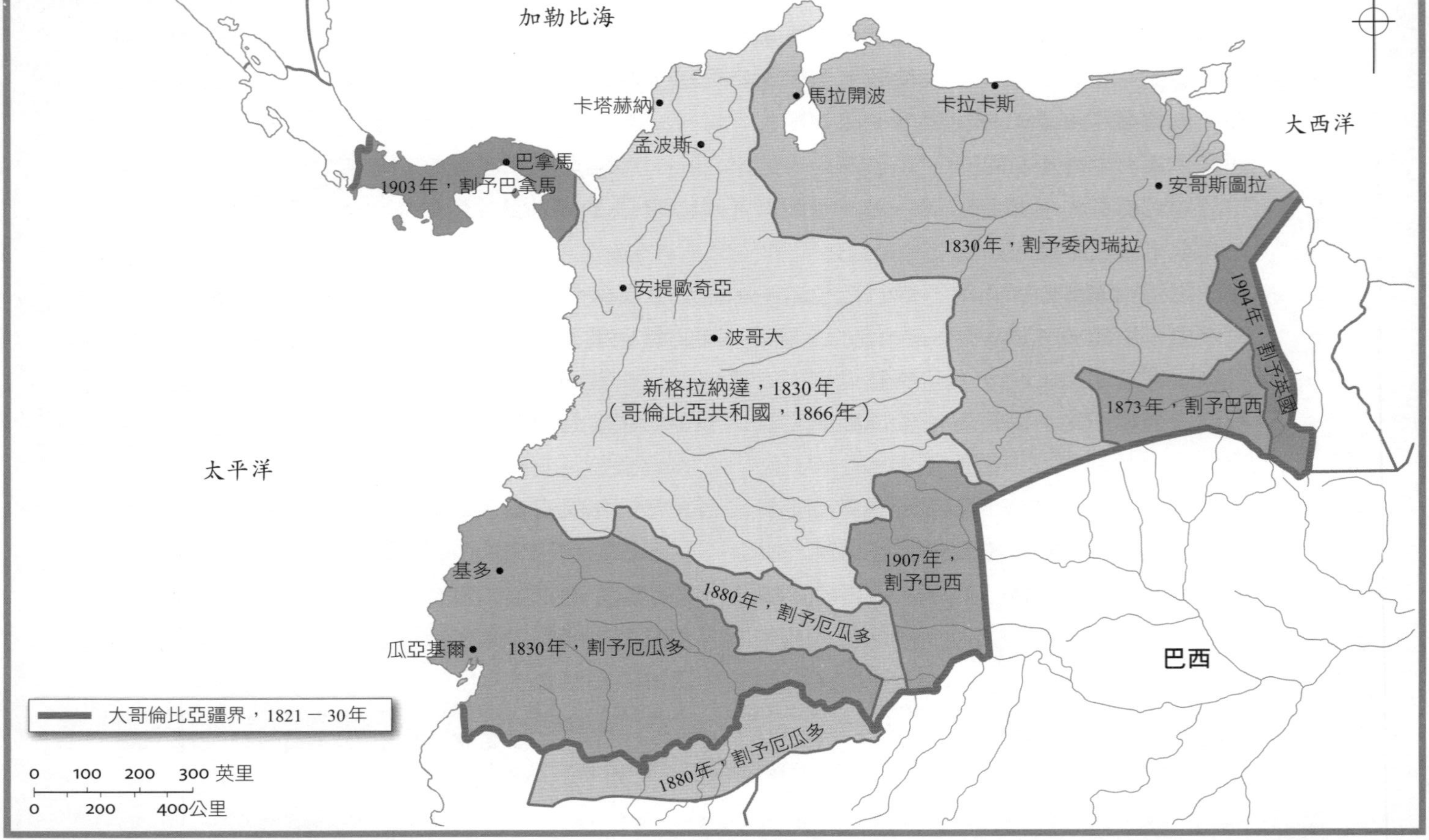
加勒比海
大西洋
太平洋
巴西
卡塔赫納
孟波斯
巴拿馬
1903年，割予巴拿馬
馬拉開波
卡拉卡斯
安哥斯圖拉
1830年，割予委內瑞拉
1904年，割予英國
1873年，割予巴西
安提歐奇亞
波哥大
新格拉納達，1830年
（哥倫比亞共和國，1866年）
1907年，
割予巴西
基多
瓜亞基爾
1830年，割予厄瓜多
1880年，割予厄瓜多
1880年，割予厄瓜多
大哥倫比亞疆界，1821－30年
0 100 200 300 英里
0 200 400公里
N

首先，南美人根本沒有民主決策的經驗，而北美殖民地議會從殖民地成立以來就不乏這類經驗。由於權力完全集中在西班牙出生的半島人⑯之手，因此克里歐雷人幾乎沒有任何行政管理的經驗。波利瓦曾在一八一五年表示：

> 我們……既不是印第安人，也不是歐洲人，我們這個物種夾在國家真正的土地所有人與西班牙篡奪者之間……我們不允許接觸與國家統治行政有關的知識，因此我們對此一無所知。我們之中只有極少數人曾經擔任過地方長官或總督；也很少有人當上大主教與主教；沒有人是外交人員；就算從軍，也只能擔任屬官；即使有貴族身分，也未享有任何特權。簡單說，我們既不是統治者，也不是金融家，當商人的則是少之又少[60]。

波利瓦對於自己在新格拉納達的克里歐雷人議會中目擊到的派系內鬥現象深感失望[61]。在一八一二年卡塔赫納宣言中，他輕視「這個……致命的……寬容體制……這個體制長久以來一直被每個有常識的人抨擊是軟弱無能」，他同時也嘲弄「慈善的空想家寬厚地看待犯罪，他們以自己的想像力創造了一個荒誕的共和國，他們尋求完善的政治模式，以為人類有可能完美」。波利瓦也批評委內瑞拉第一共和國的聯邦主義實驗，認為「授權自治只會讓社會契約崩解，使

⑯譯註：指派駐殖民地的西班牙人。

國家陷入無政府狀態」[62]。到了他第二次流亡牙買加的時候，他深信「完全代議制不適合我們的民族性、風俗與現有的知識」[63]。在卡拉波波戰役之前兩年，波利瓦在安哥斯圖拉向新成立的議會發表演說，提出了類似的想法：

> 雖然這個國家誕生在自由的搖籃裡，以自由來加以養育，並只以自由讓它成長茁壯……但要如此孱弱而複雜的政府，以聯邦的體制面對各地困難而充滿試煉的環境與歷史，無異是緣木求魚。

波利瓦認為，美國憲法需要「聖人共和國」才能運作[64]。這種制度在南美洲不可能成功：

> 無論這種政府形式在北美洲多麼有效，我必須說，我絕不會想去比較這兩個國家的立場與性格，因為它們就像英屬美洲人與西屬美洲人一樣截然不同。

於是波利瓦的夢想不再是民主制而是獨裁制，不是聯邦主義而是中央集權。他在卡塔赫那宣言中表示：「我們的同胞還沒有辦法充分發揮自己的能力來行使自己的權利，因為他們缺乏真正共和主義人士的政治美德」[65]。在他自己設計的憲法中——有許多特異之處，其中之一就是三院制立法機構——波利瓦將成為終身獨裁者，有權利指定自己的繼承人。「我打從心裡相信，美洲只能由一名傑出的專制者來統治……（我們沒有能力）制定出上至領袖、下至百姓都能遵行的法律與原則。」[66]波利瓦在一八二八年頒布的「獨裁基本法」清楚表明，在他治下的南美洲將沒有擁有財產者的民主制度，也沒有法治。

第二個問題與財產分配不均有關。波利瓦自己的家族擁有五處大地產，面積超過十二萬英畝。獨立後的委內瑞拉，幾乎所有的土地都掌握在一萬名左右的克里歐雷菁英手中（約占總人口的一・一%）。若與美國相比則差異更是明顯。北美革命之後，新移民取得土地更為容易，一方面是由於政府信貸（從一七八七到一八〇四年通過了各項法律）的結果，另方面則是因為一八四一年的「優先承購法」讓新開墾者擁有合法資格，以及一八六一年的「公地放領法」讓小農能無償取得邊區土地。這些措施與法律在南美完全付之闕如。相反的，南美的利益團體彼此對立以維持自己在鄉村的龐大地產以及掌握擁擠濱海城市的廉價勞工。以墨西哥來說，從一八七八到一九〇八年，全國土地超過十分之一被移轉到土地開發公司手裡。一九一〇年，也就是墨西哥革命前夕，只有二・四%的農村家庭擁有土地。阿根廷的土地自有率稍微高一點——從拉潘帕省的一〇%到丘布特省的三五%——但沒有任何一個地方比得上北美。一九〇〇年，美國農村土地自有率接近七五%[67]。

必須強調的是，這種現象並不是美國所獨有。加拿大的農村土地自有率甚至更高，達到八七%，而類似的現象也發生在澳大利亞、紐西蘭，乃至於一部分的英屬非洲，充分顯示（白人）土地的廣泛分配與其說是美國的民族性，不如說是英國的特質。時至今日，土地分配的平均與否仍是北美與南美最大的一項差異。在祕魯，直至最近的一九五八年，仍只有二%的地主控制六九%的可耕地；八三%的民眾僅掌握六%的土地，平均每人擁有的土地不到十二英畝。因此為波利瓦打仗的英國志願軍到頭來落得一場空。前往委內瑞拉的七千人當中，只有五百人留下。三千人死於戰場或疫病，其餘則返回英國[68]。

第三個（這點的關聯極大）困難是南美種族的異質性與區分比北美來得大。克里歐雷人（如波利瓦）懷抱著極大的苦澀痛恨半島人，這種敵對遠超過麻薩諸塞「愛國者」（指獨立派人士）與「英國軍人」之間的對立。然而獲得自由的奴隸與仍受奴役的奴隸對克里歐雷人的觀感也好不到哪兒去。波利瓦尋求黑人的支持，不是基於真誠的相信種族應該平等，而是一種政治上的權宜措施。當他懷疑皮亞爾計畫拉攏卡斯塔人對抗白人時，他立即將皮亞爾逮捕入獄，以逃離戰場、不遵守號令與陰謀顛覆政府的罪名指控。一八一七年十月十五日，皮亞爾站在安哥斯圖拉主教座堂的牆邊被行刑隊處決，波利瓦位於附近的辦公室裡都能聽到槍響[69]。波利瓦也無意讓原住民享有政治權利。憲法規定所有選舉人必須識字，光這一點就足以排除原住民的投票權了。

想了解南美的種族區分為什麼比北美來得複雜，我們必須認識在波利瓦時代南美洲種族的深刻差異。一六五〇年，美洲印第安人占了南北美洲（包括巴西）總人口的八成。然而到了一八二五年，比例有了極大的不同。在西屬美洲，原住民仍占總人口的五九%。然而在巴西，這個數字卻降到二一%，北美更是在四%以下。在美國與加拿大，每年有大量的移民源源不斷地從歐洲過來，無論要奪占印第安人的土地，還是要將他們遷往邊地的「保留區」，都可藉由軍隊輕易達成。在西屬美洲，印第安人不僅是多數，而且在缺乏歐洲移民之下，也是「信託制」不可或缺的勞動力。此外，非洲奴隸的引進也對各個歐洲移民墾殖區產生不同的人口影響[70]。

因此，波利瓦統一南美的願望終究無法實現。在新格拉納達、委內瑞拉與基多相繼發生叛亂之後，成立安地斯邦聯的提案遭到否決，就連大哥倫比亞本身也因委內瑞拉與基多的退出而瓦解。勝利者是波利瓦之前的戰友，積極建立狹義委內瑞拉民族國家的元首派斯（José Antonio Páez）[71]。就在一八三〇年十二月，波利瓦因結核病去世前的一個月，波利瓦辭去總統與總司令職位，寫下最後一封充滿絕望的書信：

> ……我已統治了二十年，這些年來，我知道有幾件事是確定無誤的：一、（南）美洲是不可統治的，對我們來說是如此；二、從事革命是白費工夫；三、人們在美洲唯一能做就是移民；四、這個國家遲早會被暴民把持，而後在不知不覺中掌握在小獨裁者手裡，無論他們是什麼膚色或種族；五、即使我們被犯罪吞噬，被全然的殘暴撕碎，歐洲人也不會認為我們值得征服；六、如果世界其他地區想見識一下什麼叫原始混亂，那麼處於毀滅前夕的美洲應該能滿足他們的好奇[72]。

這段話沉痛卻精確地料中拉丁美洲此後一百五十年的歷史。新獨立的國家開始它們的新生活，它們沒有代議政府的傳統，土地分配極度不均，種族區隔嚴重而且與經濟不平等環環相扣。結果造成周而復始的革命與反革命、政變與反政變，無產階級者拚命想多爭取幾畝地，克里歐雷菁英則是緊抓著大地產不放。民主實驗屢次失敗，只要實驗過程有一丁點差錯，富有的菁英就會搖身一變成為穿著軍裝的「元首」，動用暴力來恢復現狀。這種做法顯然不是促進經濟快速發展的良方。

因此，現今的委內瑞拉總統「指揮官」查維斯（Hugo Chávez）把自己塑造成現代波利瓦也就不令人意外了——事實上，查維斯對「解放者」極度尊崇，甚至在二〇一〇年開啟波利瓦的墳墓試圖與他通靈（在電視弧光燈下）。身為一名退伍軍人，同時又熱愛政治表演，查維斯總是喜歡把「波利瓦革命」掛在嘴邊。現今在卡拉卡斯，到處可見拉長的波利瓦肖像，海報與牆壁繪製著他蓄著高雅鬢角的臉孔，通常在他的旁邊還會緊鄰著查維斯滿臉橫肉的頭像。然而，查維斯政權的真相在於它是個虛假的民主制度，警察與媒體都成了對付政敵的武器，油田的收入則用來收買人心，要不是用來補貼進口品價格，就是用來施捨與賄賂。私有財產權是美國最重視的法律與政治秩序，在此地卻毫無保障。查維斯任意將各種產業國有化，從水泥製造商到電視臺與銀行，無所不包。他與拉丁美洲許多低劣的獨裁者一樣，對於法治不屑一顧，往往根據自己的需要修改憲法——首先是在一九九九年，也就是在他首次當選總統後不久；最近一次是在二〇〇九年，他廢除了連選連任的限制，以確保自己能永遠連任總統。

最能說明北美與南美革命差異的莫過以下這個對比：美國只有一部憲法，可修正但不可褻瀆；委內瑞拉的憲法有二十六部，每一部都是用完即丟。只有多明尼加共和國的憲法比委內瑞拉多，自獨立以來總共有三十二部；海地與厄瓜多則屈居三、四位，分別是二十四部與二十部[73]。美國的憲法是用來支撐「法治的政府而非人治的政府」，但拉丁美洲的憲法卻是用來顛覆法治的工具。

然而，在祝賀英國殖民模式在北美長期獲得成功之前，我們必須承認，在某個特定面向上，英國的殖民模式並沒有比拉丁美洲好。尤其在美國革命之後，白人與黑人間的種族區隔反而更加僵固。美國憲法雖然有許多優點，但它卻承認奴隸制度的正當性並加以制度化——這是新共和國的原罪。在查爾斯頓老交易所的臺階上，獨立宣言在此宣讀，但人們仍持續在此販賣奴隸直到一八〇八年，因為憲法第一條第九款允許奴隸貿易可以再維持二十年。而南卡羅萊納州在國會裡的代表人數竟是根據這樣的規則決定的：一名奴隸（憲法裡用「他人」一詞來表示奴隸）相當於五分之三個自由人。

我們如何解開西方文明核心的這項矛盾——以自由之名推動的這場極成功的革命，竟是奴隸主大力支持下產生的。而在革命進行的同時，大西洋兩岸的廢奴運動早已如火如荼地展開。

加拉人的命運

接下來是另一則故事，兩艘船分別帶著不同的移民來到美洲。這兩艘船都是從塞內加爾外海的格雷島（Gorée）出發。一艘前往巴西北部的巴伊亞（Bahia），另一艘則抵達南卡羅萊納州的查爾斯頓。兩艘船都載運著非洲奴隸——他們只是從一四五〇年到一八二〇年跨越大西洋到達美洲的八百萬人中的一小部分。從一五〇〇年到一七六〇年，前往美洲的移民有將近三分之二是奴隸，一五八〇年之前約占五分之一，一七〇〇年到一七六〇年的巔峰期則增加到近四分之三[74]。

乍看之下，奴隸制度是北美與南美少數共通的制度之一。美國南方的菸草田與巴西的甘蔗園都仰賴進口的非洲奴隸，這種情況的出現，始於種植園主發現這些奴隸比歐洲的契約勞工（北美）與美洲原住民（南美）更為廉價也更勤奮。從達荷美國王以後，非洲的販奴商人很少挑剔客人，他們樂意與英國買家打交道，也願意與葡萄牙人做生意，就連傳統的阿拉伯客戶也保持連繫。畢竟，跨越撒哈拉的奴隸貿易早從二世紀就已經開始。一五〇〇年，當葡萄牙人來到貝南（Benin）時，他們也在當地發現健全的奴隸市場[75]。在拘禁於格雷島小屋的奴隸眼中，搭船到北美或南美似乎沒什麼差別。在航程中死亡的機率（大約是六分之一，因為有一六%無法熬過辛苦的運送過程）幾乎是一樣的。

儘管如此，新世界各地區發展的奴隸制度卻不盡相同。從上古時代開始，奴隸就是地中海貿易不可或缺的一環，到了十字軍東征時代又死灰復燃。與此相反，奴隸制度在英格蘭實際上已經消亡。當農奴身分從普通法消失時，葡萄牙人卻開啟了從西非奴隸市場到地中海的新航路，而且首次建立了大西洋甘蔗種植園，第一座是在馬德拉斯（Madeiras, 1455），而後是在幾內亞灣的聖多美（São Tomé, 1500）[76]。第一批非洲奴隸最早是在一五三八年抵達巴西；美國在一六一九年以前還沒有非洲奴隸，之後才有三百五十名抵達詹姆士鎮，但隨即被西班牙人當成戰利品運往維拉克魯斯[77]。北美洲沒有甘蔗種植園；而這些甘蔗種植園（位於巴伊亞與佩爾南布可）無疑是奴隸工作情況最艱苦的地方，因為前工業時代的糖業是勞力特別密集的產業⑰。巴西南部的金礦（例如米納斯吉拉斯）情況也好不到哪裡，十九世紀初的咖啡種植園，辛苦也不在話下。運往巴西的非洲人要比運往美國南部的數量多。事實上，巴西很快就超越了加勒比地區成為世界主要的產糖重鎮，早在一六〇〇年，一年就可以產糖近一萬六千噸。（聖多明哥與古巴的產量日後才達到相同的規模。[78]）雖然經濟逐漸多角化發展，從糖業到礦業，從咖啡種植到基本製造業，但奴隸始終是比自由移民好用的勞動來源，而奴隸制度也成為每個經濟部門的正常勞動形式[79]。奴隸對巴西極為重要，到了一八二五年，巴西人口竟有五六％是非洲裔，相較之下，西屬美洲是二二％，而北美則是一七％。英語系國家禁絕奴隸貿易與奴隸制度後過了很長一段時間，巴西人仍繼續實施這兩項制度，從一八〇八到一八八八年，每年進口超過一百萬名新奴隸，無視於一八二六年英國與巴西簽訂的禁販奴隸條約。到了一八五〇年代，英國海軍的介入嚴重影響跨大西洋的海上交通，此時巴西的奴隸人口已是一七九三年的兩倍。

革命前的拉丁美洲，奴隸在此地的命運不全然悲慘。王室與宗教權威有能力而且確實介入改善奴隸的工作條件，正如他們會限制私有財產權一樣。羅馬天主教認為，奴隸制度說好聽一點是必要之惡，儘管如此並不能改變一項事實，那就是非洲人也有靈魂。拉丁美洲種植園的奴隸比維吉尼亞州菸草田的奴隸更有機會獲得奴隸主的解放。在巴伊亞，奴隸靠自己贖買自由的人數，占了解放人數的一半[80]。到了一八七二年，巴西有四分之三的黑人與混血兒獲得自由[81]。在古巴與墨西哥，一名奴隸甚至可以知道自己的贖買價格，然後採取分期付款的方式贖身[82]。據說巴西的奴隸的休假日數（除了星期日，還有三十五個聖人節日）比英屬西印度群島的奴隸多[83]。從巴西開始，奴隸可以為自己購地也成為拉丁美洲的慣例。

當然，我們不能過度美化拉丁美洲的奴隸制度。在出口暢旺的時候，巴西甘蔗種植園一天工作二十小時，一個星期七天，奴隸累死的事時有所聞。一名巴西種植園主表示：「當他買下

---

⑰ 每個流程——砍伐、運送、碾碎、煮沸與乾燥，都需要體力勞動，中間完全沒有休息的時間。

一名奴隸，一般總打算讓他工作一年，超過一年恐怕奴隸活不了。但話說回來，他之所以要奴隸拚命工作，當然不只是為了回本，重點還是要獲利。[84]」與加勒比地區一樣，種植園主也擔心奴隸反叛，因此必須用殺雞儆猴的方式來維持紀律。有些巴西種植園共同的懲罰方式是連續九個晚上鞭打奴隸，在這期間會用鹽與尿磨擦傷者的傷口[85]（見圖23）。十八世紀的米納斯吉拉斯經常可以看到逃跑的奴隸頭被砍下來展示在路邊。在這種狀況下，人們對於一八五〇年代巴西奴隸的平均預期壽命只有二十三歲並不感到意外；一名奴隸只要能為僱主工作五年，就能賺回他當初的兩倍身價[86]。另一方面，巴西奴隸至少還有結婚的權利，但英國（與荷蘭）法律則否定奴隸有此權利。此外，葡萄牙與西班牙的奴隸法規也隨著時間演進越來越寬鬆。

　北美的奴隸主覺得自己有權任意處分自己的「財產」，無論這些財產是人還是土地。隨著奴隸人口不斷成長（在一七六〇年的巔峰期，奴隸占了英屬美洲總人口的三分之一），當局也對白人契約勞工與黑奴做出嚴格的區分，前者擔任奴工的時間通常是五到六年，後者則是終身。馬里蘭殖民地在一六六三年通過的立法清楚表示：「本殖民地內所有的黑人或其他奴隸……必須終身為奴；任何黑人或其他奴隸生下的所有子嗣都應與他們的父親一樣為奴。[87]」此外，北美的奴隸制度隨時間演進漸趨嚴格。維吉尼亞一六六九年的法律規定，主人殺死自己的奴隸不屬於重罪。南卡羅萊納一七二六年的法律明白表示奴隸是「財產」（後來改成「動產」）。體罰不僅受到准許，而且明文化[88]。值得注意的是，從卡羅萊納逃到西屬佛羅里達的奴隸，佛羅里達總督允許他們自由居住，條件是他們必須改信天主教[89]。如果我們回想把奴隸當成財產的做法早在數世紀前的英格蘭就已消失，那麼英屬殖民地的做法充分顯示歐洲制度移植到美洲時會產生多麼驚人的變化。一名維吉尼亞治安法官清楚捕捉到這項「獨特制度」本身的緊張感，他表示：「奴隸不只是財產，他們也是理性的生物，有資格成為法院的當事人，前提是他在行使權利時『不能侵害他身為財產的相關權利』。[90]」販奴商人之所以遭受廢奴主義者的抨擊，主要是因為他們逾越了非常高的門檻，例如利物浦的宗格號船長在一七八二年將一百三十三名奴隸活生生地扔進海裡（這些人身上全被鎖鏈銬住），理由是因為船上缺乏飲水。重點是，船長一開始被起訴是因為保險詐欺的案子，之後艾奎安諾（Olaudah Equiano）才提醒廢奴主義者夏普（Granville Sharp）這件案子背後真正的罪行[91]。

北美與南美另一項特別顯著的差異在於，混種（miscegenation，當時的用語）在北美是一項禁忌。拉丁美洲則很早就接受異族通婚的現實，並且對產生的各種後代進行分類——麥士蒂索人（mestizos）指西班牙男性與印第安女性的後代；穆拉托人（mulattos）指克里歐雷人與黑人的後代；桑博人（zambos）指印第安人與黑人的後代——而且逐漸形成細密的階序。皮薩羅自己就娶了印加女子尤潘奇為妻，而且生下一名女兒[92]。到了一八一一年，這些混血兒（half-breeds，這是一個帶有貶義的英語詞彙）構成西屬美洲三分之一以上的人口，與原住民人口不相上下，而且人數多於純西班牙血統的克里歐雷人，克里歐雷人只占總人口不到五分之一。十八世紀，巴西的穆拉托人在以非洲人為大宗的種植園勞動力中只占六%，但在技術性較高的工匠與管理階層中則占了五分之一；他們是葡萄牙帝國裡的中下層階級。

相反的，美國花費很大的工夫禁止異族通婚，或至少拒絕承認這種婚姻產生的後代是婚生子。這種現象有部分是另一種差異造成的結果。英國人遷徙到美洲時通常也會帶著女人一起過

新世界的種族結構（1570－1935年）

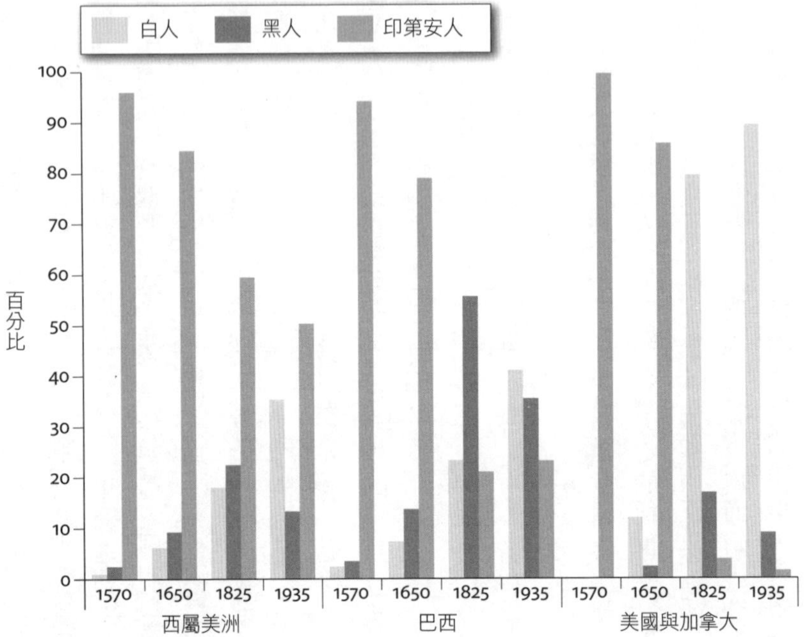

注意：本表未涵蓋混血人口的資料

來。西班牙與葡萄牙男性通常是隻身一人跨越大西洋。例如，從一五〇九到一五五九年，前往新世界的西班牙旅客名單，當中記錄的一萬五千個姓名只有一〇%是女性。這項結果並不令人感到意外。魯伊斯里納爾（Andrés Ruiz-Linares）率領的科學家團隊，研究從智利到墨西哥等七個國家的十三群拉丁美洲麥士蒂索人的個人粒線體DNA樣本。結果清楚顯示，前往拉丁美洲的歐洲男性多半以原住民女性與非洲女性為配偶[93]。針對地點所做的案例研究，例如，哥倫比亞的梅德金（這裡的人口通常被認為是「純」西班牙人）支持了這項發現。在某個樣本中，Y染色體的系譜（源自父親）顯示約九四%是歐洲人、五%是非洲人，而只有一%是美洲原住民。相反的，粒線體ＤＮＡ的系譜（源自母親）顯示約九〇%是美洲原住民、八%是非洲人，而二%是歐洲人[94]。

北美並不是沒有發生混種的現象。傑佛遜（Thomas Jefferson）是和女性黑奴生下子女的美國人當中最著名的一位。到了殖民時代末期，英屬美洲有將近六萬名穆拉托人。現今絕大多數非裔美國人的ＤＮＡ有五分之一到四分之一可以追溯到歐洲人身上。但是這種植根於殖民時代的模式具有二元性。一個人就算只有「一滴」非裔美國人的血——例如在維吉尼亞州，如果你的家族裡只有祖父是黑人，就會被歸類為黑人，無論他的皮膚有多白皙或他的外貌有多像高加索人種（白種人）。早在一六三〇年代，維吉尼亞殖民地就認為異族通婚是可罰的犯行，到了一六六二年，甚至明文禁止這種行為；馬里蘭殖民地則是在一六六一年通過類似立法。之後又有五個北美殖民地跟進制定這類法律。美國建國後的一個世紀，至少有三十八個州立法禁止異族通婚。最晚到了一九一五年，還有二十八個州維持這類法律；其中甚至有十個州認為禁止混種是合乎憲法的。一九一二年十二月，居然有人試圖修正美國憲法，「永遠」禁止混種[95]。

這些非洲奴隸最後去了哪裡，將會是個重大差異。前往拉丁美洲的奴隸，最後會進入種族的熔爐中，男性奴隸如果熬得住前幾年的重勞動，那麼他會有合理的機會獲得自由。女性奴隸則是有不小的機會生下混血的後代。至於前往美國的奴隸進入的將是一個黑白界限較為分明的社會。

我們知道，洛克為卡羅萊納殖民地立下以私有財產制為基礎的政治生活。但洛克指的財產不只是土地而已。在基本憲法第一百一十條，他明確表示：「每一名卡羅萊納的自由人都應該對自己的黑奴擁有絕對的權力與權威，包括黑奴的意見及其信仰的宗教。」對洛克來說，擁有人類這項財產，就跟擁有土地一樣，屬於殖民地計畫的一部分。而這些人既不能成為地主，又不能成為選舉人。隨後的立法者努力維持這項區別。一七四〇年南卡羅萊納奴隸規章的第十款，授權白人可以監禁與檢查在住宅或種植園外遊蕩、而一旁無白人看管的奴隸。第三十六款禁止奴隸離開種植園，特別是在星期六晚上、星期日與假日。違反法律的奴隸將受到「適度的鞭笞」。第四十五款禁止白人教導黑人讀寫。

這類法律造成的深刻影響，至今仍可在美國某些地區見到。加拉海岸從南卡羅萊納州的桑迪島（Sandy Island）延伸到佛羅里達州的艾梅里亞島（Amelia Island）。這裡的人擁有獨特的方言、菜餚與音樂風格[96]。有些人類學家相信，「加拉」是「安哥拉」（Ndongo Kingdom）的訛音，而安哥拉也許就是此地居民祖先的故鄉。這是可能的。從十七世紀中葉開始，被運往美洲的奴隸有相當高的比例（或許高達四四％）來自非洲當時的安哥拉地區（大約等同今日的安哥拉，以及喀麥隆與剛果河北岸之間的地區）[97]。途經查爾斯頓的奴隸有三分之一來自安哥拉[98]。這些奴隸絕大多數來自恩當戈王國的姆班杜人（Mbundu people），而恩當戈王國的統治者恩哥拉（ngola）則是現在國名安哥拉的由來。這些人最後散布於整個美洲，從巴西到巴哈馬群島，再到卡羅萊納。

南卡羅萊納州還有其他與安哥拉相關的遺跡，包括殘存的金邦杜語，這點相當值得重視。住在此地的人是安哥拉奴隸的直系子孫，他們的基因池並沒有遭到稀釋。加拉文化的復興證明這些有色人種一直在南卡羅萊納州努力存續。相反的，被運往南美的安哥拉人則有更多的機會可以逃離奴役的監牢——有時的確是逃亡，例如從佩爾南布可逃亡的奴隸在帕爾馬雷斯的奇隆布建立獨立的殖民地，又稱小安哥拉，這個地方位於巴西東北部阿拉戈斯州的密林裡。在極盛時期，這個小王國擁有一萬以上的人口，首領由推選產生，叫Ganga Zumba。這個國家建立於十七世紀初，直到一六九四年才被葡萄牙人征服。「加拉人」普里查德的命運則大不相同。他是一名安哥拉奴隸，於一八二二年計畫對查爾斯頓的「巴克拉」（buckra，指白人）發動叛亂。他最後被處以絞刑。諷刺的是，對於居住於北美殖民地的五分之一人口來說，所謂的自由人之地倒像是永遠不自由之地。在格蘭德河以北的地區，奴隸成了世襲。

自由社會裡存在著奴隸制度，這種詭異的現象最終只能以戰爭解決，由支持奴隸制度的南方各州對上反對奴隸制度的北方各州。唯有英國海軍的介入，南方邦聯才有打敗北方聯邦的機會，然而這樣的契機並未發生。雖然南北戰爭終結了奴隸制度，往後一個世紀許多美國人仍然相信美國的繁榮仰賴白人與黑人間的涇渭分明。早在一八二〇年代，埃弗里特（Edward Everett）曾在《北美評論》（*North American Review*）中寫道：

> 我們不關心南美洲；我們沒有同情心，我們對他們大可不必有政治同情心。「我們是不同的族裔」……我們不能什麼條約都簽，我們不會派出任何使節，我們更不會借錢出去，我們怎麼做都不會讓他們的……波利瓦變成華盛頓[99]。

對於後世的白人至上主義者來說，種族隔離是美國得以繁榮的關鍵，相反的，拉丁美洲的「雜種」民族則深陷於貧困之中（更別說共產主義）。

他聲嘶力竭地高喊：「現在要種族隔離！明天要種族隔離！永遠都要種族隔離！」一九六三年，阿拉巴馬州州長華勒斯（George Wallace）把種族隔離置於美國成功故事的核心，他在州長就職演說中表示：

> 這個國家從來就不是一個單元……而是許多單元合成……這是為什麼我們熱愛自由的祖先們建立了各州，為的就是區分各州的權利與權力，以確保沒有任何中央集權的力量可掌控政府……我們的種族生活也是如此……每個種族都有各自的框架，擁有教導的自由……指示的自由……發展的自由……要求與接受來自其他不同種族應有的協助的自由。這是我們的建國之父賦予我們的偉大自由……然而，如果我們不分青紅皂白強行將所有種族結合為一，如共產主義哲學家主張的那樣……那麼我們生活的豐富性……我們發展的自由……都將就此消失。我們將因此淪為單一強大政府下的單一雜種……屆時我們什麼都是……也什麼都不是。

這種論點在當時並非沒有市場：當華勒斯於一九六八年出馬競選總統時，有一千萬名選舉人（占全部選舉人的一三．五％）投票給他以及他所屬的美國獨立黨。

有人認為美國的成功仰賴種族隔離，這種論點簡直荒謬無稽。我們不能像華勒斯那樣錯誤的以為美國之所以比委內瑞拉或巴西來得繁榮穩定，原因在於反混種法與針對有色人種頒行的全面禁令：讓白種與黑種美國人完全隔離，無論他們身處於社區鄰里、醫院、學校、大學、工作場所、公園、游泳池、餐廳，乃至於墓園。相反的，**北美的發展之所以優於南美，純粹只因為英國模式廣泛分配了私有財產權與推行民主制度，這種做法勝過西班牙模式將財富集中在少數人手裡與推行專制制度**。奴隸制度與種族隔離政策非但與美國的成功無關，反而構成美國發展的障礙，它們的影響至今仍痛苦地顯現在一些社會問題上（例如青少年懷孕、學業表現不佳、藥物濫用與不成比例的犯罪監禁），而且為許多非裔美國人社區帶來傷痛。

現今，一名父親是非洲人而母親是白人的政治人物（這樣的人在波利瓦時代被稱為卡斯塔人）居然當上了美國總統，即使在維吉尼亞州，他也擊敗了祖先是典型的蘇格蘭愛爾蘭人，而本人曾獲頒勳章的戰爭英雄。這種結果不僅現在令人吃驚，更別說在三十年前，當時的我第一次造訪美國南方。大家或許都忘了，直到一九六七年，美國仍有十六個州立法禁止異族通婚。直到最高法院在洛文訴維吉尼亞州一案判決異族通婚的禁令違憲，這才使全美各州撤廢了相關法令。即使如此，田納西州直到一九七八年三月才將州憲的相關法條廢止，而密西西比州則直到一九八七年十月才廢除法律。從那時起，美國的種族態度才有了劇烈變化。許多長久以來習慣使用的字詞與想法，已不能公開吐露與發表。

在此同時，許多北美城市街頭的人群也越來越像南美民眾。拉丁美洲民眾持續移入美國，特別是墨西哥，意味著往後四十年，非西裔白人或許將成為美國的少數族群[100]。屆時，美國也許實際上（或許法律上還不是如此）將成為雙語國家。美國社會也將遠較以往更趨向種族融合。美國的人口普查將「種族」區分成四種：「黑人」、「白人」、「美洲原住民」與「亞太裔」。根據這項分類，美國每二十名兒童就有一名是混血兒，因為他們的父母不屬於相同的種族類別。從一九九〇到二〇〇〇年，這種混血夫妻的數量增加到原來的四倍，達到一百五十萬對左右。從這個角度來看，歐巴馬在二〇〇八年勝選也就不那麼令人意外了。

目前，在世界經濟成長最暢旺的國家裡面，擁有各色人種的巴西也躋身其中。巴西成功的關鍵（雖然它仍是世上社會最不平等的國家之一）在於它終於啟動延宕許久的改革，讓越來越多比例的人口能擁有自己的財產與賺錢的機會。在歷經一個多世紀過度仰賴保護主義、進口替代與其他形式的政府干預之後，**大部分拉丁美洲國家**（很遺憾，委內瑞拉除外）**從一九八〇年代開始結合私有化、外國投資與出口導向而獲得高度的經濟成長**[101]。拉丁美洲經濟在高度通膨與債務不履行間擺盪的時代似乎已成過去。一九五〇年，南美洲的國內生產毛額不到美國的五分之一，現今已接近三分之一。

征服與殖民的時代開始至今已五百年，現在，盎格魯美洲與拉丁美洲的區隔終於逐漸拉近。縱觀西半球，單一的美洲文明終於浮現——波利瓦的泛美洲之夢，雖然遲來，但已有實現的可能。

然而，這會是個遠大的期望。種族區別理論的高潮其實不是在十九世紀，而是二十世紀上半葉。想了解西方在與其他文明互動時，為什麼種族會成為西方最關注的主題，我們必須將注意力轉向非洲，它在這個時期成為歐洲帝國主義擴張的焦點。本章開頭曾引用邱吉爾演說的一段話，邱吉爾的帝國事業開始於蘇丹與南非，他提出的問題完整展現出整個世代的帝國建築者的生命核心：「曾為不列顛群島與大英帝國形塑自由、秩序、寬容文明的這些原則，何以無法用來組織這個令人焦慮的世界？」邱吉爾了解的文明已經成功在北美生根，其他仍在英國統治下的地區也是如此。它能在蠻荒不毛的澳洲茁壯，為何非洲不能？

在美洲，有四個歐洲強權親手將它們的文明栽種在這片異國的土地上——如果我們把圭亞那與新阿姆斯特丹的荷蘭人算進去是五個；把聖巴特勒米島的瑞典人算進去是六個；把維京群島的丹麥人算進去是七個；加上阿拉斯加與加州的俄羅斯人是八個——而且獲得程度不一的成功。在非洲的比賽，甚至出現更多的競爭者。而英國在這場比賽裡最大的對手，竟是英國成功從美洲排除的國家：法國。

| 第四章 |

醫學

首先讓我們思考，「文明」這個詞描述的是何種事物狀態。文明的真正考驗，在於生活在文明中的人類，是以身體的舒適做為生活的目標……今日歐洲人居住的房舍，要比他們一百年前住的房舍好得多……過去，歐洲人身披獸皮，手執長矛做為他們的武器。現在，歐洲人穿著長褲……手中拿的不是長矛，而是左輪手槍……過去，在歐洲，人類種地靠的是自己的勞力。現在，光靠一個人就能利用蒸汽引擎耕種大片土地，並因此獲得大量財富……過去，歐洲人搭乘馬車旅行。現在，他們搭乘火車，風馳電掣，一天可以移動四百英里以上……過去，歐洲人打仗，吁衡的是彼此的體力；現在，只要一個人站在山丘上發射大砲，就能奪走數千人的性命……現在，有許多過去人們從未想過的疾病，大批醫師正努力找出醫治的辦法，醫院的數量也因此不斷增加。這是文明的考驗……我還需要多說嗎？……
歐洲文明是這種樣貌，我們只要稍具耐性，就能看到它自取滅亡。根據穆罕默德的教誨，這種文明是撒旦的文明。印度教稱它為黑暗時代……我們必須對它敬而遠之。

——聖雄甘地（Mahatma Gandhi，1869-1948，印度民族主義運動領袖）

這個民族，它的後代子孫（羅伯斯比爾、笛卡兒等人）為人類貢獻良多。我無權認為這個民族是邪惡的。

——塞內加爾大學生

伯克的預言

從十九世紀中葉到二十世紀中葉，西方統治了世界其他地區。這不只是帝國的時代，也是帝國主義的時代。帝國主義是一種海外擴張的理論，它為正式與非正式支配非西方民族提供正當化的藉口，無論是基於利己還是利他的理由。對剩餘人口來說，帝國意味著「生存空間」。帝國代表有能力掌握出口市場，不讓競爭對手透過關稅來建立壁壘。帝國也創造出遠高於投資國內的高報酬率[1]。帝國也具有政治功能，它能將工業時代的社會衝突昇華成一致對外的愛國情操，以及對強大的利益團體產生安撫作用。此外，帝國也意味著文明擴張，它越來越常用來描述各種西方制度結合起來的總稱，例如我們在前面幾章討論的：市場經濟、科學革命、私有財產權與代議政府的關係。帝國也代表基督教的傳布，在建立帝國的過程中，傳教士扮演的功能幾乎與商人及軍人一樣重要（見第六章）。

在西方所有的帝國當中，到目前為止領土最為廣大的首推英國。從加拿大極北端的格蘭特地，到喬治城與蓋亞那悶熱濱海地區，再到南極洲的格雷厄姆地；沿著尼羅河往南到尼揚札，渡過三比西河到達好望角；從波斯灣穿過整個印度到達孟加拉灣，然後再到緬甸與婆羅洲；從新加坡到雪梨——在大英帝國的統治下，世界地圖上的一大片區域，包括無數小島，全都塗成明亮的粉紅色，那顏色就像蘇格蘭人被熱帶陽光曝晒後的肌膚一樣。到了第一次世界大戰前夕，英國的領土約占全球陸地面積的四分之一，擁有的人口比例也約同此數。大英帝國掌控的航路與國際電報網沒有任何國家可以匹敵。儘管如此，英國並非唯一的帝國霸權。儘管大革命與拿破崙戰爭造成大量人命傷亡，法國卻在滑鐵盧戰後的十五年內，重新恢復帝國的擴張事業。法國結合過去的產蔗糖島嶼，如留尼旺島（Réunion）、瓜德羅普島（Guadeloupe）與馬提尼克島（Martinique），以及貿易站，如聖路易與格雷島，連同在北非、西非、中非、印度洋、中南半島與玻里尼西亞拓展的新屬地，到了一九一三年，法蘭西帝國已占有全球近九%的土地。比利時人，德國人與義大利人也取得海外殖民地，另一方面，葡萄牙人與西班牙人仍保有過去帝國時期留下的大部分成果。俄羅斯人未透過海路，而是經由陸路將帝國拓展到高加索、西伯利亞與中亞。奧地利也獲得新的領土；一八六六年，奧地利被普魯士逐出日耳曼，哈布斯堡轉而往南朝巴爾幹半島發展。就連被殖民者也搖身一變成為殖民者，如美國攫取了波多黎各、菲律賓、夏威夷與一些太平洋小島。

到了一九一三年，西方帝國支配了全世界。十一個殖民母國的本土面積只占全球陸地的一〇%，卻統治全球超過一半的土地。估計全世界有五七%的人口生活在這些帝國的統治之下，而其整體經濟產出接近全球的五分之四。不過，即便在當時，帝國的行徑已招來嚴厲的批評。事實上，帝國主義這個詞就像民族主義、自由主義與社會主義一樣，受到人們的濫用。批評者不遺餘力地奚落帝國傳布文明的主張。當被問到對西方文明有何看法時，印度民族主義領袖甘地據說曾巧妙地回答，他認為那是個好想法。但在一九〇八年出版的《印度自治》（*Hind Swaraj*）中，甘地卻直言不諱地表示，西方文明是「疾病」與「禍害」[2]。美國反帝國主義領導者馬克吐溫喜歡用嘲諷的方式表達。他在一八九七年寫道：「如果有人相信法國文明這種古怪的東西能為新幾內亞文明帶來好處，那麼他們當然也會相信奪取馬達加斯加並且在島上傳布法

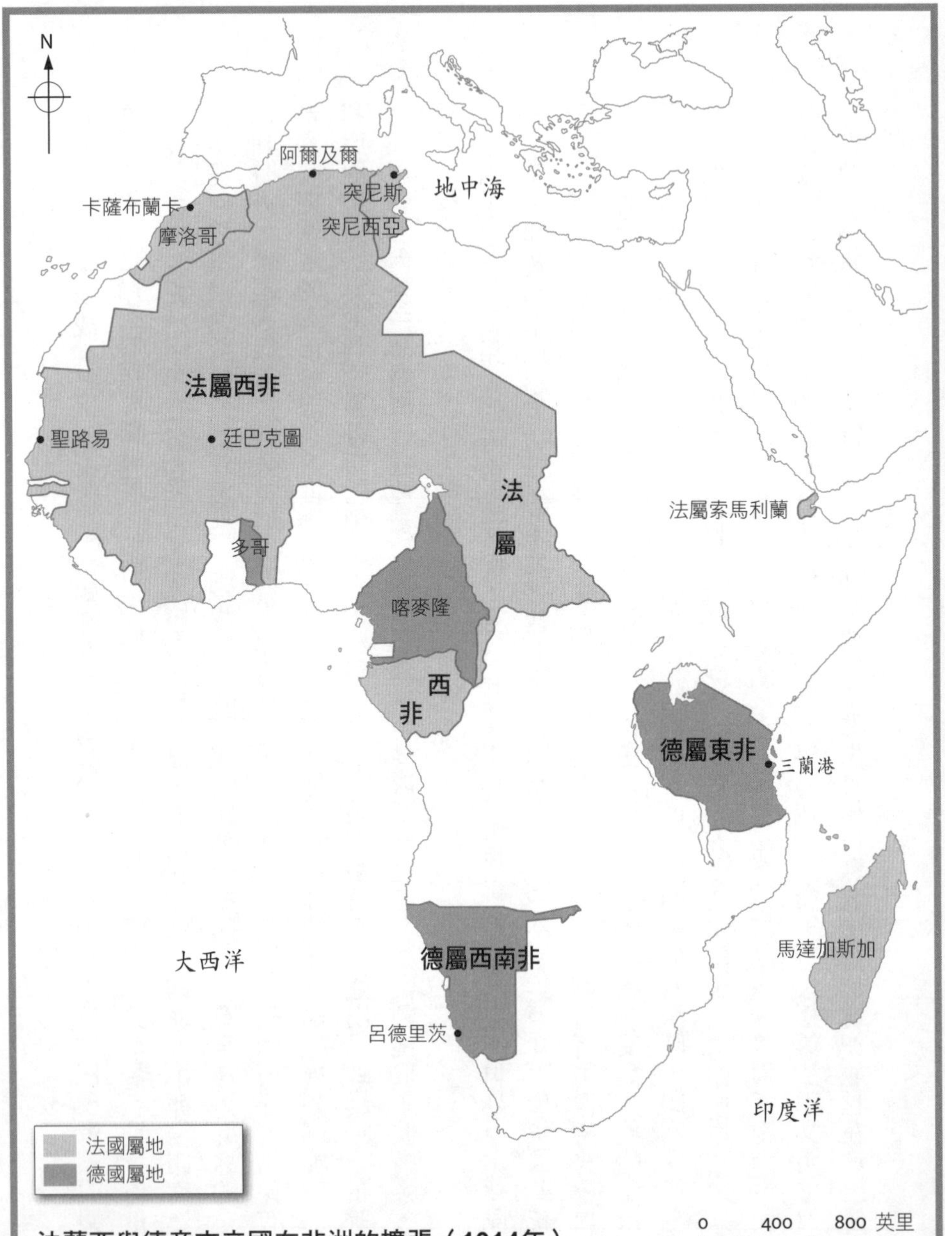

法蘭西與德意志帝國在非洲的擴張（1914年）

國文明是天經地義的事。」[3]布爾什維克領袖列寧也曾諷刺地說，帝國主義是「資本主義的最高階段」，是獨占的銀行競相爭奪「原料來源、資本出口與影響範圍，也就是，競相擴充可獲利的交易、特許權、壟斷利益等範圍」的結果。事實上，列寧認為帝國主義是「寄生的」、「衰敗的」與「即將滅亡的資本主義」[4]。這些帝國時代的觀點，至今仍得到許多人的認同。此外，西方的學校與大學幾乎都已認同這樣的事實，帝國主義是現代世界所有問題的禍首，例如，從中東的衝突到撒哈拉以南非洲的貧困——而這也成為一些獨裁者橫征暴斂的藉口，如辛巴威的穆加比（Robert Mugabe）。

然而，把「底層十億人」——生活在世界最貧窮國家的民眾——的困境歸罪於過去的殖民主義，這種做法已經越來越行不通[5]。非洲的經濟發展仍面臨著嚴峻的環境考驗與地理障礙。獨立後的政治領袖，他們的表現不一定比殖民時代的統治者好，顯見國家的獨立與否並非影響發展的主要因素；事實上，殖民地獨立之後，情況甚至比先前更加惡化。今日，西方推動的各種文明教化使命，例如政府與非政府的援助機構，它們雖然以援助為名移轉了大量資源給這些已經獨立的前殖民地，但顯然未能達到先前預期的目標[6]。儘管常春藤聯盟各學院的經濟學家與愛爾蘭的搖滾巨星盡了最大的努力，非洲仍然是世界最貧窮的大陸，它要不是仰賴西方的施捨，就是靠榨取自身的資源維生。事實上，非洲的確稍有改善，不僅能享有廉價的手機服務，也出現有效率與低成本的銀行服務。此外，乾淨飲用水的提供也可能一年比一年普及❶。儘管如此，成長的障礙仍令人望之卻步，政府高層的敗壞是許多非洲國家難以發展的原因之一，最近達卡（Dakar）建造的一座詭異銅像就是明證，塞內加爾當局以最糟糕的社會主義寫實風格雕塑了一座巨大的夫妻銅像（這座銅像是北韓國營企業負責建造的）。此外，中國興起成為非洲主要的投資者，也對非洲的發展少有助益。相反的，中國人樂意以投資基礎建設來換取非洲的礦藏，他們不在乎自己交易的對象是軍事獨裁者、腐敗的竊盜政客或老邁的專制者（或者三者合一）。正當西方政府與非政府機構開始要求非洲必須以改善政治做為獲得援助的條件時，新興的中華帝國卻開始扯他們的後腿。

這種外國利他主義與外國剝削同時存在的現象，在非洲史上已非第一次。我們曾經提過，十九世紀歐洲人抱著各種不同的動機來到非洲。有些人為了錢，有些人為了追求榮耀。有些人為了投資，有些人為了搶奪。有些人想提升靈魂，有些人想在此生根。儘管各異其志，但幾乎每個人都同意（今日的許多援助機構也這麼想）西方文明的好處可以而且應該傳布到「黑暗大陸」❷。在急於譴責西方文明是邪惡的與剝削的（也就是，西方從事的行為完全不文明）之前，我們必須了解，西方宣稱自己從事文明教化的使命，這種主張並非一句空話。

以西方最值得稱述的殺手級應用來說，它非但不能說是殺手，反而能讓人類的預期壽命延長一倍，這項應用就是現代醫學。禁欲的印度聖人甘地對西方文明訓練出來的「醫師大軍」嗤之以鼻。一九三一年，在倫敦進行的訪談中，甘地認為「疾病的征服」是一種單純就「物質」衡量的標準，西方文明總是以這種標準來衡量進步[7]。然而，對於數百萬人因西方醫學而壽命得以延長的人來說，在精神純淨與活下去之間做出選擇並不是那麼困難。一八〇〇年，全球人口出生時的平均預期壽命只有二十八．五歲。兩個世紀以後，到了二〇〇一年，已經增加到原來的兩倍以上，達到六十六．六歲。這種改善並不只局限於帝國都市。習慣將饑荒或內戰與種族滅絕或古拉格混為一談的歷史學家，總是故意將殖民官員醜化成像納粹或史達林黨徒一類道德卑下的人物，然而這些史家不得不承認，西方醫學對於殖民與後殖民世界的預期壽命產生極大的影響。

「疾病轉型」（health transition）的時點——預期壽命持續增長的起點——相當明顯。在西歐，時間大約介於一七七〇到一八九〇年代之間，從丹麥開始，最後是西班牙。到了第一次世界大戰前夕，傷寒與霍亂因為公共衛生與下水道日趨完善的關係，在歐洲已大體絕跡，至於白喉與破傷風則仰賴接種疫苗來加以控制。在二十三個可以找到相關資料的亞洲現代國家中，除了一個例外，其他國家的疾病轉型時間介於一八九〇到一九五〇年代之間。在四十三個非洲國家中，除了兩個例外，其他國家的轉型時間在一九二〇到一九五〇年代之間。因此，幾乎所有亞洲與非洲國家預期壽命的提高，都始於歐洲殖民統治結束「之前」。事實上，非洲預期壽命的成長率從非洲國家獨立之後就開始下降，之所以如此主要是（但非唯一原因）受到愛滋病的影響。值得一提的是，拉丁美洲國家的情況也很類似，儘管它們從十九世紀初就獲得政治獨立，但獨立並未使這些國家的人民更長壽[8]。預期壽命大幅改善的時點之所以引人注目，主要

❶ 卡門（Dean Kamen）簡單而有效的濾水器，可以透過可口可樂無可匹敵的生產設施與銷售網絡輕易經銷到開發中世界。有鑑於每年因為喝下汙染飲水而死亡的人數極其驚人，若能透過可口可樂的網絡將濾水器推廣出去，除了可以挽救人命，應該也可以讓人減少使用那句貶詞：「可口可樂殖民化」。

❷ 黑暗大陸除了指非洲居民膚色黝黑外，也暗示非洲經濟的落後（這種用法類似於「黑暗時代」）。今日的非洲仍是黑暗大陸，如果你在夜晚從太空看非洲，除了最北端與最南端外，幾乎看不見任何人造的光源。

因為它是在抗生素（不僅限於治療結核病的鏈黴素）、殺蟲劑ＤＤＴ與其他更難製作的疫苗（比較簡單的疫苗，例如用來預防天花與黃熱病的疫苗都是在帝國時代發明的）產生之前出現。證據顯示，公共衛生的持續改善是沿著一道寬廣的正面進行的，主要是降低以排泄物為傳染源的疾病的死亡率，此外還包括瘧疾與結核病。這種做法顯然得益於英國在牙買加殖民地的經驗，而類似情況也發生在其他殖民地，如錫蘭、埃及、肯亞、羅德西亞、千里達與烏干達，這些地區也同時出現預期壽命延長的現象[8]。我們將會看到，法國殖民地也是如此。非洲特有的一些威脅生命的熱帶疾病，引起西方科學家與衛生官員的

出生時的預期壽命：英格蘭、美國、印度與中國（1725-1990年）

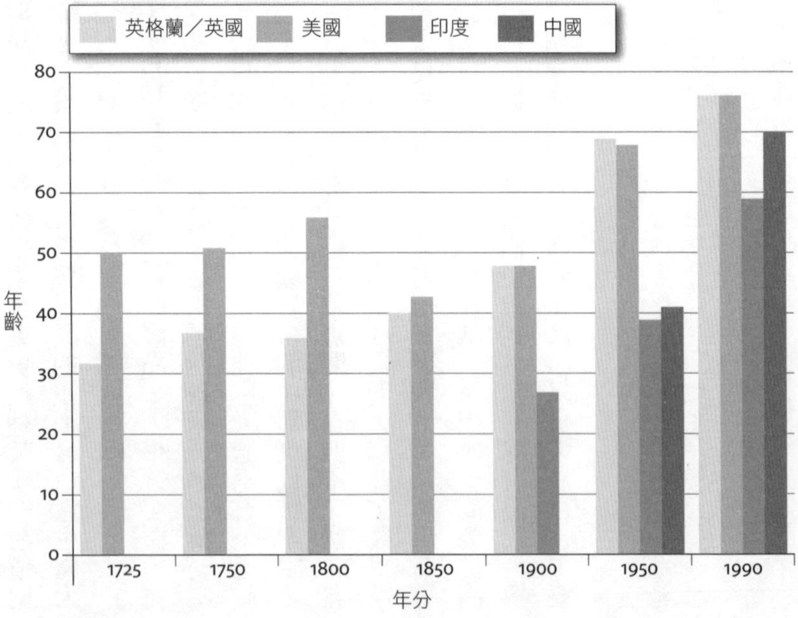

持續關注，如果沒有帝國主義，西方人也不會費神處理這些熱帶疾病。因此，機智的愛爾蘭劇作家蕭伯納（George Bernard Shaw）為甘地指出了完美的解答：

> 一個世紀過去了，文明已經將有利於細菌熱病滋長的條件完全清除。曾經肆虐一時的斑疹傷寒已經消失；鼠疫與霍亂在下水道興建之後，就被隔絕在我們的國境之外……傳染病的危險及其防治之道，今日的我們已比過去更為了解……現在，肺病患者造成的麻煩不斷增加，因為人們把他們當成痲瘋病人一樣敬而遠之……但這種對傳染病的恐懼（有些醫師談起傳染病，彷彿處理發燒病人的科學方式就是將他扔到最近的水溝裡，隔著一段安全距離將石炭酸打進他的體內，然後就地火化）卻帶來更多的醫療照顧與對整潔衛生的重視。最終的結果則是一連串對疾病的勝利。[10]

這些勝利帶來的成果並非只有帝國主義者才能享有，連他們的殖民地臣民也能雨露均霑。

這則故事的扭曲之處，在於即使到了十九世紀末二十世紀初，醫學仍存在著黑暗面。對抗病原體的行動，剛好與對抗種族衰微這種由偽科學想像出來的威脅同時發生。最後，在一九一四年，彼此敵對的西方帝國終於開戰，雙方都宣稱這是「為了文明存續而進行的大戰」，充分顯示非洲絕非世界最黑暗的大陸。

大多數帝國宣稱，它們是基於和平的意圖而將文明引進到落後國家。而在歷史上，大概沒有任何國家比法國更喜愛「文明教化的使命」（civilizing mission）這個詞彙。為了理解箇中原因，我們首先要釐清法國大革命與美國獨立革命之間的重大差異。最早看出這層差異的是輝格黨國會議員伯克（Edmund Burke），他是出身愛爾蘭南部新教徒聚居地的偉大政治思想家。伯克支持美國獨立革命，而且強烈認同殖民地居民的訴求——沒有代表權就拒絕納稅——他也清楚看出諾斯勳爵（Lord North）的政府沒有能力處理麻薩諸塞殖民地原本只是因為稅捐而引發的危機。然而，伯克對法國大革命的反應卻完全相反。伯克在《對法國大革命的反思》中寫道：「我真要向一名瘋子道賀嗎？他為了重溫光明與自由的喜悅，而逃離能給予他保護管束與有益健康的陰暗小房間；我是否該向一名攔路強劫的盜匪與殺人犯致上恭喜？他為了恢復自己的自然權利而潛逃出獄。」[11] 伯克很早就預言法國大革命的暴力性格，這點相當令人吃驚。他的這段文字出版於一七九〇年十一月一日。

一七八九年開始的政治連鎖反應，是長期財政危機的結果，而這場危機因為法國介入美國獨立革命而急遽惡化。自從一七一九年到二〇年財政危機——密西西比泡沫——的重創之後，法國財政體系就遠遠落後於英國。法國沒有中央發鈔銀行。沒有可買賣政府公債的流動債券市場。稅捐體系絕大部分私營化。法國王室不販賣公債，而是以賣官鬻爵的方式籌措經費，因而造成龐大的冗官集團。曾經連續有幾位能幹的大臣——卡隆（Charles de Calonne）、布里安（Loménie de Brienne）與內克爾（Jacques Necker）——嘗試進行改革，但終歸失敗。法王路易十六的債務名目複雜得難以釐清，而其數額幾乎是英國政府支付標準國債的兩倍，在這種情況下，賴帳反而成為簡單解決債務的辦法[12]。然而國王並沒有這麼做，他努力尋求共識。顯貴會議毫無建樹。高等法院的律師反倒惹出麻煩。最後，在一七八八年八月，路易被說服召開從一六一四年以後就從未召集的三級會議。他應該預見得到，十七世紀的制度會為他帶來十七世紀的危機。

起初，法國大革命等於是英國內戰的法文翻譯，差別只在於翻譯過程中漏譯了新教。三級會議的召開使貴族內部的不滿有了宣洩的出口，並且以米拉波伯爵（comte de Mirabeau）與拉法葉侯爵（marquis de Lafayette）為領導中心。與英格蘭一樣，下院發展出自己的意志。一七八九年六月十七日，第三等級（平民）自行組成「國民議會」。三天後，在著名的網球場宣言中，國民議會成員宣誓，除非法國擁有一部新憲法，否則國民議會絕不解散。事情發展至此，法國國民議會如同是英國長期國會的法文版。但是，當革命分子開始設計法國政治生活的新基本法時，看得出來他們採用了美式英語。美國費城的制憲者只要簡單瀏覽一七八九年八月二十七日的〈人權與公民權宣言〉，想必會對這份文件感到吃驚：

> 第二條：……人類自然而不可動搖的權利，就是自由、財產、安全與反抗壓迫的權利。
>
> 第十條：……任何人不得因自己的意見，包括宗教觀點，而受到干涉。
>
> 第十七條：財產是神聖不可侵犯的權利……任何人的財產不得受到剝奪[13]。

那麼，為什麼伯克要在一七九〇年二月一日發表一篇措辭強硬的演說，強烈反對法國大革命？以下是他的完整說法：

> 法國人反叛了他們溫和而合法的君主，而他們產生的狂暴、憤怒與侮辱，甚至超過我們所知的任何人民對於最不合法的篡奪者或最血腥的暴君所採取的反抗手段。他們以反抗來逼迫對方讓步……他們打擊是為了得到恩典、施惠與豁免……他們從自己的成功得到懲罰：法律遭到廢除；法院被推翻；產業失去活力；商業停擺；薪資停止發放，民眾變得窮困；教會遭到破壞，國家未能解脫；內政與軍事的無政府狀態成了這個王國的根本大法；國內所有世俗與神聖事物全要供奉於公共信貸這座偶像之前，結果造成國家破產；立足不穩、步履蹣跚的新政權發行新證券……做為通貨來支持帝國[14]。

如果伯克是在一七九三年寫下這些文字，那不過是後見之明。但他卻是在法國大革命爆發後不到一年就看穿這場革命的真實性格，不得不讓人佩服他的洞察力。他是從哪裡看出這一點？答案是盧梭。

盧梭的作品《社會契約論》（一七六二年）是西方文明產生的一部極其危險的書籍。盧梭認為，人類是「高貴的野蠻人」，不願屈服於任何權威。人類唯一願意服從的正當權威是「人民」與「一般意志」的無上權力。根據盧梭的說法，一般意志凌駕於一切之上。法官與立法者都必須匍匐其下。在一般意志之下，不能有「地區性的協會與組合」。也不能有基督教，因為這意味著權力區分（將精神生活從世俗生活分離出來）。自由無疑是好事。但對盧梭而言，美德更為重要。一般意志應該是一種不斷實踐的美德[15]。此時讓我們回到〈人權與公民權宣言〉，現代讀者應可看出是什麼讓伯克感到震驚：

第六條：法律是一般意志的展現……

第十條：「意見的發表只要不擾亂法律規定的公共秩序」，任何人不得因自己的意見，包括宗教觀點，而受到干涉。

第十七條：財產是神聖不可侵犯的權利，「除非根據法律明示乃公共必要之所需」……任何人的財產不得受到剝奪。（引號是作者所加，表示強調）

這些但書讓伯克深感疑慮。盧梭把「公共秩序」與「公共必要」放在最高的位置，使人產生不祥的預感。對伯克來說，以一般意志來選擇統治者，比世襲原則更不可靠。世襲的統治者更有可能尊重「世代相襲的各種自由權利」，反觀嶄新的單一抽象「自由」則可能淪為空談。伯克認為，第三等級不可避免因權力（與「金錢利益」）而腐化；貴族則不同，他們因為擁有私人財產而享有獨立地位。伯克也充分掌握一七八九年十一月教會土地遭到沒收的意義——這是法國大革命最早出現的具革命性的行動——與以這些土地為擔保而發行紙幣的危險。伯克認為，真正的社會契約不是盧梭所說的高貴野蠻人與一般意志所訂的契約，而是這個世代與下個世代的「合夥關係」。伯克提出驚人的預測，並且警告那些「教授們」的烏托邦主義：「在每個遠景的最後」，他寫下了當時最偉大的預言：「你看到的只是絞刑臺。❸」伯克提出警告，攻擊傳統制度只會產生「有害而卑鄙的寡頭政權」，最後將導致軍事獨裁[16]。伯克的預言後來都應驗了。

一七九一年九月的憲法規定財產權、「法國人的國王」、結社權利與信仰自由的權利不可侵犯。然而不到兩年，這四種權利都遭到侵犯，最早受害的是教會的財產權。接著是自由結社的權利，修院的教團、同業公會與工會都被廢除，但政治黨派依然存在，而且還欣欣向榮。一七九二年八月，國王的特權受到侵犯，在暴民衝進杜樂麗宮之後，國王也遭到逮捕。當然，路易十六會有此下場也有自作自受的成分在內，他笨拙地帶著王室逃往瓦倫尼，想從巴黎（他喬裝成俄國男爵夫人的侍從）前往東北邊境的皇家城堡蒙特梅迪，但未能成功。一七九二年九月選舉出全新而民主的國民公會，弒君的可能性大為提升。但同樣是弒君，一七九三年一月二十一日法王路易十六遭到處死，與英王查理一世遭到處死，產生的結果卻完全不同。英國革命的弒君終結了內戰。但法國革命的弒君卻開啟了內戰，權力在這段時間先是掌握在憲法之友雅各賓俱樂部手裡，而後移轉給暴動的巴黎公社，最後則是受到國民公會公安委員會的操控。這不會是西方歷史的最後一次，革命分子在新宗教驅使下犯下一連串令人髮指的惡行。一七九三年十一月十日，禁止敬拜上帝，設立崇拜理性的儀式，這是現代第一個政治宗教，除了擁有圖像、儀式外，也有了殉教者。

法國大革命其實從一開始就具有暴力傾向[17]。一七八九年七月十四日，民眾衝進廣受敵視的巴士底監獄，然後砍下洛奈侯爵（marquis de Launay，巴士底監獄的典獄長）與弗雷塞勒（Jacques de Flesselles，巴黎商會管理者）的頭，歡呼慶祝。之後才過了一個星期，國王的大臣杜埃與他的女婿索維尼也遭到謀殺。隔年十月，革命暴民攻擊位於凡爾賽宮的王室，大約有一百人被殺。一七九一年目擊了匕首之日（Day fo the Daggers）與戰神廣場（Champs de Mars）上的屠殺。一七九二年九月，在布列塔尼、旺代（Vendée）與多菲內（Dauphiné）發生遊行示威之後，大約有一千四百名保皇派囚犯遭到處決。恐怖統治的大屠殺就是這樣一點一滴地加添而成，現代世界首次出現示威遊行，其背後殘酷的現實就是革命最終將毀滅自己的後代子孫。

歷史學界長達一個世代的時間一直受限於馬克思的觀念（見第五章），他們從階級衝突尋找答案，將革命歸因於農產歉收、糧食價格高漲與無套褲漢（san-culottes，舊體制時期最近似無產階級的人）生活的困苦。但馬克思主義的詮釋在豐富的證據面前完全站不住腳，事實上，資產階級並未向貴族發動階級戰爭。相反的，是「顯貴」菁英（其中部分是資產階級，部分是貴族）發起了這場革命。貴族知識分子托克維爾（Alexis de Tocqueville）提出更精微的解釋，他的兩部重要著作，《民主在美國》（一八三五年）與《舊體制與法國大革命》（一八五六年），為這個問題提供了無人可及的解答：為什麼是法國而不是美國？托克維爾認為，法國與美國社會存在著五項基本的差異，因此產生兩種不同的革命。首先，法國越來越中央集權，相反的，美國從一開始就是聯邦制，擁有充滿活力的地方結社與市民社會。其次，法國傾向將一般意志提升到法律條文之上，這種傾向在美國受到強大法律專業人士的阻撓。第三，法國革命分子攻擊宗教與教會，相反的，美國宗教的宗派主義提供了反對世俗權威干涉的堡壘。（托克維爾是宗教懷疑論者，但他比大多數人更能掌握到宗教的社會價值。）第四，法國人讓渡太多權力給

❸ 伯克唯一未能預見的是，法國大革命採用了斷頭臺這項理性主義的產物，它顯示可以多有效率地終結人類的生命。

不負責任的知識分子，相反的，美國是由有實務經驗的人掌握最高權力。最後，托克維爾認為最重要的是，法國人把平等看得比自由還重要。總之，法國人選擇了盧梭而非洛克。

在《民主在美國》的第十三章，托克維爾不偏不倚地擊中要害：

> 美國公民從孩提時期就被教導要靠自己的力量來抵抗邪惡與生活的困難；他對社會權威充滿不信任與焦慮，他唯有在無力擺脫時才會高聲呼救……在美國，政治結社的自由毫無限制……沒有任何國家比民主構成的國家更需要各種結社，如此可以避免派系專制或國王的獨斷[18]。

法國市民社會的相對孱弱使法國共和派人士肆無忌憚地侵害個人自由，最終使法國淪為專制政體。但托克維爾又加了第六點，這點幾乎只能說是後見之明：

> 在法國，戰爭的熱情是如此熾烈，凡是對國家福祉有害之物，全都必須予以去除，而民眾莫不以保家衛國為己任，即便因此喪失性命也在所不惜[19]。

顯然，這是兩場革命最不同的地方。兩場革命發動戰爭都是為了生存。但法國革命分子的戰爭規模更大、費時更長。光是這點就決定了兩場革命的差異。

一七九一年七月，神聖羅馬帝國皇帝利奧波德二世號召其他國王一起援助路易十六——首先響應的是腓特烈大帝的後繼者腓特烈．威廉二世——事情發展至此，法國大革命必須努力奮戰才能繼續存活。對奧地利（一七九二年四月）、英國、荷蘭與西班牙（一七九三年二月）宣戰所引燃的戰火，遠比美國獨立戰爭來得慘烈而長久。根據美國國防部的紀錄，直到（包括）約克鎮戰役（Battle of Yorktown）為止，美國獨立革命共有四千四百三十五名愛國者死亡，傷者六千一百八十八名。一八一二年戰爭的死傷人數分別是二千二百六十人與四千五百零五人。[20]英軍的傷亡相對較少。即使有很大比例的傷者未獲得適當醫治而死，而且有許多士兵與平民因疾病與戰爭造成的艱苦環境而死亡，但從整體數字看來，英美之間的戰爭仍屬小型的衝突。一些著名戰役——如布蘭迪萬（Brandywine）或約克鎮——就歐洲的標準來說只是零星的戰鬥；美軍在約克鎮只陣亡了八十八人。法國大革命與拿破崙戰爭的死亡人數遠遠超過此數——根據估計，從一七九二到一八一五年，交戰雙方在戰場上的死亡總數達到三百五十萬人。保守估計，法國人為了保衛革命成果而犧牲的人數是美國人的二十倍。這還不包括內部鎮壓的受害者。估計有一萬七千名法國男女經過正當法律程序而被處決，未經審判而送上斷頭臺或絞刑臺則在一萬兩千到四萬人之間，至於針對旺代省保王派叛亂進行的鎮壓，大約造成八萬到三十萬人死亡。[21]法國大革命造成的經濟損失也遠超過美國獨立革命。美國人在經歷一段時期的通貨膨脹之後，隨即穩定下來，但法國人則是在通貨膨脹之後面臨更嚴重的通貨膨脹，最後造成紙幣完全崩潰。法國所有的男性都動員作戰。價格與薪資都被管制。市場經濟完全崩解。

在這種背景下，我們可以理解法國大革命為什麼日趨激進，最後完全實現伯克的預言。一七九三年四月，權力開始集中在公安委員會，巴黎幾乎成了瘋人院。首先，雅各賓底下一個名叫吉倫特派（他們的死敵是山嶽派）的派系，該派的成員被集體逮捕，而後於十月三十一日遭到處決。然後丹敦（Georges-Jacques Danton）的追隨者也跟著被送上斷頭臺（一七九四年四月六日）。最後，輪到公安委員會的首腦，盧梭共和美德信仰的大祭司，羅伯斯比爾，他最後也公允地面對落下的刀刃。在這場死亡之舞中，伴奏的曲子仍是極度嗜血的《馬賽曲》[4]。最致命的指控往往對準「人民的敵人」，也就是那些叛國者。軍事的挫敗加速這種偏執的對內清洗。正如伯克所預言的，因為他從古典政治理論得知，這樣的民主政體不可避免將被寡頭政體取代，而寡頭政體最後也將被某個將領成立的僭主政體所取代。十年的工夫，國民公會被督政府（一七九五年十月）取代，督政府被第一執政（一七九九年十一月）取代，而第一執政的頭銜換成了皇帝（一八〇四年十二月）。一開始引用了盧梭，最後卻重演羅馬共和國衰亡的過程。

在一八〇五年十二月二日的奧斯特里茲戰役（Battle of Austerlitz）中[5]，七萬三千兩百名法軍擊敗了八萬五千七百名俄奧聯軍。這些數字應該拿來與一七八一年約克鎮的軍力比較，當時華盛頓以一萬七千六百名士兵擊敗康華里（Cornwallis）的八千三百名英軍。奧斯特里茲戰役光是傷亡人數就已經比約克鎮戰役所有參戰人數多出了一萬兩千人。在奧斯特里茲，超過三分之一的俄軍戰死、受傷與被俘。但這場戰爭使用的武器與腓特烈大帝在半個世紀前於洛伊騰使用的武器並沒有太大差別。機動的火砲是造成重大傷亡的主因。拿破崙戰爭真正創新的地方是規模，而非科技。到了一八一二年，法軍人數已達七十萬之譜。總計，從一八〇〇年到爆發奧斯特里茲戰役的一八〇五年為止，法國總共徵集了一百三十萬名男性入伍。大約有兩百萬名男性在拿破崙發動的戰爭中喪生；其中將近一半是法國人——每五名就有一名生於一七九〇到一七九五年間。由此可見，革命不只用一種方式毀滅自己的後代。

美國市民社會具有什麼特徵，可以讓美國像托克維爾所說的，擁有比法國更多發展民主的機會？中央集權的法國是否比地方分權的美國更有可能產生拿破崙這樣的人物？對此，我們沒有明確的答案。但我們可以提出另一個並非不合理的問題，那就是如果美國遭遇相同的軍事與經濟壓力（這股壓力使一七九一年法國憲法無以為繼），美國的憲政體制能維持多久？

戰爭的毀滅性

革命不僅毀滅自己的後代子孫。許多對抗革命的人事實上也是個孩子。克勞塞維茨（Clausewitz）首次上陣對抗法軍時才十二歲，當時的他已經在普魯士陸軍擔任執長矛的下士。克勞塞維茨是真正曾經上過戰場廝殺的學者，一八〇六年，他在普魯士於耶拿（Jena）的慘敗中撿回一命，並且拒絕加入法軍遠征俄國，而他也於一八一五年親眼目睹里尼（Ligny）戰役。克勞塞維茨比任何人（包括拿破崙本人）都了解法國大革命如何轉變了戰爭這門黑暗的藝術。他死後出版的大作《戰爭論》（一八三二年）至今仍是西方世界在這方面最重要的作品。雖然從各方面來說，這本書具有永恆的價值，但它也是一本對拿破崙時代不可或缺的註解，因為它解

---

❹ 里爾（Claude-Joseph Rouget de Lisle）於一七九二年四月作的曲子：「與我們為敵的暴君／揭起血染的軍旗／……你是否聽見在戰場上／可怕的士兵怒吼著／他們要衝進我們當中／割斷我們妻兒子女的喉嚨／市民們，拿起武器，／把軍隊組織起來，／前進，前進！／用敵人髒汙的血／澆灌我們的田畦！……不要放過這些嗜血的專制者／……他們確是毫無慈悲心的猛虎／哪怕是自己母親的子宮也會撕裂！」

❺ 位於今捷克共和國的斯拉夫科夫（Slavkov），奧斯特里茲戰鬥之激烈使拿破崙日後興築了凱旋門。

釋了戰爭的規模「為什麼」轉變，以及這項轉變對戰爭行為的意義。

「戰爭，」克勞塞維茨表示：「是……迫使敵人屈從於我們的意志的暴力行為……它不只是一種政治行為，也是不折不扣的政治工具，是政治交往通過另一種手段的延續。」這段文字或許是他最有名的一段話，也是最常遭到錯誤解譯與誤解的一段話。此外，這也不是他最重要的一段話。克勞塞維茨的洞見在於，他發現法國大革命之後有一股新的熱情降臨到戰場上。「即使是最文明的民族（他這句話顯然指的是法國人）也會在熱情驅使下帶著仇恨彼此開槍殘殺……」一七九三年後，「戰爭再度成為平民的任務」，而非國王的消遣；戰爭成為「民族情感」驅策下的「毀滅之神」。克勞塞維茨承認拿破崙是駕馭這股軍事毀滅力的天才。他的「大膽與機運」使「古老的戰爭方式化為虀粉」。在拿破崙指揮下，戰爭「達到絕對完美的境界」。事實上，這名科西嘉島的暴發戶宛如「戰神下凡……他高明的戰術使敵人望風披靡」。然而，他傑出的統率方式仍不如新的人民精神更能驅策軍隊前進。

以下是克勞塞維茨真正值得稱述的名言：戰爭是「弔詭的三位一體——由原始的暴力、仇恨與敵意構成，這三者可視為一種盲目的自然力量；在偶然與機率的影響下……在附屬的元素作用下，戰爭是一種政策工具，它是需要理性研討的一項課題」。的確，「一心摧毀敵軍」是一股非常強大的驅力——它是國與國之間新戰爭形式的「初生子」。但是，克勞塞維茨警告，防衛一直是「比攻擊更強的戰鬥形式」，因為「攻擊的力量總是不斷在耗損……」然而，即使是防衛，本身也存在著難處：「戰爭中，所有事情都非常簡單，但最簡單的事情往往是困難的……爭執與不和……會降低將士的一般表現。」基於這些原因，一名優秀的指揮官必須牢記四件事。首先，「評估機率」❻。其次，「決斷專注」。第三，「行動迅速」：

> 因此，所有的軍事活動都必須直接或間接與作戰相關。我們招募士兵，給他們衣物、武器與訓練，目的……是為了讓他在正確的地方與時間作戰。

然而，最重要的是，戰爭這股毀滅性的力量必須受到控制。克勞塞維茨因此表示，「絕對的」戰爭「必須服從於政治」——換句話說，戰爭工具必須附屬於外交政策的目的之下。這才是《戰爭論》真正的訊息[22]。

那麼，拿破崙的政策目標是什麼呢？就幾個方面來說，這些政策目標全沾染上反動的綠鏽：對照大衛（Jacques-Louis David）前後兩幅畫作，在《拿破崙一世加冕儀式》（一八〇四年）中，聖母院裡的拿破崙披上了皇室貂皮；而《拿破崙越過阿爾卑斯山》（一八〇一年）的拿破崙則是一名浪漫主義英雄，每一寸看起來都像是騎在馬背上的革命「時代精神」（Zeitgeist，用哲學家黑格爾的話說）。這是令貝多芬（他代表了當時音樂的精神）為之厭惡的轉變，因此他憤怒地刪去第三號交響曲原先的標題「波拿巴」（即拿破崙），改成了「英雄交響曲」。一八〇四年十二月，拿破崙加冕稱帝之後，他要求奧國皇帝弗蘭西斯二世（Francis II）必須放棄神聖

---

❻在巴黎的軍事學院，拿破崙曾接受拉普拉斯（Pierre–Simon Laplace）的考試，拉普拉斯是當時數學機率論的先驅。

羅馬帝國皇帝的頭銜，自己則迎娶奧皇的女兒為妻。在此同時，拿破崙利用一八〇一年的政教條約讓法國和教廷言和，進一步掃除雅各賓理性崇拜的殘餘。

然而，除此之外，拿破崙試圖在歐洲建立的帝國卻少有落後反動的色彩。它的確帶有革命性。他不僅將法國的領土拓展到「自然疆界」，也縮減了普魯士的領土。他創建許多新國家：瑞士邦聯；由四十個國家組成，位於日耳曼西部，從波羅的海延伸到阿爾卑斯山的萊茵邦聯；位於義大利（北部）的王國；以及華沙公國。事實上，這些新國家都是法國的屬國；拿破崙甚至任命放蕩的么弟傑洛姆擔任新成立的有名無實的西發利亞王國國王，也讓行為不檢的妹夫繆拉擔任那不勒斯國王。被征服者必須繳納繁重的貢金給法國勝利者。一七九五到一八〇四年，荷蘭人繳納了兩億兩千九百萬荷盾給法國人，這筆數額已經超過荷蘭一年的國家所得。拿破崙一八〇六到一八〇七年的戰事不僅要自籌資金，而且花掉至少法國政府三分之一的開支。義大利一八〇五到一八一二年的稅收有一半進了法國國庫。儘管如此，拿破崙重繪的歐洲地圖將過去拼布般的世襲領土轉變成格子狀的新民族國家。此外，法國的統治也透過拿破崙支持引進的新民法而在法律秩序上帶來根本的變化——這項改變對於相關國家的經濟具有持久而積極的效果。法國的統治掃除了各種保護貴族、教士、同業公會與城市寡頭的特權，建立了法律之前人人平等的原則[23]。當拿破崙日後說道，他「希望建立一個歐洲體系，一部歐洲法典，一套歐洲司法制度」，讓「歐洲只有一個民族」時，他說的並非是假話[24]。拿破崙只是因為他的帝國未能持久，不表示他缺乏政治願景。對拿破崙而言，戰爭本身不是目的。拿破崙與克勞塞維茨的理解一樣，戰爭是以武力來實現政治目標。

拿破崙的目標並無瑕疵；但是敵人的力量遲早在數量上會勝過他，即使敵軍指揮官的能力永遠無法與他相比。拿破崙大軍與其說是被俄國的冬天擊敗，不如說是被俄國誘敵深入與焦土政策（更別提還有猖獗的斑疹傷寒）拖垮，而後便在一八一三年的萊比錫敗給擁有優勢軍力（特別是馬匹）的反法同盟[25]。同樣的，一八一五年，普魯士人也在滑鐵盧改變了軍力的均衡。然而，在此之前，法國早已輸掉了海上戰爭。一七九八年在阿布基爾灣（即尼羅河河口海戰），納爾遜爵士（Sir Horatio Nelson）出其不意從兩旁夾擊法國艦隊，徹底粉碎拿破崙征服埃及的美夢，而納爾遜也因此被封為貴族。七年後在特拉法加，納爾遜率領二十七艘戰艦，運用「納爾遜接觸」戰法（以高速穿過敵艦的戰列線，運用舷側的火砲攻擊某艘敵船的右舷，另一艘船的船尾，與第二艘船的左舷）巧妙地擊敗數量占優勢的法國西班牙艦隊。

拿破崙在海上的失敗有兩重意義。首先，法國逐漸喪失與海外屬地的連繫。早在一七九一年，當巴黎的立法議會宣布自由黑人與混血兒（但不包括奴隸）擁有投票權之後，擁有巨大利潤的聖多明哥（今海地）產糖殖民地在獲得自由的奴隸杜桑（Dominique Toussaint Louverture，Louverture字面的意思是開啟）領導下爆發革命。一七九四年國民公會廢除奴隸制度，使聖多明哥所在的島嶼陷入血腥的種族內戰，戰事甚至波及鄰近的西屬聖多明哥（今多明尼加）。這場內戰直到杜桑被逮捕並於一八〇二年遣送法國才告一段落，之後拿破崙又恢復了奴隸制度。海地革命總計造成十六萬到三十五萬人喪命。一年後，法國決定將廣大的北美屬地（當時稱為路易斯安那，不要與今日的路易斯安那州混淆）以極其低廉的價格賣給美國：八十二萬八千八百平方英里只賣了一千五百萬美元（一英畝不到三美分）。其次，這一點或許更重要，那就是法國輸掉了財政戰爭。儘管持續賣出先前沒收的教會土地，加上新通貨的引進與對荷蘭與義大利納稅人的壓榨，拿破崙仍無法將借款成本壓到六%以下。從特拉法加到滑鐵盧，法國政府公債的平均利率比英國公債足足多了兩個百分點。這是個要命的差額。

拿破崙是重商主義者，為了削弱英國的經濟力量，他禁止歐陸與英國從事貿易。但英國商人很快就將市場轉向海外，而這項做法也因為皇家海軍支配了主要海路而獲得確保。人們有時會誤以為英國比較早工業化，所以使它對拿破崙占有優勢。事實上，是商業與財政使英國贏得這場戰爭，而非鋼鐵與蒸汽。英國的貿易不只站穩腳跟；更重要的是，英國還有能力藉由看不見的盈餘而產生經常帳剩餘，例如：海運、保險與海外投資，加上帝國獲利（來自奴隸貿易的盈餘，與東印度公司的印度稅收）。從一八〇八年到一八一五年，英國公部門的剩餘達到每年一千四百萬英鎊，遠超過同時期商業赤字的損失。英國因此有能力將大量資金移轉到國外——巔峰時期每年占國民所得的四．四%——通常表現在支付軍隊薪餉與補助盟國上。從一七九三年到一八一五年，英國資助法國在歐陸的敵人，總額達到六千五百八十萬英鎊。這個時代的新精神正倚靠著股票市場的支柱，他是出生於法蘭克福的猶太人，名叫羅斯希爾德（Nathan Rothschild）——金融界的拿破崙——他在供應威靈頓公爵（Duke of Wellington）及其盟友戰爭活力上扮演著關鍵角色[26]。

拿破崙以失敗告終。現在法國負擔著沉重的賠償金，而復辟的波旁王室則是腦滿腸肥的路易十八。一八二一年，拿破崙於遙遠的南大西洋聖赫勒拿島去世（幾乎可以確定是死於胃癌），儘管如此，無論是革命之夢還是革命帝國之夢，仍未曾與拿破崙一同消逝。一七八九年革命給予法國一份無可比擬的政治劇本。往後一個世紀絕大多數的時間裡，重演這齣劇本的誘惑未曾稍歇；它發生在一八三〇年、一八四八年，並且於一八七一年捲土重來。重點是，每當巴黎市中心堆起街頭堡壘之時，歐洲與歐洲帝國就必須承受一次震撼——儘管震度一次比一次小。人權宣言的紅色革命承諾無法輕易包裹在教士的黑袍裡而遭到遺忘，這點充分表現在斯湯達爾（Stendhal）的小說《紅與黑》（一八三〇年）裡。畢竟，任何人都可以任意採用革命的用語與圖像。匆促武裝的平民，袒胸的勇士，倒臥在地的殉道者——早在這些人物形象出現之前，已有許多陳腔爛調供大家學習[7]。

一八四八年革命甚至流傳更廣。各地民眾紛紛走上街頭，包括柏林、德勒斯登、漢諾威、卡斯魯爾、卡塞爾、慕尼黑、斯圖加特與維也納，以及米蘭、那不勒斯、杜林與威尼斯。這是一場由知識分子領導的革命，他們對一八一五年復辟的王室政權在言論自由施加的限制感到幻滅。作曲家華格納與俄國無政府主義者巴枯寧計畫一起寫一齣褻瀆的歌劇，他們也為這場「世界大火」貢獻個人的綿薄之力[8]。英國是極少數免於一八四八年革命的西歐國家，三萬五千名士兵、八萬五千名特種警察、一千兩百名軍事退役人員與四千名警察環伺下讓憲章運動人士——

[7] 比較德拉克羅瓦（Eugène Delacroix）的《領導民眾的自由女神》（*Liberty Leads the People*, 1830），瓦珀斯男爵（Egide, Baron Wappers）的《一八三〇年比利時革命的插曲》（*Episode of the Belgian Revolution of 1830*, 1835）以及墨西哥人里維拉（Diego Rivera）的《兵工廠》（*The Arsenal*, 1928）。

普選制的支持者——不敢輕舉妄動是原因之一。結果，倫敦在一八四八年時只在公園裡出現演說，街頭上並未發生流血衝突事件。

但是，所謂的「諸民族之春」並未局限於歐洲。與許多十九世紀西方觀念一樣，法式革命很快成為全球現象。大英帝國境內動盪不安——錫蘭、蓋亞那、牙買加、新南威爾斯、奧倫治河主權地、旁遮普與范迪門斯地[27]。更引人注目的是法屬西非發生的事件。與英國殖民地不同，當地激進的政治變遷得到城市地區革命政府的支持。

這些現象有助於說明法國帝國主義最明顯的特徵：它具有持續不斷的革命性格。大英帝國先天上帶有社會保守性；隨著時光流逝，英國的行政官員只會更受地方菁英的歡迎，也更能舒適地透過部族領袖與外表華麗的大君進行間接統治。但法國人仍然心存希望，他們想將自由、平等與博愛——連同拿破崙法典與罐裝食品（拿破崙時代另一項發明）——當成商品一樣輸出到世界各地[28]。

法國與其他歐洲帝國一樣，它的海外帝國至少有部分是以奴隸制度為基礎。但在一八四八年，法國新共和政府宣布再度廢除法蘭西帝國境內的奴隸制度，包括西非的殖民地塞內加爾。至於大英帝國則早已在十五年前廢奴。但廢奴只是法屬非洲革命的第一步。法國此後又宣布新解放的奴隸將獲得投票權——英國殖民地的原住民則無此待遇。隨著在法蘭西帝國全境推行成年男子普選制，幾乎所有的非洲與混血選民（白人只占總人口的一％）都參與了一八四八年十一月的選舉，並且選出第一位出席法國國民議會的有色人種[29]。雖然塞內加爾代表到巴黎開會的權利在一八五二年被皇帝拿破崙三世撤銷，而且直到一八七九年才恢復，但四市鎮（也就是聖路易、格雷島、呂菲斯克與達卡）仍持續以成年男子普選制選出自己的議會[30]。非洲史上第一個多種族民族議會就在當時的殖民首都聖路易召開。

當時的人也感受到這是相當驚人的創舉。一名到聖路易旅行的英國人寫道：「到議會旁聽的人，經常可以看到黑人議長要求一名歐洲議員尊重議場秩序……而黑人議員則是無情地批評塞內加爾的殖民地官員。英國的殖民地不可能像塞內加爾一樣容忍原住民抨擊歐洲的官員。」[31]對英國人來說，帝國與階序有關，就好像英國本土存在著階級一樣。最頂端是維多利亞，她是英國女王，也是大英帝國女皇。在她之下有四億臣民，每個人都像仔細排列的身分之鏈一樣各得其所，就這樣一路往下到達加爾各答最底層的拉風扇人。法蘭西帝國就不是這樣。

對一八四八年的革命分子來說，殖民地臣民應該轉變成法國人，這是理所當然的事情，而且應該越快越好。以當時的用語來說，非洲人應該加以「同化」。同時，法國官員與非洲女性的通婚也受到積極鼓勵[32]。這種進步的帝國主義具體而微地展現在費德布（Louis Faidherbe，見圖26、27）身上，他原本是一名經驗豐富的軍人，後來在一八五四年當上塞內加爾總督。費德布在

❽根據自傳，華格納「為理想中的未來階段構思一齣悲劇，題為拿撒勒人耶穌。巴枯寧懇求我別把細節部分的工作交給他；而當我試著說服他參與我的計畫，至少能給一點言語上的提示時，他只是祝我好運，然後堅持我必須盡可能讓耶穌看起來像個弱者。至於音樂方面，他建議我，在所有變奏曲中，只要使用一套樂句，也就是：男高音：『砍了他的頭！』；女高音：『吊死他！』；而持續男低音：『燒死他！燒死他！』」這段軼事貼切地捕捉了一八四八年過度熱切的精神。

聖路易興建橋梁、鋪設道路、開辦學校、建立碼頭、提供乾淨的飲用水，並且在河川建立定期渡輪航班。他在塞內加爾設置許多「自由村落」，專門收容被解放的奴隸。一八五七年，費德布建立塞內加爾殖民軍——塞內加爾步兵團——將非洲士兵從軍伕改造為不折不扣的正規軍。他還設立一所專門教育原住民酋長子女的學校[33]。費德布自己則娶了一名十五歲的塞內加爾女孩為妻。

「我們的動機是純粹而高尚的」，費德布在總督任期最後表示：「我們的宗旨是正當的。」當然，他的使命不只是文明開化。一八五七年，他表示：「要以最低的成本來支配這個國家，並且透過貿易來獲取最大的利益。[34]」費德布接到指示，要將法國影響力延伸到內陸，並且挑戰非洲當地人對阿拉伯膠（提煉自金合歡的樹汁）與花生貿易的控制，來達成塞內加爾的經濟發展。費德布的策略是從費魯（Félou）瀑布以下的梅丁（Médine）開始，沿塞內加爾河建立一連串的法國碉堡。這項舉動不可避免地將與原本支配內陸的勢力發生衝突：瓦洛王國（Waalo）的特拉札摩爾人（Trarza Moors）、位於瓦洛王國南部的凱約王國（Cayor），以及尼日中部的穆斯林統治者塔爾（El Hadj Umar Tall），塔爾後來在鄰近的馬利建立了土庫勒帝國（Toucouleur Empire）[35]。然而，在費德布持續而無情地逼迫下，這些非洲對手只能撤離。一八五七年，法國推翻了勒布共和國（Lebu Republic），將該國首都達卡魯改名為新殖民城市達卡。該城的市中心至今仍留存著一座見證法國殖民景象的紀念性建築，從白色的總督府到寬廣的費德布大道，從提供剛出爐香噴噴的棍子麵包（見圖24）的麵包店，到端出咖啡歐蕾的法式蛋糕店。為了讓法國化的過程初具形式，塞內加爾依照法國的行政制度加以區劃，分成區、殖民圈與縣。到了一八六五年費德布卸任總督之時，法國人已能漫步於聖路易，對於國家的成就感到自豪。過去的奴隸市場已經變成令人自豪的法國文化前哨。昔日帝國主義的受害者已經搖身變成了擁有投票權與負擔兵役義務的公民。如記者夏姆（Gabriel Charmes）所言：

如果法國能為這片充斥著狂熱盲信與搶掠的廣大地區帶來……和平、貿易與寬容，那麼節制武力又有何妨？……教導數百萬人，使他們了解文明與獲得自由，讓這些人產生自尊，因而能形成偉大的民族[36]。

當然，法國帝國主義的現實不可能像這份宣傳一樣崇高。最大的挑戰是從法國吸引能幹的官員前來。自願來西非的人——費德布的一名後繼者直言不諱地表示——「要不是因為無法適應國內，就是在本土難以謀生」：就算不是輕微的罪犯，也可能是酒鬼或破產者[37]。一八九四年，一名移居者表示，殖民地是「讓我們這些適應不良的人棲身的『犯人避難所』，也是用來存放政治與社會有機體糞便的地方」。一名殖民學校校長回憶說，某人即將動身前往殖民地，他的朋友問道：「這個人犯了什麼罪？他想逃避什麼事情？[38]」有些殖民官員以殘虐對待原住民聞名；托奎（Emile Toqué）為了慶祝一九〇三年巴士底日，居然用火藥炸死一名犯人[39]。絕大多數的殖民官員大概都相信某位殖民學校教授所說的話，認為他們的非洲臣民智能低下。政府訂定的原住民法律授權這些官員，如果他們覺得恰當，就可以根據四十六種罪名將桀驁不馴的原住民拘禁十五天，但這些罪名絕大多數在法國並不違法[40]。殖民地沒有上訴機制。強迫勞動是西非稅捐制度的一環；達卡到尼日的鐵路就是藉由強徵勞力建成的。在法屬剛果，每個人的人頭稅換算起來，相當於橡膠種植園工人一年工作一百天的勞力。如果村落未能繳足數額，村民就會被當成抵押品帶走。有些官員——例如某個法屬蘇丹的官員遭指控犯下了多起謀殺案，至少一件強暴案、嚴重傷害事件、審判不公與盜用公款——似乎是康拉德（Joseph Conrad）小說人物庫爾茲的原型[41]。一名叫布羅卡的官員基於「憐憫」，而將一名長久待在骯髒牢房而導致失明的人砍頭[42]。這類瘋狂行徑在伍雷（Paul Voulet）與夏諾旺（Julien Chanoine）前往查德湖（一八九八—九年）途中達到巔峰，他們所到之處將村落燒成灰燼，吊死村民，甚至活活烤死孩童，最後是隨行的非洲士兵叛變並且殺死兩人才結束這場慘劇[43]。

儘管如此，法國殖民官員的素質一直有所改善，尤其在第一次世界大戰之後，當時的殖民學校不僅吸引了優秀的學生，也招來了卓越的民族學者，如德拉佛斯（Maurice Delafosse）與拉布瑞（Henri Labouret）。殖民學校校長由品德高尚的哈帝（Georges Hardy）出任，他本身就是「文明教化使命」的化身。在此同時，法國也確實致力於吸引與訓練優秀的原住民人才。費德布在授少尉階給一位名叫薩爾（Alioun Sall）的士兵時發表演說，他明確表示：

> 這項任命……證明了膚色不該被排除於社會階序的高位……凡是有才能的人均有機會晉陞。依然堅持無知而不願接受文明的人，只能待在社會的底層，世界各國均是如此[44]。

一八八六年，新港（Porto Novo，日後的達荷美／貝南〔Dahomey/Benin〕）國王之子加入十二名亞洲學生的行列，到殖民學校就讀。從一八八九到一九一四年，每年殖民學校的「原住民部」都允許約二十名非法國人學生就讀[45]。而顯然因為法國文明開化使命的觀念，才能使迪雅尼（Blaise Diagne）這名於一八七二年出生於格雷島舊奴隸貿易中心的中等家庭之子，得以進到殖民地關稅局工作，並且在局裡不斷晉陞。在英屬非洲，這樣的晉陞過程顯然困難得多，甚至是不可想像。一九一四年，迪雅尼（見圖25）成為法國國民議會第一位非洲黑人議員（非混血），身為塞內加爾奴隸的孫子，這可是一項非凡的成就。與當時其他的歐洲帝國相比，法蘭西帝國的體制無疑最具自由主義色彩。在達卡，沃洛夫語（Wolof）的歌謠祝賀他的成功，並且用簡潔的歌詞總結了當前的政治處境：「黑羊打敗了白羊。」[46]

對法國帝國主義最具諷刺性的恭維，來自於一封一九二二年由「阮愛國」寫給位於世界另一端的法國殖民地（中南半島）總督的信：「總督閣下」，作者一開始這麼寫著，他的真實姓名是阮生恭，他的流利法文是在順化中學裡學得的：

> 我們都知道您對原住民深具感情；在殖民地中，您對安南人特別照顧。在您的統治下，安南人享有真正的繁榮與幸福。安南人很高興看見自己的國家開了越來越多的酒館與鴉片館，此外還有行刑隊、監獄、「民主」與一切改善生活的現代文明，這些總結起來使安南人成為亞洲最進步與最幸福的民族。這些德政使我們不用痛苦地回想過去，例如：強制勞動與高利貸、血腥鎮壓、國王的罷黜與流亡、神聖宮殿的褻瀆等等。[47]

這名寫信給總督的人，他在學校裡不僅學到法文。他還以另一個假名「胡志明」——他日後將領導越南獨立運動——尖銳地引用法國一七九一年人權宣言來做為越南獨立的宣言；奠邊府戰役的勝利者武元甲也是順化中學的校友，他從研讀拿破崙戰役中學到戰爭的技藝。這是文明開化使命不可避免的命運，它除了輸出鑲嵌藝術與棍子麵包外，也輸出了革命傳統[48]。因此不意外的，獨立的象牙海岸、尼日、達荷美與馬利的總統全都是威廉．龐帝高等師範學校的畢業生——就連塞內加爾總理也不例外[49]。

儘管法國不斷推展「文明開化使命」，但這項工作仍受到一項「致命敵人」的威脅，甚至可能被它擊敗。這個敵人就是疾病，它幾乎使歐洲人無法在撒哈拉以南的廣大地區居住生活[50]。一個半世紀之前，西方人的壽命短得可憐。一八五〇年，英國人出生的預期壽命仍只有四十歲，今日則是七十五歲。但在非洲，嬰兒死亡率與早夭的比例高得嚇人。十九世紀中葉塞內加爾的預期壽命或許還不到二十五歲[51]。因此，**非洲就成了西方文明第四項殺手級應用最後的試驗場：現代醫學具有的能延長人類生命的力量**。

無國界醫師

西非被稱為白人的墳場，這話不假：歐洲對整個非洲的殖民計畫原本很可能因此胎死腹中。歐洲人在非洲冒的風險明顯表現在格雷島的紀念碑上，這是為了緬懷於一八七八年爆發的黃熱病疫情喪生的二十一名法國醫師（見圖28）。熱帶疾病奪走許多法國殖民官員的生命；一八八七到一九一二年，九百八十四名被任命者，有一百三十五名（一六％）死於殖民地。平均來說，退休的殖民地官員會比在城市服務的官員壽命短少十七年。最晚到了一九二九年，一萬六千名生活在法屬西非的歐洲人將近三分之一平均每年要住院十四天[52]。英屬非洲的狀況稍好。駐防獅子山（Sierra Leone）的英國士兵死亡率是全大英帝國最高的，比待在本土的士兵高了三十倍。如果一直維持這麼高的死亡率，那麼歐洲人早就放棄殖民非洲。

法國人維持著完善的殖民地行政，他們保存下來的紀錄也無懈可擊。在達卡國家檔案館中，仍然可以找到法屬西非每一場疾病爆發疫情的詳細紀錄：塞內加爾的黃熱病、幾內亞的瘧疾、象牙海岸的痲瘋病。衛生訊息、衛生法、衛生工作——法國人當時心裡想的似乎只有衛生二字。有什麼不對呢？法國人必須找到防治疾病的方法。如波義思爵士（Sir Rubert William Boyce）在一九一〇年說的，無論如何，歐洲人要在熱帶生活只有簡單一句話來形容：「不是蚊子死，就是我們活。」用陶德（John L. Todd）的話講就是「帝國主義的未來要靠顯微鏡。[53]」但關鍵的進展可不是在西方大學與藥廠乾淨無塵的實驗室裡達成的。

一九〇三年九月，諷刺雜誌*Punch*刊登一名失眠症患者的小詩，讚美學習熱帶疾病的學生：

研究科學的人們，你們有勇氣
直搗微生物的老窩
在濃密的叢林中追索
非洲令人昏昏欲睡的病菌

聽我說，喔，聽我說，這是諸位臨行前我做的請求
寄隻「昏睡病的細菌回來給我吧！」[54]

我們不難想像這些科學家在濃密叢林中追蹤的樣子。熱帶疾病的研究者在遙遠的非洲殖民地建立實驗室——一八九六年，聖路易成立了第一間實驗室。他們飼養動物來注射實驗疫苗：八十二隻貓注射了痢疾疫苗，十一隻狗注射了破傷風疫苗。其他實驗室則研究霍亂、瘧疾、狂犬病與天花。這些努力最早可以溯源到一八五〇與六〇年代巴斯德（Louis Pasteur）的細菌理論研究。

帝國激勵了一整個世代歐洲的醫學創新。一八八四年在埃及亞歷山卓，德國細菌學家柯霍（Robert Koch）——他已經成功區分出炭疽桿菌與結核桿菌——發現了傳染霍亂的霍亂桿菌，而就在前一年，他的對手法國學者杜伊利耶（Louis Thuillier）因霍亂去世。一八九四年香港爆發疫情，另一名法國學者葉爾桑（Alexandre Yersin）發現傳染鼠疫的桿菌[55]。在印度醫療部門服務的羅斯（Ronald Ross）醫師，首次完整解釋瘧疾的病原與瘧蚊在傳布這種疾病上扮演的角色；他本人也得過瘧疾。三名在爪哇工作的荷蘭醫師，艾克曼（Christiaan Eijkman）、佛德曼（Adolphe Vorderman）與格里金斯（Gerrit Grijns）發現腳氣病是因為嗜吃精米而導致營養素（維生素 B_1）缺乏所致。義大利人卡斯特拉尼（Aldo Castellani）在烏干達進行研究，他發現采采蠅裡的錐蟲是造成昏睡病的主因。達卡巴斯德研究所的雷格瑞（Jean Laigret）研究團隊發現了黃熱病病毒並且研發出可以簡易注射的疫苗，不需要消毒的針頭與注射器，日後經過改進後成為達卡刮擦疫

苗（或佩爾提耶－杜利厄疫苗〔Peltier-Durieux vaccine〕），天花疫苗也可以用這種方式處理[56]。這些疫苗連同其他的突破全發生在一八八〇到一九二〇年代，證明疫苗是使歐洲人（及殖民計畫）在熱帶存活的關鍵。非洲與亞洲成為西方醫學巨大的實驗室[57]。而研究越是成功——可以發現的療法也越多（如奎寧，人們在祕魯發現它的抗瘧疾性質）——西方帝國就更能深入擴展，人類壽命也更加延長。

非洲的殖民起初局限於濱海地帶。但隨著另一項西方發明——移動機械化——的出現，殖民的範圍便更往內陸挺進。例如，從達卡通往馬利的巴馬科（Bamako）的鐵路對於西方帝國計畫來說極為重要。一八八〇年，法國公共工程部長弗瑞席內（Charles de Freycinet）表示：「文明沿著交通路線傳布與生根。在我們眼前的廣闊非洲大陸，最需要我們的關注。」[58]一八九五年，法屬西非成立，範圍延伸到廷巴克圖以外的尼日，並且將法國統治的人口擴大到一千萬人以上。面對廣袤的領土與繁多的人口，鐵路成為法國統治的重要課題。法屬西非首任總督盧姆（Ernest Roume）表示：

> 過去深富遠見的政治家與勇敢的士兵及探險者留給我們如此廣大的領土，我們希望為這個地區帶來文明……要達成這個目標的必要條件是建造深入內陸的道路，我們需要絕佳的運輸工具來彌補天然交通路線的缺乏，這項缺憾正是令這個地區陷入貧困與野蠻的原因……沒有鐵路，我們甚至無法想像有真正的經濟活動。因此身為一個文明國家，我們的責任是……依照自然的步驟，採取唯一

有效的做法……現在每個人都深信，沒有鐵路，非洲就不可能在物質或道德上有所進展[59]。

鐵路有助於將歐洲的統治延伸到非洲的腹地。但鐵路也會傳播其他東西：不只是花生與阿拉伯膠的貿易，也包括西方的醫學知識。因為少了公共衛生的改善，鐵路最終只會散布疾病，增加爆發瘟疫的風險。這是十九世紀風格的無國界醫師。這種好處通常會被認為歐洲帝國只會帶來壞處不會帶來好處的人（如甘地）所忽視。

原住民權力結構遭到廢除之後，緊跟著是廢除原住民的迷信。今日的賈傑克（Jajak）村莊相當令人矚目，因為這裡至少還有三名傳統的治療者，其中之一是一名老太太，名叫迪歐普（Han Diop）。人們打從數英里外跑來找她看病，當我於二〇一〇年造訪賈傑克時，她告訴我，她能用草藥與預言的方式來治療從氣喘到相思病的各種疾病。非洲人進行的這種醫療方式，就算沒有數千年，至少也有數百年的歷史。這是非洲預期壽命至今仍然遠比西方低的原因之一。草藥與符咒完全無法對抗熱帶疾病。

一八九七年，法國殖民當局禁止巫醫。七年後，他們進一步計畫成立第一個非洲國民健康部門，也就是「原住民醫療救助機構」。法國不僅將本土的公衛系統擴展到整個法屬西非；一九〇五年二月，盧姆總督還簽發一項命令，要為原住民提供免費的醫療服務，就連在法國本土也還沒有這項制度。從這時起，各地方的「衛生所」使法國統治下的非洲人全都能享受到現代醫療[60]。一八八四年，費里（Jules Ferry）總理在國民議會發言，他總結出一個全新的心境：

諸位議員，我們必須更大聲與更誠實地說！我們必須公開地表示，高等的種族的確對低等的種族擁有權利……我再說一次，優越的種族有權利，因為他們也負擔責任。他們有責任教化較低等的種族……在過去幾世紀的歷史中，諸位議員，這些責任經常遭到誤解；當然，當西班牙士兵與探險家將奴隸制度引進到中美洲時，他們並未盡到高等種族的責任……但是，在我們這個時代，我主張歐洲國家應該慷慨地、光榮地與誠懇地負起優越種族從事文明教化的責任[61]。

這種思維迥異於英屬非洲越來越傾向於間接統治的做法。經驗豐富的殖民地官員與殖民學校❾校長德拉維涅特（Robert Delavignette）表示：

這位派駐達卡的共和國權力代表是一名法國石匠工會與激進社會主義黨的成員，他到了非洲會馬上成為一名專制的總督，他將使用專制的統治方法來領導原住民走向進步……許多行政官員想用我們在法國大革命時對待封建主的方式來對待當地的封建主（也就是原住民部落的酋長）。要不是毀滅他們，就是依照我們的目的來驅使他們。英國行政官員對於封建主較為同情；那是貴族與貴族惺惺相惜的緣故[62]。

❾ 一九三四年，改名為海外法國國立學校（Ecole Nationale de la France d'Outre Mer），似乎帶有誇耀意味。

在龐帝（William Ponty）眼中——他曾在一九〇八到一九一五年間擔任法屬西非總督——傳統的非洲制度構成非洲人與他要傳布的文明之間的主要障礙。龐帝表示，部族酋長「不過是寄生蟲」。一九二〇年代一名殖民官員回憶說：「我們不把封建主當一回事。我們發現這些人荒唐可笑。經過法國大革命的洗禮，我們不可能回到中世紀。[63]」德拉維涅特抱持類似的觀點。在他夢想的革命帝國裡，英雄是「黑人農民」，這也是他於一九三一年拿到小說獎的小說題目。穆特（Marius Moutet）是第一位出任殖民地部長的社會黨員，他表示，法國政策的目標是「思考如何將〈人權與公民權宣言〉的偉大原則落實於海外屬地」[64]。

現今，我們很容易把這種野心貶低為法國帝國主義令人難以忍受的傲慢心態。但是西方帝國確實為非洲（以及其他地區）帶來實質而重大的進步。一九〇四年，在施行強制預防接種之後，塞內加爾的天花大幅減少。天花病例一年超過四百例的狀況只有在一九二五到一九二八年這四年裡出現[65]。瘧疾也因為有系統地摧毀蚊子的沼澤孳生地與隔離受感染者，再加上免費奎寧的發放，因而受到控制[66]。黃熱病疫情也由於有效疫苗的引進而越來越少在塞內加爾出現。

「瓜分非洲」成為一個專有詞彙，用來指稱貪婪的歐洲人無情地分食整個非洲大陸。瓜分風潮在法紹達事件裡詭異地達到高潮。敵對的法國與英國遠征隊在東蘇丹加札爾省（Bahr-el-Ghazal）的法紹達鎮（今日的科多克〔Kodok〕）相遇。法軍在馬爾尚（Jean-Baptiste Marchand）少校的領導下，夢想將達卡與吉布地（當時為法屬索馬利蘭〔Somaliland〕）連成一直線，使尼日與尼羅河連結在一起，讓法國能完整地掌控從塞內加爾延伸到紅海海岸的廣大地帶。英軍在基欽納爵士（Sir Herbert Kitchener，後晉陞為勳爵）的率領下，把控制蘇丹視為從北向南、從開羅貫通到好望角的直線關鍵。雙方攤牌的時刻發生在一八九八年九月十八日，兩條線終於交會。雖然雙方軍力少得可憐——馬爾尚率領十二名法國軍官與一百五十名塞內加爾步兵——而且爭奪的地點不過是充滿蘆葦、泥濘與死魚的荒涼沼澤地，但法紹達卻將英法兩國帶到了戰爭邊緣[67]。

瓜分非洲同時也是瓜分科學知識。科學是合作的也是競爭的，但無疑它可以同時嘉惠原住民與歐洲人。細菌學家經常冒生命危險為致命傳染病找尋治療方式，他們是另一種形式的帝國英雄，而且勇敢程度不下於士兵與探險家。而每個具有帝國野心的歐洲霸權也都必須擁有熱帶醫學研究機構：一八八七年在巴黎設立的巴斯德研究所，之後則是倫敦與利物浦的熱帶醫學學院（一八九九年），與漢堡的海運與熱帶疾病研究所（一九〇一年）。

然而，獲得的成果限制。到了一九一四年，塞內加爾鄉村衛生所的到任醫師仍不到一百名。即使到了一九四六年，整個法屬西非仍只有一百五十二間衛生所。在法屬剛果，位於史坦利潭（後改名為布拉薩維爾〔Brazzaville〕）的衛生所服務的民眾多達八萬人，但一年的預算卻只有兩百法郎。當作家紀德（André Gide）於一九二七年造訪該地時，當地人告訴他，如果「要求衛生單位送藥物過來，通常是有求必應，但會耽擱很久的時間，而且送來的只有碘酒、硫酸鈉與硼酸！」這種「可悲的拮据」使「原本應該很容易控制的疾病……站穩了腳步，乃至於攻城掠地」[68]。這部分反映了經濟現實。法國本土還需要很長一段時間才能做到全民健康保險。此時的醫療資源不足以派遣醫師與分配疫苗到塞內加爾或剛果內陸孤立的村落。但資源不足可以排定分配的優先順序。西方研究機構通常比較關心的是影響歐洲人最大的疾病，特別是瘧疾與黃熱病，至於霍亂與昏睡病這兩種殺死最多非洲人的病症就不是他們關注的重點。

法國原本的文明開化使命是基於普世公民的革命理念。但就在法蘭西帝國擴張之時，這樣的理念卻退縮了。理論上，西非的臣民仍然可以成為公民。但實際上，幾乎很少有非洲人能夠成為公民（例如，實行一夫多妻制就被認為不符資格）。最晚到了一九三六年，法屬西非總人口一千五百萬人，除了四個海岸市鎮之外，只有二千一百三十六人是法國公民[69]。因為非洲人身上帶有傳染病，住居的隔離成為常態（例如，在達卡歐洲人住在「普雷托區」〔Plateau〕，而非洲人住在「梅地那區」〔Medina〕）。教育也局限在「中間階級」的少數菁英[70]。法國人曾經想種族同化[71]，現在醫學卻建議隔離。這種狀況符合主流的觀點，那就是「結合」比同化更切合實際，如殖民理論家維尼翁（Louis Vignon）所言，因為這當中存在「一七八九年原則與非歐洲人口保守主義的對立」[72]。

與熱帶疾病的戰爭不只發生在培養皿裡，也發生在非洲城鎮與村落裡。當鼠疫襲擊塞內加爾時，法國當局的處置極為無情。被傳染者的房舍必須焚燬；居民被迫撤離，並且在武裝人員的戒護下隔離；死者只能淋上木餾油或撒上石灰然後草草埋葬，違反了穆斯林傳統。在這場戰爭中，非洲人覺得自己是受害者而不是受益者。達卡出現塞內加爾有史以來的大規模抗議、暴亂與首次大罷工[73]。

醫學的無上命令要求採取嚴厲措施來防堵疫情。但當時的科學也提供虛假的理由來粗暴對待非洲人。非洲人不只是對醫學無知。根據優生學理論，非洲人是低等的物種。優生學猶如變種的細菌學，這種偽科學最能大行其道的地方，莫過於急速勃興的德意志帝國。

鯊魚島的頭骨

二十世紀剛掀開序幕，德國就處於西方文明鋒頭最健的位置。德國學者獲得最多的諾貝爾獎項：從一九〇一到一九一〇年，德國拿到全部獎項的三三%，往後十年又拿到二九%。德國大學的化學與生化研究在世界獨占鰲頭。全歐各地充滿企圖心的畢業生全雲集於哥廷根、海德堡與杜賓根，拜伏在德國科學的巨人面前。在巴斯德之後，德國的柯霍成為細菌學的領導人物。另一名德國學者貝林（Emil von Behring）研發出破傷風與白喉的抗毒血清，因此獲得諾貝爾獎與鐵十字勳章。兩名德國科學家肖丁（Fritz Schaudinn）與霍夫曼（Erich Hoffmann）發現梅毒螺旋體是梅毒的病因，而第三名德國科學家艾里希（Paul Ehrlich）則發明了灑爾佛散，這是最早出現的梅毒特效藥。

然而在非凡科學成就背後卻存在著陰影。在真實科學中潛伏著偽科學，主張人類並非單一而同質的物種，而是可以加以細分排序，從最頂端的「主人種族」雅利安人開始，往下一直到沒有資格被稱為「智人」的黑人。想要試驗這種理論，還有什麼地方比德國剛取得的非洲殖民地更適合呢？非洲即將成為另一種實驗室——這一次是種族生物學。

每個歐洲霸權都有自己一套獨特的方式來瓜分非洲。我們已經看到，**法國人喜歡鐵路與衛生中心。英國人喜歡挖掘黃金與追尋快樂谷；他們也設立教會學校**。比利時人把剛果變成一個巨大的奴隸國度。葡萄牙人盡可能不做任何事。德國人很晚才參與瓜分非洲的行列。**對德國人而言，殖民非洲是一場測試種族理論的巨大實驗**。早期的殖民霸權當然多少帶有一點固有的種族優越感。根據「社會達爾文主義」的理論，非洲人在生物學上是低等的，是先進的白種「雅利安人」開發非洲的障礙。但是沒有任何國家像德國一樣，如此無情地將理論轉變成殖民現實，地點就在西南非洲，也就是今日的納米比亞（Namibia）。

德國人首先於一八八四年占有西南非洲荒涼的海岸地帶。一年後，戈林（他的兒子赫曼更加知名[10]）被任命為帝國行政長官。一八九三年，洛特凡（Theodor Leutwein）被任命為殖民地首任總督，此時德國的意圖開始明朗：將原住民赫雷洛人（Herero）與納瑪人（Nama）的土地沒收，讓德國農民定居。羅巴赫（Paul von Rohrbach）頗具影響力的作品《德國殖民經濟學》（一九〇七年）想必會公開支持這項政策[74]。當時這種計畫似乎在科學上具有正當性，從歐洲人對抗熱帶疾病的作法就可以看出。

一八五一年，達爾文的遠房表親加爾頓（Francis Galton），在英國皇家地理學會支持下，來到這個荒涼但怡人的鄉野。返回倫敦之後，加爾頓表示，他已經「看夠了野蠻民族，這些材料已足夠他下半生研究」。加爾頓對赫雷洛人與納瑪人的觀察影響了他日後對人類演化的看法。加爾頓針對人類遺傳進行人體測量學的研究，為他所謂的「優生學」——挑選適合的人種來改良人類的基因庫——奠定基礎[11]。而公共衛生問題最終的解決方法就是：培育出可以抵禦任何病原體攻擊的超人類主人種族。值得注意的是，在百年前，加爾頓的作品算是最尖端的科學理論。種族主義在當時還不屬於保守的反動意識形態；缺乏科學知識的人熱情接受這種看法，就好像現在的人接受全球暖化是人為的一樣。直到二十世紀下半葉，優生學與相關的「種族優生」概念才遭到揚棄，人們知道種族之間的基因差異並不大，而種族內部的變異卻可能超過大家的想像。

一個世紀之前，西方幾乎沒有人懷疑白人比黑人優越。或者應該說，幾乎沒有任何「白人」懷疑這一點。種族理論明目張膽地將各種不平等的措施予以正當化，往後甚至制度化成為美國南方與南非的種族隔離政策。在德屬西南非，黑人禁止騎馬，必須向白人行禮，不能在小路上行走，不能擁有腳踏車或進圖書館。在殖民地的初級法院裡，一名德國人講的話相當於七名非洲人講的話。殖民者犯下殺人罪與強姦罪只須繳付罰金，非洲人犯下相同的罪則要絞死。一名傳教士評論說：「德國人鄙視原住民，把他們看成高等一點的靈長類動物（他們最喜歡叫原住民狒狒），並且把他們當成動物來對待。」[75]英國人與法國人在十九世紀時廢除了殖民地的奴隸制度，但德國人並沒有這麼做[76]。

這裡只有一個小問題。赫雷洛人與納瑪人並不是種族理論中智力只如同人類幼童的生物。赫雷洛人是強悍的牧人，擅長在位於納米比沙漠與喀拉哈里沙漠之間草木稀疏的牧場放牧牛群。納瑪人就像東邊的波耳人（荷蘭移民）一樣精於騎射[77]。赫雷洛人與納瑪人已經見識過荷蘭人與英國人在南非幹的好事，他們很清楚德國人想做什麼。赫雷洛人的經濟處境在十九、二十世紀之際因爆發牛瘟而遭到嚴重破壞。他們因此不得不將土地賣給德國移民。而赫雷洛人與德

❿ 譯註：戈林（Heinrich Ernst Göring）是納粹德國的空軍元帥。

⓫ 日後，加爾頓寫了一部小說《不能說在哪裡》（*Kantsaywhere*）。書中構築一個奉行優生學的烏托邦，一個人能否繁衍後代，取決於他的表現。「不符資格的人若生下小孩，等同於犯罪。」

國商人之間的衝突也不斷升溫，後者討債的方式一點也不斯文[78]。但是公然搶奪，赫雷洛人必定會起而抵抗，特別是在一連串令人髮指的暴力行為之後，這些行為包括一名德國移民殺害（與強姦未遂）他們部落酋長的兒媳婦[79]。

一位名叫曲恩（Zürn）的年輕中尉區長，在劃定原住民新保留區疆界的文件上偽造赫雷洛長老的簽名，因而引爆德國人與赫雷洛人之間的衝突[80]。一九〇四年一月十二日，在馬哈雷洛（Samuel Maharero）的領導下，赫雷洛人發起暴動，殺死他們在奧卡漢賈（Okahandja）可以找到的每個四肢健全的德國男人，雖然放過了婦女與小孩，卻還是有一百名以上的移民被殺[81]。為了反制，德皇威廉二世派遣特羅塔將軍（General Adrian Dietrich Lothar von Trotha）「以一切必要的手段……恢復秩序」。然而特羅塔卻選擇了最卑劣的方式。

德國的殖民理論家提出了超越英法理論家的說法，他們認為必要時可以「將那些粗鄙沒有文化且掠奪成性的原住民部落徹底加以根除」。現在，特羅塔誓言將這個理論付諸實踐。他決心使用「絕對的恐怖主義」，「不惜血流成河也要毀滅這個兇暴的部族」[82]。特羅塔向赫雷洛人發布一道令人不寒而慄的命令，他用粗淺的赫雷洛語（Otjiherero）說明德國種族理論如果付諸實行會是什麼樣子：

我是德國人大將軍。我要送你們赫雷洛人一句話，那就是你們赫雷洛人不再居於德國人之下（也就是說，你們不再是德國臣民）……你們赫雷洛人現在必須離開這片土地，這片土地屬於德國人所有。如果你們不走，我就用大砲除掉你們。只要有人踩在德國土地上，就會被射殺。我不會圍捕女人或病人，但我會像驅逐他們的首領一樣驅逐他們，若還是不走，我就殺了他們。
這些是我對赫雷洛人說的話。

偉大德國皇帝的大將軍　特羅塔[83]

一九〇四年八月十一日在瓦特貝爾格高原附近發生的哈瑪卡里會戰（Battle of Hamakari），根本不能算是一場戰爭。赫雷洛人集中在一處紮營，他們看著德國軍隊離開，於是在此等待和平協議的到來。然而恰恰相反，特羅塔將他們團團圍住，除了用致命的大砲轟擊，也用馬克沁機槍像割草一樣一波波地掃射所有的人。如他所預料的，倖存的赫雷洛人逃往荒涼的歐瑪赫克沙漠與「他們的葬身之地」（用特羅塔的話說）。沙漠邊緣的水窪早已布下重兵。西南非洲總參謀部做的一份官方報告指出：「無水的歐瑪赫克應該能為德軍槍砲開啟的一切畫下句點：將赫雷洛人徹底滅絕。」特羅塔也露骨地說：「我相信這麼一來這個民族應該已經完了。」[84]

德國人不只仰賴沙漠。未參與暴亂的赫雷洛人也遭到移民組成的安全部隊的「淨化巡邏隊」追捕，這個部隊的座右銘是「清除、吊死、射殺，直到他們走光為止」[85]。那些未當場被殺的人，絕大多數是女人與孩子，這些人全安置在五座集中營裡。日後，納瑪人也會加入他們的行列。納瑪人不該加入反德暴亂，這是他們犯的第一個錯誤。他們犯的更大錯誤就是不該誤以為投降可以保全自己的性命。這些集中營不同於英國在波耳戰爭期間於南非設立的集中營。在南非，游擊戰仍然相當猛烈，集中營的設置是為了瓦解波耳人的戰線；驚人的死亡率則是衛生條件不佳意外造成的結果。在德屬西南非，戰爭已經結束，集中營其實被當成了死亡營。其中最惡名昭彰的就是位於呂德里茨（Lüderitz，見圖31）附近的鯊魚島。

集中營設置於鯊魚島的遠端，為的是讓它能盡可能暴露在強風的吹襲下。沒有適當的庇護、衣物與飲食，犯人被迫要站在水深及腰的冰水裡修築防波堤。動作慢吞吞的人，馬上就會被手持皮鞭的衛兵狠狠抽上幾下。一位名叫庫爾曼（August Kuhlman）的傳教士曾於一九〇五年九月造訪該島。他驚恐地發現一名疲憊至極的婦人大腿與手臂各中了致命的槍傷，只因為她彎下腰來找水喝。從一九〇六年九月到一九〇七年三月，鯊魚島一千七百九十五名囚犯，有一千零三十二名死亡。最終的死亡率接近八成。在暴亂前，赫雷洛人有八萬人，之後只剩下一萬五千人。原本為數兩萬的納瑪人；一九一一年普查後發現已不到一萬人。被關進集中營的納瑪人，每十名只有一名倖存。一九〇五年頒布的帝國命令將赫雷洛人與納瑪人的土地全沒收充公，到了一九一三年，德國移民的數量增加到原來的三倍，達到一萬五千人。剩下的赫雷洛人與納瑪人則形同奴工，只要有一丁點不順從就會遭到殘忍的體罰[86]。

西南非原住民受的折磨還不只如此。彷彿消滅大量原住民還不夠似的，德國人又以「種族優生」之名對赫雷洛人與納瑪人進行實驗。至少有一名醫師在西南非的集中營裡進行致命實驗。一九〇六年，一共對犯人進行了多達七百七十八次的驗屍，理由都是為了進行種族生物學研究。之後，頭骨樣本全被送回德國進行更深入的研究。令人難以置信的是，女性犯人被迫要拿著玻璃碎片將頭骨刮削乾淨[87]。

費舍博士（Dr Eugen Fischer）與許多德國科學家一樣，對於當前流行的種族研究深感興趣。他聽說西南非有一支混血的民族叫巴斯特斯人（Rehoboth Basters），在好奇心驅使下，他花了兩個月時間在西南非進行田野調查，從頭到腳實際測量他們，並且詳細觀察他們的頭顱外觀。一九一三年，他出版了自己的研究，自豪地表示這是第一次有人將奧地利人孟德爾（Gregor Mendel）發展出來的遺傳原則運用在人類身上。「這些雜種」（費舍是這麼稱呼他們的，見圖29）在種族上優於純粹的黑人，但劣於純粹的白人。因此，混血的種族可以擔任有用的角色，他們可以成為殖民地的警察或下層官員。但更進一步的種族混血應該加以避免：

> 我們很清楚這一點：毫無例外，曾經與價值較低的種族混血的歐洲民族——唯有狂熱分子才會反對黑人、霍騰托特人（Hottentots）與其他許多民族的價值較白人低——為這種混合付出了代價，因為他們在精神與文化上都趨於沒落[88]。

而在此時，德屬西南非已經出現了禁止異族通婚的法律。在德國，不是每個人都支持這項觀點。德國社會主義者與天主教徒抗議他們眼裡的文明國家在非洲的倒行逆施[89]。就連殖民經濟學的理論家羅巴赫也譴責特羅塔的種族滅絕政策，他指出，西南非無法在缺乏非洲勞工的狀況下正常運作[90]。然而，令人不安的問題依然存在。西南非會是未來的試驗場？這是否意味著以後會有更大規模的種族滅絕[91]？非洲的例子是否將如康拉德在他的小說《黑暗之心》中說的，將使歐洲野蠻化，而非歐洲人教化了非洲？真正的黑暗之心到底在哪裡？在非洲嗎？還是藏在將非洲當成種族偽科學的實驗室之人的心中？這些偽科學與共產主義意識形態一樣，是西方文明輸出到這個世界的最致命事物[92]。

加諸於非洲人的種種殘酷行徑，日後將以恐怖的方式得到報復。種族理論是極具敵意的事物，無法長久局限在殖民地邊緣。當新世紀來臨時，種族理論將回到歐洲本土。西方文明將面對最危險的敵人：自己。

一九一四年爆發的這場戰爭，並非只是幾個歐洲國家出現爭執而引起的戰爭。它是幾個世界帝國之間的戰爭。它是西方文明內部的戰爭。而它也首次顯示西方文明本身帶著毀滅的種子。在這場戰爭中，跟過去的衝突不同的是，西方釋出的殺手級應用反噬了西方本身。工業經濟提供機械化的毀滅手段。而現代醫學也在血腥的總體戰中占有一席之地。

沒有任何一個戰區比非洲遭遇更嚴重的運輸問題，在缺乏四通八達的鐵路與可靠獸力的狀況下，只有一個解決方式：人。超過兩百萬非洲人參與了第一次世界大戰，幾乎全用來運送補給品、武器與傷者，雖然他們距離法蘭德斯（Flanders）戰場非常遙遠，但這些被遺忘的輔助部隊也像暴露在最前線的歐洲士兵一樣，面臨著地獄般的凶險。他們不僅營養不良與過勞；一旦離開他們習慣的環境，他們就跟自己的白人主子一樣容易受到各種疾病的侵襲。擔任軍伕的非洲人，大約有五分之一死亡，許多都是痢疾的受害者，而痢疾也是戰場上殖民地軍隊的大敵。在東非，英軍有三千一百五十六名白人因公殉職；其中死於敵軍砲火的不到三分之一。但如果加計黑人軍隊與軍伕，則全部損失超過十萬人[93]。

我們先前提過，白人統治非洲最常聽到的正當理由是白人為非洲帶來文明的好處。這場戰爭——德國在非洲的所有殖民地（多哥蘭、喀麥隆、東非與西南非）全捲入戰局——嘲弄了這項說法。德屬東非軍團軍醫德普（Ludwig Deppe）寫道：「我們摧毀了田野，洗劫了軍火庫，在可見的未來，我們即將挨餓。我們不再是文化的傳布者；我們的足跡標記著死亡，我們掠奪燒燬村落，就像三十年戰爭時我們與敵軍一來一往做的事情一樣。」[94]

第一次世界大戰絕大部分的時間雙方都陷入僵局。德國人做為防守方——法國人與英國人必須想辦法在西線讓德國人走出壕溝進行決戰——他們在這場人類史上規模最大的圍城戰中占有優勢。特倫托與伊松佐河⓬兩個前線也同樣出現相持不下的局面，義大利無法逐出奧匈帝國的軍隊。在東方，戰事顯然較具機動性，哈布斯堡盟友儘管屢犯大錯，德國人還是在此地取得上風。為了打破僵局而企圖開闢新的戰場——加里波利、薩羅尼加、美索不達米亞——卻一再釀成可悲的結局。這場戰爭未曾研發出像原子彈那樣的神兵利器；但毒氣被廣泛使用，雖然效果可怕，卻不具決定性；潛水艇可以影響英國的進口貿易，但無法阻止它。到了一九一七年春天，戰爭的耗損已接近極限，法國的前景看起來十分黯淡。二月，俄國出現軍隊叛變與革命，德國因此在東線取得勝利的契機。美國雖然在四月六日向德國宣戰，但至少在未來六個月內還無法在西線扮演重要的軍事角色。在遭受凡爾登戰役（Battle of Verdun, 1916）驚人的傷亡之後，法國政府對於缺乏人力深感憂心。戰前，法國已經比任何國家更早出現家庭規模縮小的情況

⓬譯註：兩地都位於義大利北部邊境。

——或許是因為法國女性更了解性，加上避孕的手段容易取得——法國年輕男性的數量因此遠少於德國年輕男性。到了一九一七年三月底，已經有約一百三十萬法國男性被殺或被俘。整體來看，法國戰時的人力損失幾乎是英國的兩倍。十五歲到四十九歲的法國人，大約每八人就有一人因戰爭喪失性命。「血稅」的負擔是沉重的，一點也沒錯。

我們很容易忘記，從一八七〇到一九四〇年，法國在對抗德國的三場戰爭中輸掉了兩場。一九一七年，法國似乎也在第一次世界大戰中走到戰敗的邊緣。法國該向誰求援呢？答案是非洲。我們曾經提過，雖然絕大多數的非洲人未能取得完整的法國公民身分，但他們仍有資格拿起武器為保衛「祖國」而戰。然而，每個地方（塞內加爾、法屬剛果、法屬蘇丹、達荷美與象牙海岸）的非洲人都拒絕呼應殖民母國的召喚。這種集體情緒清楚表現在一名母親對法國軍官的哀告上：「你們已經拿走我所有的東西，現在還要帶走我唯一的兒子。」大多數人都認為入伍當兵跟被宣判「死刑」一樣。第一位藉由選舉進入法國國民議會的非洲人迪雅尼似乎有能力化解這個困境。但他是否願意以為國服務衣錦還鄉的姿態返回塞內加爾呢？

迪雅尼認為這是個與總理克雷蒙梭（Georges Clemenceau）談判的絕佳時刻。他堅持每個參戰的非洲人必須授予法國公民身分。西非要興建更多的醫院與學校。退伍的非洲士兵應該免除稅捐並且獲得足供生活的退休金。迪雅尼以電報通知他在達卡的同事，如果他要求的權利未受允許，那麼就讓大家拒絕當兵[95]。

迪雅尼在法國國民議會首次發表演說時表示：「如果我們可以回到這裡參與立法，我們是法國公民；如果我們是法國公民，我們就會像所有法國公民一樣，要求自己能入伍當兵。」迪

圖16 西班牙人未發現的城市：祕魯，馬丘比丘

圖17 南卡羅萊納州，波恩雅德灘（Boneyard Beach）

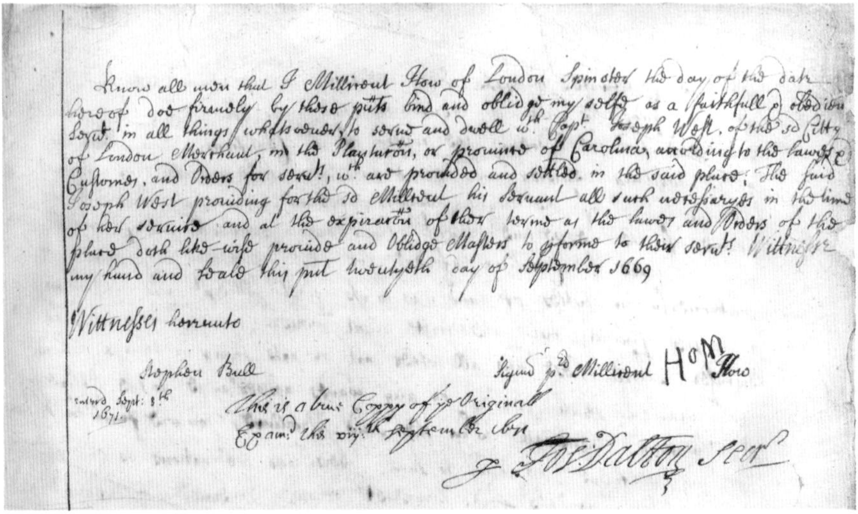

Know all men that I Millicent How of London Spinster the day of the date hereof doe firmely by these pnts bind and oblidge my selfe as a faithfull & obedient Servt in all things whatsoever, to serve and dwell wth Captt Joseph West, of the sd Citty of London Merchant, in the Plantacon, or province of Carolina, according to the lawes & Customes, and Orders for servts, wch are provided and setled in the said place: The said Joseph West providing for the sd Millicent his Servant all such necessaryes in the time of her service and at the expiracon of her terme as the lawes and Orders of the place doth likewise provide and Obliege Masters to performe to their servts. Wittnesse my hand and seale this pnt twentyeth day of September 1669

Wittnesses hereunto

Stephen Bull

Signed pd Millicent HM How

entred Sept: 8th 1671

This is a true Coppy of ye Originall

Exam: this viijth September 1671

p Jos: Dalton Secr

圖18 你負責這份工作……郝伍的契約文件

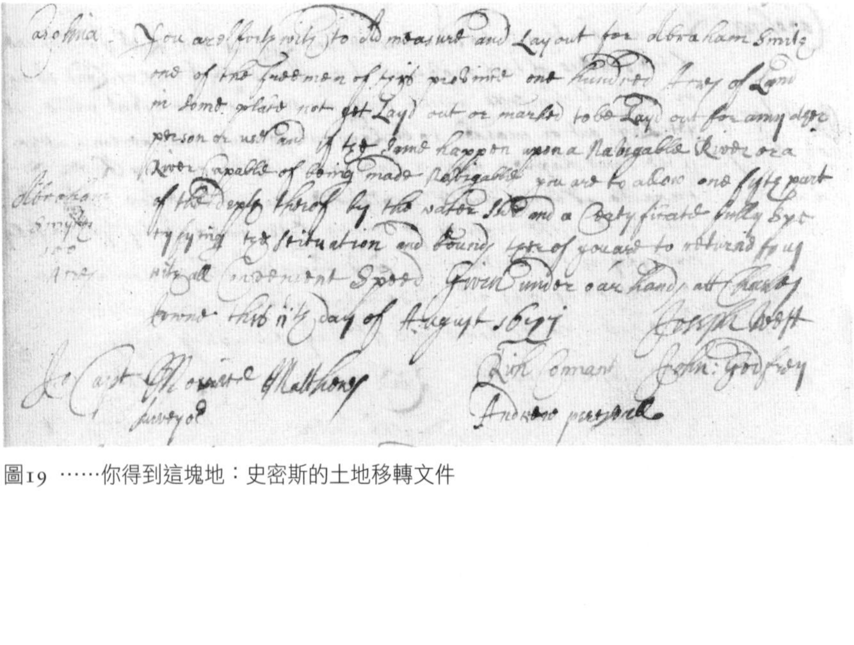

Carolina

You are forthwith to cause to be measured and Layd out for Abraham Smith one of the freemen of this province one hundred Acres of Land in some place not yet Layd out or marked to be Layd out for any other person or use and if the same happen upon a Navigable River or a River capable of being made navigable you are to allow one fifth part of the depth thereof by the water side and a Certificate fully expressing the situation and bounds thereof you are to returne to us with all convenient Speed Given under our hands att Charles towne this iiij day of August 1672

Abraham Smyth 100 Acres

Joseph West

Rich Conant John Godfrey

Andrew Percivall

To Capt Maurice Mathews Surveyor

圖19 ……你得到這塊地：史密斯的土地移轉文件

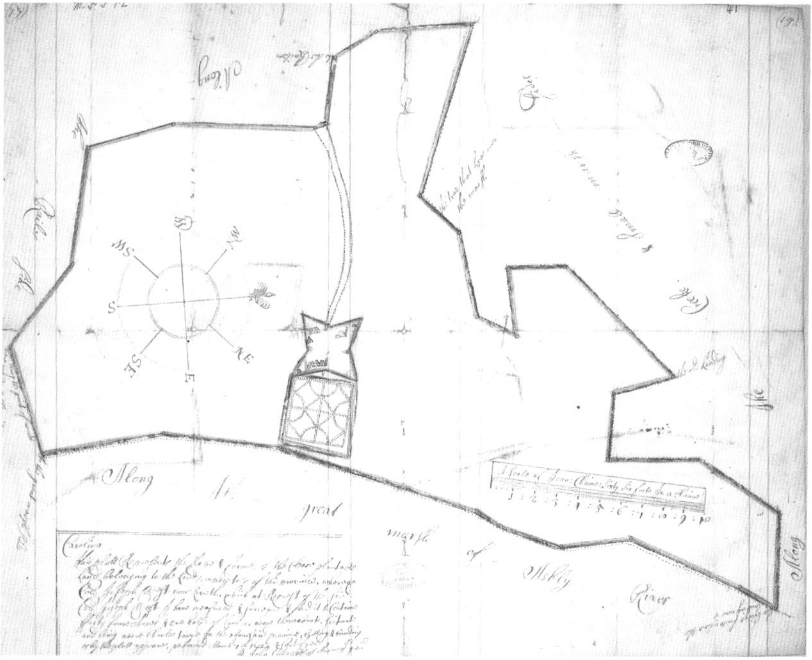

圖20 美國夢：查爾斯頓的一塊地

圖21 征服者：阿里亞加

圖22 不是華盛頓的華盛頓，現今在卡拉卡斯看到的波利瓦

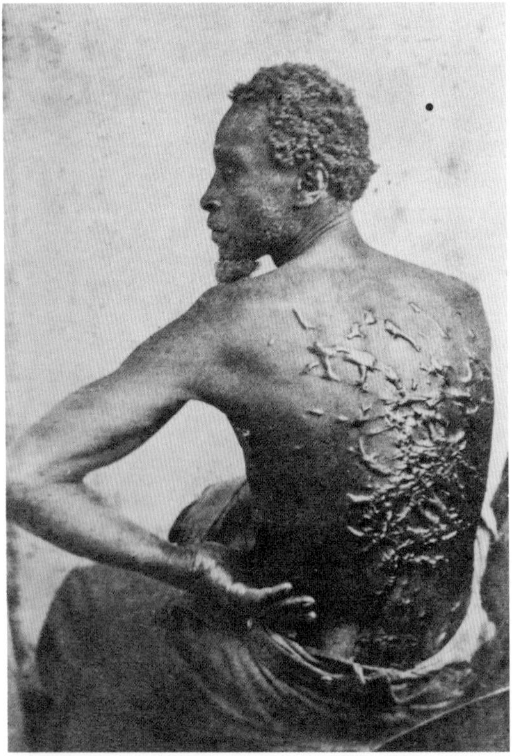

圖23 美國黑奴背上的傷疤

圖24 帝國的遺產，法國棍子麵包：塞內加爾，聖路易

圖25 黑羊打敗了白羊：迪雅尼，法國國民議會第一位黑人議員

圖26 費德布，塞內加爾總督，
他思索著「文明開化的使命」

圖27 塞內加爾步兵團自豪地展示他們的服裝

圖28 無國界醫師，帝國風格：法國醫師勇敢面對熱帶疾病

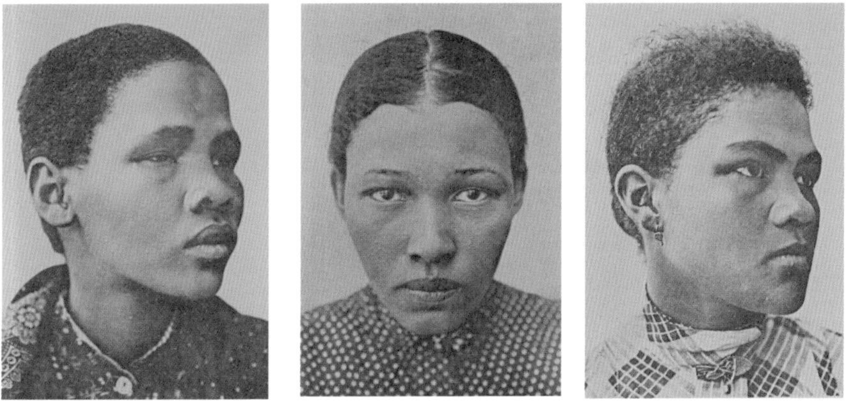

圖29 三張「雜種」女性照片，出自德國種族理論家費舍對巴斯特斯人的研究

圖30 「我不知道戰爭實際上是什麼樣子」：西線上的塞內加爾步兵

圖31 納米比亞，呂德里茨

雅尼巧妙地以法國大革命傳統做為訴求，提到為了保家衛國而奮勇作戰的理想——每個公民都有自由、平等與博愛的權利，但也因此負有捍衛國家的神聖職責。克雷蒙梭被他的話所打動，他表示：「在砲火中倒下的，不是白人也不是黑人，而是同一面旗幟下的法國人。[96]」

承諾給予法國公民身分，的確是鼓勵非洲人入伍非常有效的誘因。至少有六萬三千名西非人響應迪雅尼的號召，是他要求人數的兩倍以上。法屬西非與赤道非洲總計有十六萬四千人趕赴歐洲戰場作戰，法蘭西帝國從所有殖民地徵集來的軍隊約有五十萬人，非洲軍隊占了相當大的比例。身為接受徵召的士兵，姆巴耶（Ndematy Mbaye）回憶說：「他（迪雅尼）告訴我們，法國與德國作戰。他說：『你們是法國人的朋友。所以，當你是某人的朋友時，而他有了麻煩，你應該幫助他們。所以，法國人希望（你們）能協助他們作戰。[97]』」絕大多數的志願者都充滿熱情——他們明確表示自己有多麼「高興」能去當兵，多麼「開心」能去打仗，而在軍隊裡也感到無比的「自豪」。姆布普（Demba Mboup）渴望為法國作戰：

> 我很高興，因為我不知道戰爭實際上是什麼樣子（見圖30）。所以這算是出於一種好奇，想知道戰爭是什麼，當一名士兵是什麼滋味……我很高興（想著）自己即將得到新的經驗。[98]

他很快就會知道戰爭是怎麼一回事。

姆布普的指揮官蒙尚將軍（General Charles Mangin）認為自己對非洲人算是略知一二。他曾是馬爾尚遠征法紹達時的一員。一九一〇年，年輕而充滿企圖心的蒙尚中校與一群科學家巡迴整個西非，奉命增加招募的兵員。蒙尚熟知最新流行的種族科學。他的調查隊在以完整的偽科學方法檢查新兵之後，認為非洲士兵由於神經系統發展不完全，所以他們會比歐洲士兵更勇敢也更不怕痛。即使在砲火下，他們也會比一般人更屹立不搖。一九一七年，蒙尚終於能將他的理論付諸實踐。在他的領導下，姆布普與他的非洲同袍面對著或許是西方有史以來訓練最精良的士兵：這部戰爭機器就是德意志帝國陸軍。

黑色恥辱

一九一七年四月，姆布普與他的法國殖民地軍（隸屬於蒙尚將軍的第六軍團與杜善將軍〔General Denis Duchêne〕的第十軍團）同袍，在貴婦小徑[13]面對波恩將軍（General Hans von Boehn）德國第七軍團重重設下的防禦工事。一八一四年三月，拿破崙的敗軍也曾在同一條小徑上面對入侵的奧國與俄國軍隊且戰且走。這裡是德軍在西線重要的防衛據點。

法軍指揮官尼維爾將軍（Genral Robert Nivelle）自信地認為，他將是漫長等待下首位突破西線的將領。法國新鋪設了三百英里長的鐵路線，運來八百七十二車的軍火來為這場攻勢進行補給。總計超過一百萬人聚集於長二十五英里的前線上準備發動總攻。連續數日的彈幕射擊，應該已經軟化德軍的守備。於是，四月十六日早上六點，殖民地軍隊往山丘挺進，此時地面已因為雨與霰的關係成了一片泥濘。蒙尚把塞內加爾人擺在第一波攻勢上。我們幾乎可以確定他是別有用心：保全法國人的性命。殖民地第五十八步兵團的指揮官德比厄夫赫（Debieuvre）中校提到，非洲人「從頭到尾都是非凡的攻擊隊伍，他們保全了白人的性命，而躲在他們身後的白人卻竊取他們的功勞，並且將他們攻取的陣地據為己有」[99]。

從德軍戰壕裡，艾夏克（Reinhold Eichacker）上尉驚恐地看到：

> 黝黑的塞內加爾黑人，法國人把他們的牛群趕進了屠宰場。數百雙鬥志旺盛的眼睛，專注，殺氣騰騰，視死如歸。他們衝過來了。先是單兵前進，每個士兵隔著寬廣的間隙。他們摸索前進的路徑，就像可怕的烏賊觸手，充滿渴望地捕捉著，就像擁有強大力量的怪物腳爪。他們就這樣快速接近，身影閃爍著，有時隱身在霧氣之中。強壯充滿野性的傢伙，像黑豹一樣露出陰森的白齒。他們極不自然地睜大雙眼，熾紅充血的眼睛令人膽寒。
>
> 他們過來時，像一堵堅實、翻滾的黑牆，忽升忽降，搖擺起伏，看起來不可穿透，無窮無盡。
>
> 「敵人接近！個別射擊！小心瞄準目標！」我的口令尖銳而清楚。
>
> 第一名黑人全力衝刺，卻被我們的鐵絲網絆倒，他頭朝前地摔倒，像馬戲團裡的小丑一樣翻了好幾個筋斗。好幾群人消失了。屍體散落一地，泥濘的地面，粉碎的石塊，全混合在野蠻的混亂裡。黑雲停住了，動搖著，隨後又聚合起隊形越滾越近，令人不可抗拒，擊潰與毀滅一切！
>
> 就在我們壕溝前面，一道鉛與鐵築成的牆突然猛力投擲到攻擊者與鐵絲網上。震耳欲聾的鎚打與撞擊聲，粉碎與碎裂聲，咯咯聲與爆裂聲，把所有事物全打到地上，令耳膜震裂、神經痛苦的

⓭ 十八世紀，法王路易十五的兩個女兒曾走過這條小徑，因而得名。

巨響。我們的機關槍從側面包抄了黑人！

> 像一隻看不見的手，機關槍橫掃這些人，將他們扔到地上，把他們砍劈撕裂成碎片！零散的，成列的，成排的與成堆的，黑人們倒下了。一個挨著一個，一個枕著一個，一個疊著一個。[100]

這場戰役開打前十一天，德國人事實上已經從一名被俘的法國士官口中得知詳細的攻擊計畫。有一處深入地表、內部通道複雜的採石場，人們稱為龍窟，德軍將此地做為防空洞。法軍砲擊時，德軍躲在此地，因此毫髮無傷。而當法國步兵接近時，德軍已好整以暇地準備好當時最進步的可移動型機關槍。光是第一天，攻擊方就傷亡了四萬人。到了五月十日，每五名法軍就有一名陣亡或負傷。姆布普則是被砲彈碎片擊中而成了殘廢，這件事顯示在總體戰時代，歐洲生活中不文明的現實。非洲人在極度幻滅下，有些人甚至參與隨後橫掃法軍行列的大規模兵變，逼迫政府撤換尼維爾。八月，塞內加爾第六十一步兵營（以他們指揮官的名字命名為馬拉佛斯營）的兩百人拒絕進駐貴婦小徑沿邊陣地。其中一名士兵一針見血地說：「馬拉佛斯營不好。沒有休息時間，總是在作戰，總是殺死黑人。[101]」幾名兵變者接受軍事審判，有四人被判處死刑，不過沒有任何一項宣判實際受到執行。

迪雅尼雖然抗議政府虛擲他的同胞的性命，但他不久後還是返回塞內加爾尋找新的兵源，這一次他獲得新的保證，也就是入伍不僅可以獲得公民身分，還能獲得英勇十字勳章。一九一八年二月十八日，克雷蒙梭為繼續徵兵提出辯護，他在一群參議員面前明確顯示出法國人是怎麼看待塞內加爾人的：

雖然我對這些英勇的黑人有無限的欽敬，但我還是寧可十名黑人被殺，而不願一名法國人死亡，因為我認為法國人已經傷亡過重，必須盡可能避免犧牲法國人[102]。

總計有三萬三千名以上的西非人死於這場戰爭，是參戰者的五分之一，但法軍的死亡率卻不到一七%。與此相反，英屬印度軍隊的死亡率卻只有英國本土士兵的一半[103]。

戰爭是地獄。當帝國詩人吉卜林（Rudyard Kipling）於一九一五年造訪西線的法軍防區時，他看到大戰中的文明現實（不久，他的兒子就在洛斯戰役〔Battle of Loos〕中喪生）：

「相同的防禦工事，全是相同的防禦工事！」一名軍官說：「你可從這條壕溝一直走到海邊，或反過來一直走到瑞士——你會發現相同的防禦工事一直延續到每個地方。這不是戰爭。」

「這還算好的，」另一名軍官說：「真正一成不變的是一個民族的吞噬。士兵們過來並且填滿壕溝，然後他們戰死，接著來的也戰死；於是又派來更多士兵，而這些人也會戰死。當然，我們做的都是相同的事。不過，你們看！」

他指著沿著變黃的地面整齊散布的大量菸蒂。「那是文明的邊界。他們與所有的文明為敵——那些殘忍的德佬。我們追求的不是過去那種局部性的勝利。我們要打敗的是野蠻人——所有的野蠻人。能了解這一點，眼前這些不過是小事一樁。」[104]

不過，戰爭也能促進人類進步。我們曾經提過，科學革命的進展令人印象深刻，歐洲國家持續不斷的戰爭是助力，而非阻力。一九一四到一九一八年間的帝國衝突也是如此。西線的屠宰場如同一座巨大恐怖的醫學實驗室，促使外科手術的飛躍進步，精神病學就更不用說了。發明皮膚移植與傷口的消毒沖洗。首次嘗試輸血。第一次讓所有的英國士兵接種傷寒疫苗，而傷兵也定期給予抗破傷風的藥劑[105]。

然而，這些進步沒能幫上塞內加爾的士兵。他們就算沒死在壕溝裡，也會有很多人死於肺炎。為什麼？根據法國醫師的說法，他們的種族先天上容易得這種病。

歐洲人來到非洲，宣稱他們能使非洲文明開化。但即使是立意良善的法國人，也無法讓西方文明在非洲扎根。此外，土地的荒涼與部落的抵抗，也讓歐洲人表現出最具破壞性的一面，最明顯的（但絕非僅此一例）是德國殖民地。總體戰最早用來對付的是赫雷洛人，然後再回流到歐洲，並且在結合了新一代工業武器之後，產生了更具毀滅性的效果。而在最後的苦澀扭曲裡，非洲人被誘惑到了歐洲，並且在一次大戰最愚蠢的一次攻勢中犧牲。

非洲戰爭固然對非洲有著深遠的影響，對歐洲也產生一定的牽動力量。雷托佛爾貝克將軍（General Paul Emil von Lettow-Vorbeck）曾參與赫雷洛人的種族滅絕行動，他也曾在東非對抗英軍。戰爭結束後，雷托佛爾貝克回到德國，但沒有多久他與其他退伍將士就發現戰爭再起。當他們的祖國爆發革命時，他們趕赴漢堡弭平某個德國蘇維埃共和國造成的威脅。內戰不只發生於德國大城市，在東部邊境也不安寧，在這裡，由退伍軍人艾普（Franz Xavier Ritter von Epp）與艾爾哈特（Hermann Ehrhardt）率領的義勇軍痛擊布爾什維克黨人與斯拉夫民族主義者，彷彿後者是非洲部族，只是膚色不一樣。對於艾普與艾爾哈特來說，他們的做法理所當然；兩人都曾是參與剿滅赫雷洛人與納瑪人的軍官[106]。

雖然種族理論家費舍最終屬於戰敗的一方，但第一次世界大戰卻為他的研究領域帶來豐碩的成果。當殖民地士兵被送進德國的戰俘營時，他們提供給赫希（Otto Reche）這類種族科學專家現成的新樣本[107]。費舍的《人類遺傳與種族優生》（與鮑爾〔Erwin Baur〕及蘭斯〔Fritz Lens〕合著，出版於一九二一年）很快就成為快速擴張的優生學領域標準本。希特勒於一九二三年慕尼黑政變失敗後在獄中讀過此書，他後來在《我的奮鬥》提到這一點。對希特勒來說，沒有什麼事比一戰後塞內加爾士兵駐紮在萊茵蘭並且讓德國婦女懷孕更為恐怖。這種惡名昭彰的「黑色恥辱」產生了「萊茵蘭的雜種」——這是陰謀玷汙雅利安種族血統的明證。威廉皇帝人類學、人類遺傳與優生學研究所於一九二七年在柏林成立，費舍當上所長之後，他的影響力大為增加，危害也隨之擴大。他後來成為蓋世太保三號特殊委員會的科學家，負責計畫與執行對「萊茵蘭雜種」進行強制絕育的工作。門格勒（Josef Mengele）是費舍的學生，他負責在奧許維茨（Auschwitz）對囚犯進行極不人道的實驗[108]。

對於許多加入納粹黨的前殖民地軍人來說（他們的舊制服，也就是褐色襯衫，後來成為納粹衝鋒隊的制服）這些從非洲集中營產生的理論運用在納粹「殖民」的東歐，以及產生屠殺猶太人的種族滅絕政策，都是相當自然而合理的事。納粹的空軍元帥剛好是德屬西南非行政長官的兒子，這絕非巧合。而《沒有生存空間的民族》（一九二六年）的作者格里姆（Hans Grimm）曾在南非待了十四年也絕非偶然。希特勒於一九三九年任命曾於德屬喀麥隆擔任文官的波徹爾（Viktor Böttcher）擔任波森省督，這是他深思熟慮的結果。波徹爾跟許多納粹文官一樣，想在「帝國東部重溫他們曾在非洲幹過的事」。納粹總是以「殖民的觀點」看待他們併吞的東歐領土，希望以「殖民方式有效率地進行剝削」[109]。

最令當時的人驚訝的是，在東歐，被殖民者與殖民者擁有相同的膚色。最早評論納粹帝國統治方式的厄德利（Eugene Erdely）提到：「過去從來沒有任何屬於白人種族的國家被強加在這樣的狀況之下。」但納粹卻毫無困難地做到了，這要歸功於他們自身的種族理論的高超扭曲技巧。對納粹黨親衛隊首領希姆萊（Heinrich Himmler）來說，斯拉夫民族全是「蒙古人」，必須以雅利安人取而代之，才能在東方建立一個全新的「金髮省分」。希特勒則毫無困難地將俄國人與「赤色分子」連繫在一起。如果奧許維茨是以國家暴力打擊異族人口的巔峰，那麼這種做法的起點顯然就是對赫雷洛人與納瑪人的戰爭。

在概括地對帝國主義進行批判時，我們幾乎總是忽略一個簡單的觀點：有些帝國比其他帝國更糟。想了解法蘭西帝國在兩次大戰期間的運作模式有何特色，可以看看《黑色的旅行》這部由雪鐵龍汽車公司在一九二〇年代拍攝的紀錄片。當哈爾特（Georges-Marie Haardt）與杜布厄依爾（Louis Audoin-Dubreuil）在一九二四年十月駕駛半履帶車進行雪鐵龍遠征中非之旅時，他們不只是為了幫汽車公司打促銷廣告，同時宣傳了法國在非洲的德政，甚至遠及「未知的赤道

法蘭西帝國疾病轉型的時點與速度

	塞內加爾	突尼西亞	阿爾及利亞	越南	法國
轉型開始	1945年左右	1935年	1940年左右	1930年左右	1795年左右
每年增加的預期壽命	0.63年	0.68年	0.70年	0.67年	0.25年
開始時的預期壽命	30.2歲	28.8歲	31.2歲	22.5歲	28.1歲
1960年時的預期壽命	39.6歲	45.8歲	45.2歲	42.6歲	69.4歲
2000年時的預期壽命	52.3歲	72.1歲	71.0歲	69.4歲	78.6歲
預期壽命超過65歲時的年分	--	1985年左右	1987年	1987年	1948年

雨林」。這是對「文明征服」的讚頌。這部電影一方面顯示「白人巫師」以科技的高超本領讓非洲人大開眼界，另一方面又讓人瞥見雨林中「奇異的小矮人」。影片最後讓「三色旗」驕傲地在整座非洲大陸上飄揚，從阿爾及爾到達卡，從布拉薩維爾到馬達加斯加。這種對法國帝國主義抱負的古典呈現，不難讓人感到可笑[110]。然而這樣的抱負並非毫無成果。我們曾經提過，在塞內加爾，殖民統治使預期壽命增加了十年，從三十歲增加到四十歲。阿爾及利亞與突尼西亞的改善也同樣明顯[111]。醫療改善（特別是降低了嬰兒死亡率與過早的不孕）是法屬非洲人口於一九四五年後開始急速成長的原因[112]。在中南半島，法國人建設了兩萬英里公路與兩千英里鐵路，開採煤、錫與鋅礦，並且開闢橡膠種植園[113]。一九二二年，大約有兩萬名越南人獲准成為法國公民——相對於三百萬人口來說的確是少數，但也不是微小的數

目[114]。在法屬西非，一九四六年時，投票權擴大到一百萬非洲人，五年後又增加了三百萬人[115]。**昏睡症一直是德屬喀麥隆苦難的源頭，卻在法屬時期徹底根除**[116]。

與此相比，**比利時人在剛果的統治則是所有非洲帝國最惡劣的例證**[117]，正如第三帝國可以當之無愧地成為所有歐洲帝國中最惡劣的例證一樣（它們以「反證」與「令人作嘔」的方式證明，十九世紀文明開化使命觀念的積極面），因為比利時控制屬地的時間雖然短暫卻已經讓該地變得更為野蠻。希姆萊於一九四二年九月構思的目標，就是讓「日耳曼民族」從八千三百萬人成長到一億兩千萬人，並且讓他們移居到德國征服的所有土地上，包括捷克斯洛伐克、波蘭與蘇聯。他們將往東遷徙，並且在輝煌的新省分——有些省分取了像英格曼蘭（Ingermanland）這樣的名稱——繁衍後代。高速公路與高速鐵路將如同「一串珍珠」（要塞化的德國前哨城市）般連結起來，最遠將達到頓河、窩瓦河，最終甚至將遠達烏拉山。希姆萊說，德國對「東方」的征服，將是「世界殖民史上最偉大的篇章」[118]。

事實上，納粹帝國到最後反而成為世界殖民史上最失敗的作品。從一九三八年開始，這場擴大德國一八七一年邊境的戰役，到一九四二年年底達到巔峰。此時帝國占領了三分之一的歐洲，統治將近半數的歐洲居民——兩億四千四百萬人。然而到了一九四四年十月，當紅軍踏入東普魯士時，一切都結束了，納粹帝國成為世界歷史上最短命的帝國之一，同時也是最令人不齒的帝國。當然，時間的短暫可以從軍事的角度來解釋。一旦第三帝國的戰爭對象不僅限於大英帝國，還包括蘇聯與美國時，它的覆亡便指日可待。然而除了軍事之外，我們還可以從內在面向來解釋為什麼第三帝國無法成為真正的帝國。

從簡單的人口學來看，事實上，八千萬德國人要統治整個歐洲大陸並不是不可能。理論上，德國統治烏克蘭要比英國統治印度的北方邦（Uttar Pradesh）容易得多。理由之一是基輔到柏林的距離要比坎普爾到倫敦的距離來得近。另一個理由是，一九四一年時德國人普遍被烏克蘭人當成是解放者，因而受到他們的歡迎。而且不只是烏克蘭，蘇聯整個西部地帶居住的少數民族都在一九三〇年代受到史達林的懷疑與迫害。絕大多數居民都認為德國的統治會比俄國更好。然而德國人卻不懂得利用這項優勢。

「高傲專橫的納粹德國人」，穿著帥氣制服趾高氣揚地走著，就連從外國壓迫下解放的德裔居民也看不慣他們的作風。更糟的是，他們還自豪地任由新臣服的民族挨餓受凍。帝國行政長官柯霍（Erich Koch）在接掌烏克蘭的統治工作之後表示：「我會把這個國家剩下的一點東西全部榨光。我不是來這裡賜福的……」戈林志得意滿地說，就算非德國人「全餓死了，他也不在乎」[119]。這種不人道充分表現在巴巴羅薩作戰（Operation Barbarossa）開始後對紅軍戰俘的處置方式上。到了一九四二年二月，原本的三百九十萬戰俘只剩下一百一十萬還活著。這些人被當成牲畜一樣關在圍著鐵絲網的戰俘營裡，任由營養不良與疾病摧殘他們。讓被征服者挨餓並不能滿足納粹，他們還想出各種暴力手段來折磨他們，從即興地一陣痛揍（例如未做希特勒式的敬禮手勢，或做得太突然，都會遭到毒打，箇中標準只有施虐者自己知道）一直到工業化的種族滅絕。事實上，這些都是赫雷洛人遭遇的擴大版。

少數德國人看出其中的愚妄。一九四四年二月，弗勞恩費爾德表示：

> 無情野蠻的原則，這種對待烏克蘭的方式完全是根據過去幾個世紀對待有色奴隸民族的觀點與手法而來；對於烏克蘭民族的輕蔑，不只表現在打擊個人的行動上，也顯現在每個可能與不可能的狀況下吐露的言語文字，這種政策是不合常理的……這些做法充分顯現在治理不同的民族上完全違情悖理，而其導致的後果只能說是……一場災難[120]。

東方部一名官員也說，這是「統治失當的經典範例……不到一年的時間，我們就讓絕對支持德國人、而且歡欣鼓舞把我們當成解放者來迎接的民族，躲到樹林與沼澤裡當游擊隊員。[121]」

除了傲慢、麻木不仁與野蠻外，還有十足的愚蠢。早在一九三八年，一名國防軍參謀官已經提到「國家蠢到沒有能力治理」新取得的蘇臺德區。羅森堡的東方部不久就被戲稱為「混亂部」。親衛隊希望建立更加中央集權的帝國，但希姆萊與他底下的馬屁精就連安排八十萬德裔居民定居的事都辦不好。奧倫道夫（Otto Ohlendorf）是忠誠的特別行動隊的指揮官，曾經屠殺成千上萬的蘇聯猶太人，他悲嘆希姆萊的才幹就是「製造混亂」[122]。然而，納粹帝國運轉失靈的原因絕非羅森堡或希姆萊，而是他們的主子。畢竟希特勒才是真正主掌第三帝國的人（戰時頒布的六百五十項立法命令中，有七十二項是以他的名字簽發）。入侵蘇聯後不久，希特勒表示：「東方征服的領土如此廣大，想讓駐紮當地維持安全的部隊數量保持充裕，就不能只用法律程序來處理反抗力量，占領區部隊應該盡可能散布恐怖，將當地居民的反抗意志徹底擊垮。」希特勒偏愛的維持占領區安定的方法是「殺死一切可疑分子」。貝斯特（Werner Best）是第三帝國裡少數對帝國統治擁有半清醒見解的人物，在他眼裡，希特勒是現代版的成吉思汗

——以破壞為能事，他的野蠻帝國不可能永遠存續下去。 123

從許多方面來看，納粹帝國是某個概念的落實，它的表現令人厭惡，而且在一九四五年後已成為歷史絕響。數世紀以來，人們合理地認為通往富裕的道路在於剝削外族與他們的土地。我們已經提過，早在「生存空間」一詞出現之前，歐洲帝國已經開始競逐新的移居地與新的民族做為稅收來源——而比它們更早的還有亞洲、美洲與非洲帝國。然而到了二十世紀，我們逐漸可以看出，即使沒有殖民地，工業經濟依然可以順利發展。事實上，殖民地反而是個額外負擔。經濟學家舒伯特（Helmut Schubert）在一九四二年提到，德國真正的未來是成為一片「廣大的工業區」，仰賴「永久而不斷成長的外籍勞工」。東方的德國化是不可能的；德國的東方化反而更有機會發生，特別是當勞動從農業轉向工業時。戰時經濟的急迫證明舒伯特的觀點正確。到了一九四四年底，大約有五百萬外國人被徵召到舊帝國境內的工廠與礦場工作。極為諷刺的是，想建立種族純淨的帝國夢想，反而讓德國變成多民族國家，儘管是奴隸國家。戰後，東歐奴隸被土耳其與南斯拉夫的「外籍勞工」取代，但並未改變這項經濟論點。現代德國事實上不需要「生存空間」。它需要的是在此生活工作的移民。

法蘭西帝國不像野蠻的納粹帝國那樣無藥可救。如果法蘭西帝國採行納粹的做法，它就不可能在二次世界大戰後迅速恢復——甚至於重新燃起昔日的同化野心，將法蘭西帝國改名為「法蘭西聯盟」（French Union）。即使法蘭西帝國在一九四四年布拉薩維爾會議後，遭遇了奠邊府戰役失敗與阿爾及利亞叛亂的打擊，這兩個戰爭階段各經過十年的時間，仍然比希特勒第三帝國的國祚來得長。兩次世界大戰有如恐怖的復仇女神，她尾隨著「文明開化使命」的傲慢女神前來。歐洲帝國把它們過去對待非洲人的方式（儘管殘酷的程度不一）充分運用到歐洲戰場。**醫學原本是對抗疾病的救世主，最後卻被種族偏見與優生學這種偽科學所扭曲，使一些醫師變成了殺人魔**。到了一九四五年，**正如甘地所說，「西方文明」似乎已經成為充滿矛盾的詞彙**。戰後歐洲帝國的急速瓦解似乎是相當公允的懲罰，儘管絕大多數前殖民地似乎還未做好自治的準備[124]。

令人困惑的是，從毀滅一切的殘暴年代中，居然產生了**新的文明模式，它的核心不再是殖民，而是消費**。到了一九四五年，西方已經準備好放下武器，提起購物袋——脫掉制服，穿上牛仔褲。

| 第五章 |

消　費

我們必須轉變我們的帝國與我們的人民，讓我們的帝國像歐洲國家一樣，讓我們的人民像歐洲人一樣。

——井上馨（1836-1915，日本明治時代的活耀人物，曾任外務大臣）

西方把自身的偉大發明與民主看得比上帝的話語重要，西方會反對這場終結卡爾斯（Kars）民主的政變嗎？……還是說我們可以下這樣的結論，民主、自由與人權其實一點也不重要，西方只是希望世界其他地區像猴子一樣，亦步亦趨地跟著它？西方是否能忍受敵人也施行民主，特別是與它毫不相似的敵人？

——帕慕克（Orhan Pamuk，1952-，2006年諾貝爾文學獎得主，當代歐洲最核心的文學家之一）

消費社會的誕生

一九〇九年，法國猶太裔銀行家與慈善家卡恩（Albert Kahn）[1]在造訪日本之後產生靈感，決定收集世界各地民眾的彩色照片並且集結成冊。卡恩說，這項計畫目標在於「以攝影的方式將二十世紀初人類在地表居住與發展的景象記錄下來」。以新發明的彩色照相底板拍攝，卡恩「行星檔案」的七萬兩千張照片與一百小時的拍攝時間，顯示了五十個國家以上令人目不暇給的服飾與時尚：愛爾蘭語區滿身泥土的貧農、一頭亂髮的保加利亞士兵、威嚴的阿拉伯酋長、赤裸的達荷美戰士、戴上花環的印度大君，充滿誘惑的中南半島女祭司，與異樣冷淡的蠻荒西部牛仔[I]（見圖32）。在那個時代——這點令今日的我們感到吃驚——我們的穿著說明我們是什麼人。

今日，一個世紀之後，卡恩的計畫已然缺乏意義，因為在現今世界，人們的穿著大體相同：相同的牛仔褲、相同的運動鞋、相同的T恤。只有極少數地區的居民仍抗拒著巨大的縫紉混合機，其中一處是祕魯的鄉村。在安地斯山區，克楚亞（Quechua）婦女仍穿著她們色彩明亮的服飾、圍巾與小毛氈帽，以時髦的樣式穿戴，並且裝飾著部族的標誌。不過這當中有些東西並非傳統克楚亞族的服飾。圍巾與帽子其實源自安達魯西亞（Anadalusia），是阿馬魯失敗後，西班牙總督托雷多（Francisco de Toledo）於一五七二年引進的。真正傳統的安地斯女性服飾是一件長及膝蓋的束腰外衣，腰間繫上腰帶，外面再罩上一件披風，然後以別針固定。克楚亞女性現今的穿著，結合了這些早期服飾與西班牙主子命令她們穿上的衣服。玻利維亞女性穿戴的圓頂禮帽，則是從英國工人抵達該國為當地鋪設第一條鐵路時開始的[2]。安地斯男性現在流行的美式休閒服裝，只是漫長的服飾西化史中的最新篇章。

什麼原因使其他民族對我們的服裝難以抗拒？穿著跟我們一樣，背後是否意味著想跟我們「一樣」？顯然，這不光只是衣服的問題，而是**擁抱整個流行文化的問題**。流行文化透過音樂與電影，更不用說還透過飲料與速食影響了每個人的生活。**流行文化背後也隱藏一些微妙的訊息**。例如**自由**——每個人都有權利選擇自己喜歡的服裝、飲料或食物（即使到最後每個人都變得一模一樣）。以及**民主**——只有民眾喜歡的消費商品，廠商才願意生產。當然，還有**資本主義**——企業必須藉由販賣商品獲利。服裝是西化的核心，箇中原因很簡單。那場被史家稱為「工業革命」的經濟大轉變（使越來越多人的物質生活獲得飛躍進展）就是從紡織業開始。工業革命的奇蹟有部分是科技創新造成大量生產的結果，而科技創新的源頭來自於更早之前的科學革命（見第二章）。然而，工業革命如果少了活力充沛的消費社會——它的特點是對於便宜衣物有著幾近無限的彈性需求——就不可能在英國發跡，也不可能傳布到其他西方國家。工業化的魔力（雖然當時的批評者普遍忽略了這一點）在於工人在生產的同時，自己也成為消費者。「薪資奴隸」也能購物；最底層的無產階級不只擁有一件襯衫，他們還想要第二件、第三件襯衫。

❶卡恩是哲學家柏格森（Henri Bergson）的弟子，他的事業後來遭到經濟大恐慌摧毀，而他龐大的攝影計畫也因而終止。其中一些影像見於http://www.albertkahn.co.uk/photos.html.

消費社會在今日已無所不在，因此很容易讓人以為它從古到今一直存在。事實上，消費社會是相當晚近的發明，在它的推動下，西方逐漸領先了東方。消費社會最顯著的特徵，就是它具有無法抗拒的吸引力。我們在上一章提到，現代醫學通常是用強制的方式在西方殖民地推行，消費社會則非如此，這項殺手級應用總是引發世界其他地區爭相下載。就連那些明確反對資本主義的社會秩序（尤其是馬克思學說的各種衍生物）也無法完全排除消費社會。結果產生現代史上最大的一項矛盾：一個能為個人提供無限選擇的經濟體系，最後卻使人類同質化。

人們常誤以為工業革命是一種科技的廣泛創新，而這種創新同時轉變了多種經濟活動。事實上並非如此。工業化的第一個階段主要集中在紡織業。最早的工廠是棉紡織工廠，例如位於佩斯里（Paisley）的安克爾工廠，如今已成為蘇格蘭產業極盛時期的紀念性建築❷。

到底發生了什麼事？簡單的說法是，在十九世紀的某個時點，原本從十七世紀就不斷上揚的英國人均經濟產出，突然像火箭一樣飆升。由於要以現在的衡量指標（如國內生產毛額與國民所得）來回溯推估當時的經濟產出極為困難，因此每個學者對於工業革命發生的精確時間，人人說法不一。一份權威性的估計顯示，英國人均國民所得每年成長率，從一七六〇到一八〇〇年還不到〇・二％，一八〇〇到一八三〇年則是〇・五二％，一八三〇到一八七〇年提高到一・九八％[3]。以二十一世紀的標準來看，這些數字實在少得可憐。儘管如此，它的效果卻是革命性的。因為過去從未出現這種經濟成長持續加速的現象，而此後這種現象也未曾停止。成長不斷加速，意味著一九六〇年平均每個英國人要比一八六〇年他的曾祖父富有近六倍以上[4]。

更值得注意的，則是英國勞動力從農業移動到其他部門（不只是製造業，還有服務業）的速度。早在一八五〇年，英國的農業人口已不超過五分之一，同時間，低地國的農業人口仍將近四五％。到了一八八〇年，每七名英國人已不到一人從事農業；到了一九一〇年，每十一人只有一人從事農業[5]。總合成長數字掩蓋了這種戲劇性的變化。不過，工業革命的傳布在經過數十年後，仍具有濃厚的地方色彩。舉例來說，在格洛斯特郡（Gloucestershire），幾乎看不到什麼工廠。在蘭開夏，即使籠罩在煙霧中，你也不可能漏掉工廠。蘇格蘭高地仍原封不動；這是為什麼維多利亞時代的英國人逐漸愛上了在約翰生博士那個世代眼中渺無人煙的荒原。相較之下，格拉斯哥經過貿易與工業的轉變，成為大英帝國的「第二大城」，它的煙囪排放的臭氣已超越另一座臭不可聞的大城愛丁堡。

有人形容工業革命是「一波小玩意兒」[6]。當然，工業革命是科技創新，它是促使土地、勞動與資本這三項生產要素的生產力成長的決定性因素。在十九世紀，勞動與資本的數量增加❸，但真正重要的是品質的提升——使總產出超過工人與工廠增量的總和。因此，從供給面來看，工業革命追求的是效率。哈格里夫斯（James Hargreaves）的珍妮紡紗機（一七六六年）、阿克萊特

❷ 克拉克公司（Clark's）成立於一八二二年。一八八六年興建安克爾工廠（Anchor Mill）。老闆克拉克（Kenneth Clark）是一名士紳學者，它採行的功利主義風格，相信邊沁（Jeremy Bentham）看了也會讚賞不已。安克爾工廠於一九六八年關閉，在日本公司的競爭下，不只是安克爾無法獲利，絕大多數的英國紡織業也都是如此。

（Richard Arkwright）的水力紡紗機（一七六九年）；克隆普頓（Samuel Crompton）的走錠紡紗機（一七七九年）；卡特萊特（Edmund Cartwright）的蒸汽動力織布機（一七八七年）與羅伯茲（Richard Roberts）的自動走錠紡紗機（一八三〇年）：這些發明可以讓每人每小時生產更多的線或布。舉例來說，珍妮紡紗機可以讓一名工人同時使用八個紡錘來紡棉紗。

有了這些發明，英國的棉單價從一七九〇年代中葉到一八三〇年，總共下降近九成七。同樣的情況也出現在其他關鍵突破上，如鐵與蒸汽動力的生產。尼爾森（James Neilson）的高爐於一八二八年取得專利，它大幅改善了達比（Abraham Darby）於一七〇九年發明的焦炭煉鐵法。達比的科布魯克達爾高爐鐵產量從一七〇九年的每年八十一噸，提高到一八五〇年的每年四千六百三十二噸。同樣地，紐科門一七〇五年的蒸汽機幾乎無法使用；瓦特加裝了分離冷凝器後，便大幅改善了蒸汽機；而特里維西克（Richard Trevithick）的高壓蒸汽機，則又進一步提升了功能。紐科門的引擎燃燒四十五磅的煤產生一馬力／小時；而十九世紀晚期的蒸汽引擎產生同樣的馬力／小時，使用的煤卻不到一磅[8]。到了一八七〇年，英國蒸汽引擎總計能產生四百萬馬力，相當於四千萬人力。要餵養如此龐大的人力，英國小麥產量必須增產到原來的三倍[9]。

就思想深度來說，這些發明比不上十七世紀的科學突破，但博爾頓（Boulton）與瓦特都是伯明罕月光社的成員，就連當時最頂尖的化學家普利斯特里（Joseph Priestley）也加入該社，這多少說明科學革命與工業革命之間的緊密連結[10]。更明確地說，這是累積與演進的改善過程，主要是透過粗略的修補，有時是由只受過粗淺科學教育的人來進行。這個時代的精神已然下了騎兵戰馬，我們發現它進入博爾頓與瓦特的索霍工廠（Soho Manufactory）裡努力工作。創新，具體而微地表現在倔強的瓦特身上；而企業家精神，則可從精力充沛的博爾頓身上看出：這是工業革命最經典的合夥模式。

「我賣這個，先生，」一七七六年，博爾頓告訴鮑斯威爾（James Boswell）說：「全世界都想要的東西——動力。」[11] 但動力可以拿來做什麼？如果工業革命只是大量增加了布、鐵與機械力的年產量，那麼這樣的成就並沒有什麼意義。另一項重要元素是消費社會的快速發展與傳布，如此才能增加對這些物品的需求[12]。如果技術創新刺激了供給面，那麼工業革命的需求面則有賴人類對衣物無可饜足的欲望來驅動。最能刺激這種欲求的，就是十七世紀初由東印度公司自印度進口的棉布。（對陶器需求，中國瓷器的進口也有類似的效果。[13]）家庭主婦喜歡這些東西，她們的行為與預算也因此做出調整[14]。企業主嘗試運用新科技來仿造這些進口物品，然後取代它們[15]。

棉花是英國經濟奇蹟的領頭羊。紡織占了英國國民所得的十分之一左右，而棉紡織業的生產效率提升最快速。曼徹斯特的工廠與歐丹姆（Oldham）的工坊成為這場轉變的核心。最顯著

❸ 英格蘭從一七四〇到一七九〇年代，人口暴增了三分之一以上；到了一八六〇年代，英格蘭人口已是一七四〇年代的三倍以上。平均結婚年齡從二十六歲降到二十三歲，維持單身的女子數量減少，而私生子數量增多。克拉克（Gregory Clark）認為，富人子女比窮人子女的壽命來得長，這種傾向解釋了工業革命，因為「中產階級的價值經濟傾向最有可能透過生育子女的有利條件傳布……將節儉、謹慎、協商與辛勤工作這些價值灌輸到社群之中，改正原本揮霍、暴躁、衝動與好逸惡勞的惡習」（Clark, *Farewell to Alms*, pp. 132, 166）。但有錢的法國與義大利子女大概也過得比窮人子女好。

的特徵是英國棉布生產絕大部分不是供國內消費之用。一七八〇年代中期，棉布出口只占英國總出口的六%。到一八三〇年代中期，比重提升到四八%，絕大多數是銷往歐陸[16]。長久以來，史學家一直對於是科技浪潮、還是消費社會先在英國出現存有爭議。在歐陸則無此疑問。歐洲人顯然先對工廠生產的廉價棉布產生興趣，然後才開始學習如何靠自己生產棉布。

為什麼英國率先工業化？英國的消費社會與其他西北歐國家相比，似乎不是特別突出。此外，科學知識水準與傳播也未特別優越。十八世紀英國經濟在幾個部門有特別顯著的發展，例如農業、銀行業與商業，但這些部門如何帶動對棉布、鐵與蒸汽動力生產的投資，使其提高生產力，這之間的關聯性卻不是那麼清楚。有人認為，英國率先工業化必定與政治或法律有關。舉例來說，普通法據說要比歐陸系統的拿破崙《民法典》更能鼓勵民眾成立公司，也更能保護債權人的利益[17]。先前提到，制度的優勢確實讓英國在十七世紀時逐漸領先其他即將成為帝國的國家，到了十八世紀更是如此。但是我們不清楚，為什麼國會主權或普通法的演進，能比歐陸各國的既有制度更能讓博爾頓與瓦特產生強烈的誘因。

十八世紀英國針對印度平織棉布課徵關稅，可能讓英國棉布製造商產生些許優勢，類似的做法也出現在日後美國為了保護國內幼稚產業免受英國競爭而採取的保護主義措施上[18]。李嘉圖（David Ricardo）的比較優勢學說❹，無法完全解釋為什麼英國出口的棉布會在十九世紀上半葉出現驚人的成長。此外英國（或者就這點來說，美國也是如此）的政治或法律制度比荷蘭、法國或日耳曼地區更有利於工業發展，這種說法也不完全可信[19]。在當時的人眼中，在工業起飛的關鍵數十年間，英國政治與法律制度的狀況其實對新生工業非常不利。激進的評論家科貝特

（William Cobbett）用「經年累月的貪腐」來形容國會、國王與倫敦市之間的勾結串連。在《荒涼山莊》（*Bleak House*, 1852-3）中，狄更斯將衡平法院描繪成解決財產紛爭的一塊極無效率的障礙；而在《小杜麗》（*Little Dorrit*, 1855-7）中，狄更斯諷刺的是「踢皮球部」，也就是阻礙經濟發展的政府部門。合股公司一直屬於非法，這種現象直到一七二〇年泡沫法在一八二四年廢止後才改善，而關押債務人的監獄（如《小杜麗》生動描繪的馬夏爾西監獄）仍持續到一八六九年破產法通過為止。不要忘了，維多利亞時代國會通過的與紡織業相關的立法，絕大多數都是用來限制工廠老闆的經濟自由，尤其在童工方面。

英國在兩件事上與其他西北歐國家有著重大差異，也是這一點使工業革命得以出現。首先是英國的勞工要比歐陸昂貴得多——根據可得的紀錄來看，甚至可能是全球最昂貴的。十八世

❹ 比較優勢，指一個國家有能力以較低的機會成本或較高的相對效率生產一件商品或勞務。李嘉圖的著名例子是英格蘭與葡萄牙的貿易。在葡萄牙，可以比英格蘭更容易與更廉價地生產葡萄酒與棉布，但在英格蘭，生產葡萄酒要比生產棉布困難而且昂貴。如果葡萄牙人專心生產葡萄酒（它在這項商品上擁有最高的比較優勢），而英格蘭人專心生產棉布，則雙方均能獲利。葡萄牙人可以用剩餘的葡萄酒與英格蘭人交換剩餘的棉布。葡萄牙可以獲得比光靠自己生產更多的棉布；英格蘭則可以取得更便宜的葡萄酒。這項理論運用在愛爾蘭時，產生了災難性的結果。為了滿足英國市場的需求，愛爾蘭專門生產肉類，農民完全以馬鈴薯為主食，當一八四〇年代中期出現馬鈴薯農害時，當地的糧食供應遭受嚴重打擊。英國政府相信李嘉圖原理能解決問題，於是並未運送緊急糧食來緩和這場饑荒；結果造成一百萬人死亡，這個事件證明的原理不是李嘉圖而是馬爾薩斯（Thomas Malthus），他的《人口論》（*Essay on the Principle of Population*, 1798）預言了這種災難的發生。殘存的人口只能逃往外地，絕大多數到了美國。

紀下半葉，巴黎工人的實質薪資（根據消費者物價調整後的銀價來計算）只比倫敦工人的一半多一點。米蘭的實質薪資則僅達倫敦水準的二六％[20]。中國與印度南部的薪資更低，而這不只是因為亞洲稻米要比歐洲小麥種植的生產力高的緣故[21]。第二個理由是英國的煤產量豐富，而且容易開採，英國的煤價比英吉利海峽對岸便宜很多。從一八二〇到一八六〇年代，英國煤礦產量增加為原來的四倍；每噸價格減少了四分之一。這兩項差異說明英國企業老闆為什麼遠比歐陸企業老闆對科技創新有興趣。比起其他地方，英國更願意用廉價的煤驅動的機器來取代昂貴的人力，這一點相當合理。

與先前的法國大革命一樣，英國工業革命也傳布到歐洲。但這是一種和平征服[22]。偉大的發明家無法保護他們的創新成果（也就是我們現在說的智慧財產權）。新科技以驚人的速度在歐陸與大西洋對岸複製與重製。第一座真正的棉布工廠（阿克萊特位於德比郡克隆佛德的工廠）建於一七七一年。不到七年，一模一樣的工廠在法國出現。只花了三年，法國人就複製了瓦特於一七七五年發明的蒸汽引擎。到了一七八四年，日耳曼人也仰賴工業間諜而成功複製了棉布工廠與蒸汽引擎。美國人擁有可以自行種植棉花與自行開採國內煤礦的優勢，但他們的步調稍微慢了點：第一座棉布工廠於一七八八年出現在麻州巴斯河，而第一臺蒸汽引擎出現於一八〇三年[23]。比利時人、荷蘭人與瑞士人也急起直追。類似的模式也在一八二五年斯塔克頓到達林頓的鐵路開通，蒸汽火車頭開始接上車廂營運後開始，不過這項創新只花了五年就跨越大西洋，比較起來，傳到日耳曼地區花了十二年，傳到瑞士則花了二十二年[24]。隨著科技效率提升，最後連勞工便宜與煤產量稀少的地區也認為這些創新具有經濟吸引力。從一八二〇到一九一三年，全世界紡錘數量增加的速度是人口的四倍，但英國以外地區的成長率卻是英國本地的兩倍。世界棉布產業產出毛額增加的速度是紡錘總數增加的三倍，這顯然是生產力增加（以及需求成長）的結果。[25]從一八二〇到一八七〇年，西北歐國家與北美國家的成長率趕上了英國，其中又以比利時與美國最快。

到了十九世紀晚期，工業化往兩個開闊地帶熱烈進行：一個延伸到美國東北部，以麻州洛威爾（Lowell）這類城鎮為核心，另一個從格拉斯哥擴展到華沙，甚至遠及莫斯科。一八〇〇年，世界十大城市有七座仍然位於亞洲，北京的規模仍然超越倫敦。到了一九〇〇年，在工業革命的影響下，前十大只有一座是亞洲城市，其他全是歐洲或美洲城市。

英式工業城市散布到全世界，這種現象讓一些人感到激勵，也讓一些人感到沮喪。達爾文是受到激勵的一方，如他在《物種原始》（*On the Origin of Secies*, 1859）承認的，他在工業革命時代的生活經驗，使他「完全可以理解什麼是生存鬥爭」。達爾文的天擇說也可以用來說明十九世紀中業紡織業的經濟世界：

> 所有的有機體都暴露在嚴厲的競爭之中……被生產出來的個人數量已遠超過得以生存的個人數量，因此各方面必定會出現生存的鬥爭，要不是個人與同種的個人鬥爭，就是個人與外族的個人鬥爭，或者是個人與物質生活條件的鬥爭。每個有機體……必須努力求生……當天擇只是透過累積微小的、接續的、受人喜愛的變化來產生作用時，它就能產生不那麼巨大或突然的調整……[26]

若就這層意義來說，歷史學家可以借用達爾文的詞，轉而討論工業「演化」似乎更為合理。往後經濟學家韋布倫（Thorstein Veblen）與熊彼得（Joseph Schumpeter）曾提出這樣的看法，十九世紀資本主義其實是不折不扣的達爾文體系，它的特徵是看似隨機的變化、偶然的生成與不同的存續方式，或者用熊彼得的名言來說，它是「創造性破壞」[27]。

然而精確來說，工業革命產生的無規則市場波動也讓當時許多人感到驚嚇。我們在上一章提到，在公共衛生獲得重大突破之前，工業城市的死亡率遠高於鄉村。此外，首次出現而且毫無規則可言的「景氣循環」——表現在週期性的工業過度生產與金融恐慌上——給人的印象遠較經濟平均成長率的漸進加速來得強烈。雖然工業革命就長期而言確實明顯改善了人類生活，但短期來看似乎使人類生活變得更糟。布雷克（William Blake）《米爾頓》（*Milton*）序言中有一幅插圖，在陰沉的景象中，一名皮膚黝黑的人物舉起一段吸飽了血的綿紗[5]。對於作曲家華格納來說，倫敦是「阿爾貝里希（Alberich）夢境的真實反映——亡者的霧之國（Nibelheim）支配了世界、活動、工作，每個地方都感受得到蒸汽與霧氣」。英國工廠地獄般的景象給予華格納靈感，使他在《萊茵的黃金》（*Das Rheingold*）中描繪侏儒的地下王國，同時也呈現整個《指環》（*Ring*）循環的主題，也就是鐵鎚不斷敲擊的斷奏：

深受德國文學與哲學影響的蘇格蘭作家卡萊爾（Thomas Carlyle）首度指明工業經濟的致命缺點：工業經濟將所有社會關係化約成他所謂的「金錢關係」，他在《過去與現在》（*Past and Present*）提出這項說法：

> 這個世界以如此強烈的活力急忙去取得工作乃至於更多的工作來做，忙得沒有時間思索如何分配薪資；而只是任由強者法則、供需法則、自由放任法則、其他毫無根據的法則與無法則來瓜分這些薪資。我們稱這種現象為社會，而且公開承認這種全面性的區隔與孤立。我們的生活不是互助，而是籠罩在正當戰爭法則之中，我們稱這種法則為「公平競爭」等等，我們的生活是相互敵視。我們完全忘記「金錢支付」不是人類之間唯一的關係形式……它不是人與人之間唯一的連結。除了供需法則外，我們還有更深刻的義務法則，它就像人類的生命一樣神聖[28]。

「金錢關係」一詞完全投合萊茵蘭一名叛教猶太律師之子的想法，於是他與一名烏珀塔（Wuppertal）棉布工廠繼承人共同盜用了這個詞，將其寫在令人吃驚的「宣言」上，並且於一八四八年革命前夕出版了這份文件。

❺ 文中的「黑暗撒旦工廠」很可能指的是艾爾比恩麵粉工廠（Albion Flour Mills），由博爾頓與瓦特公司在一七六九年興建於倫敦，一七九一年毀於一場大火。

儘管馬克思與恩格斯是共產主義的建立者，但其實跟他們一樣針對工業社會提出激進批判的人相當多，但他們卻最早為另一種社會秩序提出一種內在一貫的藍圖。由於這是西方文明內部分裂的源頭，而且這場分裂持續了近一個半世紀的時間，因此值得我們花一點篇幅探討他們理論的根源。馬克思主義混合了黑格爾哲學（歷史作為辯證過程）與李嘉圖政治經濟學（資本的報酬遞減與低薪「鐵」律），同時吸收了卡萊爾對工業經濟的反感，但另以烏托邦取代卡萊爾的懷舊情緒。

馬克思本人是個令人作嘔的人物，他是一個蓬頭垢面的乞討者與粗野的批判者。馬克思喜歡誇言他的妻子出身於「西發利亞男爵世家」，儘管如此，他卻與家中女僕生下私生子。有一次，他應徵一份工作（鐵道公司職員），卻因為字跡過於潦草而遭到拒絕。他想到股票市場試試手氣，卻賠得一文不名。因此馬克思一生絕大多數的時間都仰賴恩格斯的接濟。對恩格斯而言，社會主義是一項嗜好，就跟獵狐與追求女性一樣；他白天的工作是經營他父親位於曼徹斯特的一家棉布工廠（它的專利產品稱為「鑽石線」）。歷史上沒有人像馬克思一樣忘恩負義，對於供養他生活的棉花工廠可說是極盡攻擊之能事

馬克思主義的核心主旨認為，工業經濟註定產生不可容忍的不平等社會，社會被區隔成資產階級（也就是資本的擁有者）與無產階級。資本主義無情地要求將資本集中在少數人手中，並且將其他人貶低成薪資奴隸，只支付「勉強能讓他們生活下去的薪資，使勞動者永遠只能當一名勞動者」。在艱澀難讀的《資本論》（*Capital*, 1867）第一冊第三十二章中，馬克思預言未來必將發生的結果：

> 隨著大資本家的數目持續減少，他們篡奪與壟斷轉變過程的一切好處，悲慘、壓迫、奴役、墮落與剝削不斷滋長；但在這當中也產生了工人階級的反叛……
>
> 生產工具的集中化與勞動群眾的社會化，兩者逐漸在資本主義的外殼下互不相容。這片外殼將裂成碎片。資本主義私有財產制的喪鐘響起。剝奪者遭到剝奪。

這段文字帶有華格納作品的色彩，一部分是《諸神的黃昏》（*Götterdämmerung*），一部分是《帕西法爾》（*Parsifal*），這點並非出於偶然。但是當《資本論》出版的時候，這位偉大的作曲家早已將一八四八年精神拋諸腦後。取而代之的是波提耶（Eugène Pottier）的〈國際歌〉（The Internationale）成為馬克思主義的國歌。在德傑特（Pierre De Geyter）譜寫的曲子下，「奴役的群眾」拋開他們的宗教「迷信」與愛國情操，向「盜賊」及其同路人（暴君、將軍、王公之流）宣戰。

在說明馬克思及其追隨者的錯誤之前，我們必須承認他們的正確觀點。**不平等地增長的確是工業革命造成的結果**。從一七八〇到一八三〇年，英國平均每個勞動者的產出成長了二五%，但薪資僅僅增加了五%。國民所得往人口頂端流動的比例從一八〇一年的二五%增加到一八四八年的三五%。在巴黎，一八二〇年有九%的人口被歸類為「有產者與食租者」（靠投資過活的人），而且擁有四一%有紀錄的財富。到了一九一一年，他們擁有的財富比例提高到五二%。在普魯士，國民所得流向頂端，從五%增加到一八五四年的二一%、一八九六年的二七%與一九一三年的四三%[29]。顯然，工業社會在整個十九世紀變得越來越不平等。這種現象造成的結果是可預期的。舉例來說，在漢堡，一八九二年的霍亂疫情，年所得低於八百馬克的人，死亡率是年所得超過五萬馬克的人的十三倍以上[30]。就算不是馬克思主義者，也驚恐於工業社會的不平等。威爾斯出生的工廠老闆歐文（Robert Owen）於一八一七年創造了「社會主義」一詞，他設想了另一種以合作生產與烏托邦村落為基礎的經濟模式，後來他根據這個想法建立了蘇格蘭的歐畢斯頓（Orbiston）與美國印第安納州的新和諧鎮（New Harmony）[31]。就連愛爾蘭唯美主義大師王爾德（Oscar Wilde）也看出純文學的優雅世界是以社會的悲慘為基礎：

> 這些人是窮人；在他們的世界中不存在優雅、言語之美或文明……人類絕大部分的物質繁榮取自這些人的集體力量。但是窮人遭到遺忘，人們只看重他們留下的物質收益。他只是力量中的微小原子，非但得不到重視，反而輕易遭到摧折：事實上，還寧可他受到摧折，這樣他就會更聽話……煽動者是一群涉足是非、好管閒事的人，他們來到乖巧順從的社區，在當中播下不滿的種子。這是為什麼那些煽動者總是一副理直氣壯的樣子。然而，他們若不處於目前這種不完整的狀態，文明則無法進展……事實上，文明需要奴隸。希臘人就是典型的例子。除非由奴隸來處理那些醜惡、恐怖與無趣的工作，否則文化與沉思幾乎是不可能的。奴役人類是錯誤的、不安穩的與不道德的。機器的奴隸，或奴役機器，世界的未來只能指望這麼做[32]。

然而王爾德恐懼的與馬克思期盼的革命從未實現——至少不是出現在預期的地方。一八三〇年與一八四八年的動亂，來自於短期糧價攀高與金融危機的影響，而非社會的對立分裂[33]。隨著歐洲農業生產力獲得改善、產業就業增加、景氣循環的波動減緩，革命的風險也跟著消退。無產階級並未結合成貧苦的群眾，相反的，他們分裂成擁有技術的「勞動貴族」與行為不檢的流氓無產階級。前者偏向以集體為名來發動罷工與革命為要脅來獲取較高的薪資，後者則偏愛琴酒。體面的工人階級擁有工會與工人俱樂部[34]。流氓（格拉斯哥的「城市暴徒」）則有自己的音樂小館或街頭械鬥。

《共產黨宣言》的號召，無論如何都很難吸引它想喚起的工業工人。馬克思與恩格斯要求廢除私有財產制：廢除遺產、信貸與交通運輸中央集權化、所有工廠與生產工具收歸國有、創造「農業的工業大軍」、廢除城鄉差異、廢除家庭、成立「婦女社群」（共妻制）與廢除國籍。相較之下，十九世紀中葉的自由派人士希望擁有立憲政府，言論、出版與結社自由，透過選舉改革落實更廣泛的政治代表權、自由貿易，以及某些地區需要的民族自決（「自治」）。在一八四八年動亂過後的半個世紀裡，自由派人士取得相當多的成果——這些成果無論從哪個角度看都足以讓馬克思與恩格斯孤注一擲的做法顯得「太過極端」。一八五〇年，只有法國、希臘與瑞士有五分之一以上的人口有投票權。到了一九〇〇年，已經有十個歐洲國家達到這個門檻，英國與瑞典則稍微落後一點。更廣泛的代表權促使立法嘉惠低所得族群；英國的自由貿易意味著便宜的麵包，而便宜的麵包加上在工會壓力提高的名目薪資，表示工人實質薪資更為提高。從一八四八到一九一三年，倫敦建築工人的實質日薪增加為原來的兩倍。更廣泛的代表權也產生更進步的稅制。英國率先於一八四二年改革稅制，皮爾爵士（Sir Robert Peel）引進和平時期的所得稅；到了一九一三年，標準稅率是每英鎊繳納十四便士（六%）。在一八四二年以前，英國歲收幾乎全來自間接的消費稅、關稅與貨物稅，以及累退稅（越是富有，負擔的稅率越低）。到了一九一三年，英國歲收有三分之一來自對富人課徵的直接稅。一八四二年，中央政府在教育、藝術與科學上幾乎沒有任何預算。一九一三年，這部分占了總支出的一〇%。而英國也於此時追隨德國的腳步引進國家老人年金。

馬克思與恩格斯在兩個地方犯下錯誤。首先，他們的薪資鐵律完全荒謬無稽。在資本主義下，財富確實變得高度集中，而這種狀況甚至一直持續到一九二六至一九五〇年之間。然而，隨著實質薪資的提高與稅率逐漸不採累退制，所得的差異也逐漸縮小。資本家了解馬克思遺漏了什麼：工人也是消費者。因此，試圖將工人的薪資降低到僅能餬口是不切實際的。從美國的例子就能清楚看出，對絕大多數資本主義企業而言，最大的潛在市場就是他們自己的員工。紡織生產的機械化非但不會讓群眾「陷於悲慘的處境」，反而為西方工人創造更多的就業機會（只是要犧牲印度的紡紗工與紡織工）而且棉布與其他商品價格的下降，意味著西方工人可以用自己的週薪購買更多的物品。最能顯示這項衝擊的，就是在這段時期，西方與非西方在薪資與生活水準上出現爆炸性的落差。即使在西方，工業化的前鋒與鄉村的落後者，兩者之間的差異也劇烈擴大。在十七世紀初的倫敦，一名無技術工人的實質薪資（也就是，根據生活成本做出調整）與米蘭的無技術工人沒有太大差異。

然而，從一七五〇到一八五〇年代，倫敦人的實質薪資開始遙遙領先。以歐洲來說，在薪資落差的巔峰期，倫敦實質薪資是米蘭的六倍。隨著十九世紀下半葉義大利北部的工業化，差異開始縮小，到了第一次世界大戰前夕，倫敦與米蘭的薪資比接近三比一。德國與荷蘭工人也從工業化中獲益，即使到了一九一三年他們仍落後於英國工人[35]。相較之下，中國工人毫無迎頭趕上的趨勢。在薪資最高的大城市如北京與廣州，建築工人每日薪資約三克白銀，整個十八世紀均無上升的跡象，到了十九世紀與二十世紀初才有些微的上漲（大約五到六克的白銀）。一九〇〇年後，廣州工人的薪資有所改善，但幅度甚微；四川的工人一直處於極貧困的狀態。若將倫敦工人的薪資換算成白銀，一八〇〇到一八七〇年大約是十八克，一九〇〇到一九一三年上漲到七十克。考慮到養活一家老小的成本，**中國工人的平均生活水準在整個十九世紀是下跌的，尤其在太平天國期間下跌特別劇烈**（見第六章）。當然，維持生活的成本在中國遠比在西北歐便宜。但我們也不應該忘記，當時的倫敦人與柏林人飲食相當多樣，有麵包、乳製品與肉類，搭配大量的酒類，反觀大多數的東亞人只有碾磨的稻米與少量穀類可吃。儘管如此，我們顯然可以看出，到了一九一〇年代，倫敦與北京生活水準的差異是六比一左右，反觀在十八世紀則是二比一[36]。

馬克思與恩格斯犯的第二個錯誤，是低估了十九世紀國家的適應能力，特別是當這些國家以「民族」國家之名來正當化自身的存在時。

在《黑格爾法哲學批判導言》（*Contribution to a Critique of Hegel's Philosophy of Right*）中，馬克思曾著名地提出宗教是「群眾的鴉片」。若宗教真是群眾的鴉片，那麼民族主義就是中產階級的古柯鹼。一八四六年三月十七日，當時已經享有盛名的威爾第（Giuseppe Verdi）的新歌劇在威尼斯鳳凰劇院進行首演。技術上來說，威爾第出生時應該是法國人：他出生時登記的姓名是Joseph Fortunin François Verdi，因為他出生的村落當時仍在拿破崙的統治之下，與帕爾馬（Parma）和皮亞琴察（Piacenza）公國一起併入法國。威尼斯當時也被法國人征服，卻在一八一四年移交給奧國。哈布斯堡軍隊與官僚的不受歡迎，說明為什麼絕大多數義大利觀眾總是對以下的臺詞投以喧鬧的熱情：

年老而病弱
東方帝國統治者的尊容；
幼小的傻子坐在西方帝國的王座上；
一切都將消散
如果你與我團結起來……
你可以擁有世界
但把義大利留給我。

羅馬使節艾齊歐（Ezio）在羅馬遭到劫掠之後，對匈奴王阿提拉（Attila）唱出這段歌詞，字句中隱含了民族主義的情感。它充分顯示民族主義擁有社會主義無法企及的特質：風格。

民族主義顯然擁有自己專屬的宣言。馬志尼（Giuseppe Mazzini）或許可以算是民族主義產生的理論家。他在一八五二年提出透澈的觀察，革命「有兩種形式；其中一種，所有人都同意稱它為社會革命，另一種則是民族革命」。主張統一義大利的義大利民族主義者表示：

> 像波蘭、日耳曼與匈牙利一樣，努力想建立國家與獲得自由；他們希望在自己的旗幟上寫下一個字，向世界宣示他們也跟其他國家的人一樣活著，懂得思考與愛人，並且為眾人的福祉而奮鬥。他們說著相同的語言，他們體內流著相同的血，他們跪在相同的墓前，他們以相同的傳統為榮；他們要求自由地結合在一起，免於任何阻礙，不受外國的統治……[37]

對馬志尼來說，事情很簡單：「歐洲地圖必須重畫。」他主張，未來歐洲要整齊地重新安排成十一個民族國家。然而，說的比做的容易，這是為什麼受歡迎的民族主義模式總是帶有藝術性或技巧性，但卻缺乏綱領與計畫。民族主義在作家的通俗詩作（如希臘人費雷歐斯〔Rigas Feraios〕的「一小時的自由人，勝過四十年的奴隸與犯人」），或日耳曼大學兄弟會激勵人心的歌曲（「萊茵河畔的衛兵挺直了身子、屹立不搖」），乃至於在運動場上（在一八七二年聖安得烈日，蘇格蘭與英格蘭在世界首次舉辦的國際足球賽中一較高下，結果以零比零言和）表現得最淋漓盡致。然而當政治疆界、語言疆界與宗教疆界無法一致時，將產生許多問題，最明顯的就是介於波羅的海、巴爾幹半島與黑海之間的致命領土三角地帶。從一八三〇到一九〇五年，有八個新國家獲得獨立或統一：希臘（一八三〇年）、比利時（一八三〇－三九年）、羅馬尼亞（一八五六年）、義大利（一八五九－七一年）、德國（一八六四－七一年）、保加利亞（一八七八年）、塞爾維亞（一八六七－七八年）與挪威（一九〇五年）。但這段期間，美國的南方人卻未能成功建國，同樣遭遇失敗的還有亞美尼亞人、克羅埃西亞人、捷克人、愛爾蘭人、波蘭人、斯洛伐克人、斯洛維尼亞人與烏克蘭人。匈牙利人跟蘇格蘭人一樣，勉強接受在二元君主國中擔任協助帝國運作的資淺合夥人角色。至於擁有特定種族與語言的民族，如羅瑪人（Roma）❻、辛提人（Sinti）、卡舒布人（Kashubes）、索爾布人（Sorbs）、溫德人（Wends）、烏拉夫人（Vlachs）、塞凱伊人（Székelys）、喀爾巴阡－盧辛人（Carpatho-Rusyns）與拉登人（Ladins），卻沒有人認真考慮讓他們獲得政治自主。

在建立民族國家的競賽中，成敗最終決定於現實政治。在這樣的考量下，加富爾伯爵本索（Camillo Benso）使義大利其他地區淪為皮德蒙－薩丁尼亞王國（Piedmont-Sardinia）的附屬殖民地，而俾斯麥－中豪森伯爵俾斯麥為了保留普魯士的君主特權，因而讓普魯士王國成為封建德意志帝國最強大的機構。「我從不懷疑」，俾斯麥在他的《回憶錄》（*Reminiscences*）中寫道：

> 德國政治的關鍵掌握在君主與王朝之手，不是時事評論家，不是國會與新聞媒體，不是街頭堡壘……德國的戈耳狄俄斯之結（Gordian knot）……只能以寶劍砍斷：局勢演變到這個地步，普魯士國王，無論有心還是無意，在他的軍隊簇擁下，必是民族統一大業不可或缺的一環。無論基於普魯士的立場，必須以普魯士取得霸權做為主要宗旨，還是基於民族的觀點，必須以德國統一做為實現目標：這兩項目的均可並存……王朝無論如何都要比新聞媒體與國會來得強大……為了讓德國的愛國主義積極而有效，無論如何都必須仰賴王朝……唯有身為普魯士人、漢諾威人、符騰堡人、巴伐利亞人或黑森人，而非日耳曼人，德國人才能明確展現出愛國情操。[38]

把奧地利支配的由三十九個邦組成的日耳曼邦聯，轉變成普魯士支配的由二十五個邦組成的德意志帝國，這是俾斯麥一手完成的偉業。一八六六年，普魯士擊敗奧地利與其他日耳曼邦聯成員國。我們在理解這起事件時，最好不要把它想成是一場統一戰爭，而是德國南北戰爭中北方擊敗南方的戰爭。這麼想的原因很簡單，因為戰後有許多德語系居民被排除於新德國之外。但俾斯麥的勝利尚未大功告成，必須等到他擊敗國內自由派人士之後（先是藉由推動普選制而在新成立的帝國議會中奪取他們的席位，而後再於一八七八年透過自由貿易議題分裂他們）他才能高枕無憂。他成功的代價，是給予南德人兩個強有力的防堵地位：讓天主教中央黨在帝國議會中居於樞紐角色，以及讓南德各邦在上院（聯邦參議院）聯合投下反對票。

「如果我們希望一切保持原狀，那麼一切都必須改變。」這是蘭佩杜薩（Giuseppe Tomasi di Lampedusa）歷史小說《豹》（*The Leopard*, 1958）當中最著名的一句話，人們經常引用這句話來總結義大利統一背後的保守性格。儘管如此，新民族國家成立的宗旨，不只是為了保障受群眾包圍的歐洲地主菁英特權。以義大利或德國這兩個由許多小邦構成的國家為例，它們也提供國內民眾各種的好處：規模經濟、網絡外部性、交易成本減少，以及更有效率地提供各項公共財，如法律與秩序、基礎建設與衛生設施。新國家可以讓歐洲的工業大城（霍亂與革命的溫

❻ 譯註：與義大利羅馬無關。羅馬人居住在北印度，與辛提人同出一系，兩者還常被稱為：吉卜賽人。

床）變得更安全與安定。清除貧民窟、設計寬廣的難以堆置街頭堡壘的大道、更雄偉的教堂、充滿林蔭的公園、運動場，以及最重要的，更多的警察。這些事物不僅改變了巴黎——歐斯曼男爵（Baron Georges Haussmann）在拿破崙三世指示下將巴黎改頭換面——也改變了歐洲各國的首都。所有的新國家都有巍峨的門面；即使是戰敗的奧地利，也未曾停止將自己改造成「帝國－王室」的奧匈帝國，表現在建築上就是維也納環城大道旁的石砌紀念性建築[39]。然而在華麗的表象後面，仍需要真實的內容。設立學校，更全面地將民族語言灌輸到年輕的腦袋裡。設立軍營，更精實地訓練高中畢業生，讓他們能保家衛國。為了更快將部隊運往邊境，即使是不確定能否獲利的地點，也必須鋪設鐵路。農民會成為法國人、德國人、義大利人，還是塞爾維亞人，完全取決於他們出生於何處。

弔詭的是，民族主義時代剛好與服飾持續標準化發生於同時。軍服仍然因國家而異，這樣才能在酣戰時辨別出poilu（法國兵）、boche（德國兵）與rosbif（英國兵）的不同，即使只能看到他們的輪廓。然而十九世紀的軍事發明大幅改良了槍砲的準度與威力，同時也引進了無煙火藥，十八、十九世紀的明亮外套因此必須改換成褐灰色的軍服。英國在一八七九年祖魯戰爭（Anglo-Zulu War）後採用卡其軍服，後來美國人與日本人也跟著沿用。俄國人也於一九〇八年選用卡其軍服，但色調偏灰。義大利人選擇灰綠色；德國人與奧國人分別選擇了原野灰與藍灰色。隨著軍隊規模擴大，基於經濟考量，軍服必須越簡單越好。戰爭的樣貌因此變得越來越樸素單調。

男性民眾也揚棄了過去幾個世代講究修飾的風氣。英國攝政時期（Regency era）布朗梅爾

（Beau Brummell）設計的服裝已經針對十八世紀的時尚做了簡化。此後的趨勢則更進一步朝資產階級的嚴肅穩重演進。單排扣像企鵝般的「紐馬基特」（Newmarket）大禮服（現在只有在隆重婚禮才有人穿著），取代了布朗梅爾的禮服與艾伯特親王（Prince Albert）偏愛的雙排扣高衣領禮服。背心從鮮豔的中國絲綢，轉變成黑色或灰色羊毛。馬褲變成長褲，長襪消失了，取而代之的是乏味的黑襪。襯衫清一色是白色。衣領似乎不斷地內縮，直到剩下兩片如雞翅般的賽璐珞布片，然後再用一成不變的黑領結將它纏繞起來。帽子也同樣越來越小，最後只剩下圓頂禮帽，帽子的顏色同樣也是黑色的。整個社會好像要去守靈似的。

當然，在維多利亞時代，女性服飾的種類與樣式更加複雜而多樣。穿著工作服的無產階級與衣衫襤褸的窮人也出現不同種類的制式服裝。儘管如此，維多利亞時代服飾的標準化——傳遍了整個歐洲，甚至遠達美國東岸——確實是個事實，而在民族主義正逐漸抬頭的時代裡，這種現象更令人困惑。〈國際歌〉確實存在，但只出現在服飾上。箇中原因，若從工業時代來加以解釋，那就是機械化。

「勝家」縫紉機誕生於一八五〇年，勝家（Issac Merritt Singer）在這一年遷居麻州波士頓，他發現菲爾普斯（Orson C. Phelps）工廠製造的機器有一些問題。縫衣針必須是直的，而不是彎的；梭子應該橫向移動；整部機器應該腳踩運轉，而非用手。跟馬克思一樣，勝家也是個不好相處的人。他有二十四名子女，分別由五名女子所生，其中一名女子告他重婚，因此使他不得不逃離美國。勝家與馬克思還有個共通點，他們都是猶太人——十九、二十世紀的企業家，尤其在製衣業與化妝業，猶太人多得不成比例❼。而且與馬克思一樣，勝家改變了世界，而兩人的不同之處在於，勝家讓世界變得更好。

勝家公司，後來改名為勝家製造公司，它將衣服生產過程完全機械化，此時距哈格里夫斯發明紡紗機還不到一個世紀。現在，就連縫製衣物也可以由機器代勞。這項突破帶有的革命性質，是縫補經驗僅限於兩枚鈕扣的世代無法體會的。勝家顯然是個疼愛女性的男人；有哪個男人會為女性做出如此的回報？多虧勝家的發明，原本必須辛苦數個小時的針線活，現在只需要幾分鐘，甚至數秒。勝家縫紉機的歷史充分說明工業革命的演進性，機器很快被隨後出現的更有效率的機器所取代。在首次突破之後，就不斷出現各種改進版本：Turtleback model（一八五六年），然後是Grasshopper（一八五八年）、New Family（一八六五年）與electric 99K（一八八〇年）。到了一九〇〇年，出現了四十種不同的產品。到了一九二九年，居然增加到三千種。

十九世紀的發明大概沒有比縫紉機傳布的速度更快的。從勝家在紐約百老匯四百五十八號（日後的一百四十九號）設立總部開始，勝家公司以驚人的速度成長為世界第一個真正可以稱為全球品牌的公司，它的工廠遍布巴西、加拿大、德國、俄國與蘇格蘭；在巔峰時期，位於克萊德班克（Clydebank）的基爾波伊（Kilbowie）廠房面積廣達一百萬平方英尺，員工達到一萬兩千人。一九〇四年，全球銷售量超過一百三十萬臺。到了一九一四年，數字成長為原來的兩倍以上。勝家公司的商標是一個S纏繞著一名正在縫紉的婦女，這個商標可說是無所不在，據勝家的廣告宣傳撰文者表示，就連在聖母峰頂峰也能看到勝家的商標。很少對現代事物讓步的甘地也承認，縫紉機是「各項發明中極少數真正有用的物品」——這句話可是從一名連現代醫學都鄙視的人物嘴裡說出的。[40]

勝家的例子顯示出美國的優勢。美國不只吸引（過去已是如此）世界各地的風險追求者前往，而且它所接納的冒險者數量也足以構成無以倫比的國內市場。從一八七〇到一九一三年，美國人口逐漸超越英國。一八二〇年，英國的人口是美國的兩倍。到了一九一三年，情況剛好倒過來。從一八七〇到一九一三年，美國人口成長了八成以上[41]。一九〇〇年，美國製造業的產出已是世界第一：二四％，而英國是一八％[42]。到了一九一三年，就連從人均來看，美國也是世界第一的工業經濟體[43]。更重要的，或許是美國的生產力即將超越英國（這件事實際發生在一九二〇年代）[44]。而且與英國工業化的情況一樣，美國「鍍金時代」❽也是以棉布與紡織品做為前線與中心。第一次世界大戰之前數年，美國南方出口的生棉仍占美國出口的二五％[45]。然而，美國絕大多數的布料都供國內消費之用。英國一九一〇年棉布淨出口的價值達到四億五千三百萬英鎊；美國只有八百五十萬美元。不過最令人驚訝的統計數據，恐怕還是當時世界第二大棉布出口國居然是非西方國家——日本（世界其他地區首次有國家能成功與西方競爭）[46]。

---

❼下列名單充分證明這點：卡蘭（Donna Karan）、克萊（Calvin Klein）、蘭黛（Estée Lauder）、羅倫（Ralph Lauren）、魯賓斯坦（Helena Rubinstein）、史特勞斯（Levi Strauss）。還有一些百貨公司：Abraam & Straus、Bergdorf Goodman、Bloomingdale's、Macy's、Neiman Marcus、Saks and Sears，別忘了英國成衣零售商Marks & Spencer。

❽譯註：美國在南北戰爭結束後，直到十九世紀末，人口與經濟快速增長的時期。

日本的西化

到了一九一〇年，世界在經濟上的整合已經達到前所未有的程度。將世界連結起來的各種方式（鐵路、蒸汽船航班與電報）幾乎全是西方發明與西方擁有。西方讓世界變小了。如果將美國的鐵路首尾相連接成一條直線，那麼它的總長度將是地球周長的十三倍。人們可以搭乘火車從凡爾賽一路直達海參崴。蒸汽船的持續改良（螺旋槳、鐵殼船身、複合式引擎與表面冷凝器）使橫越海洋比橫越大陸更快速也更便宜。茅利塔尼亞號郵輪（Mauretania，一九〇七年）的總噸位是天狼星號明輪船（Sirius，一八三八年）的四十六倍，但引擎的馬力卻是天狼星號的兩百一十九倍，因此它的速度是後者的三倍，載運更多的貨物橫越大西洋只需九天半，反觀天狼星則需要十六天[47]。從一八七〇到一九一〇年，海運成本降低了三分之一以上。八先令可以利用鐵路將一噸棉布從曼徹斯特運到三十英里外的利物浦，但只要三十先令就能利用船舶將同樣的貨物運送到七千兩百五十英里以外的孟買。以船舶運送棉布的成本不到貨物成本的一％。蘇伊士運河（一八六九年）與巴拿馬運河（一九一四年）的開通進一步縮小了世界，前者使倫敦到孟買的航程減少了五分之二以上，後者使貨物從美國東岸運到西岸的成本降低了三分之一[48]。到了一八六〇年代晚期，開始引進馬來樹膠包覆電纜外緣，於是可以鋪設海底電纜，電報因此能從倫敦發往孟買或哈里法克斯（Halifax）[49]。一八五七年，印度兵變的消息花了四十六天傳回倫敦，時速三．八英里。一八九一年日本濃尾大地震的消息只花了一天，時速兩百四十六英里，是前者的六十五倍[50]。

勞工穿越國境的速度也超過以往。一八四〇到一九四〇年，多達五千八百萬歐洲人移民美洲，五千一百萬俄羅斯人移居西伯利亞、中亞與滿洲，五千兩百萬印度人與中國人移往東南亞、澳大拉西亞或環印度洋島嶼[51]。此外，還有來自南亞與東亞的兩百五十萬移民前往美洲。一九一〇年，美國人口每七人就有一人在國外出生，這項紀錄至今還未能超越[52]。資本也流通全球各地。英國是世界的銀行家，將龐大的資本出口到世界其他地區；當時的人或許應該讚揚英國人「過度儲蓄」，而非埋怨帝國主義。在海外投資景氣的巔峰期——一八七二年、一八八七年與一九一三年——英國經常帳剩餘超過國內生產毛額的七%[53]。英國公司準備出口的，不只是棉布，還有生產棉布的機器與購買機器所需的資本。

然而，這場首次出現的全球化現象，最令人矚目的或許還是服飾。西式服裝以驚人的速度橫掃世界其他地區，把各地傳統的服裝扔進歷史的裝飾籃裡。當然，這並非勝家製造公司的本意。一八九二年，在芝加哥舉辦的「偉大的哥倫布」萬國博覽會中（發現新大陸四百週年紀念）勝家公司製作了三十六張商業名片，這一系列的名片稱為「世界各地服飾」，上面描繪不同膚色的民族穿著各地特有的傳統服裝，快樂地使用著勝家縫紉機。從匈牙利的工作服到日本的和服❾，任何種類的服飾都能利用勝家金屬臂上的針線快速地縫紉。波士尼亞人與緬甸人同樣可以因為勝家的發明而獲益；事實上，從阿爾及利亞到祖魯蘭（Zululand），每個人都能獲

❾ 事實上，和服不需要縫紉機那種緊密的縫紉方式。

得好處。然而沒有人能料想得到，勝家縫紉機居然可以成為進獻給外國君主的禮物，例如暹羅國王、巴西皇帝佩德羅二世（Dom Pedro II）與日本裕仁天皇。然而，故事在這裡急轉直下。接受禮物的人滿懷感謝地使用這種機器，但不是用來縫製傳統服裝，而是完全不同的目的——模仿與穿著西方服飾。男性重要的新服飾如禮服大衣、硬領白襯衫、毛氈帽與皮靴；女性則是束腹、襯裙與長及腳踝的連身裙。

一九二一年，兩名王室與帝國繼承人日本裕仁皇太子（未來的昭和天皇）與英國王儲威爾斯王子愛德華（未來的英王愛德華八世）併肩合照（見圖33）。他們繼承的帝國或許在地理上相距極為遙遠。但在這裡（一家位於薩佛街〔Savile Row〕的裁縫店，也就是亨利普爾公司的臺階上[10]）他們的穿著幾乎是相同的。日本皇太子在倫敦進行婚禮前的採購。一名普爾公司的代表先行到直布羅陀等候，然後在當地幫皇太子測量尺寸，再發電報回倫敦。普爾公司當年的帳目記滿裕仁下的訂單：軍服、刺繡的背心、晚禮服、常禮服上衣。在清單中有一行典型的記述：「一套高級喀什米爾西裝、一套藍布西裝，與一套條紋法蘭絨西裝。」[54]在完美縫製的英國西裝市場裡，裕仁絕非唯一的貴客。在普爾公司的地下室裡，保存了上千份顧客的西裝版型，從衣索比亞的末代皇帝塞拉西（Haile Selassie），到俄國末代沙皇尼古拉二世（Nicholas II）。普爾公司最盡心侍奉的客戶就是印度庫奇貝哈（Cooch Behar）大君納拉揚（Jitendra Narayan），終其一生，他在普爾公司訂做的西裝高達一千套。每次，他的要求都一樣：穿起來要像完美的英國紳士——而「世界各地的服飾」註定沒落。日本用來表示西裝的字是sebiro（背広〔廣〕），也就是薩佛街的訛音，這點頗具啟發性。即使到了今日，東京最時髦的西裝仍然以英國設計為主，而英國屋（也就是英格蘭商店）的西裝也相當受到歡迎。到銀座（猶如東京版的倫敦西區）尋找英國風格的服飾店，你仍然可以找到壹番館洋服店這家老店，它是一名曾到薩佛街學藝的裁縫回國後創立的。

日本在服裝上的革命可以回溯到一八七〇年代。在「文明開化」與「富國強兵」的名義下，明治時代的帝國菁英脫下他們的武士服裝與和服，轉而穿著歐洲服裝。這種改頭換面的想法來自於明治的大臣岩倉具視。他率領使節團到歐美考察兩年，發現經過數世紀的閉關自守，「我們的文明在許多方面均不如歐美各國」[55]。從一八五三年與五四年開始，日本的經濟就在美國海軍准將培里（Matthew C. Perry）以「黑船」威脅下重開貿易，日本不斷苦思西方何以比世界其他地區富強。在考察了西方之後（頻繁出訪使人產生靈感，設計出雙六棋〔硬紙板遊戲〕）反而產生更多的疑問：是西方的政治制度成功嗎？還是教育制度？文化？或者是他們的服裝？在不確定的狀況下，日本人決定不要冒險，認為應該全盤接受。從普魯士一八八九年憲法，到英國一八九七年金本位制，日本完全依照西方模式重塑自己的制度。陸軍的操練仿傚德國人；海軍學習英國人。另外也引進美國式的公立中小學制度。日本人甚至開始食用以往視為禁忌的牛肉，有些改革者甚至提議廢棄日文改學英文。

❿ 詹姆斯．普爾，也就是亨利．普爾的父親，他在十九世紀初開始在倫敦當「裁縫」。一八二八年，他在老伯靈頓街四號開店，然後在薩佛街另外設了一個入口。他開始縫製軍服。往後詹姆斯的兒子也為平民縫製符合進宮禮儀的全套服裝，因而大獲成功。

然而，最明顯可見的變化是日本人的外表。從一八七〇年起，政府下令禁止宮廷內牙齒塗黑與剃去眉毛的做法。大約在此同時，大臣們開始斷髮，並且留起西方的髮型。一八七一年的帝國命令要求高級官員必須穿上「洋服」，也就是歐洲的禮服大衣與高領白襯衫；到了一八八七年，這種服裝已經成為所有文官的標準服式[56]。一年後，在改革派幕僚的建議下，一直深居宮中的明治天皇首次在公眾面前露面，他穿著（根據奧國大使的說法）「獨特的歐洲制服，既像水兵，又像大使！」——燕尾服上面縫製了大量的金穗[57]。武裝部隊也必須改穿歐洲制服。新水兵的制服樣式是根據英國皇家海軍（見圖34），陸軍一開始從法國獲取靈感，不過後來又轉而學習普魯士[58]。一八八四年，日本女性菁英也開始改穿西方服飾，她們在新建的鹿鳴館擔任女主人招待外國賓客⓫，但是私底下她們還是會穿著和服。就連孩子的衣服也西化，在私立的菁英小學，男孩穿著普魯士風格的制服；女孩的制服則在一九二〇年代也跟著西化（樣式至今沒什麼改變）。在擁抱西方的新外表上，最熱切推動的人首推大久保利通，他是明治維新的重要功臣之一。照片中的他，曾是佩戴刀劍的武士，驕傲地盤坐著，身上的衣袍充滿流動感；但現在的他卻是直挺挺地靠坐在椅子上，穿著時髦合身的黑色燕尾服，手上拿著大禮帽。一八七二年，當大久保率領的使節團抵達英格蘭時，《紐卡索日報》報導「這些紳士身穿一般的常禮服，除了臉上的表情與東方的外表特徵，你幾乎無法區別他們跟英格蘭紳士有何不同」。十七年後，在日本新憲法頒定施行那天，天皇穿上歐洲陸軍元帥的制服，皇后則是一身吸引人的藍色與粉紅晚禮服，至於文武百官則穿上黑色的軍服緊身短上衣，配上金色的肩章[59]。

有些人拒絕像猿猴一樣模仿西方模式；事實上，果真有一些西方諷刺漫畫將西化的日本人畫成猿猴[60]。這種自我作賤的做法也讓日本傳統派人士不齒。一八七八年五月十四日，當大久保前往東京赤坂臨時皇居的太政官開會時，突然遭到七名武士的攻擊，並且殘忍地將他殺害。他致命的傷口在喉嚨，對方用刀刺入，但用力過猛，居然連刀帶人牢牢插在地面[61]。大村益次郎的改革，西化了日本陸軍，但他也遭到明治時代傳統派人士刺殺。直到一九三〇年代為止，這類刺殺行動一直不斷威脅著親西方的大臣。然而日本已不可能走回頭路。雖然有些日本人依然堅守武士道傳統，但絕大多數都認同大久保的論點，如果日本想與歐美帝國平起平坐，那麼西化是不可或缺的。這種平等的要求，首先是在貿易條約與國際法上獲得一般性的對等[62]。一名熟知日本的西方觀察者表示，日本人的動機完全是合理的：

> 他們最大的企圖是被當成人、當成紳士，而且要與西方人對等。如果穿著陳舊過時的服裝，他們或他們的國家將不會獲得嚴肅看待。很快的，我們看到服裝的變化，不只是士兵與武士，也包括所有的政府官員，甚至及於天皇本人……這種服飾革命對於讓日本能在世界上與各個兄弟之邦平起平坐有極大的幫助[63]。

⓫ 鹿鳴館由英國人康得（Josiah Conder）設計，日本菁英在此穿上長舞服與禮服大衣，跳著方舞、華爾滋、波爾卡與瑪祖卡舞曲以及最新的歐洲旋律。諷刺的是，就在日本全盤西化之際，西方也興起一波日本藝術的浪潮——就連梵谷也曾短暫潛心其中——雖然這段風潮只是曇花一現。

日本人了解西方服裝是有利發展的強力催化劑。因此改變服飾絕不只是外貌的改觀而已。它是世界歷史上核心突破的一項環節，**日本因此成為第一個能實際經歷工業革命轉變力量的非西方社會**。

新服飾的傳布與日本紡織業的急速發展發生於同時。從一九〇七到一九二四年，日本棉布工廠家數從一百一十八家增加到兩百三十二家，是原來的兩倍。紡錘數也增加到原來的三倍以上，織布機的數量則增加到原來的七倍[64]。一九〇〇年，紡織工廠僱用的工人占全日本工廠工人的六三%[65]。十年後，日本是亞洲唯一的線、紗與布淨出口國；事實上，日本的出口超過德國、法國與義大利，日本的紡織工人在亞洲最具生產力。從一九〇七到一九二四年，日本棉布產業平均每名工人產出增加八成，從安達吟光一八八七年的《貴婦裁縫圖》（見圖35）可以清楚看出，勞動力清一色是年輕女性，平均年齡只有十七歲[66]。對於鐘淵紡織這樣的公司來說，在經濟大恐慌來臨之前幾年全是景氣暢旺的年代，每年獲利超過資本額的四四%[67]。日本人不僅穿著西服，也生產西服，這使得日本終止了西方壟斷現代製造業的局面。

與西方一樣，一項產業的突破會帶來另外一項。一八七〇年代初，第一條由英國設計的日本鐵路建於東京與橫濱之間。很快的，從東京銀座區開始，日本的幾座大城開始建立電報線路、街燈、鐵橋與取代紙牆的磚牆。三井、三菱、住友與安田四大財閥興起，成為支配日本經濟的重要角色。不久，在英國指導下，日本人開始從購買蒸汽火車頭轉變成自行建造⓬。到了一九二九年，歐丹姆的普拉特兄弟公司（Platt Brothers，一整個世紀一直居於領導地位的紡織機器製造商）還支付專利權費用給發明豐田自動織布機的日本發明家[68]。

沒有任何亞洲國家像日本一樣如此熱情地擁抱西方的生活方式。當印度脫離英國統治之後，與日本相反，印度的民族主義者有意識地努力維持印度的服飾，從甘地的腰布，到尼赫魯（Nehru）的無領夾克，到日後甘地夫人（Indira Gandhi）的莎麗（saris）。這種對西方規範的象徵性拒斥是可理解的。英國的保護主義與生產力徹底破壞印度的傳統手工紡織業。然而與日本人不同的是，印度人採取與利用工業革命科技的速度相當緩慢。這是十九世紀歷史諸多謎團之一。英國人並未試圖壟斷他們的新科技；相反的，他們將新科技散布到帝國的每一個角落。印度人早在日本人之前就已經接觸到紡織工廠、蒸汽引擎與鐵路。到了二十世紀初，亞洲的紡織設備已不比歐陸昂貴。煤的價格亦然。薪資成本是英格蘭的一六%。亞洲工廠的工時不像英國那樣受法律限制。生綿比英格蘭更容易取得。但印度的工業發展卻未能起飛，或就這點來說，中國也如此（中國的勞動成本比印度還低）[69]。理由是，雖然印度與中國的勞動成本低廉，但勞動生產力太低的結果，完全抹煞了這項優勢。美國工人與印度工人使用相同的設備，前者的生產力平均是後者的六到十倍[70]。英國與美國專家對此提出了各種解釋，從遺傳的種族劣根性，到地主長期在外與閒散。一名美國人在參觀孟買一家工廠後悲嘆地說：「每個地方都可以明顯看出，這裡幾乎沒有任何人督導，因此完全沒有紀律可言。空空如也的紡錘與鬆脫的捲軸或線軸在腳下滾動著，廢棄物與線軸箱子堆積成山，至於搬籃子的男孩，乃至於資深的工人，聚在一

⑫ 一八九三年，特里維西克的兩名孫子（Richard and Francis Trevithick）在神戶協助日本人建造第一輛蒸汽火車頭。他們被稱為「天皇僱用的外國人」，明治時代的日本人渴望吸收西方的專業知識。

起嚼著印度大麻配上石灰。至於監工（多半由馬瑞塔〔Mahrattas〕這個種姓擔任）則是懶散地四處走動。」[71]現代的解釋方式會說是工作環境太差：經常通風不良而且工時過長，加上這裡有著蘭開夏或洛威爾沒有的酷熱與疾病[72]。比較難解釋的是，為什麼日本這個亞洲國家在生產力的成長上會如此快速，因而能在一九三〇年代晚期迫使一五％的孟買紡織廠關門大吉。

當然，英國的服裝蘊含的不只是經濟現代。最能表現英國階級系統微妙差異的就是謹慎剪裁的布料。在這個世界裡，你自然而然會以對方穿衣的剪裁來評斷他的社會地位。遺憾的是對裕仁來說，以及對一般日本人來說，這樣的世界不自然的程度，就跟以一個人的膚色與長相來評斷他的能力一樣荒謬。

當裕仁帶著他訂做的西裝返回日本時，未來的英王愛德華八世與他的好友梅特卡夫少校（Major Edward Dudley 'Fruity' Metcalfe）參加了一場化裝舞會。他們兩人都打扮成「日本苦力」的樣子。對他們而言，這樣的服裝就跟日本人穿上西方服裝一樣愚蠢。事實上，愛德華在寫給情婦的信上表示，他認為裕仁看起來「完全就像隻猴子」，而且認為日本人民「就像兔子一樣地繁殖」。裕仁成長的日本是一個既崇拜西方現代、又憎恨西方高傲的國家。要得到平等看待，日本必須獲得終極的西方飾物：帝國。時機很快到來。一八九五年，日本的歐式海軍在威海衛全面擊敗指揮無能的中國北洋艦隊。在當時日本插畫裡，勝利者長得一副歐洲人的樣子（甚至連臉也是）；被擊敗的中國人，他們穿著的寬大袖子，與頭上留著的豬尾巴，說明他們註定會打敗仗[73]。但這只是開始。沮喪於他們被迫接受金錢賠償而非領土做為戰利品，日本人開始了解他們學習的歐洲典範不願意給予他們對等的帝國地位。外務大臣井上馨曾坦白說：

> 我們必須在東海建立新的歐式帝國……我們要如何讓三千八百萬臣民深刻了解這份大膽的精神與獨立自主的態度？依我之見，唯一的方式就是讓他們與歐洲人衝突，如此他們才能親自體會麻煩，了解自己的不利，而且察覺西方的活力……我認為要達到這個目的，就要讓日本人與外國人有真正自由的來往……唯有如此，我們的帝國才能獲得與西方國家同等的地位，在這樣的尊重下締約。唯有如此我們的帝國才能獨立、繁榮與強大。[74]

與西方人的首次衝突是在一九〇四年，日本與俄國在滿洲問題上爆發戰爭。日本在海戰與陸戰均獲得決定性勝利，這如同向世界施放一個信號：西方的支配並非神授。有了正確的制度與科技（更別說正確的服裝）亞洲帝國也能擊敗歐洲帝國。一九一〇年，一名經濟預測者也許已經預言日本將在這個世紀末之前超越英國，事實上的確如此；一九八〇年，日本人均國內生產毛額首次超越英國。可惜的是，從一九一〇到一九八〇年，這段路並不是直線進行。

從貧困到富足

我們已經看到，第一次世界大戰是帝國與帝國之間的鬥爭，而在衝突的過程中，帝國的動機與方法也跟著傳遞到海外。這場大戰顛覆了四個王朝、也粉碎了它們的帝國。美國總統威爾遜企圖將這場衝突重新塑造成一場民族自決戰爭（曾有四位民主黨總統讓美國捲入重大的海外戰爭，威爾遜是第一位），然而這個觀點絕不可能獲得英法兩個帝國的支持，儘管這兩個國家在作戰上已欲振乏力，完全要靠美國的金錢與人力來拯救它們。捷克人、愛沙尼亞人、喬治亞人、匈牙利人、立陶宛人、拉脫維亞人、波蘭人、斯洛伐克人與烏克蘭人，他們絕非唯一嗅聞到自由芬芳的民族；阿拉伯人與孟加拉人也感受到了，更別說還有信仰天主教的愛爾蘭人。除了愛爾蘭與芬蘭外，第一次大戰後出現的民族國家，沒有任何一個能維持有意義的獨立地位，直到一九三九年底為止（匈牙利可能是例外）。馬志尼的歐洲地圖出現而後消失，就像平移拍攝時的一道閃光一樣。

列寧提供的另一個戰後願景，就是蘇維埃社會主義共和國聯邦，它潛在地擴張，跨越了歐亞大陸。這種願景從戰爭的特殊經濟環境中獲取靈感。為了資助戰爭，所有的政府多少會發行一點短期債券，並且用它向中央銀行換取現金（簡單說，中央銀行就是印鈔票的地方）通貨膨脹因此在戰時獲得了動力。由於有這麼多人當兵，勞工短缺使後方的工人有能力抬高薪資。到了一九一七年，數十萬工人在法國、德國與俄國參與罷工。先是西班牙的流行性感冒，而後是俄國的布爾什維克主義橫掃了世界。與一八四八年城市秩序瓦解一樣，流行性感冒也只有這一次散布的範圍遠至布宜諾斯艾利斯與孟加拉，以及西雅圖與上海。然而無產階級革命在每個地方都遭遇失敗，唯有在俄羅斯帝國獲得成功。布爾什維克在血腥的內戰後重新組裝了這個國家。沒有任何社會主義領袖比得上列寧無情，他採取「民主集中制」（與民主制完全相反），反對國會主義，而且致力於以恐怖主義對付政敵。布爾什維克有些做法（銀行國有化、沒收土地）直接來自馬克思與恩格斯的《共產黨宣言》，有些做法（「在鎮壓上極盡野蠻殘暴之能事……血流成河」）[75]受羅伯斯比爾的影響大些。「無產階級專政」（事實上意味著布爾什維克領導專政）是列寧個人獨創的貢獻。這甚至糟過巴札羅夫（Bazarov）的復活，他是屠格涅夫（Ivan Turgenev）《父與子》（*Fathers and Sons*, 1856）裡的虛無主義者。與屠格涅夫疏遠的朋友杜斯妥也夫斯基（Fyodor Dostoevsky）在《罪與罰》（*Crime and Punishment*, 1866）的後記中警告俄羅斯——殺人犯拉斯柯尼科夫的惡夢，來自亞洲的「恐怖、史無前例、罕能匹敵的瘟疫」：

> 那些感染者一下子被抓住，馬上就發瘋了。然而人們從不認為自己像那些感染者說的那樣，如此聰明與毫不猶豫地指出正確的事情。他們從不認為他們的法令、他們的科學推論、他們的道德信仰與他們的信念有著更堅實的根基。整片定居地、整座城市與國家都受到傳染而且發瘋……人們以無來由的憤怒彼此殘殺……士兵們將自己投擲於彼此身上，砍與刺，吃與吞噬彼此。

往東，布爾什維克的瘟疫幾乎沒有任何阻礙。往西，它無法越過維斯杜拉河（Vistula），往南則無法翻越高加索山，多虧了天資聰穎的政治企業家三重奏，他們想出了民族主義與社會主義的結合體，這才是「時代精神」真正的展現：波蘭的畢蘇斯基（Józef Pilsudski）、土耳其的凱末爾與義大利的墨索里尼。紅軍在華沙外的失敗（一九二〇年八月）、希臘人被逐出安那托利亞（一九二二年九月），與法西斯主義者向羅馬進軍（一九二二年十月），標記著新時代（與新外觀）的來臨。

墨索里尼穿著有著翼領的三件式西裝與鞋罩，除了他這個例外，絕大多數參與向羅馬進軍這項公眾噱頭的人，都穿著由黑襯衫、馬褲與高可及膝的騎馬皮靴所組成的臨時制服。一次大戰充滿男子氣概的尚武美德，現在延續到了和平時期，首先反映在街頭與鄉野間和左派發生的對抗。當時的秩序主要表現在一致性上——雖然服裝上要求一致，但少了軍隊那套單調無聊的紀律。即使是著名的向羅馬進軍也比較像是散步，從許多新聞照片可以看得很清楚。過去，義大利民族主義者加里波底（Giuseppe Garibaldi）率先以紅衫做為政治運動的基礎。到了一九二〇年代，穿著染色的上衣成為右派必定遵奉的行為；義大利法西斯主義者選擇黑色，而我們看到，德國納粹衝鋒隊採取了殖民地褐衫。

要是沒有經濟大恐慌，這類運動很可能最後以粗製濫造、難以辨識身分的衣著告終。在一九二〇年代初的通貨膨脹之後，一九三〇年代初的通貨緊縮給予威爾遜以民族認同與民主為根基建立的歐洲願景致命的打擊。美國資本主義危機顯示在股票市場重挫八九%，產出下降三分之一，消費物價下跌四分之一，而失業率飆破了二五%。不是所有的歐洲國家都受到如此嚴重的影響，但沒有任何國家能毫髮無傷[76]。**政府爭相升高關稅以保護本國產業**（美國斯姆特－霍利關稅法案〔Smoot-Hawley tariff bill〕對於進口棉布產品實際按價課稅，稅率高達四六%）**全球化因此瓦解**。從一九二九到一九三二年，世界貿易萎縮了三分之二。許多國家同時祭出各項措施，如拖欠債務、通貨貶值、保護關稅、進口配額與禁止、進口壟斷與獎勵出口。此時，納粹的國度已漸露曙光。

這是個幻覺。雖然美國經濟似乎從內部開始崩解，但主要的禍首是聯邦儲備委員會（Federal Reserve Board）施行的災難性貨幣政策，此舉將銀行系統消滅泰半[77]。創新是產業進步的原動力，在一九三〇年代並未減緩。新汽車、收音機與其他消費耐久財仍大量出現。新公司不斷研發這些產品，如杜邦（DuPont，尼龍）、露華濃（Revlon，化粧品）、寶僑（Proctor & Gamble，肥皂粉）、美國無線電公司（RCA，收音機與電視）與ＩＢＭ（計算機）；這些公司也發展與傳布一整套全新的商業管理風格。但最能表現資本主義的創意神奇，莫過於電影產業的大本營好萊塢。一九三一年，當美國經濟正陷於盲目的恐慌之中，大型製片廠一連推出了卓別林《城市之光》（*City Lights*）、休斯（Howard Hughes）《滿城風雨》（*The Front Page*）與馬克斯兄弟（Marx Brothers）《妙藥春情》（*Monkey Business*）。在此之前已試行了十年的禁酒令，結果造成災難性的失敗，使經濟淪為組織犯罪的天堂。但這些對於電影產業卻是利多。此外，同樣在一九三一年，觀眾蜂擁到電影院觀賞賈克奈（James Cagney）與羅賓遜（Edward G. Robinson）主演的、他們從影生涯中最偉大的兩部幫派電影：《人民公敵》（*The Public Enemy*）與《犯罪之王》（*Little Caesar*）。而當美國白人發現幾乎所有最美妙的旋律都來自美國黑人時，各種創意開始展現在現場、錄音與廣播的音樂事業上。即使汽車生產線已經完全停擺，爵士音樂卻在艾靈頓公爵（Duke Ellington）大樂團一首接一首的暢銷樂曲中走向巔峰：〈Mood Indigo〉（一九三〇年）、〈Creole Rhapsody〉（一九三一年）、〈It Don't Mean a Thing（If It Ain't Got That Swing）〉（一九三二年）、〈Sophisticated Lady〉（一九三三年）與〈Solitude〉（一九三四年）。艾靈頓是奴隸的孫子，他將簧樂器與銅管樂器帶到過去未有的境界，他模仿各種事物的聲音，從黑人靈歌到紐約地下鐵。他的樂團在哈林文藝復興運動（Harlem Renaissance）的核心棉花俱樂部長期駐店演出。當然，基於他的貴族藝名的需要，艾靈頓總是穿得一絲不苟——來自薩佛街Anderson & Sheppard的西服。

簡單說，資本主義的瑕疵並不致命，還不足以讓資本主義死亡。資本主義只是管理不善與隨後產生的不確定性的受害者。當時最聰明的經濟學家凱因斯（John Maynard Keynes）嗤之以鼻地認為股市是「賭場」，並且把「投資者」的決定比擬成報紙的選美比賽。美國總統小羅斯福（在經濟大恐慌即將結束時被選為總統）嚴詞抨擊「匯兌投機者的厚顏無恥」。其實，真正的罪犯是那些中央銀行家，他們先是以極度寬鬆的貨幣政策吹出股市泡沫，而後又在泡沫破滅後緊縮（或者是未能適當地放寬）銀根。從一九二九到一九三三年，將近一萬五千家美國銀行（占總數的五分之二）關門。結果，貨幣供給大幅減少。隨著價格崩跌三分之一，從巔峰摔到了谷底，實質利率也升上一〇％，所有貸款的機構或負債的家庭都無法承擔這種高息。凱因斯總結通貨緊縮的負面效果：

> 現代商業絕大多數仰賴借貸經營：利息偏高，勢必讓商業陷於停滯。凡是從事商業的人必定會暫時停止商業活動；而打算花錢的人也會盡可能延後下單。聰明人會把資產轉換成現金，遠離風險與任何活動，在鄉村靜待他所預期的貨幣升值。通貨緊縮的可能預期是負面的。[78]

如何避免通貨緊縮陷阱？隨著貿易停滯與資本進口凍結，凱因斯提出了合理的建議：政府借款來進行公共工程。其他有利的做法，如放棄金本位（一種用來固定美元匯價的標準），讓貨幣貶值來刺激出口（一些地區集團內部的貿易已逐漸回溫）以及允許利率下跌。然而採行這些措施的議會式政府，恢復情況不甚良好。反而是採取工業擴張與重新武裝計畫的專制政權，失業率降得最快。「實行社會主義的國家」（俄國）與「實行國家社會主義的國家」（德國）提供的解決方式似乎遠比兩大英語系經濟體來得有效。一九二九到一九三二年，世界上只有蘇聯的工業產值是增加的；但很少有人問在史達林統治下，生產一噸的鋼鐵究竟要死多少人（答案是十九人）。另一方面，希特勒很快就對經濟部長夏赫特（Hjalmar Schacht）建議的方案感到不耐；夏赫特認為要放慢重新武裝的步調讓收支保持均衡（簡單說，帝國銀行缺乏黃金來支付逆差），但希特勒卻效法史達林的五年計畫草擬了一份四年計畫。

這兩個政權開始彼此較勁，除了在西班牙內戰中各自扶植對立的一方，就連在一九三七年巴黎萬國博覽會也在會場上互別苗頭。仔細觀察矗立這兩座極權主義高塔上肌肉結實的巨人，可以看出兩個有意義的差異：共產主義的超人是一對夫婦，他們適度地覆蓋著粗棉布工作服與罩衫；雅利安超人則是兩名赤裸的男性。與社會主義寫實拘謹的塑像相比，雅利安人裸體像唯一奇怪的地方，在於它缺乏性別的意義。裸體是古希臘以來西方藝術不可或缺的一部分，它提醒我們，我們沒穿衣的部分跟我們穿戴的部分一樣重要。文藝復興以來，西方藝術家喜歡描繪女性在各種狀況下未穿衣物的樣子，因而產生了許多帶有情慾色彩的經典畫作，如馬奈（Edouard Manet）《草地上的午餐》（*Déjeuner sur l'herbe*）與《奧林比亞》（*Olympia*，兩幅均成於一八六三年），分別是向喬爾喬內（Giorgione）《暴風雨》（*The Tempest*，約一五〇六年）與提香（Titian）《烏爾比諾的維納斯》（*Venus of Urbino*，一五三八年）致敬。但納粹的裸像卻讓人倒盡胃口，男性的肌肉完全僵硬，而女性既是平胸又無翹臀。

史達林與希特勒都承諾透過結合民族主義與社會主義來促進成長與就業，而他們都做到了。一九三八年，美國的經濟產出仍比一九二九年危機前的高峰低了六%以上；德國則高出二三%，蘇聯更高，如果官方「淨物質生產」數據可信的話。早在一九三七年四月，德國失業人數已經低於一百萬人，而就在四年前，這個人數高達六百萬人。到了一九三九年四月，不到十萬名德國人沒有工作，幾乎已經跟充分就業一樣。美國則落後許多，即使人們把接受聯邦緊急救助方案的人視為救業，官方的失業人數依然多得嚇人。根據現代的定義，一九三八年，美國的失業率仍有一二．五%。問題是，極權主義國家的成長無法轉化為實質的高生活水準。這種經濟模式與凱因斯不同；它並未藉由擴大公共支出、在消費支出上產生乘數效果來啟動總合需求。相反的，計畫經濟將人力動員起來投入重工業、基礎建設與武器生產上；而且透過強制儲蓄來為這個過程提供資金。結果造成消費停滯。民眾工作獲得薪資，但因為市面上能買的東西越來越少，他們沒有別的選擇，只好將錢存入帳戶，而這筆錢又回流到資助政府支出上。納粹宣傳片充滿富足小家庭的景象，民眾吃得飽、穿著時尚，而且開著全新暢快的福斯金龜車行駛於高速公路上。統計數據陳述的則是另一種故事。從一九三四年起，德國重新武裝，紡織生產停滯，而進口衰退。幾乎很少有民眾擁有汽車[79]。而且，在第三帝國統治下，進口的基本食品如咖啡越來越難取得。在一九三八年，德國男人如果想讓自己看起來瀟灑時髦，那麼他必須穿軍裝。與蘇聯不同，德國大部分的注意力都放在軍服外表的優雅上，但黑色優雅卻散發出邪惡之氣的親衛隊制服，它們由迪比奇（Karl Diebitsch）與赫克（Walter Heck）設計，由Hugo Boss生產[13]。這是法西斯時尚的高峰。

親衛隊與國家社會主義的存在理由是破壞而非消費。希特勒的經濟模式在「霍斯巴哈備忘錄」（Hossbach Memorandum）中說的很清楚：必須獲取「生存空間」（併吞鄰近領土）來獲取德國無力購買進口的原料。透過重新武裝而強制實現的充分就業，使戰爭發生的可能性大為提高。而到了一九三〇年代晚期，戰爭已經跟過去不一樣，它成為極具摧毀性的事物。早在一九三七年，人們已可看出飛機轟炸造成的浩劫：德國與義大利在格爾尼卡（Guernica）等地以俯衝轟炸的方式攻擊西班牙共和國陣地，日軍對上海的空襲也造成嚴重的損害。空中武力是恐怖的武器，在士兵與平民中散布恐慌的因子。在地面上，坦克與其他機械化砲兵解決了第一次世界大戰西線僵持的問題；而這些武器也因此顯示出壕溝戰的好處。因為「閃電戰」花費的人命成本極大，不只是讓作戰人員暴露在砲火中，連民眾也不能倖免於難，二次世界大戰中傷亡最大的就是平民。

表面上看，第二次世界大戰是四種版本的西方文明之間的戰爭：國家社會主義、蘇維埃共產主義、歐洲帝國主義（也是日本所採行的）與美國資本主義。起初，國家社會主義與共產主義聯合起來對抗帝國主義，而資本主義保持觀望。但是在關鍵的一九四一年之後，納粹在這年攻擊蘇聯，而日本攻擊美國，戰爭於是演變成軸心國（德義日）連同它們倉促征服的帝國與少數附屬國，對抗三巨頭（蘇聯、大英帝國與美國）及其他國家（盟軍喜歡自稱是「聯合國」）

⓭ Boss位於梅琴根（Metzingen）的公司在一九三〇年的經濟大恐慌中破產。隔年，他加入納粹黨，很快被提升為「希特勒運動」的主要軍服供應商。

的戰爭。然而實際上，這場戰爭是人類的摧毀力在經過工業化之後達到高峰匯聚起來的結果。所有主要的交戰國都發展出高度集中的國家體制來分配資源（人力與物質），它們靠的不是市場機制，而是預先設想的高度複雜計畫。這些國家全將個人自由置於總體戰勝利的目標下，並且要求敵人無條件投降。人類歷史上從來沒有這麼高比例的男性投入戰爭之中。所有國家都把平民人口聚居之處視為可加以正當攻擊的目標。每個國家都對自己領土內不同的平民族群施以差別對待，儘管英國人與美國人（包括義大利人）所做所為遠不能與德國人和俄國人殘暴對待他們不信任的少數族群相比。日本對中國平民與盟軍戰俘犯下的罪行，與希特勒「猶太人問題的最終解決方案」及在此之前史達林「清算富農階級」相比（他們的名稱只是「種族滅絕」的好聽說法）也變得無關緊要[80]。

每個人似乎都穿上制服。到了一九四四年，六大交戰國擁有四千三百萬人以上的軍隊（幾乎都是男性）。就所有交戰國來說，軍隊總數肯定超過一億人。這樣的人數頂多占人類總數的五分之一到四分之一，但已是現代歷史（無論之前或之後）中軍隊比例最高的一場戰爭[81]。三千四百萬以上的蘇聯平民服役，德國是一千七百萬人，美國是一千三百萬人，大英帝國來自世界各地的忠誠臣民將近九百萬人，日本則有七百五十萬人。這些國家的年輕人，身上穿的很少不是政府發放的衣物。因此，世界紡織業有極高的比例完全在生產軍服。人們雖然穿著軍服，但從事的活動各異。絕大多數德國人、日本人與俄國人從事的，多半與某種致命的組織暴力有關。絕大多數美國人與英國人位於後方，只有少數運氣不佳的人在前線打仗。對德戰爭的勝利，來自於英國的諜報、蘇聯的人力與美國的資本三方的結合；英國破解德國的密碼，俄國殺死德國的士兵，美國轟平德國的城市。戰勝日本主要（其中也有其他國家的付出）是美國的功勞，曼哈頓計畫（Manhattan Project，該計畫因一九四二年在曼哈頓工程區開始而得名）製造了三枚終止戰爭與改變世界的原子彈，一枚用來在新墨西哥州進行測試，另外兩枚於一九四五年分別投在廣島與長崎。

愛因斯坦警告小羅斯福，德國人可能率先研發出原子彈。在這項忠告的激勵下，加上英國發現同位素鈾235的分裂性質（美國人很晚才了解這項發現的意義），我們可以說原子彈的製成完全是西方的成就。參與研發的科學家來自各個國家：澳洲、英國、加拿大、丹麥、德國、匈牙利、義大利、瑞士與美國。其中許多人是來自歐洲的猶太難民（包括著名的弗里胥〔Otto Frisch〕與泰勒〔Edward Teller〕），反映出猶太人在法國大革命解放後在每個思想領域不成比例的表現[14]，也顯示希特勒反閃主義（Anti-Semitism，在歐洲歷史中已為反猶主義的代名詞）的戰爭代價有多大。在這些科學家中，還有兩名是蘇聯間諜。把原子彈視為西方文明最偉大的創造也許有點奇怪。雖然原子彈極度擴大了人類造成死傷的能力，但原子彈也降低了戰爭規模與破壞性，最早出現的效益就是避免對日本兩棲作戰所可能導致的重大傷亡。事實上，原子彈並未取代傳統戰

[14] 猶太人在二十世紀西方思想生活中（尤其在美國）扮演的角色的確不成比例，顯示出這個民族在基因與文化上的優勢。猶太人占世界人口的〇．二%，美國人口的二%，卻贏得二二%的諾貝爾獎，二〇%的菲爾茲數學獎（Fields Medals for mathematics），與六七%的四十歲以下經濟學家才有資格領取的約翰．克拉克．貝茨獎（John Clarke Bates Medals）。猶太人也贏得三八%的奧斯卡最佳導演獎，二〇%的普利茲非小說類作品獎，與一三%的葛萊美終身成就獎。

爭；一九四〇年代剛結束，另一場動用飛機與坦克的龐大血腥戰爭隨即在韓國展開。但是原子彈，乃至於在一九五二年試爆而破壞力更龐大的氫彈（隔年蘇聯也試爆成功），限制了戰爭與所有後續衝突的規模，這種武器嚇阻了美國與蘇聯直接面對面的衝突。美蘇兩大超強進行的戰爭，如我們日後所知，全都局限於代理人之間的戰爭。雖然核戰的風險從未完全消除，但從後見之明來說，我們認為總體戰的時代在日本投降後便告一段落。

如果冷戰轉為熱戰，蘇聯很可能是最後的贏家。蘇聯除了擁有比美國更能承受戰爭重大損失（若以戰前人口來計算，第二次世界大戰蘇聯的死亡率是美國的五十倍以上）的政治體系，也擁有更適合量產精密武器的經濟體系。事實上，到了一九七四年，蘇聯已經擁有遠較美國龐大的戰略轟炸機與彈道飛彈兵工廠。在科學上，蘇聯只稍微落後美國一點。蘇聯的意識形態在後殖民社會（也就是我們說的第三世界）也比美國來得更吸引人。在這種社會裡，腐敗菁英擁有所有的土地而且控制了武裝力量，貧農只能在他們腳下過著困苦生活[82]。有人認為蘇聯其實贏得了「第三世界戰爭」。在第三世界存在著有意義的階級戰爭，而共產主義可以取勝[83]。

然而，最後**決定冷戰勝敗的不是槍砲而是奶油，不是炸彈而是球賽**。社會雖然一直籠罩在全體毀滅的陰影下，但日子還是要過，即使一九五〇年代與六〇年代各國仍部署大量軍隊，但與一九四〇年代完全無法相比。從一九四五年軍隊占總人口數八·六%的巔峰，到一九四八年降到一%以下，美國武裝力量此後從未超過二·二%，即使在韓戰、越戰時期也是如此。蘇聯的軍事化程度較高，但軍隊占人口的比例從一九四五年戰後巔峰的七·四%，到了一九五七年後就一直維持在二%以下[84]。對蘇聯來說，問題只有一個：美國提供的平民生活比蘇聯更具吸引力。這不只是因為美國擁有較多的資源，更是因為中央經濟計畫（雖然在核武競賽中，這是獲勝不可或缺的要素）完全無法滿足消費者的需求。計畫者最能設計與實現單一客戶（國家）獲得終極武器的需求。但是計畫者絕不可能滿足數百萬個別消費者的欲望，因為他們的喜好總是不斷在變動。因此，凱因斯的勁敵奧國經濟學家海耶克（Friedrich von Hayek）在《通往奴役之路》（*Road to Serfdom*, 1945）中提出許多洞見，他警告西歐要提防和平時期計畫這頭幻想的怪物。美國市場模式在戰時藉由史上最龐大的金融與貨幣刺激得以恢復元氣，並且在地理位置上因遠離總體戰的蹂躪而獲得庇護，但最終仍是因為它能滿足（與創造）消費者需求而能立於不敗之地。

我們可以用簡單的例子來說明這點。戰前，絕大多數的衣服都是由裁縫測量縫製。但為了生產數千萬件軍服，於是便鼓勵了標準尺寸的發展。事實上，人類比例的差異並不大；人類的身高與體寬是正常分布，這表示我們絕大多數人都是中等體格。一九三九到一九四〇年，美國農業部國家家庭經濟局針對一萬五千名美國女性進行全國調查。這是第一次針對女性身材比例進行大規模的科學研究。從每一名志願者身上取得五十九個測量數字。結果公布在一九四一年美國農業部的出版品《女性衣物與版型測量》。標準化的尺寸使平民服裝也能跟軍裝一樣量產與訂製。不到幾十年的時間，只有富有的菁英才會找裁縫訂做衣服：薩佛街的男裝，或是巴黎與米蘭的高級女裝。

在戰後的美國，消費社會成為一種群眾現象，大量減少了社會階級之間的服裝差異。這種

現象與戰後貧富差異縮減有關。一九二八年，頂端一%的人口取得近二〇%的所得。從一九五二到一九八二年，這個比例一直少於九%，低於法國頂端一%的人取得的比例[85]。復員士兵再度深造，與大量在郊區興建住房，這些都有助於改善生活品質。嬰兒潮的父母是首次開始大量使用消費信貸的一代。他們貸款購屋、買車、買家電（電冰箱、電視機與洗衣機）[86]。一九三〇年發生經濟大恐慌時，超過半數的美國家庭已經有電可用，而且擁有汽車與電冰箱。到了一九六〇年，大約八成的美國人不僅擁有上述的用品，還有電話可用。而這些新消費耐久財傳布的速度還在提升。洗衣機是經濟大恐慌前的發明，最早可以追溯到一九二六年。到了一九六五年，也就是三十九年後，半數家庭擁有這種家電。空調發明於一九四五年。二十九年後，也就是一九七四年，普及率終於超過五成。乾衣機出現於一九四九年；二十三年後，也就是一九七二年，已經有超過半數的家庭擁有。（洗碗機也發明於一九四九年，但普及的速度較慢；直到一九九七年，普及率才達到五成。）彩色電視機速度最快；一九五九年發明，只花了十四年，一九七三年就有五成的家庭擁有。到了一九八九年，當冷戰告終之時，已經有三分之二或更多的美國人擁有這些設備，除了洗碗機。他們還有微波爐（一九七二年發明）與錄音機（一九七七年發明）。一五%的人擁有個人電腦（一九七八年）。二%走在時代尖端的人擁有手機。到了二十世紀末，半數家庭已擁有手機與網路[87]。

對於可望發展到這種程度的社會來說，蘇聯共產主義很快失去了吸引力。西歐戰後的恢復主要仰賴美國的援助，很快就回復到經濟大恐慌前的成長路徑（不過，馬歇爾計畫最大的幾個受惠國卻不是成長最快的）。法西斯時代削弱了歐洲各地的工會；勞資關係因此變得比戰前緩和。參與罷工的人數雖然變得更多，但持續的時間變短。只有英國、法國與義大利的產業行動頻率增加。透過統合主義集體議價、經濟計畫、凱因斯式需求管理與福利國家，西歐人採取各種方式來預防共產主義的威脅，並於一九五七年簽訂羅馬條約進行跨國境的經濟整合。事實上，莫斯科的威脅也在這個時期大幅減退。蘇聯的脅迫勒索、強調重工業、農業集體化，與吉拉斯（Milovan Djilas）所說的黨員已自成一個「新階級」——這些事物在柏林（一九五三年）與布達佩斯（一九五六年）點燃反叛的怒火。**真正的經濟奇蹟發生在亞洲，不只是日本，還有香港、印尼、馬來西亞、新加坡、南韓、臺灣與泰國，這些國家全在戰後獲得持續且絕大多數是加速的成長。**一九五〇到一九九〇年，亞洲所占的全球國內生產毛額從一四%增加到三四%。重要的是，**一九七〇年代與八〇年代，當世界其他地區經濟成長放慢或遭遇經濟萎縮（如非洲與拉丁美洲）時，亞洲仍持續成長。**南韓的表現尤其令人印象深刻。從人均所得來看，南韓在一九六〇年還比不上迦納，但到了一九九六年時，它已進步到足以參加經濟合作與發展組織，也就是富國俱樂部。一九七三到一九九〇年，南韓是世界成長最快的經濟體。

東亞的經濟奇蹟是冷戰的關鍵。如果典型的模式是越戰而非韓戰（換句話說，美國的軍事介入絕大多數以失敗收場），則結果可能不會如此皆大歡喜。什麼原因造成如此差異？首先，美國及其盟邦（特別是英國在馬來西亞的獨立上）有能力提供可靠的保證給軍事干預後的政府。其次，衝突結束後的改革創造了成長所需的平穩制度基礎，一個完美的例子是一九四六年日本的土地改革。這場改革掃除了封建殘餘而且實質均平了土地產權（明治時代的改革者忽略了這一點）。第三，美國支持的開放全球經濟秩序對這些亞洲國家極為有利。最後，各國使用各種形式的國家指令，確保儲蓄能注入出口產業，在這當中，關鍵的第一階段部門當然是紡織業。**消費社會不只提供角色模範給東亞人，也為他們的廉價衣物提供市場。**

值得注意的是，**這群「亞洲虎」並非全然遵循日本模式**，也就是，透過出口棉布這類基本產品來進行工業化，並且仰賴民主制度的協助。南韓是在朴正熙（一九六〇－七九年）與全斗煥（一九八〇－八七年）兩位將軍領導下進行工業革命，而新加坡的李光耀與印尼的蘇哈托則本質上是絕對主義者（前者是開明專制），臺灣與日本則是由獨大的政黨統治。香港直到一九九七年為止，一直是英國的殖民地。然而，在每個例子裡，經濟成功往往造成民主化的延後。簡單說，東亞已經旋出蘇聯的引力圈之外，因為它已經成為美國消費社會的持份者。相反的，有些國家（伊朗、瓜地馬拉、剛果、巴西、多明尼加與智利）的故事則完全不同，因為美國的干預較為短暫。而另一些國家（古巴、越南、安哥拉與衣索比亞）的狀況甚至更糟，蘇聯在這裡的干預或支持更為有效。

大眾消費主義，連同其隱含的標準化，居然可以與桀驁不馴的個人主義結合在一起，這應該是西方文明有史以來最精明的把戲。但要了解其中的緣由，關鍵在於這個字：西方。蘇聯或許不須因為未能發明與傳布彩色電視或微波爐而受到責難。但是就技術層面來說，**消費社會的重要商品並不複雜。其中最簡單的商品，是一種發明於美國西岸的工作褲**。而這或許是整個冷戰中最大的謎，為什麼工人的天堂連一件像樣的褲子都生產不出來。

牛仔褲的影響力

從前，在蠻荒的西部，有個普世的服裝誕生了。牛仔褲一開始是礦工與牛仔正經八百穿的褲子。到了一九七〇年代，牛仔褲成為世界上最受歡迎的衣物——而且也成為強有力的政治象徵：蘇聯的經濟體系出了什麼問題？為什麼蘇聯人可以造出原子彈，卻做不出Levi's 501？

就我們所知，牛仔褲發明於一八七三年，當時出生於巴伐利亞的布商史特勞斯（Levi Strauss）與雷諾裁縫戴維斯（Jacob Davis）取得專利，他們利用銅鉚釘來補強礦工「工作褲腰際」的口袋。他們使用的布料是新罕布夏州曼徹斯特鎮阿摩斯基格工廠生產的丹寧布（denim，原本叫serge de Nîme〔也就是法國尼姆出產的布〕，正如jeans〔牛仔褲〕可能源自於Genoa〔熱那亞〕），並且使用美國出產的棉花染上美國出產的靛藍染料。Levi's的工廠最早設於舊金山，人們熟悉的商標也是於一八八六年在此地首次使用，商標上顯示有兩匹馬反向拉扯，卻無法撕裂Levi's的牛仔褲；紅色的標籤則是一九三六年才加上去的。牛仔褲便宜、易清洗、耐用而且好穿。但是當時這種工人的工作褲在英國也看得到（最著名的如邱吉爾在戰時穿的褲子），英國的工作褲稱為dungaree，是用印度Dongri出產的粗棉布做成的。既然如此，**為什麼加州的牛仔褲**（美國許多州的監獄人犯也穿這種褲子）**能支配時尚界？答案在於二十世紀兩個最成功的產業：電影與行銷**。

當年輕的約翰韋恩從早期牛仔電影中穿著帶穗皮褲的造型，轉變成《關山飛渡》（*Stagecoach*, 1939）中穿著樸素牛仔褲的裝扮時，牛仔褲的風潮就此開啟。接著是《飛車黨》

（*The Wild One*, 1953）中馬龍白蘭度的牛仔褲與皮件，然後是《養子不教父之過》（*Rebel without a Cause*, 1955）中詹姆斯狄恩的紅色（夾克）、白色（T恤）與藍色（牛仔褲），以及《紅樓驚魂》（*Jailhouse Rock*, 1957）中貓王（Elvis Presley）的黑色牛仔褲。行銷人員為牛仔褲粗線條的外型加添另一項支持，那就是「萬寶路男性」（Marlboro Man）：抽著菸，穿著丹寧布褲子的牛仔。這是一九五四年負責行銷執行的伯恩內特（Leo Burnett）想出來的點子。瑪麗蓮夢露是另一名很早就穿著丹寧布的明星；她最早的幾張模特兒照片裡有一張不算討喜的囚服照。關鍵在於，牛仔褲從一開始就與年輕叛逆連結在一起。早在一八三〇年代，摩門教領袖楊恩（Brigham Young）就已經嚴詞抨擊，有鈕扣遮布的褲子看起來像是「通姦褲」。一九四四年，《生活》雜誌因為刊登了一張兩名衛斯理學院女學生穿著牛仔褲的照片而引起軒然大波[88]。Levi’s的競爭者Lee後來引進了拉鍊，於是建立起牛仔褲的性感形象——一個耐人尋味的結果，想想，要跟穿著緊身牛仔褲的人做愛有多麼困難。牛仔褲開始往上流動。它們一開始穿在牧場工人與囚犯的屁股上；戰時，成為防務工人規定的穿著；戰後，成為摩托車隊的最愛；然後，西岸與常春藤聯盟的大學生開始穿它；一九六〇年代，只要有「垮掉的一代」（beat）作家、民謠歌手與流行團體就有它；最後，尼克森以後的總統全都在公開場合穿過牛仔褲。Levi’s業績的成長相當可觀。一九四八年，Levi’s賣出四百萬條牛仔褲；到了一九五九年，達到一千萬條。從一九六四到一九七五年，Levi’s的銷售量增加了十倍，超過十億美元。到了一九七九年，這個數字達到二十億美元。而Levi’s只是幾個成功品牌之一，另外還有Lee與Wrangler與它競爭。

這些美式服裝同樣吸引了非美國人，這點可以從一九六〇年代與七〇年代，Levi’s的褲子大量出口清楚看出。**對於世界各地年輕人來說，牛仔褲象徵世代的反叛，是一種對戰後世代古板服裝規定不滿的宣洩**。牛仔褲精靈從瓶子裡竄出，而這個瓶子很可能是可口可樂充滿曲線的玻璃瓶。Levi's要實現他們說的「讓全世界人都穿牛仔褲」的野心，似乎只是時間的問題。「世界現在成了藍色牛仔褲的國度」（見圖37），一九七二年《生活》雜誌如此表示[89]。為了擴充海外市場，Levi's仿傚可口可樂的做法。這種褐色不斷發出嘶嘶聲的液體，是一八八六年由彭伯頓（John Pemberton）發明的。他把古柯葉提煉出來的古柯鹼與可樂果提煉出來的咖啡因混合起來，再充入二氧化碳。這種飲料後來甚至超越勝家成為全球品牌。早在一九二九年，可口可樂已經以「國際飲料」自居，當時它銷售到世界七十八個國家，甚至包括緬甸——可口可樂獨特的斯賓塞字體商標出現在仰光大金寺的入口處，顯得極不協調[90]。第二次世界大戰期間，可口可樂在六個戰區設立六十四家裝瓶廠。一九七三年，正當越戰處於白熱化的階段，可口可樂居然在寮國也設了一家裝瓶廠。

不過，對Levi's與可口可樂而言，最難穿越的障礙莫過於冷戰在歐洲拉起的鐵幕。事實上，可口可樂老闆伍德魯夫（Robert W. Woodruff）曾堅持原則，拒絕參與在莫斯科舉辦的美國國家博覽會。伍德魯夫曾埋怨當時的副總統尼克森，因為一九五九年七月百事可樂成功利用博覽會開幕式兩國領袖電視辯論之後的機會，讓蘇聯領袖赫魯雪夫喝下了百事可樂[91]。

在冷戰的修辭中，誰是「西方」與誰是「東方」是相當明顯的。東方開始於易北河（River Elbe），而易北河標誌著德意志聯邦共和國的終點與德意志民主共和國的起點。東方結束於朝鮮民主主義人民共和國與大韓民國之間的疆界。但是，站在真正東方（從中東到遠東）的觀點來看，世界似乎只是被區分成兩個敵對的西方，資本主義的西方與共產主義的西方。主政的人看起來大致相同。其實，蘇聯在許多方面都想模仿美國，不管是生產相同的武器，還是相同的消費品。如赫魯雪夫在與尼克森進行「廚房辯論」時清楚提出的，蘇聯人想以蘇聯產品與美國產品一較高下。就服裝而言，這兩個男人分不出什麼高低。尼克森的服裝黑白分明，彷彿是為了要混淆他應該要推銷的彩色電視科技似的，而他看起來就像本來的樣子，一名陰沉的加州律師。赫魯雪夫則穿著淺色西裝與帽子，像是午餐時喝了太多馬丁尼的州權民主黨國會議員。

與世界各地的年輕人一樣，蘇聯及其東歐衛星國的青少年都渴望穿上牛仔褲。所以我們才說這是一件奇怪的事，戰後美國的大敵居然未能仿製出這種極度簡單的衣物。可能有人認為，西方對丹寧布的狂熱，會讓蘇聯人的生活好過一點。畢竟，蘇聯應該是無產階級天堂，而牛仔褲要比Sta-Prest免熨褲（這是Levi's另一項發明，於一九六四年引進）容易縫製。然而，共產主義集團不知為何就是無法了解服裝的吸引力，它可以象徵蘇聯工人辛苦工作的美德。相反的，牛仔褲，以及很快與牛仔褲緊密結合的流行音樂，將成為西方優越的典型象徵。此外，與核子彈頭不同的是，牛仔褲實際對準了蘇聯人：一九五九年，Levi's在莫斯科舉辦了展覽，一九六七年又辦了一次。

如果你是六〇年代住在鐵幕後的學生（例如東柏林），你不會想穿著少年先鋒隊類似童子軍的制服。你想穿得像西方年輕人一樣。沃勒（Stefan Woole）當時是一名東德學生。他回憶：

> 起初，在東德不可能買到牛仔褲。牛仔褲被視為盎格魯撒克遜文化帝國主義的具體表現。如果穿上它，一定會引起許多人的不滿。而且你也買不到牛仔褲。有很多人從他們西方的親戚那裡拿到了牛仔褲……他們穿上牛仔褲，老師、老闆與街上的警察看了都非常生氣。它形成了西方商品的黑市，而這似乎為國家帶來威脅[92]。

對牛仔褲的渴望，使蘇聯執法官員創造了一個詞「牛仔褲罪」：「渴望使用任何手段來取得以丹寧布製作的衣物而犯下的違法行為」。一九八六年，法國左派哲學家，同時也是切．格瓦拉（Che Guevara）的前革命同志德布雷（Régis Debray）表示：「搖滾音樂、錄影機、牛仔褲、速食、新聞網路與電視衛星擁有的力量大過整支紅軍。[93]」到了一九八〇年代中期，這種現象變得非常明顯。然而在一九六八年，我們已能看出端倪。

一九六八年是革命動盪的一年，從巴黎到布拉格，從柏林到柏克萊，乃至於在北京[94]。在所有反對冷戰雙占的呼聲中，共同的要素就是青年。在現代，十五到二十四歲的人口很少能像一九六八年後的十年一樣在人口中占有這麼大的比例。一九五〇年代中葉，美國青年在總人口占的比例降到一一%，但到了一九七〇年代中期卻上升到一七%的巔峰。在拉丁美洲與亞洲，青年超過兩成。在此同時，高等教育的擴張，尤其在美國，意味著年輕男女上大學的比例遠超過以往。到了一九六八年，大學生占了美國總人口三%以上，相較之下，一九二八年還不到一%。歐洲也是一樣，只是幅度沒那麼大。這些全是戰後嬰兒潮——年輕、數量龐大、受過教育、富足。他們有充分的理由感謝父親那一代為自由而戰，才能留給他們機會。然而他們卻選擇反叛。

一九六八年三月二十二日，法國學生占領巴黎第十大學南特爾（Nanterre）校區八樓的學院會客廳——「瘋狂的南特爾」是這座醜陋水泥校園的別名。五月，數萬名學生，包括索邦大學的菁英，在巴黎街頭與警方發生衝突[95]。工會抓住這個機會在全國發動總罷工，向軟弱的政府施壓，要求調高薪資。類似的場景在加州大學柏克萊校區與柏林自由大學上演，甚至在哈佛大學，民主社的學生組織成員占領校長宿舍，而工人學生聯盟成員則衝進大學會堂（暫時改名為切．格瓦拉會堂），把在那裡辦公的教務長趕了出來。

表面上，這場校園暴動是為了反對美國為維護南越獨立所發動的戰爭，越戰到了一九六八年已奪走三萬名以上的美國人性命，也失去了絕大多數民眾的支持。一九六八年的抗議者也支持非裔美國人的民權運動，以典型的自由派立場向美國南方殘存的種族平等障礙提出挑戰。然而，一九六八年的語言絕大多數都屬馬克思主義語言，它幾乎把每一項衝突（從以色列到中南半島）都視為反帝國主義鬥爭。傾向於教條主義的學生領袖班迪特（Daniel Cohn-Bendit，又稱紅色丹尼）與杜奇克（Rudi Dutschke）認為，運動的目標是「在資本主義中心造反」。這群狂熱分子表示：「除非用最後一名官僚的腸子把最後一名資本家絞死，否則人類不可能幸福。」情境主義者（Situationists）身為無政府主義者，希望廢除勞動本身，因此催促他們的學生支持者：不要工作[96]。然而，有一個非常實際的需求足以說明革命的真實目標，那就是男學生可以自由出入女生宿舍，因此才有這麼一道訓令：「要像拉拉鍊一樣，時常敞開你的心房。」一名塗鴉藝術家表示：「我越想做愛，就越想革命。我越想革命，就越想做愛。」[97]受到鼓勵的女學生，開始嘗試禁忌的裸露程度。從類似毛澤東紅衛兵制服的睡衣褲，到嬉皮上窄下寬的喇叭褲，一九六八年革命關注的完全是衣服。從迷你裙到比基尼，性革命關心的完全是不要衣服。在澳洲出生，喜歡結黨成群卻不愛黨派的女性主義者格莉爾（Germaine Greer）表示：「女性必須拒絕在資本主義國家中扮演主要消費者的角色。」[98]

諷刺的是，一九六八年的抗議者總是把抨擊美國在越南的帝國主義當作例行公事，並且象徵性地打破美國運通位於巴黎的辦公室窗戶，但他們依然沉迷於美國的流行文化。牛仔褲（現在已經改造成低腰與喇叭褲管）仍是青年暴動的制服。唱片公司繼續提供原聲帶：滾石樂隊（Rolling Stones）的〈Street Fightin' Man〉（一九六八年十二月由迪卡〔Decca〕唱片發行），與披頭四樂團（Beatles）的〈Revolution〉（四個月前由樂團擁有的蘋果唱片發行）——這兩首歌對於革命的好處都抱持懷疑的看法。丹寧褲與黑膠唱片：這兩件東西是二十世紀下半葉資本主義最成功的產物。此外，與一九二〇年代一樣，禁令（這一次是麻醉藥劑）提供了新機會領域給「犯罪公司」（Crime Inc.）。法國情境主義者對消費社會百般辱罵，抨擊它帶來的粗俗物質主義文化與無所不在的商業廣告（德博〔Guy Debord〕輕蔑地稱其為「景觀社會」），但在巴黎，為了反資本主義而暴動的人卻嚴重低估自己從資本主義體系獲得的好處。出身貧困與藍領階級的警察揮舞著警棍，偶爾也被奪走的警棍痛打，他們瞧不起這些享受特權的中產階級「嬉皮」，而西方當局普遍讓這些學生有抗議的自由。事實上，絕大多數的大學都任學生予取予求。另一個諷刺是，青年運動主張「做愛不要作戰」，最終卻造成更多的暴力：美國各大城市出現種族暴亂，西歐與中東的謀殺率衝高且恐怖主義橫行。一九六八年七月二十三日發生的事件開啟了新紀元：巴勒斯坦解放組織劫持了一架以色列航空從羅馬飛往特拉維夫的班機。不久，巴勒斯坦解放組織領袖阿拉法特（Yasser Arafat）喜愛穿戴的阿拉伯頭巾，與切．格瓦拉的貝雷帽一樣成為時髦的配件。

在一九六八年穿過鐵幕，猶如穿越鏡子一般。西歐觀光客看到許多熟悉的事物。鐵幕兩邊的城市計畫者犯了相同的錯誤，將民眾遷出市中心，然後將他們安置在令人生厭、以功能為導向的包浩斯（Bauhaus）風格（戰後建築師陶醉於這種風格）劣等公寓街廓裡。但是有些熟悉的事物可能有著完全不同的意義。在布拉格，嬉皮與牛仔褲受到青年的喜愛，共產黨理想的短髮、聚酯西裝與紅領帶則無人聞問。但布拉格青年喜愛嬉皮與牛仔褲，卻是因為這些事物象徵著西方的資本主義。捷克人甚至稱牛仔褲為德州褲[99]。既然計畫者不願意生產這種褲子，要拿到褲子的唯一方法就是走私。流行歌手楊達（Petre Janda）——他組的團體奧林匹克（Olympic）渴望成為捷克的披頭四⑮——就是用這種方法取得他的第一件Levi 501s；這件褲子太小了，但朋友還是很羨慕他[100]。布拉格跟巴黎一樣：大學成為世代衝突的引爆點。垮掉的一代詩人金斯堡（Allen Ginsberg）於一九六五年春造訪查爾斯大學；他在五月初遭到驅逐，理由是他的作品「淫穢而且有害道德」。一九六七年十一月，查爾斯大學的學生在燈火管制期間集合起來，手持蠟燭走向布拉格市中心。其中一名參與抗議的學生托斯卡（Ivan Touška）回憶：

當時電力經常中斷——在第一次抗議時，蠟燭是個很實用的象徵——我們有蠟燭，但我們想要電燈。然而，「我們想要光明」顯然擁有更廣泛的意義：「光明」對立著當時最高政治體制（捷克斯洛伐克共產黨的中央委員會）的「黑暗」[101]。

一九六八年四月，杜布切克（Alexander Dubček）提出經濟與政治解放「行動綱領」。其中最具意義的是，他的經濟政策要從重工業轉向消費商品。然而位於莫斯科的蘇聯領導人認為「布拉格之春」是一項不可接受的威脅。一九六八年八月二十一日清晨四點，蘇聯坦克與部隊包圍了捷克斯洛伐克共產黨中委會所在的大樓。在憤怒群眾威脅下，坦克開火，殺死一名年輕人。早上九點左右，軍隊衝進大樓。杜布切克被送往蘇聯，但他很幸運能活著回來。另一處抵抗焦點是瓦茨拉夫廣場，捷克人每天集結在瓦茨拉夫（接受宣福禮的十世紀波希米亞公爵）騎馬雕像周圍。在巴黎，學生向鎮暴警察丟擲燃燒的汽油彈。在布拉格，一九六九年一月十九日，一位名叫帕拉夫（Jan Palach）的捷克學生在自己衣服上傾倒煤油，然後引火自焚。在西方，學生沉迷於馬克思主義的說詞，但他們實際追求的只是自由戀愛。在鐵幕的另一邊，學生追求的是更崇高的目標。他們關注的是自由本身。

一九六八年後，恢復秩序的共產黨政權要求捷克所有的搖滾音樂家參加馬列主義考試。一個作風前衛的樂團名叫「宇宙塑膠人」，在蘇聯入侵後才組成，時間還不過一個月，他們用歌

⓯ 他們最暢銷的單曲〈Zelva〉（烏龜），歌詞顯然受到藍儂（John Lennon）晚期的啟發：「If you don't pay attention to turtles / They can trick you. /It is hard to catch turtles / When they are in the water.」

曲作答（見圖38），例如〈一百分〉：「他們害怕自由。他們害怕民主。他們害怕（聯合國）人權憲章。他們害怕社會主義。所以我們為什麼要怕他們？[102]」結果很快揭曉。一九七〇年一月，他們的職業音樂家執照被取消。兩年後，當局禁止他們在布拉格表演，而且逼迫他們要在波希米亞鄉村的私人宴會上演出。在一場地下活動之後——一九七六年二月，在波賈諾維斯（Bojanovie）舉辦的第二文化第二音樂祭——宇宙塑膠人所有的成員，包括他們的加拿大籍主唱威爾森（Paul Wilson）都被逮捕。其中兩名成員，布拉本內克（Vratislav Brabenec）與吉羅斯（Ivan Jirous）被控犯下「極端粗俗……反社會主義……虛無主義……與墮落」的罪行，判處十八到八個月的刑期。他們的審判促成七七憲章的出現，哈維爾（Václav Havel, 1936-2011）成為這個異議團體的先鋒，他是劇作家，也是未來捷克斯洛伐克的總統。在搖滾音樂史上，沒有什麼比一九七〇年代布拉格的樂團更具政治性⑯。

為什麼不乾脆讓捷克斯洛伐克的學生擁有他們要的牛仔褲與搖滾樂？答案是**消費社會對蘇聯體系本身構成致命威脅**。它以市場為基礎，回應來自消費者本身的信號——他們喜愛牛仔褲勝於法蘭絨褲，或他們喜愛傑格（Mick Jagger）勝過巴卡拉克（Burt Bacharach）。消費社會把越來越多的資源投入於滿足這些偏好，這是蘇維埃體系無法做到的。黨知道每個人需要什麼（褐色聚酯西裝）並且根據這一點向國營工廠下訂單。不依照這種做法便帶有隱含的顛覆性。東德當局曾指責一九五三年工人暴動是西方「用牛仔褲與德州襯衫」教唆他們做的[103]。赫魯雪夫也許想複製彩色電視，但他絕不想要披頭四。「蘇聯年輕人不需要這些五音不全的垃圾」，他表示：「從薩克斯風到彈簧刀就只差那麼一小步。」[104]無論如何，對蘇聯人來說，要在冷戰武器競賽中追上富有的美國人，坦克比無袖T恤重要，戰略轟炸機比Stratocaster電吉他重要。一名蘇聯批評家提出了具啟發性的評論，他說：「把每盎司的能源用在舞池地板上，還不如用來建造水力發電廠。」[105]然而，這些想法無法阻止黑市交易商把牛仔褲走私到俄國，這些交易商擅長講價，他們可以用丹寧布換到毛帽與魚子醬，而這兩樣東西是西方遊客到莫斯科唯一想要的紀念品。一件黑市牛仔褲可以賣到一百五十到兩百五十盧布，相較之下，蘇聯平均月薪不到兩百盧布，而一般國產的長褲則只賣十到二十盧布。

布拉格之春被鎮壓後，東歐共黨體系看起來似乎穩如泰山。在柏林，城市被區分成東、西似乎成了一個永久的現實。然而共產黨雖然善於打擊政治反對勢力，他們對西方消費社會的抵抗似乎微弱得多。西方時尚的影響終究難以排除，尤其在東德人可以收看西德電視節目的狀況下（他們長久以來一直能收聽西方的廣播）。設計家如亨德爾（Ann Katrin Hendel）開始設計他們專屬的西方風格衣物，然後放在汽車的後車箱裡兜售。亨德爾甚至製作了她自己的牛仔褲：

> 我們嘗試縫製，利用防水布或床單或不屬於牛仔褲的織物。我們也試著染色，但要拿到染料並不容易……染料非常搶手，人們總是爭相索取。[106]

⓰ 一九八九年十二月二十九日，哈維爾被任命為總統之後，他邀請的第一批官方貴賓就是札帕（Frank Zappa）與里德（Lou Reed）。

關鍵在於，西方消費產業的成功反映出蘇聯各方面表現的可悲。一九七三年後，經濟成長不僅大幅下降（低於一%），連所有要素的生產力也都在衰退。事實上，有些國營企業在加工之後的成品，其價值還低於未加工前的原料。正如海耶克的警告，少了有意義的價格，資源的配置將跟著失當；腐敗的官員限制產出以擴大自己的非法收益；工人佯裝工作，而管理階層也佯裝發薪。不僅工業資本存量無法維持，連人力資本存量也難以為繼；核電廠無法經營；酗酒的人越來越多。蘇聯非但無法如赫魯雪夫說的挑戰美國經濟霸權，它自己的人均消費水準事實上僅達美國的二四%左右——頂多與土耳其爭個高下[107]。在此同時，美蘇兩強的關係逐漸走向緩和與解除武裝，也使蘇聯量產飛彈的能力變得更沒有價值。一九七〇年代的高油價使蘇聯體制暫時延緩了死亡時間；當油價於一九八〇年代滑落時，蘇聯集團只剩下硬通貨的債務——從赫魯雪夫誓言「埋葬」的體系借來的金錢。一九八五年三月，戈巴契夫出任蘇聯共黨總書記，他覺得現在已經沒有別的選擇，只能對經濟與政治體系進行改革，包括掌握東歐的蘇維埃帝國本身。隨著莫斯科當局揭櫫「改革」（perestroika）與「開放」（glasnost）兩個新口號，東柏林的強硬派也陷入孤立無援的狀態——他們被迫對出版品與新聞報導進行檢查，不僅針對西方，也針對蘇聯。

如同一八四八年與一九一八年，一九八九年革命也像傳染病一樣展開。一九八九年二月，在華沙，波蘭政府同意與團結工聯對談；很快的，波蘭開始準備進行自由選舉。五月，在布達佩斯，匈牙利共黨決定向奧地利開放邊界。鐵幕開始鏽蝕。大約有一萬五千名東德人經由捷克斯洛伐克到匈牙利「渡假」，然而實際上這卻是一次前往西方的單程旅行。六月，團結工聯贏得波蘭大選，並且著手籌組民主政府。九月，匈牙利共黨遵循波蘭模式，同意自由選舉。十月，當何內克（Erich Honecker）計畫慶祝德意志民主共和國建國四十週年時，數百，數千，然後數萬，然後數十萬人走上萊比錫街頭，他們先是高唱〈我們是民族〉，而後轉而高唱〈我們是一個民族〉。這一次不同於一九五六年的布達佩斯與一九六八年的布拉格——別忘了一九八一年十二月的格但斯克（Gdańsk）與一九八九年六月的北京——軍隊一直待在軍營裡。在東德共黨內部，德意志民主共和國的破產已經是明顯的事實，何內克被迫讓位給年輕的「改革者」。但此時改革為時已晚。其他比較機靈的共黨官員，特別是羅馬尼亞，早已經換邊站，他們算好了進行市場改革可以為他們帶來多少好處。

一九八九年十一月九日，一臉疑惑的東柏林記者團接到通知，表示「已經決定讓所有民眾經由官方邊界的穿越哨離境……命令立即生效」，這則新聞立即讓東柏林人像洪水一樣湧到邊境的檢查哨。在沒有準備之下，衛兵決定不予抵抗。到了午夜，所有的檢查哨都被迫放行，二十世紀最大的派對也就此展開，緊隨其後的則是最大的一場購物熱潮。隨著柏林圍牆倒塌，冷戰已實質結束，不過真正的終結還要等到一九九一年八月莫斯科政變失敗，與隨後的蘇聯瓦解。波羅的海三小國、烏克蘭、白俄羅斯、高加索三大共和國，與中亞五個「斯坦」，全部宣告獨立。

幾乎沒有人想得到會有這麼一天[17]。對有些人來說，這是「歷史的終結」，自由派資本主義模式確定獲勝[108]。對另一些人來說，這是「西方的勝利」，是三位極富魅力的領袖的成就：雷根

（Ronald Reagan）、教宗若望・保祿二世（Pope John Paul II）與柴契爾夫人（Margaret Thatcher）[109]。第三種觀點則歸功於民族主義。然而最能看清真相的分析家其實是那位已經著手行銷緊身「改革牛仔褲」的義大利服飾執行長。以消費社會的眼光來看，蘇聯及其衛星國確實是失敗了。二〇〇六年，白俄羅斯民眾發起示威遊行，反對無藥可救的專制政權，他們全穿上了牛仔褲，我們對此並不感到意外——只不過明斯克（Minsk）還要等待一場丹寧布革命[110]。

睡衣與頭巾

一九四九年毛澤東共黨革命之後，中國成為世界上色彩最單調的社會。清代璀璨的絲綢已不復見，戰爭期間國民黨喜愛的西方服飾也失去蹤影。為了實現絕對的平等，每個人都必須穿著看起來非常像睡衣的衣物：全灰的衣服。然而，今日你走在典型的中國街頭，你看到的是各式各樣五顏六色的西方服飾。各大城市的廣告看板宣傳著西方品牌之美，從亞曼尼（Armani）一直到傑尼亞（Ermenegildo Zegna）。與其他工業革命一樣，中國也是從紡織生產開始。直到最近，沿海特區製造的服飾絕大多數都是銷往西方。現在，隨著西方經濟蕭條，需求減少，北京的決策者面臨的一項重大挑戰，就是如何讓中國工人少存點錢與多買點東西；換句話說，多買幾件衣服。看起來，西方消費社會的勝利似乎已經接近完成。然而，真的是如此嗎？

伊斯坦堡是一座充滿國際色彩的城市，街頭上出現西方服飾早已不足為奇。走在獨立大街（İstiklâl Caddesi）的購物區，宛如進入了地中海世界。但在同一座城市的其他地區——例如，位於蘇丹艾哈邁德清真寺（Sultan Ahmet）附近的信仰區——整個景觀就完全不同。對於虔誠的穆斯林來說，西方的女性服裝不可接受，因為它暴露的部分已經逾越宗教規定[18]。在一個人民幾乎全是穆斯林的國家裡，我們看到有越來越多人穿著頭巾、面罩與遮住身體的寬鬆黑袍，似乎是一件理所當然的事。（見圖39）

然而這也顯示土耳其的發展出現重大變化。我們在第二章提過，土耳其共和國的創立者凱末爾對土耳其人的服裝進行西化，禁止在任何公家單位穿著宗教服裝。一九八二年，世俗主義的軍事政府掌權之後，重新恢復這項政策，禁止女學生在大學穿戴頭巾。然而，直到一九九七年為止，這項禁令並未嚴格實施。到了一九九七年，憲法法院明確宣判，在學術機構（包括學校與大學）穿戴頭巾違反了憲法第二條保持共和國世俗精神的規定（男學生留長鬍子也被判違憲）。當學校與大學當局召來鎮暴警察執行這項判決時，土耳其頓時陷入危機之中。一九九八

---

[17] 最令人不可思議的精準預言是美國記者歐唐納（James P. O'Donnell）在一篇題為〈柏林的幽靈火車〉（The Ghost Train of Berlin）中提出的，這篇文章刊登於一九七九年一月西德《讀者文摘》（*Digest*）雜誌*Das Beste*，他預言十年後圍牆將會倒塌，圍牆的碎片會被拿來當紀念品販售。遺憾的是，這個先見之明的獎酬微不足道——一如學院裡研究了一個世代卻一無所獲的「蘇聯學家」，也沒受到什麼苛責。政治預言的工作仍然是一個高度無效率的市場。

[18] 遮蓋女性頭部與身體的理想，源自於《古蘭經》，經文要求女性要「放低視線，保持自己的貞潔。除非必要，否則她們不應該露出身體任何一個部分。她們應該遮住自己的胸部，除非面對的是她們的丈夫、父親、丈夫的父親、兒子、丈夫的兒子、兄弟、兄弟的兒子、姊妹的兒子、其他女性、無性慾的男僕或顧工，或還未到青春期的兒童，這項規定才可放寬」（Sura 24(Al-Nur):31）。《聖訓》（*hadith*）記載穆罕默德的行為，它的規定更為嚴格，連脖子、腳踝與手腕都必須遮住。比較虔信的穆斯林提倡穿著布爾卡（burqa），這個詞通常指的是遮住頭部的面罩與遮住身體的黑袍。

年十月，約有一萬四千名民眾上街反對這項禁令，有超過二十五省的民眾手牽手形成人鏈來表達他們的訴求。在伊斯坦堡，數千名女孩寧可曠課也不願脫下她們的頭巾；有些女孩每天在學校門口守夜。在東安那托利亞的伊諾努大學，反對禁令的示威遊行演變成暴力事件，導致兩百名抗議者被捕。在東部城市卡爾斯，幾名年輕女性甚至為了這個爭議而自殺[19]，而二〇〇六年五月，一名支持這項禁令的法官也在法庭上遭槍殺身亡。在二〇〇八年，二〇〇三年以來由埃爾多安（Recep Tayyip Erdoğan）的正義與發展黨領導的伊斯蘭主義政府，著手修正憲法允許在大學穿戴頭巾，然而這項決定仍被憲法法院推翻。歐洲人權法院也支持頭巾禁令。

這場爭議再次說明，我們的外在服裝確實有著深刻意義。頭巾或面罩是否只是一種個人信仰的表現，因此任何一個西化社會都應該基於表現自由的原則來加以寬容？或者，頭巾或面罩是伊斯蘭教性歧視的陳舊象徵，因此世俗社會應加以禁止？伊斯蘭主義者，如記者卡拉卡（Nihal Bengisu Karaca）就認為這個問題屬於個人自由與人權的範疇：

> 我們希望能與沒穿戴頭巾的女性受到相同待遇。我們是一樣的，彼此並無不同，我們希望得到相同的待遇。我們擁有的權利跟她們是一樣的……我們只是希望沒穿戴頭巾的女性與有穿戴頭巾的女性都享有民主權利[111]。

伊斯蘭主義的論點是，覆蓋身體是個無害的選擇，應該讓婦女自由決定要怎麼做。他們說，面罩只是一種女性服飾，在伊斯坦堡的商店，你可以買到各種顏色與風格的面罩，有些甚至還鑲飾了閃爍亮片，讓人看起來更豔麗。當然，真正的現實是，推廣頭巾是土耳其引進伊斯蘭教法限制女性權利這個廣泛議題的一部分。這是一種漸進的做法，相較之下，伊朗在一九七九年革命後採取的就是比較激烈的手段——一種對伊朗沙阿（Shah）⑳「迷戀西方」的反彈，何梅尼（Ayatollah Khomeini）將其轉變成劇烈的性反革命[112]。你可以在伊斯坦堡街頭看到布爾卡，它把穿戴者從頭到腳用黑色的布裹住，只留下細細的一條縫讓她們注視外界——完全掩蓋了她們的身分，因此在二〇一〇年，法國國民議會投票全面禁止這種服裝。可想而知，這種服裝的變化也伴隨著土耳其外交政策的轉變。土耳其曾是北大西洋公約組織的親美支柱，也是歐盟成員的候選國，但現在它卻逐漸轉向東方，與伊朗伊斯蘭共和國競逐穆斯林世界的領導權，企圖恢復過去鄂圖曼霸權的記憶。

簡單說（或者詳細說，如果你認為如此），人們的穿著確實具有意義。西方兩個巨大的經濟躍進（工業演進與消費社會）都與衣服有密切的關聯：先是更有效率地生產衣服，然後更暴露地穿著它們。西方服飾的傳布與西方生活方式的傳布密不可分，正如穆斯林世界對西方服裝的反彈一樣，這是全球伊斯蘭復興的一項表徵。伊朗革命分子把西化人士貶低成fokoli，這個字源自於法文faux-col，指蝶形領結。因此在今日的德黑蘭，男人顯然都不打領結[113]。隨著西歐穆斯

⑲ 這些事件激勵帕幕克寫下感動人心的小說《雪》（*Snow*, 2002）。凡是想了解伊斯蘭恐怖主義心理的人，都應該閱讀帕幕克想像的卡爾斯教育局長與殺死他的凶手之間的最後對話。

⑳ 譯註：指進行西化的伊朗最後一任國王巴勒維（Mohammed Reza Pahlavi）。

林社群不斷成長，倫敦街頭經常可以看見戴面罩的女性，就好像在上海街頭看見有人穿著曼聯（Manchester United）足球隊制服一樣稀鬆平常。英國是否應該跟法國一樣禁止布爾卡？抑或西方消費社會自然會產生解決面罩的辦法，就像牛仔褲取代了毛派睡衣一樣？

或許，稍微反思一下，我們也許問錯問題。因為這種問法似乎意味著西方文明所有的成就（資本主義、科學、法治與民主）不過是像購物中心一樣膚淺的東西。購物療法無法回答所有的問題。也許西方最大的威脅不是來自於激進的伊斯蘭主義，或任何外在來源，而是來自於我們對自身文化遺產缺乏了解與信心。

| 第六章 |

工　作

基督教將遠去。它將消失與萎縮。我毋須爭論這點；我是對的，而且我將被證明是對的。我們現在比耶穌還受歡迎；我不知道誰會先消失，搖滾樂還是基督教。耶穌很不錯，但他的門徒遲鈍又差勁。是他的門徒曲解了基督教，讓我不相信基督教。

——約翰・藍儂（1940-1980，英國搖滾音樂家、和平運動家）

過去二十年來，我們已經了解你們文化的核心是你們的宗教：基督教。這是西方如此強大的原因。基督教為社會與文化生活立下的道德基礎，促成資本主義的興起，而且也成功推動了民主政治。我們對此深信不疑。

——中國社會科學院某位匿名院士

工作倫理與識字倫理

我們看到，近五百年的時間，西方文明興起成為世界的支配者。西方的制度結構，如公司、市場與民族國家，成為全球競爭經濟與政治的標準，是西方其他地區學習的樣板。西方科學的典範更迭；其他地區若不追隨，就只能永遠落後。西方的法律制度，以及導源於法律制度的政治模式，包括民主制度，取代或擊敗了非西方的制度與模式。西方醫學使巫醫與其他信仰治療者成為旁門左道。更重要的，西方的工業生產與大眾消費模式使其他的經濟組織模式只能在它的後頭掙扎求生。即使到了一九九〇年代晚期，西方仍顯然是世界的宰制文明。五個領導的西方強權（美國、德國、英國、法國與加拿大）占了全球總製造產出的四四%。科學世界完全是西方大學的天下，西方學者一直是諾貝爾獎與其他重要獎項的最大贏家。民主浪潮席捲世界，尤以一九八九年革命後最為壯觀。西方消費品牌如Levi's與可口可樂幾乎暢銷到世界各地；麥當勞的金色拱門出現在世界各大城市。不僅蘇聯瓦解，連原本預期將超越美國的日本，也失敗陷入零成長與通貨緊縮的失落十年。國際關係分析家努力想找出偉大的詞語來描述美國這個西方世界強權的支配地位：它是帝國？是霸權？還是超級的超級強權？

然而就在撰寫本書之時，世界已經經歷兩次金融泡沫破滅危機、兩次無比艱困的戰爭、一次經濟大衰退，更重要的是，中國已然在眾目睽睽下取代日本成為世界第二大經濟體。因此接下來的問題應該是，**西方延續了五百年的支配地位，是否即將告一段落？**

我們是否將親身經歷西方的衰弱？然而這並非第一次。吉朋（Edward Gibbon）曾描述西元四一〇年八月哥德人（Goths）對羅馬的劫掠：

> 在野蠻橫行的時刻，所有的熱情都被點燃，所有的約束蕩然無存……羅馬人遭到殘忍的屠殺；……街頭巷弄堆滿了死屍，民眾自顧不暇，沒有人有餘力埋葬這些屍體……蠻族只要稍遇反抗，就大肆殺戮，連無辜的老弱婦孺也不放過……羅馬的已婚與未婚女子暴露在比死亡更可怕的傷害下，恐懼自己的貞潔受辱……野蠻的士兵滿足自己肉體的欲望，毫不顧念女俘的意願或她們應守的貞操……在搶掠羅馬的過程中，黃金珠寶必然是首選……但是，在這些容易帶走的財寶被貪得無厭的盜匪搶奪一空之後，羅馬的宮殿也被粗暴地剝除光彩的外觀與貴重的傢俱……
>
> 財寶的取得反而更激起貪婪野蠻人的欲望，他們繼續以威脅、毆打與折磨的方式逼迫犯人吐露藏寶的地點……不知道有多少人，原本擁有高貴的地位與繁榮的財富，一夕之間淪為悲慘的囚徒與流亡者……羅馬的災難……使居民散布到人跡罕至、最安全、偏遠的地方避難[1]。

從一七七六到一七八八年，《羅馬帝國衰亡史》一共出版了六冊，講述西方上次崩潰的歷史。今日，許多西方人擔心我們可能面臨類似的情況。思索古羅馬衰敗的原因，你會發現這樣的憂慮不全然是空穴來風。經濟危機、蹂躪民眾的瘟疫、越過帝國邊境的移民、東方敵對帝國（如波斯帝國）的興起、阿拉里克（Alaric）的哥德人與阿提拉（Attila）的匈人帶來的恐怖，有沒有可能在經過這麼多世紀的支配後，我們即將面對類似的危機？經濟上，西方在遭遇經濟大恐慌以來最嚴重的一場金融危機之後就一蹶不振，反觀世界許多其他地區居然以空前的速度成長。我們生活在全球流行病與人為的全球氣候變遷的恐懼中。令人擔心的證據顯示，我們社會裡有一些移民社群已經成為伊斯蘭意識形態與恐怖分子網絡的溫床。核子恐怖攻擊對倫敦或紐約造成的破壞，將遠大於哥德人對羅馬的破壞。在此同時，敵對的帝國已在東方興起：中國幾乎可以預料會在往後數十年成為世界最大的經濟體。

《羅馬帝國衰亡史》最挑釁的論點在於，吉朋認為基督教是第一版西方文明的致命溶劑。一神教對來世的強調，與羅馬帝國巔峰時期色彩斑斕的異教有著根本的衝突。然而，基督教有一項非常特別的形式（這個變體出現於十六世紀的西歐）給予現代版的西方文明第六項關鍵優勢，使西方得以超越世界其他地區。這項特別形式就是**新教**，更確切地說，是**新教特有的辛勤工作倫理以及結合了這項倫理的節儉**。此刻正是了解上帝在西方興起上扮演的角色的時候，並且解釋為什麼到了二十世紀晚期有這麼多西方人背棄上帝。

如果你是十九世紀晚期一名富有的歐洲實業家，那麼你很有可能是一名新教徒。宗教改革使許多北歐國家脫離羅馬天主教會，經濟力量也從天主教國家（如奧地利、法國、義大利、葡萄牙與西班牙）往新教國家（如英格蘭、荷蘭、普魯士、薩克森與蘇格蘭）移動。乍看之下，信仰形式與崇拜方式似乎與人們的經濟財富有一定的關聯性。問題是：新教有何不同之處？路德及其後繼者的教誨是什麼，何以能鼓勵民眾不僅努力工作，還願意累積資本？針對這些問題想出最具影響力答案的人，是一名壓抑的德國教授韋伯（Max Weber）。他是現代社會學之父，也是「新教倫理」（Protestant ethic）一詞的創造者（見圖40）。

韋伯是一名早熟的青年。他成長於埃爾福特（日耳曼宗教改革的據點之一），十三歲時，他送給父母的耶誕禮物是一篇論文，題為〈德國的歷史發展，以皇帝與教宗的地位為考察中心〉。十四歲時，他的書信已頻繁引用從西塞羅（Cicero）到維吉爾（Virgil）等古典作家的詩文，而且已經對康德與斯賓諾莎的哲學具備廣泛的知識。韋伯早期的學術生涯極為順遂：二十二歲，他已經是一名合格的出庭律師。往後不到三年的時間，他以論文《中世紀商業組織史》取得博士學位。二十七歲，他以《羅馬農業史及其對私法的意義》獲得任教資格（Habilitation），並且確保了他在柏林大學的教席。三十歲時，他成為弗萊堡大學的經濟學教授，他的就職演說呼籲德國帝國主義必須更具野心，此舉為他帶來正反兩極的評價。

這道學術事業的上升弧線在一八九七年被痛苦地打斷，韋伯在這一年出現精神崩潰的症狀，之後父親的死更讓他的病情雪上加霜（在這之前韋伯曾與父親發生激烈的爭吵）。一八九九年，韋伯覺得自己應該辭去學院的職位。他花了三年的時間恢復健康，而在這段時間，他也潛心研究宗教與經濟生活的關係。韋伯的雙親都是新教徒；事實上，他的外祖父是一名虔誠的喀爾文派信徒，而他的祖父則是一名成功的亞麻商人。韋伯的母親是一名真正的喀爾文派信徒，嚴守禁欲的教義；他的父親正好相反，喜歡講究美食與生活，而剛好他又繼承了一筆龐大的遺產。宗教與經濟生活之間的關係為何，這個謎團就存在於韋伯自己生活的核心。他的父母對世俗財富抱持的不同態度，到底哪個才是正確的？

宗教改革之前，基督教信仰被視為與世俗物質世界涇渭分明的事物。貸款取息在基督教是一種罪。富人比窮人更難進入天國。虔誠生活的報償是在來世。一切的改變始於一五二〇年代之後，至少是發生在擁抱宗教改革的地區。反省自己的經驗，韋伯開始思考宗教改革為什麼使北歐對資本主義的態度遠較南歐來得友善。韋伯還因此橫渡大西洋到美國尋找答案。

一九〇四年，韋伯前往密蘇里州聖路易斯參加萬國博覽會（見圖41）的藝術與科學會議[2]。舉辦會場的公園廣達兩百英畝以上，然而似乎還是裝不下美國資本主義提供的大量展覽物品。韋伯驚羨於電宮（Palace of Electricity）的光亮照明。直流電之王愛迪生也蒞臨會場，他是美國企業家精神的代表。從電話到電影，聖路易斯充滿現代科技不可思議的物品。美國社會何以能擁有這種動力，與其相比，即使是工業化的德國也相形見絀？韋伯狂躁不安地奔走美國各地尋找答案，像極了德國教授舉目茫然的諷刺畫。韋伯的美國遠房表親蘿拉與瑪姬對他留下難以磨滅的記憶，她們印象特別深刻的是韋伯的穿著極為古怪，一套格子花紋的褐色西裝，搭配燈籠褲與褐色的及膝長襪。但是這完全比不上美國在韋伯心中留下的印象。他搭乘火車從聖路易斯到奧克拉荷馬，經過波本與古巴這類密蘇里州小鎮，終於發現：

> 這種地方實在讓人覺得不可思議：工人住的營帳，特別是那些參與大規模鐵路鋪設的區段工人；「街道」處於自然狀態，每年夏天都要灑兩次石油，避免塵土飛揚，因此這些街道都散發出石油的氣味；至少有四到五個宗教教派的木造教堂……此外，還有縱橫交錯的電報與電話線，以及鋪設中的電氣化鐵路，因為這座「城鎮」擴展的規模沒有限制[3]。

聖詹姆斯小鎮位於聖路易斯西方約一百英里處，是典型的因鐵路而發展的小鎮。這裡的居民約有數千人，隨著鐵路往西橫貫美國，這類小鎮也如雨後春筍般出現。一百年前，當韋伯經過這座小鎮時，他對於該鎮擁有數量龐大的教堂與各種宗派的禮拜堂感到吃驚。此時的他仍對萬國博覽會大量的工業展示記憶猶新，他因此察覺到美國的物質成就與蓬勃發展的宗教生活之間存在著神聖的同盟關係。

韋伯回到海德堡進行研究，他完成深具影響力的兩部分論文的第二部分，《新教倫理與資本主義精神》。他提出關於西方文明最具影響力的論點：**西方的經濟動力是新教改革的意外結果**。其他宗教把神聖與對世俗事物的棄絕結合在一起，例如修道院裡的僧侶、洞穴裡的隱士，**但新教教派卻認為勤勉與節儉是以辛勤工作的方式來表達對上帝的虔敬**。換句話說，資本主義「天職」的源頭帶有宗教性：「要獲得……自信（相信自己是上帝的選民），必須極度投入於世俗的活動……（因此），基督教的禁欲……走進了世俗生活的市場。」[4] 韋伯說，「不知疲倦地勞動」是用來表示你屬於選民的一項最確實的表徵，顯示你是上帝預先挑選能夠得救的那群人。韋伯認為，新教具有一種效果，它使「賺取財富」從傳統主義倫理的禁制中解放；它打破了努力賺錢的束縛，不只讓它合法……還認為「賺錢是直接得自於上帝的意旨」。此外，新教倫理提供資本家「認真、誠實與極為能幹的工人，他們全心投入工作，認為這是上帝賦予他們的人生目的」[5]。**歷史上絕大部分的時間，人類是為了活著而工作，但新教徒卻是為了工作而活著。韋伯認為，正是這種工作倫理產生了近代資本主義**，他將這種資本主義界定為「嚴肅的資產階級資本主義，而且以理性的方式組織自由勞工」[6]。

韋伯的論點並非無懈可擊。他認為「以天職觀念為基礎的理性行為」，是「近代資本主義精神的基本元素」[7]。但在別的地方，韋伯也承認「基督教禁欲主義」具有非理性的性格：「資本主義企業家的理想型……無法從財富中獲得滿足，他們只是非理性地盡力做好自己的工作」；他們「為了自己的事業而存在，而非事業為了他們而存在」，「從個人幸福的觀點來說」，這同樣是「非理性的」[8]。更大的問題在於，韋伯文章寫到一半突然對猶太人做出嚴厲地批評，認為他們是他論證裡最明顯的例外❶。韋伯認為，「猶太人從事的是政治與投機導向的冒險資本主義；他們帶有……賤民資本主義的氣息。唯有新教才具有理性組織資本與勞動的氣質」[9]。奇怪的是，韋伯也對法國、比利時與其他地區成功的天主教企業家無動於衷。事實上，韋伯作品最大的問題出現在證據的處理上。路德的話語與西敏信條（Westminster Confession），和富蘭克林的說法以及一些援引自日耳曼巴登邦關於新教與天主教教育成就與所得大有問題的資料，突兀地並排在一起。日後有些學者，特別是費邊社（Fabian）經濟學家陶尼（R. H. Tawney），對於韋伯的基本論點感到懷疑，認為從宗教教義到經濟行為的因果關聯是有問題的[10]。早在宗教改革之前，倫巴底與法蘭德斯的城鎮已經朝向資本主義精神邁進；相反的，許多宗教改革的領導者則明確表達了反資本主義的立場。一項針對一三〇〇到一九〇〇年兩百七十六個德國城市所做的大規模經驗研究說明，「新教對經濟成長毫無影響」[11]，至少是從城市規模的成長來看。一些跨國研究也得出類似的結論[12]。

儘管如此，我們還是有理由認為韋伯的說法確有見地，即使他提出的理由是錯的。事實上的確如韋伯所言，宗教改革之後，歐洲新教國家成長的速度明顯比天主教國家快，因此到了一七〇〇年，前者的人均所得顯然已超越後者，而到了一九四〇年，天主教國家的人均所得已比新教國家低了四成[13]。即使宗教不完全能解釋其中的差異，但一九五〇年代之後，新教國家的前殖民地在經濟表現上的確遠比天主教國家的前殖民地來得好[14]。由於**個人讀經**在路德的思想中具有核心的重要性，因此新教往往激勵了**識字率**的上升，更不用說**大量的書籍印刷**，而這兩件事無疑**鼓勵了經濟發展（「人力資本」的累積）與科學研究**[15]。這個論點不僅充分解釋了像蘇格蘭這種國家的狀況（教育、入學與識字率方面的支出特別高），也說明了整個新教世界。新教傳教士無論走到哪裡，總是致力於提升識字率，而他們教育的社會也因此獲得長期的利益；反觀從反宗教改革時代到第二次梵蒂岡大公會議（一九六二－五年），這段期間的天主教傳教士對於各地社會的識字率並無建樹[16]。英國殖民地的學生入學率平均比其他國家的殖民地高了四到五倍，這完全是新教傳教士的功勞。一九四一年，在今日稱為喀拉拉邦的地區，識字的人口達到五五%，比印度任何一個地區都要高，除了是印度平均的四倍以上，也與葡萄牙這種貧窮國家相當。這是因為喀拉拉邦的新教傳教士（受到當地古老基督教社群的吸引）遠比印度其他地方的新教傳教士活躍的緣故。英國殖民地沒有新教傳教士出現的地方，如穆斯林地區或不丹、尼泊爾與錫金這些保護領地，教育就未出現明顯提升[17]。新教傳教士活動的強度也可以當成一項非常

❶事實上，在過去這一世紀，美國猶太人的表現勝過新教徒，不僅所得較高，而且自營業者的比例也較高。二〇〇三年，《財富》雜誌前一百大公司的執行長，至少有一成是猶太人，而在《富比士》前四百大富豪中，猶太人至少占了二三%。猶太人不僅在金融業表現特別傑出；他們也是世界最大的幾家科技公司的創立者或合作創立者，如戴爾（Dell）、Google、英特爾（Intel）與甲骨文（Oracle）。

好用的指標，用來預測殖民地獨立之後的經濟表現與政治穩定度。近年來針對態度進行的研究顯示，新教徒擁有超乎尋常的互信度，這是發展有效率的信貸網路的重要先決條件[18]。一般來說，任何種類的宗教信仰（不同於形式上的儀式）都有助於經濟成長，尤其天堂與地獄的概念可以提供在此世表現良好的誘因。這裡指的不只是辛勤工作與互信，還包括節儉、誠實與接納外地人，以及一切有助於經濟的行為[19]。

宗教確實有影響。在前面幾章中，我們提到儒家的「穩定倫理」使帝制中國無法發展出競爭性的制度架構，因此無法激勵出西歐的創新——雖然中國並不像韋伯在《新教倫理》後續的《儒教與道教》（*Confucianism and Taoism*, 1916）中說的是那麼靜態、不變的社會。我們也提到伊斯蘭世界的伊瑪目與穆拉（mullahs，伊斯蘭教神學家）對科學革命的機會嗤之以鼻。而我們也看到羅馬天主教會在南美經濟發展中扮演了煞車的角色。然而，**宗教對西方文明史的最大貢獻或許是這一點：新教不只讓西方努力工作，還讓西方懂得儲蓄與閱讀**。工業革命確實是科技創新與消費的產物，但工業革命還必須增加工作的強度與時間，然後透過儲蓄與投資來累積資本。更重要的是，工業革命仰賴人力資本的累積，新教提升的識字率就成了其中的關鍵。從這點來看，或許我們不應該討論新教的「工作」倫理，而應該討論新教的「識字」倫理。

問題是：今日的西方是否失去了宗教（或至少是失去了宗教的重要部分），並且連同宗教帶來的倫理也一併喪失？

新教精神的轉折

現今的歐洲人成了世界的懶惰蟲。他們的平均工時低於美國人，更別提與亞洲人相比。由於教育延長與提早退休，歐洲人一生中實際可以工作的時間大為縮短。舉例來說，十五歲以上的比利時人與希臘人有五四%參與勞動，但美國人有六五%，中國人有七四%[20]。而在這批勞動力當中，平均而言，從一九八〇到二〇一〇年，歐洲失業的人口比例一直高於其他已開發世界的國家。歐洲人也比較容易進行罷工❷。更重要的是，由於工作日少而休假日多，歐洲人的工時也較少[21]。從二〇〇〇到二〇〇九年，就業的美國人平均一年的工時接近一千七百一十一小時（金融危機使這個數字減少，許多工人被迫減少工時）。德國人平均工時只有一千四百三十七小時——足足少了一六%。這是長期分歧的結果。一九七九年，歐洲與美國的工時差異甚微；事實上，當時西班牙人平均工時還比美國人高。然而此後歐洲工時便減少了近五分之一。亞洲工時也在減少，但日本人平均工時仍與美國人相當，至於南韓人平均工時則多了三九%。香港與新加坡人一年平均工時也比美國人多了快三分之一[22]。

令人注目的是，大西洋兩岸在工作模式上的分歧，與宗教虔信的分歧完全相符。歐洲人不僅工作得少，也祈禱得少——他們越來越不信神。歐洲曾有一段時期以「基督教世界」自居。

❷然而，大西洋兩岸的差異似乎有越來越小的趨勢。金融危機之後，美國的失業率已經上揚，超過了歐盟絕大多數的國家；以經濟合作與發展組織的會員國來說，在寫作本書之時，只有匈牙利、愛爾蘭、葡萄牙、斯洛伐克與西班牙的失業率高於美國。如果以每千名雇員五年來（一九九六－二〇〇〇年）因罷工而未工作的日數來看，丹麥、西班牙、愛爾蘭、義大利與法國是比美國更容易出現罷工的國家，但歐盟其他的會員國則日數低於美國。

工作倫理：西方與東方每年工時（1950-2009年）

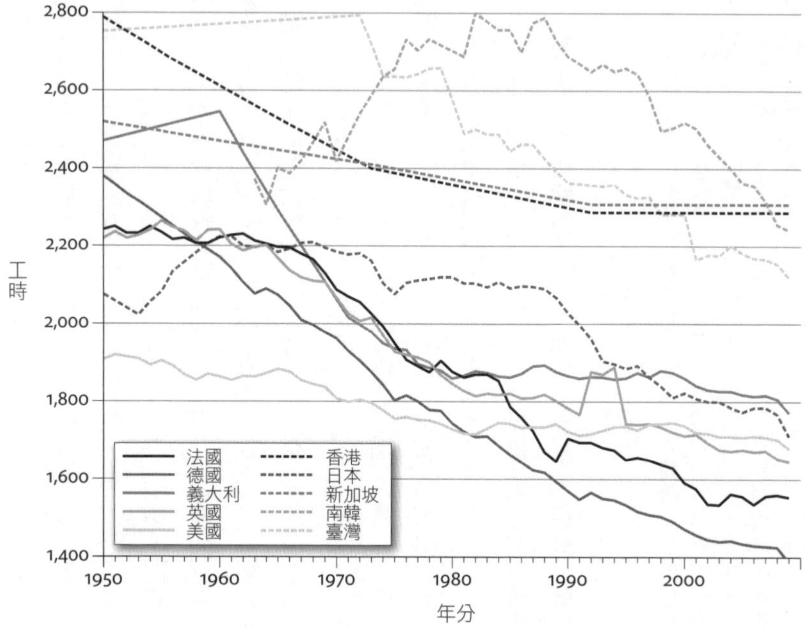

歐洲人在歐陸建築了最美好的建築物來進行崇拜。他們為了化體說（transubstantiation）與聖體共在論（consubstantiation）的區別而掀起激烈的爭論。歐洲的朝聖者、傳教士與征服者前往世界每一個角落，希望讓當地的異教徒成為真正的信仰者。現在，反倒是歐洲人成了異教徒。根據最新的《世界價值觀調查》（*World Values Survey, 2005-8*）顯示，四％的挪威人與瑞典人、八％的法國人與德國人一週至少上一次教堂，相較之下，美國人是三六％，印度人是四四％，巴西人是四八％，撒哈拉以南非洲居民則是七八％。以天主教為主流的歐洲國家如義大利（三二％）與西班牙（一六％）則高出許多。唯一

宗教信仰與儀式，1980年代初期與2000年代中期

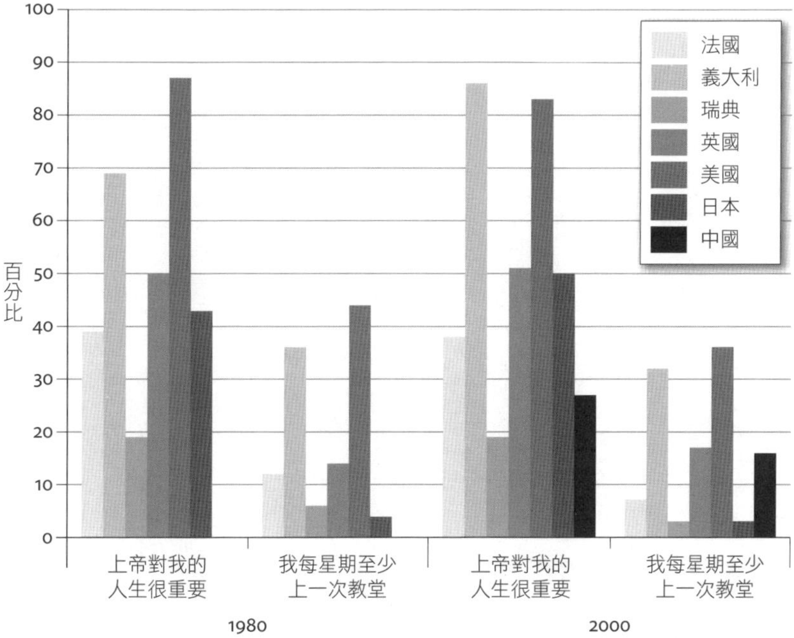

比歐洲新教國家低的是俄羅斯與日本。德國人與荷蘭人每十人只有一人覺得上帝「非常重要」；法國人的比例稍微高一點。相較之下，五八%的美國人說上帝在他們的生活中居於非常重要的地位。上帝的重要性在拉丁美洲與撒拉哈以南的非洲更高，最高的是在中東的穆斯林國家。只有中國覺得上帝重要的比例低於歐洲（低於五%）。三分之一的美國人認為不信神的政治人物不適任公職，相較之下，只有四%的挪威人與瑞典人、九%的芬蘭人、一一%的德國人與西班牙人，以及一二%的義大利人如此認為。半數的印度人與巴西人無法容忍無神論的政治人物[23]。唯有日本

認為宗教信仰與政治無關的比例低於西歐。

英國的例子特別有趣，因為英國人在十九世紀時曾經想把自己的宗教信仰傳布到世界各地。現今，根據《世界價值觀調查》的結果顯示，一七%的英國人表示他們每週至少參加一次宗教活動——這個比例高於歐陸，但仍不到美國的一半。不到四分之一的英國人認為上帝在他們的生活中非常重要，同樣的，這個比例也不到美國的一半。雖然英國的數字從一九八一年後略有上升（一九八一年時只有一四%的英國人每週上一次教堂，不到五分之一的英國人說上帝對他們來說很重要），但這項調查並未區別宗教種類，因此顯然低估了英國基督教衰退的程度。二〇〇四年調查顯示，穆斯林每週上清真寺的次數比英國國教徒上教堂的次數多。而近年來上教堂民眾的增多，主要來自於非白人信眾，特別是福音派與五旬節運動的信徒。基督教研究所於二〇〇五年五月八日星期日針對一萬八千七百二十座教堂進行普查，發現實際上教堂的人口比例只有六・三%，比一九九八年少了一五%。仔細調查後可以發現，英國似乎已經成為西歐宗教儀式或信仰崩解的典型例證。

英國的去基督教化是相對晚近的現象。在《英格蘭簡史》（*Short History of England*, 1917）中，切斯特頓（G. K. Chesterton）認為基督教是文明的同義詞，而且主張這幾乎是自明之理：

> 如果有人想知道，我們說基督教世界是一種文化是什麼意思，那麼有一種概略淺白的方式可以說明。我們可以問，「基督徒」這個詞最常見的用法是什麼……長久以來，這個詞在一般言談中已形成一種意義，它指的是文化或文明。流落在《金銀島》書中的甘恩並沒有對主角霍金斯說：

「我覺得自己已經很久沒有接觸到文明。」而是說：「我很久沒有嘗到基督徒食物的味道。」[24]

英國新教徒事實上並不是非常謹守宗教儀節（與愛爾蘭天主教徒相比），直到一九五〇年代晚期為止，英國人加入教會會眾（就算沒有上教堂做禮拜）的人數還是相對偏多而且穩定。甚至在一九六〇年時，英國人口仍有五分之一是教會會眾。但到了二〇〇〇年，比例降到了十分之一[25]。一九六〇年之前，英格蘭與威爾斯絕大多數的婚姻都是在教會裡莊嚴舉行，然而此後便開始滑落，到了一九九〇年代晚期已降到約四成左右。二十世紀上半葉絕大多數的時間，在英國國教派復活節領受聖餐的人約占英格蘭人口的五%到六%；一直要到一九六〇年後，這個比例才降到二%。蘇格蘭教會的數字也顯示出類似的趨勢：一九六〇年之前一直是持平的，之後則降了一半。特別顯著的是堅信禮的衰微。一九一〇年，英格蘭舉行了二十二萬七千一百三十五次堅信禮；二〇〇七年卻只有兩萬七千九百次（與五年前相比，減少了一六%）。從一九六〇到一九七九年，十二到二十歲行堅信禮的人口比例減少超過一半，而之後更是直線下降。今日，在接受洗禮的人當中，不到五分之一行堅信禮[26]。蘇格蘭教會衰退的速度更快[27]。現今在倫敦或愛丁堡，沒有人在使用「基督徒」一詞時指的是甘恩使用的那種意思。

這些趨勢必然會持續下去。虔誠遵守儀式的基督徒正不斷老化：一九九九年，衛理宗信眾（Methodists）與聯合歸正教會（United Reformed Church）的成員有三八%在六十五歲以上，相較之下，英國六十五歲以上民眾只占總人口的一六%[28]。年輕一輩的英國人顯然不相信上帝或天國[29]。就某些標準來看，英國已經是世界上最不信神的社會，有五六%的人完全不上教堂——是西歐比例最高的[30]。二〇〇〇年，伯克（Michael Buerk）的電視節目進行了一次名叫「英國的靈魂」的調查，結果發現宗教衰退的程度令人吃驚。在接受調查的人當中，只有九％認為基督教信仰是通往上帝的最佳途徑；三二％的人認為所有的宗教都同樣有效。雖然只有八％的人認為自己是無神論者，但有一二％的人坦承自己不知道該信仰什麼。超過三分之二的受訪者表示，他們心中有一道未清楚界定的道德界線，這些人當中有八五％不到二十四歲。（奇怪的是，四五％的受訪者表示，宗教的衰微使英國成為越來越糟的地方。）

二十世紀最優秀的一些英國作家預料英國將出現信仰危機。在牛津大學擔任導師的路易斯（C. S. Lewis）——現今以創作兒童寓言故事著稱——寫了《地獄來鴻》（*The Screwtape Letters*, 1942），希望藉由嘲笑魔鬼來阻礙魔鬼。沃夫（Evelyn Waugh）在撰寫《榮譽之劍》三部曲（*Sword of Honour trilogy*, 1952-61）時已心知肚明，他寫的其實是英國羅馬天主教上古形式的墓誌銘。這兩位作家都察覺到第二次世界大戰對基督教信仰構成巨大的威脅，然而他們世俗化的預言一直要到一九六〇年代才真的實現。那麼，英國人為什麼喪失他們的歷史信仰？就像許多困難的問題一樣，這個問題乍看之下似乎答案相當簡單。但在我們將宗教衰微的現象歸咎於——詩人拉金（Philip Larkin）就是如此——「一九六〇年代」、披頭四、避孕丸與迷你裙之前，我們必須提醒自己，美國也享有這些世俗的愉悅，但它並未因此而不再是一個基督教國家。詢問現今的歐洲人，許多人說宗教信仰是一種落伍的事物，是中世紀迷信的殘餘。他們瞅著美國聖經帶（American Bible Belt）❸的宗教熱忱，卻不了解自己缺乏信仰才是真正反常的地方。

誰殺死了歐洲基督教，如果不是藍儂，那會是誰[31]？是否如韋伯預言的，資本主義精神必然將摧毀自己的新教倫理父母，如同唯物主義敗壞了篤信上帝的原初禁欲主義（「世俗化假說」）[32]？這種說法和小說家與（晚年時）聖人托爾斯泰的觀點相當接近，他認為基督的教誨與「我們稱之為文明、文化、藝術與科學的生活日常狀態有著根本上的矛盾」[33]。若如此，哪個部分的經濟發展是對宗教信仰特別有害的呢？是女性角色的轉變與核心家庭的衰微（這些似乎可解釋西方家庭規模的崩解與人口的減少？還是科學知識）韋伯稱之為「世界的除魅」，尤其達爾文的演化論推翻了上帝造物的《聖經》故事？抑或是延長的預期壽命，使得死亡不再是近在眼前令人心驚的終點？以及福利國家，世俗的牧羊人從搖籃到墳墓持續地看顧我們？或者歐洲基督教是被現代文化長期的自我迷戀所殺害？而歐洲新教工作倫理的謀殺者正是佛洛伊德？

在《幻想的未來》（*The Future of an Illusion*, 1928）中，精神分析之父佛洛伊德，針對韋伯的說法提出反駁。對佛洛伊德這名背棄信仰的猶太人來說，宗教不可能是西方文明成就背後的推手，因為宗教本質上是一種「幻想」，是一種設計來阻礙人類滿足自身本能（特別是性慾、暴力與破壞的衝動）的「普世神經病症」。少了宗教，將會出現肆無忌憚的暴力：

> 想像一下世界上如果沒有任何禁制，那麼人們可以選擇自己夢寐以求的任何女子做為自己洩慾

❸ 譯註：指美國東南部與中西部各州，這些州盛行的主要是新教福音派，而他們的社會觀點也較為保守。

的對象；人們可以毫不猶豫地殺害自己的對手或除去任何妨礙自己行動的人；人們也可以不經允許地擷取自己想要的他人物品[34]。

宗教不僅禁止猖獗的亂交與暴力，它也使人類能夠安然接受「命運的殘酷，特別是死亡」與日常生活的「痛苦與剝奪」[35]。當一神教將諸神混合為單一人稱時，「人與祂的關係就能回復到子女與父親的親密與強烈關係。如果人為父親付出甚多，那麼他必然能獲得回報——至少他會被當成摯愛的獨生子或選民」[36]。

佛洛伊德不期望人類能完全從宗教中解脫，至少在歐洲是如此。他表示：

> 如果你想將宗教從歐洲文明中逐出，那麼你只能代之以另一套教義體系；這個體系必須從頭到尾完全取代宗教的心理特質——來維護體系本身的存在[37]。

這種說法在一九三〇年代頗具說服力，因為當時的史達林與希特勒都極力塑造可怕的個人崇拜，然而這兩個人的極權政治宗教無法駕御佛洛伊德宗教理論所描述的原始本能。到了一九四五年，歐洲已在帖木兒時代以來絕無僅有的無節制暴力下（包括令人震驚的以群體強姦的形式呈現的性暴力）精疲力盡。許多國家（特別是那些深受大規模屠殺創傷的國家，例如蘇聯）的直接反應是返歸真實的宗教，並且以歷史悠久的儀式來祭奠死者。

然而，到了一九六〇年代，年輕的世代對於總體戰與種族滅絕的歷史並無記憶，他們想為自己受壓抑的欲望尋求新的後基督教出口。佛洛伊德的理論對壓抑抱持否定的觀點，而且公然對情慾衝動表示同情，這勢必鼓勵歐洲人遠離教堂，走進情趣用品店。在《文明及其不滿》（*Civilization and its Discontents*, 1929-30，美國首次出版是一九六一年）中，佛洛伊德認為在當時的文明與人類最原始的驅力之間存在著根本的「對立」：

> 這種威脅的天性，我們可以從自己身上察覺到，因此可以推知別人身上必定也有這種傾向。這種威脅的本能妨礙我們與鄰人的關係，也讓文明在這上面耗費了大量的（能量）。人類彼此之間相互敵視，使文明社會一直飽受瓦解的威脅。分工合作的利益無法使人類結合在一起；本能的熱情要比理性的利益強得多。文明必須盡最大的努力來限制人類的威脅本能，並且藉由心理的反向作用箝制人類的威脅行為。因此……對性生活的限制，以及……愛鄰如己的誡命——這個誡命充分說明與人類本性最格格不入的部分……文明是埃洛斯（Eros）安排的過程，這名主掌性愛的神祇，祂的目的是將個人結合成家庭，將家庭結合成種族、民族與國家，最後結合成龐大的單一體，將全人類合而為一。何以如此，我們不知道；埃洛斯的安排就是這樣……人類因為欲望的驅使而結合在一起……但人類天生的威脅本能、每個人對所有人的敵視，以及所有人對每個人的敵視，悖逆了這項文明計畫。這種威脅本能是死亡本能的衍生物與主要代表，我們在埃洛斯身旁發現死亡本能，而埃洛斯也與死亡本能一同支配了世界。如今，我認為文明演化的意義對我們而言已不再模糊。它必須呈現埃洛斯與死亡之間、生存本能與摧毀本能之間的鬥爭，如同它在人類物種中所展現的那樣。所有的生命，本質上就是由鬥爭構成的[38]。

讀到這裡，人們可以了解維也納諷刺作家克勞斯（Karl Kraus）話裡的意思，他說，精神分析其實是「一種疾病，但它卻冒充自己是這種疾病的解藥」[39]。然而這段訊息卻被嬉皮詮釋成新的誡命：做自己。而他們也真的這麼做了。「男人們」（Hombres）樂團的〈做自己〉（Let It All Hang Out, 1967）是一九六〇年代的聖歌，只是知名度不是特別高。這首歌的開頭是這麼唱的——「一篇布道文，親愛的朋友們，你們要好好聽著。它提到約翰．巴利科恩[4]、尼古丁與夏娃的誘惑」——清楚總結了當前提供的東西[5]。對於現今西方最具說服力的評論者（而不只是激進的伊斯蘭主義者）來說，一九六〇年代開啟了後佛洛伊德時代反文明的大門，它的特徵是快樂地享受自我的愉悅，為了色情而拒斥神學，摒棄和平之王而擁抱古怪的暴力電影與電玩，而其最大的特徵就是「充滿了色情暴力」。

所有用來解釋歐洲新教死亡的理論都要面對一個問題，無論這些理論怎麼解釋歐洲的去基督教化，它們都無法解釋美國為什麼能繼續維持基督教信仰。美國人或多或少經歷了跟歐洲人相同的社會與文化變遷。他們變得更富有，他們的科學知識增加，他們甚至比歐洲人更常暴露在精神分析與色情作品之中。但美國的新教卻未遭受歐洲經歷的那種衰退。相反的，在現今的美國，上帝的地位仍跟四十年前一樣崇高[40]。最明顯的證據是每逢星期日都有數千萬崇拜者聚集到美國各地教堂做禮拜。

弔詭的是，一九六〇年代美國性、毒品與搖滾樂新三位一體的來臨，居然與福音派教會的熱潮發生於同時。葛理翰牧師（Reverend Billy Graham）與披頭四競爭，看誰能在體育場裡吸引較多的年輕人。與其說這是反動，不如說更像是一種模仿。一九六九年，在邁阿密搖滾音樂節上，葛理翰要求聽眾「傾聽上帝……感受祂的力量。」[41]一九七二年，大學的基督教團體學園傳道會在達拉斯組織了一個福音派會議，稱為Explo '72。這場會議以音樂會的形式結束，他們打算讓這個音樂會成為基督徒的胡士托音樂節（Woodstock）——一九六九年舉辦的胡士托搖滾音樂節，最後濃縮成嬉皮的反文化❻。當來自芝加哥的天主教少女辛西亞（Cynthia）「石膏像雕塑者」，製作了亨德里克斯（Jimi Hendrix）、普蘭特（Robert Plant）與理查茲（Keith Richards，顯然不會是Cliff Richard的）三人勃起的陰莖石膏像時，她只是實現了佛洛伊德的願景，那就是埃洛斯戰勝了塔納托斯（Thanatos）❼。畢竟就像汽車保險桿貼紙說的一樣，上帝是愛。美國在同一時間再度重生，卻又再度陷入情色。

我們如何解釋西方文明一分為二的現象：東方是無神的歐洲，西方是畏神的美國？我們如

---

❹ 譯註：John Barleycorn指烈酒。

❺ 這首歌後來受到英國歌手、音樂製作人與被判刑的戀童癖金恩（Jonathan King，畢業於劍橋大學卡爾特豪斯與三一學院）的青睞。值得一提的是，〈做自己〉也促成了〈Leap Up and Down （Wave our Knickers in the Air）〉這首歌的出現以及《洛基恐怖秀》（*The Rocky Horror Show*）音樂劇原聲帶的誕生。

❻ 就連在真正的胡士托音樂節裡，何許人合唱團（The Who）也參與了湯森（Pete Townsend）搖滾音樂劇《湯米》（*Tommy*）的首演演出，這是關於一名又聾、又啞、又盲的彌賽亞的音樂劇。

❼ 譯註：塔納托斯是死神。

何解釋基督教在歐洲嚴重衰退的同時，卻能在美國歷久不衰？最好的答案可以在密蘇里州春田市（Springfield）找到，這座小鎮又稱「歐札克高原的皇后」，它是兩次大戰期間連通芝加哥與加州的公路誕生地，因特魯普（Bobby Troup）一九四六年歌曲〈在六十六號公路上找自己的樂子〉（〔Get Your Kicks on〕Route 66）而永為後人傳誦。如果韋伯一個世紀前遊歷美國，對於美國新教教派種類之多樣感到印象深刻的話，那麼他來春田市參觀，將會對現今的狀況感到震驚。春田市大約每一千名居民就有一間教堂。此地有一百二十二間浸信會教堂、三十六間衛理宗教堂、二十五間基督教會教堂與十五間神的教會教堂，總計基督徒可以崇拜的地點約有四百處。現在你不僅能在六十六號公路上找自己的樂子，你還能找到自己的十字架。

重要的是，所有的教會都激烈地爭取靈魂。韋伯曾親眼目睹，個別的美國浸信會信徒、衛理宗信徒與其他教派的信徒在他們地方上的宗教社群裡，競相展示自己才是上帝最虔誠的信徒。但在今日的春田市，競爭已經延燒到教會與教會「之間」，就跟車商或連鎖速食店的競爭一樣激烈。此地的教會必須具有商業心態，才能吸引與維持信眾，而就這一點來看，「詹姆斯河神召會」顯然是最大的贏家。在歐洲人眼中，這個教會不過是一座小型購物中心或商業園區，然而實際上它卻是春田市最大的教會，甚至是全美最大的教會之一。這個教會的牧師林德爾（John Lindell）是一名頗具天賦而充滿魅力的布道家，他結合了傳統《聖經》教誨與舞臺表演技巧（通常是結合了搖滾樂）。有時候，林德爾看起來就像是一九七一年《時代》雜誌介紹的「耶穌革命」天生的繼承人。耶穌革命是一個受搖滾樂啟發的基督教青年運動，他們的精神反映在英國搖滾音樂劇《耶穌基督超級巨星》（一九七〇年）上。除了搖滾的布道方式外，林德爾也有卑躬渴求上帝的一面；當他高喊上帝時（「上帝，祢真是令人敬畏」），與其說像是吉蘭（Ian Gillan，頭髮蓬亂的深紫樂隊〔Deep Purple〕歌手，曾在《超級巨星》音樂劇中飾演耶穌），不如說他更像賈伯斯（Steve Jobs），將蘋果的掌上型工具公諸於世：或許可以說是iGod。對林德爾來說，新教倫理是活生生的事物，而且就存在於春田市裡。他堅信，他們的信仰能使會眾在比沒有信仰的狀況下更辛勤工作。他自己就跟工人沒什麼兩樣：一個星期天要連續主持三場布道，每次都要表現出生龍活虎的樣子，這可不是一份輕鬆的工作。而當募捐箱四處傳遞時，聖靈似乎與資本主義精神合而為一——不過還好他們的方式不像明尼亞波利斯（Minneapolis）的生命之道基督徒中心的漢蒙（Mac Hammond）牧師那麼厚臉皮。漢蒙承諾「《聖經》原理可以幫助你的靈性成長，協助你在工作上、人際關係上與金融競賽上成為贏家」[42]。

實際造訪詹姆斯河，就能明顯看出歐洲與美國新教的主要差異。在歐洲，宗教改革被國家化，因此創造出英格蘭教會與蘇格蘭教會；**在美國，宗教與國家總是有著嚴格的區分，並且允許各種新教教派公開競爭。這點也許最能解釋歐洲宗教不尋常的死亡與美國宗教持續擁有的活力。**宗教與商業一樣，國家的壟斷是無效率的——即使在一些例子裡，國家的存在可以增加宗教參與（政府慷慨地補貼與對教士任命權的最小干預）[43]。更常見的是，在自由宗教市場中，教派的競爭往往鼓勵了創新，使崇拜經驗與教會信眾身分更能讓人產生成就感。正是這點使宗教在美國存活下來[44]。（這項洞見並不完全是原創的。亞當斯密在《國富論》提過類似的論點，他曾比較過擁有國教的國家與允許教會競爭的國家的差異。[45]）

然而，現今美國福音派有一些地方足以引起韋伯（即使不包括亞當斯密）的疑慮。因為今日許多教派之所以成功，是因為他們發展出一套幾近於沃爾瑪（Wal-Mart）崇拜的消費基督教模式[46]。信徒不僅可以輕鬆開車前往與帶著娛樂的心態去觀看——跟到影城看電影沒什麼兩樣，你可以當場喝起汽水或星巴克咖啡。而且教會對信眾也不會提出什麼要求，反倒是信眾會向上帝提出各種要求[47]，因此詹姆斯河教會的祈禱文經常是一長串要求上帝幫他們解決的個人問題。聖父、聖子與聖靈因此被宗教的分析師、問答專欄作家與個人訓練師所取代。有五分之二以上的白種美國人在人生的某個時點改變了宗教，信仰成了可以輕易更動的東西[48]。

把宗教轉變成另一種對休閒的追求，其中唯一的問題在於，它意味著美國人已經大幅偏離韋伯眼中的新教倫理，也就是延遲享樂來累積資本。韋伯說：

> 新教禁欲主義極力反對毫無限制地享受財富；它不鼓勵消費……如果限制消費結合努力賺取利潤的自由，那麼產生的結果不可避免將是透過禁欲強制儲蓄而創造出資本[49]。

相較之下，我們才經歷了一場實驗：不儲蓄的資本主義。在美國，家庭儲蓄率在房市泡沫高點時降到了零以下，因為家庭不僅支出他們所有的可支配所得，還抵押房子以取得現金花用。**節儉的衰微成為金融危機的起因**。當房價於二〇〇六年開始下跌時，出現了連鎖反應：那些借貸金額遠超過房屋抵押價值的人，開始付不起抵押的利息；投資抵押擔保證券的人也遭受鉅額損失；大量舉債投資抵押擔保證券的銀行首先面臨流動資金缺乏的問題，而後則出現債務無法清償的狀況；為了避免大量銀行倒閉，政府不得不進行緊急援助；於是私人債務危機轉變成公共債務危機。現今，美國民間與政府債務總額已超過美國國內生產毛額的三．五倍[50]。

不光美國如此，相同主題的變奏也在其他英語系國家上演：愛爾蘭、英國以及程度較輕微的澳洲與加拿大（這是槓桿時代的碎形幾何，同樣形態的問題在廣大範圍內周而復始地出現。在大多數歐洲國家，不動產泡沫更大）與美國相比，這些國家的房價相對於所得上漲更多——在葡萄牙、愛爾蘭與希臘，公債危機更為嚴重，這些國家與德國結為貨幣聯盟，政府赤字卻高得嚇人。二〇〇七到二〇〇九年的金融危機雖然影響了全球，但起源卻局限於世界一隅。這是西方世界造成的危機，原因是過度消費與財務槓桿過大。在西方以外的地區，尤其是亞洲，情況則完全不同。

東方的儲蓄率遠高於西方，這已經是人盡皆知的事實。東方的民間債務也遠低於西方；住房通常是當場或以相對小額的貸款購入。其他形式的消費借貸扮演的角色也不吃重。我們曾經提過，而這也是大家熟知的，那就是亞洲人每年的工時遠多於西方人——平均每年工時從臺灣的兩千一百二十小時到南韓的兩千兩百四十三小時。然而許多人不知道的是，亞洲對節儉與勤勉的看重，居然與西化最令人驚訝的副作用攜手並進：那就是基督教的成長，特別是在中國。

中國的耶路撒冷

資本主義精神在中國的興起，是每個人都知道的故事。但新教倫理在中國的興起呢？根據中國伙伴與上海華東師範大學各自的調查，中國目前大約有四千萬名新教徒，在一九四九年時，這個數字才不過五十萬。有些估計認為中國新教徒人數最多可能高達七千五百萬到一億一千萬人[51]。如果加上兩千萬名天主教徒，則中國最多可能有一億三千萬名基督徒。事實上，中國目前的基督徒人數已經超過歐洲[52]。中國境內教堂興建的速度也遠超過世界任何地區，印行的《聖經》數量也是全世界最多的。南京愛德印刷有限公司是世界最大的《聖經》印刷公司。從一九八六年成立以來，愛德已經印行超過七千萬本《聖經》，包括五千萬本中文及其他中國境內語言的《聖經》版本[53]。往後三十年，基督徒可能占中國總人口的兩成到三成[54]。如果我們回顧中國歷史上基督教的傳布遭遇多少困難，那麼目前的發展確實令人大開眼界。

新教早期未能在中國生根發展，其中原因一直成謎。早在七世紀的唐代，已有景教傳教士東來傳教。一二九九年，孟高維諾（Giovanni da Montecorvino）興建第一座羅馬天主教堂。一三〇七年，孟高維諾被任命為汗八里大主教。到了十四世紀末期，在明朝敵視下，這些基督教傳教站紛紛消失。十七世紀初，第二波傳教士前來，耶穌會利瑪竇獲准定居北京。到了十八世紀，中國最多已有三十萬名基督徒。然而一七二四年雍正皇帝禁教，再次沉重打擊基督教[55]。

第三波傳教士是十九世紀的新教傳教士。英國傳道會派遣數百名傳教士到世界人口最多的國家傳布福音。第一位抵達的是倫敦傳道會二十五歲的英格蘭人馬禮遜，他於一八〇七年來到廣州。他的第一步（其實早在他抵達中國之前就已開始）是學習中文，並將《聖經》轉譯為中文。一到廣州，他就著手編纂《拉漢字典》。到了一八一四年，成為東印度公司雇員的馬禮遜已完成數篇譯作，如《使徒行傳》（一八一〇年）、《路加福音》（一八一一年）、《新約》（一八一二年）與《創世記》（一八一四年），另外還著有《神道論贖救世總說真本》（一八一一年）與《問答淺註基督教法》（一八一二年）。這些成果足以說服東印度公司應允輸入印刷機與操作機器所需的技工[56]。後來東印度公司擔心傳教恐將激怒中國當局，於是解僱馬禮遜。馬禮遜並不氣餒，他前往麻六甲設立英華書院，「培育歐洲與中國文學與科學，但主要是將基督教傳布到東方群島上」。馬禮遜後來與米憐（William Milne）共同完成《聖經》的翻譯工作（一八二三年出版），並且為中國學生編纂了英文文法與完整的英漢字典。一八三四年，如同他的第一任妻子與兒子，馬禮遜葬於廣州，在此之前他已編成《廣東省土話字彙》（一八二八年）。新教的識字倫理在此已初具血肉。

然而第一批英國傳教士的努力卻帶來意想不到的結果。清廷企圖以死罪來禁止基督徒傳教，理由是這個舉動將鼓動民心，「使其容易萌生叛意」：

> 基督教不敬鬼神，又不尊祖先，明顯有違正道；一般平民若誤信邪說，入於魔道，其舉措將何異於叛逆[57]？

清廷的確有先見之明。有一個人對於傳布的基督教做出了難以想像的極端反應。洪秀全原本希望走傳統的路子進入朝廷當官，他必須接受一連串艱苦的考試，如果能成功，才能被登用為官吏。然而洪秀全落榜了，與很多考生一樣，失敗使得他精神崩潰。一八三三年，洪秀全正陷入落榜的沮喪之中，這時他巧遇與馬禮遜合譯中文《聖經》的米憐，米憐的傳教因此對他產生影響。無視於米憐的警告，洪秀全開始自稱是耶穌基督的弟弟。他宣稱，上帝派他下凡是為了驅除中國的儒家——這種內省的哲學認為競爭、貿易與勤勉是對中國有害的外國事物。洪秀全創立了貌似基督教的拜上帝會，吸引了數千萬中國人的支持，其中絕大多數是貧困階級，而洪秀全則以天王自居。洪秀全建立的國家稱為太平天國，有人稱他引發的這場暴亂為太平天國之亂（見圖44）。從廣西起事，叛軍一路直搗南京，洪秀全定都南京，改名天京。到了一八五三年，洪秀全的追隨者——他們身穿紅衫，蓄留長髮，而且堅持男女隔離分居——控制了整個長江流域。在太平天國的王座室裡有一面旗幟，上面寫著：「奉天誅妖，救世安民。同打江山，共享天福。」

曾有一段時間，太平天國似有推翻大清帝國之勢。然而叛軍既無法攻克北京，又未能攻下上海。逐漸的，整個局勢開始對他們不利。一八六四年，清軍圍困南京。城陷之時，洪秀全早已先一步因食物中毒而死。為了保險起見，清軍掘出他火葬的骨灰，填入砲管後發射出去。即便洪秀全已死，最後一支太平軍仍一直堅持到一八七一年才被擊敗。這場亂事造成的人命損失極為驚人：超越第一次世界大戰所有交戰國死亡人數的兩倍。從一八五〇到一八六四年，估計華中與華南有兩千萬人因叛軍流竄與其後引發的饑荒與瘟疫而死亡。到了十九世紀末，許多中國人認為西方傳教士就跟賣鴉片的西方商人一樣，是對中國有害的外國勢力。因此，當英國傳教士在太平天國之亂平定後再次來到中國時，他們遭遇到的是更強烈的仇外情緒[58]。

然而，這並沒有嚇退他們。當戴德生（James Hudson Taylor）以中國傳道會的名義首次來到中國時，他才二十二歲。戴德生說，他無法「忍受（在布萊頓）看著一千多名基督徒在安全的環境下歡欣鼓舞，海外卻有數百萬人在死亡時得不到基督拯救」，於是他在一八六五年創立了

圖32 我們失去的服飾世界：馬背上的年輕女子，蒙古，烏蘭巴托，1913年
帕塞（Stéphane Passet）為卡恩的「行星檔案」拍攝的照片

圖33 裕仁皇太子
與愛德華王子在薩佛街合照

圖34 明治時代服飾改變之一：楊洲周延，《皇國陸海軍大演習天皇親臨督導圖》，1890年

圖35 明治時代服飾改變之二：安達吟光，《貴婦裁縫圖》，1887年

圖36 詹姆斯・狄恩
在《巨人》電影中釋放出牛仔褲的靈魂

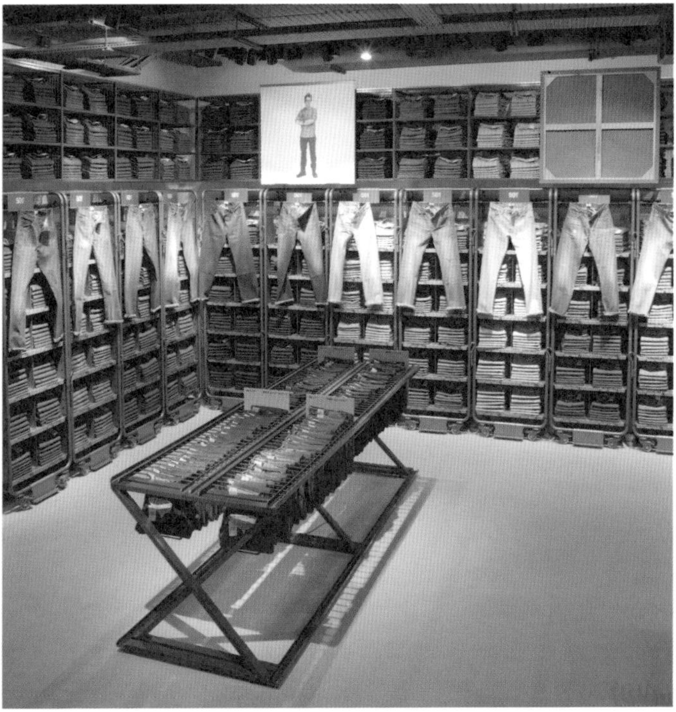

圖37 Levi's
倫敦旗艦店，
攝政街174-176號

圖38 「他們害怕自由。他們害怕民主……所以我們為什麼要怕他們？」宇宙塑膠人樂團震撼了蘇聯共產主義

圖39 伊斯坦堡穿戴頭巾的假人

圖40　尋找新教倫理與資本主義精神：訪問美國的韋伯

圖41　美國豐饒的象徵：聖路易斯萬國博覽會，1904年

圖42　溫州的傳教事業：中國內地會師生合影，約1900年

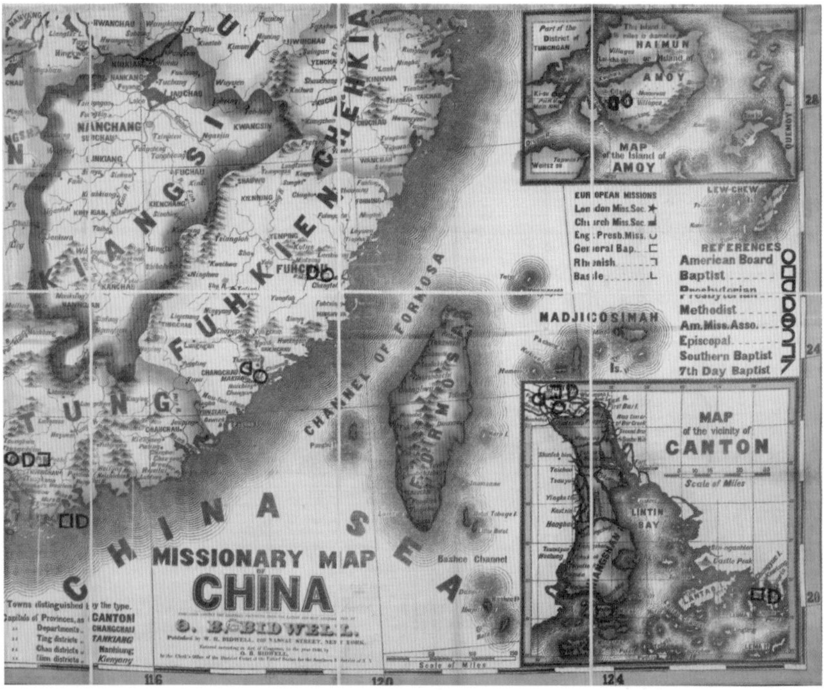

圖43　救贖的地圖：美國傳教士繪製的中國東南地圖

圖44 太平天國之亂造成的死亡與破壞

圖45 南京愛德印刷公司是全球最大的《聖經》印刷公司

圖46 工業革命：現今的中國

圖47 西方宰制的結束：美國總統歐巴馬向中國總理溫家寶鞠躬致意，2009年11月

中國內地會。戴德生的策略是，讓中國內地會傳教士改穿中國服飾以及蓄留髮辮（見圖42）。與非洲的李文斯頓（David Livingstone）一樣，戴德生在杭州總會傳教時，也順便傳布現代醫學[59]。另一名勇敢的傳教士是史陶特（George Stott），他是只剩一條腿的亞伯丁人，三十一歲來到中國。史陶特早期的做法是開書店，然後在書店旁邊設立小禮拜堂。他在小禮拜堂裡對著大批人群熱烈宣教，不過聚集而來的人群主要是基於好奇，而非渴望得到拯救。他的妻子設立了一所女子寄宿學校[60]。史陶特夫婦與其他傳教士為了贏得信徒，使用了一種精巧新穎的傳福音工具：無字書，這是司布真（Charles Haddon Spurgeon）設計的，可以將傳統中國色彩宇宙論的主要顏色與基督教義結合起來。其中廣泛使用的版本是美國人穆迪（Dwight Lyman Moody）於一八七五年設計的，黑色的書頁代表罪，紅色代表耶穌的血，白色代表神聖，金色或黃色代表天堂[61]。

大英浸信會的傳教士李提摩太（Timothy Richard）採取完全不同的做法，他認為「中國需要愛與寬恕的福音，但中國也需要物質進步與科學知識的福音」[62]。李提摩太把目標放在中國菁英而不是貧苦大眾身上，一八九一年，他開始與一些中國人主持廣學會，對康有為的維新運動有很大的影響，同時還擔任光緒皇帝的顧問。一九〇二年，李提摩太在山西創立中國最早的西式大學❽。

到了一八七七年，中國已有十八個基督教傳教團與三個聖經會。氣質特殊的戴德生在募集

❽ 譯註：山西大學堂。

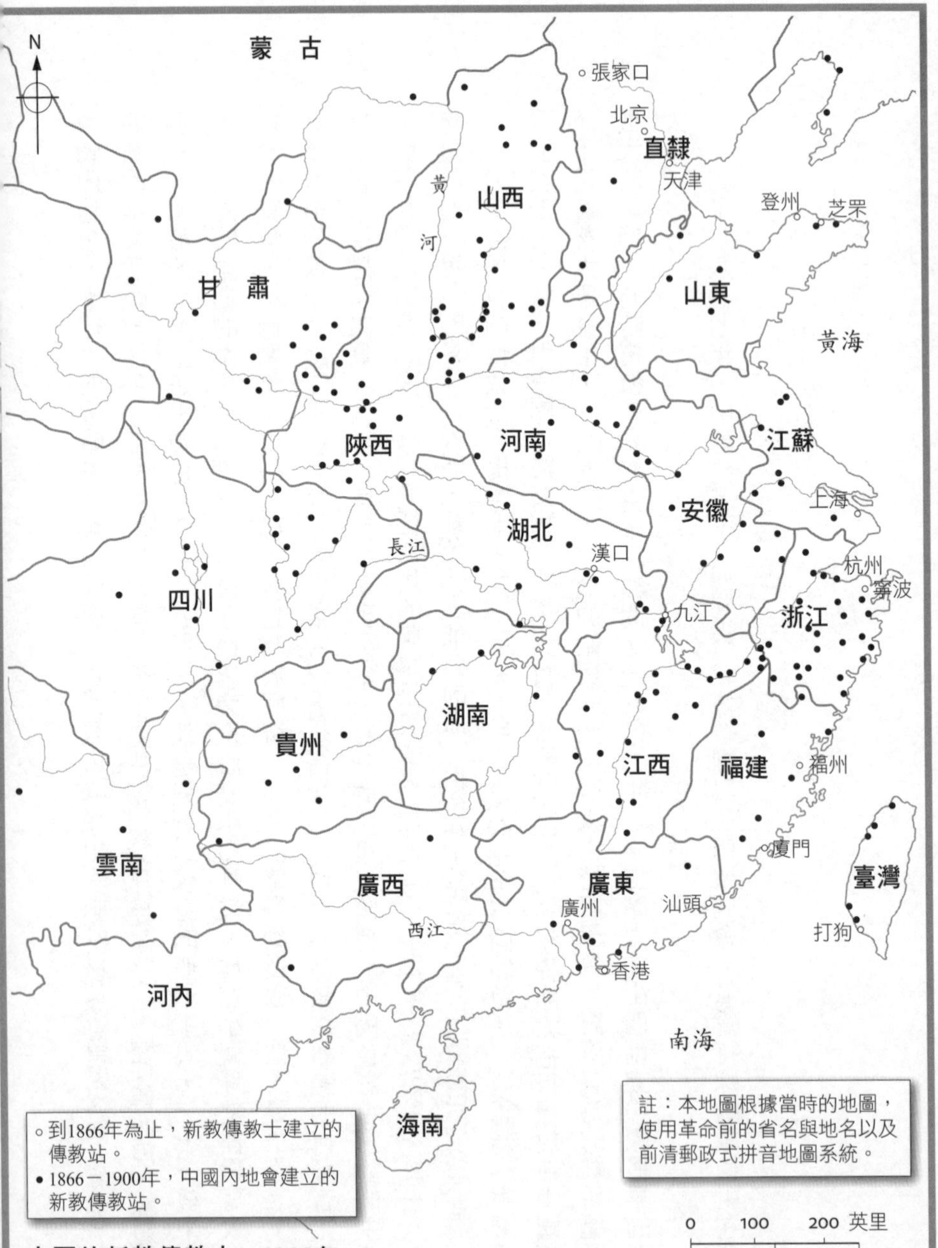
N
蒙古
張家口
北京
直隸
天津
黃
河
山西
登州
芝罘
甘肅
山東
黃海
陝西
河南
江蘇
安徽
上海
湖北
長江
漢口
杭州
寧波
四川
九江
浙江
湖南
貴州
江西
福建
福州
雲南
廈門
臺灣
廣西
廣東
廣州
汕頭
西江
打狗
香港
河內
南海
海南
註：本地圖根據當時的地圖，使用革命前的省名與地名以及前清郵政式拼音地圖系統。
∘到1866年為止，新教傳教士建立的傳教站。
•1866－1900年，中國內地會建立的新教傳教站。
0 100 200 英里
0 200 400 公里

中國的新教傳教士，1902年

新傳教士上面特別成功，其中包括許多單身女子，這些人不僅來自英國，也來自美國與澳洲[63]。秉持新教的優良傳統，敵對的傳教團往往彼此激烈競爭，中國內地會與大英浸信會在山西的爭奪尤其火熱。然而，到了一九〇〇年，拳亂再次掀起仇外情緒。從事詭異崇拜的義和拳企圖將「洋鬼子」逐出中國——這一次他們得到慈禧太后的公開支持。在各國軍隊干預與鎮壓拳亂之前，已有五十八名中國內地會傳教士連同他們的二十一名子女被殺。

傳教士已經播下許多種子，然而在清朝覆亡後的動蕩不安中，剛萌生的嫩芽也只有枯死的命運。中華民國的建立者孫逸仙是一名廣東基督徒，但當他在一九二四年去世時，整個中國正處在內戰邊緣。然後是國民黨的領導人蔣介石與他的夫人——兩人都是基督徒❾——在歷經長期的國共內戰後，國民黨最後逃往臺灣。一九四九年革命結束後不久，周恩來與吳耀宗擬訂了〈基督教宣言〉，基於意識形態與愛國主義，對傳教士的地位進行打壓[64]。從一九五〇到一九五二年，中國內地會選擇將傳教士撤離中華人民共和國[65]。隨著傳教士離開，絕大多數的教堂紛紛關閉或改建為工廠。往後三十年，這些教堂一直處於關閉的局面。基督徒如王明道、袁相忱與謝模善因為拒絕加入黨控制的三自愛國教會，而被判入獄（每個人分別被判處二十年或以上的徒刑）[66]。在名不副實的大躍進（一九五八－六二年）造成的悲慘歲月裡（事實上，人為的饑荒奪去了四千五百萬條性命[67]）又出現新一波關閉教堂的熱潮。文化大革命（一九六六－七六年）

❾ 蔣介石於一九三〇年改信基督教。他的妻子是信奉衛理宗的百萬富翁宋嘉澍的女兒。

破壞偶像的運動更為全面，就連古佛寺也不能倖免於難。毛澤東身為「工人階級的救世主」，成為個人崇拜的對象，其瘋狂的程度甚至遠遠超過希特勒與史達林[68]。毛澤東的左派妻子江青還主張，應把中國的基督教送進博物館裡[69]。

一點也不足為奇，對韋伯與許多二十世紀晚期的西方專家來說，中國新教化與因此進行工業化的機率非常低，就跟歐洲去基督教化的機率一樣微乎其微。對中國來說，能做的選擇似乎有限，要不是選擇儒家的停滯社會，就是選擇陷入混亂。正因如此，我們這個時代發生的巨大改變更令人感到驚心動魄。

浙江省溫州市位於上海南方，是一座典型的製造業城市。溫州市擁有八百萬人口，而且還持續增長中。在中國，溫州擁有最具企業家精神城市的美譽——這裡由自由市場主導，國家的管制降到了最低。紡織廠與成堆的煤炭，這樣的景觀不禁讓人聯想起維多利亞時代，宛如亞洲的曼徹斯特。從最富有的企業家，到最底層的工廠勞工，工作倫理激勵了每個人。溫州人不僅工時比美國人長；他們的儲蓄占所得的比例也比美國人高得多。從二〇〇一到二〇〇七年，當美國人的儲蓄崩跌之時，中國人的儲蓄率上升到占國民生產毛額的四成以上。平均而言，中國家庭至少會把賺來的錢的五分之一拿來儲蓄；公司則存得更多，多半是用保留盈餘的方式。

然而，真正令人驚豔的是，溫州人從西方引進的不只是工作倫理。他們也引進了新教。英國傳教士在一百五十年前播下的種子，如今終於以最不尋常的方式發芽。在文化大革命之前，溫州有四百八十間教堂，如今則是一千三百三十九間，這還不包括政府未批准的部分。史陶特一百年前建立的教堂，現在每逢週日必定擠滿了人。另一間在一八七七年由內地會興建的教堂，後來在文化大革命時關閉，而後又於一九八二年重開，現在已擁有一千兩百名的信眾。現在還有新的教堂陸續興建完成，通常屋頂上會有一個亮紅色的霓虹十字架。怪不得這裡的人稱溫州是中國的耶路撒冷。二〇〇二年，有一四%的溫州人是基督徒；時至今日，比例當然還會更高。一九五八年，毛澤東還曾經讚揚溫州的「宗教自由」。而到了一九七七年，此地的官員曾發動「移除十字架」的運動。但現在他們似乎已經放棄。在溫州周圍的鄉村，各個村落甚至還公開比賽誰的教堂尖塔最高。

現今，中國的基督教已不再是群眾的鴉片[70]。在溫州，最虔誠的信徒是所謂的老闆基督徒，例如張漢平這位企業家，他是愛好筆業的老闆，而愛好筆業是世界三大筆製造商之一。身為虔誠的基督徒，張漢平完全體現韋伯理解的資本主義精神與新教倫理的連結。張漢平曾經是一名農夫，他於一九七九年開始從事塑膠生意，八年後，他開設第一家筆工廠。目前他僱用了約五千名員工，每年生產的筆達到五億支。在張漢平眼裡，**基督教之所以能在中國欣欣向榮，主要是因為它為民眾提供了一個倫理架構，使他們得以在共產主義急速過渡到資本主義的過程中仍能知所奮鬥**。張漢平告訴我，在現今的中國，人與人之間變得缺乏信任。政府官員貪汙腐敗，企業交易雙方彼此欺瞞，工人偷竊雇主的物品，年輕女性在婚後隨即帶走丈夫辛苦賺來的財產不告而別，嬰兒食品在知情的狀況下添加了有毒成分，校舍建築用的是有瑕疵的建材。但張漢平覺得自己可以相信基督徒，因為他知道他們既辛勤工作又誠實[71]。正如工業革命初期的新教歐洲與美國，**宗教社群既可以充作借貸網路，也是值得借貸的、可信任的信徒供給鏈**。

過去，中國當局對於基督教猜忌甚深，不只是因為他們回想起太平天國引發的混亂，更因為在天安門民主運動中，神學院學生扮演著主要角色；事實上，一九八九年夏天那兩名以重金緝拿的學生領袖，後來都成了基督教教士。在那場危機之後，當局又對非官方教會進行另一波整頓[72]。諷刺的是，毛澤東的烏托邦主義開啟的胃口，隨著黨的領導越來越傾向於技術官僚而漸失救世主的色彩，使得基督教起而填補民眾的這層需求[73]。此外，與太平天國當時一樣，有些現代中國人受到基督教的啟發，開始接受一些相當古怪的儀式。例如「東方閃電」的信眾，主要集中在河南省與黑龍江省，他們相信耶穌將以女性的身分回到人世。他們與他們最大的對手「三班僕人」進行血腥的戰鬥[74]。另一種貌似基督教的運動是徐永澤的重生派，又稱全範圍教會或吶喊者，以他們吵鬧的崇拜方式得名，哭泣是他們崇拜時必做的儀式。這些教派都被當局視為邪教，就像已經遭禁的法輪功一樣[75]。我們不難想見中共為什麼要重新推廣儒家，因為它強調敬老尊賢以及傳統均衡的「和諧社會」[76]。而我們也因此容易了解為什麼中國在二〇〇八年奧運期間要加強迫害基督徒，因為這段時間正是國家首都完全暴露在外國勢力影響下的時候[77]。

即使在毛澤東統治時期，官方新教也必須以三自愛國運動的形式存在，也就是自治、自養、自傳，換句話說，就是不受外國勢力干預[78]。今日南京的聖保羅教堂就是典型的官方三自教堂；在這裡，闞仁平牧師的會眾從他一九九四年接任的數百人，成長到現在的五千人。由於上教堂的人數太多，因此許多新來的信眾必須在旁邊四個小禮拜堂裡透過閉路電視來觀看整個過程。一九八二年，黨十九號文件頒定之後，官方開始間歇性地鬆綁「家庭教會」，會眾或多或少可以私下在民眾家中聚會，而且可以採行美式的崇拜方式[79]。在北京，崇拜者聚集到金明日牧師的錫安教會裡，這是個非官方教會，擁有三百五十名信徒，幾乎全來自於企業界或專業階級，而且幾乎都在四十歲以下。基督教在中國已經成為一種時髦。前奧運足球守門員高紅是基督徒，另外還有電視劇女演員呂麗萍與流行歌手鄭鈞[80]。中國學者唐逸公開表示，「基督教信仰最終將征服中國，並且將中國文化基督教化」，不過，他也認為更有可能的狀況是「基督教最終將被中國文化吸收，就跟佛教中國化一樣……基督教將成為中國版的無罪宗教」，或者「基督教將維持基本的西方特質，並且成為中國境內的一個次文化少數宗教」[81]。

雖然有所遲疑，但是，有些中國共黨領袖至少已開始承認基督教是西方強大最重要的根源[82]。中國社會科學院一名學者表示：

> 我們得到指示，要探索是什麼原因使……西方能宰制整個世界……起初，我們認為那是因為你們擁有的槍砲比我們強大得多。然後，我們認為那是因為你們擁有最好的政治制度。接著，我們專注探討你們的經濟制度。但過去二十年來，我們已經了解你們文化的核心是你們的宗教：基督教。這是西方如此強大的原因。基督教為社會與文化生活立下的道德基礎，促成資本主義的興起，而且也成功推動了民主政治。我們對此深信不疑[83]。

另一名學者卓新平則認為，「基督教對超驗的理解」對於「當代西方民眾在接受社會與政治的多元主義上具有決定性的影響」：

> 唯有接受這種超驗的理解，並且以其做為我們的判準，我們才能了解這些概念的意義，例如自由、人權、寬容、平等、正義、民主、法治、普世性與環境保護[84]。

遠志明是一名信仰基督的電影拍攝者，他同意說：「最重要的事物，也就是西方文明的核心……是基督教。[85]」本身也改信基督教的趙曉教授表示，基督教提供中國一個新的「共同道德基礎」，能夠減少貪汙腐敗、縮小貧富差距、推展慈善事業，乃至於防止汙染[86]。另一名學者認為，「經濟活力不能只憑享樂主義式的消費與不誠實的策略，還需要嚴肅的道德感」[87]。甚至有人說，江澤民在卸任中國國家主席與中共中央總書記後不久，曾對黨內一群高級官員說，如果他有能力下一道全國人民都會遵從的命令，那麼他會「讓基督教成為中國的國教」[88]。二〇〇七年，江澤民的繼任者胡錦濤史無前例地在政治局召開宗教問題的「集體學習」小組，他向中國最有權力的二十五名領導表示：「要堅持以人為本，最大限度地把信教群眾團結起來，把他們的智慧與力量凝聚到實現全面建設小康社會，加快推進社會主義現代化的目標上來。」中共第十四屆中央委員會提出一份報告，裡面列出為達永續經濟成長的三項要件：以財產權為基礎，以法律進行保障，以道德做為支持。

無信仰的國度

這聽來有點耳熟不是嗎？的確如此。這些其實都是我們提過的西方文明的關鍵基礎。然而近年來，西方人似乎已失去了對這些基礎的信仰。不僅歐洲教堂總是空空蕩蕩，西方人自己也開始懷疑歐洲從宗教改革以來發展的諸多價值。資本主義競爭因近年來的金融危機與銀行家肆無忌憚的貪婪而蒙羞。孩子們在學校裡也對科學興趣缺缺。私有財產權不斷遭到政府侵犯，國家貪得無厭地徵收我們的所得與財富，並且虛擲於無用的開支上。儘管歐洲帝國主義者過去曾為世界其他地區帶來好處，但在現今的世界，帝國已經成了一句髒話。我們冒的風險，只為我們留下一個空洞的消費社會與一個相對主義的文化——在這種文化裡，任何理論或意見，無論多麼詭異無理，都能與我們固有的信念平起平坐。

與一般的想法不同，切斯特頓並沒有說：「無神論的麻煩在於，當人們不信神時，他們並不是不相信任何事，而是什麼都信。」不過切斯特頓卻在《新月的奇蹟》（*The Miracle of Moon Crescent*）中讓布朗神父（Father Brown）說出非常類似的話：

> 你們發誓自己是頑固的唯物論者；而事實上，你們全在信仰（或信仰一切事物）的邊緣上維持平衡。現今有數千人在信仰上維持平衡；但這個邊緣尖銳而不舒服，讓人無法坐下來。除非你有信仰，否則你無法好好休息[89]。

要了解信仰與無信仰的差別，我們可以思考伊布拉辛（Muktar Said Ibrahim）先前在倫敦北部郊區斯丹摩爾與鄰居之間的對話。伊布拉辛是一名伊斯蘭主義者，二〇〇五年他曾計畫在倫敦運輸系統安放炸彈，但事跡敗露。伊布拉辛生於非洲厄利垂亞，十四歲時搬到英國。儘管他曾因涉及武裝搶劫而被判刑，但他還是獲得英國公民身分。「他問我，」史考特（Sarah Scott）

回憶說：「我是不是天主教徒，因為我出身愛爾蘭家庭。我說我不信教，而他說我應該信教。他告訴我，如果他讚美阿拉的話，那麼當他上天堂時，他將擁有所有的處女。他說，如果你向阿拉祈禱，而且對阿拉忠誠，你可以獲得八十名處女或諸如此類的獎賞。」炸死異教徒可以得到獎賞，天底下還有什麼想法比這個更荒謬嗎？但聖戰分子卻對此深信不疑。然而，跟史考特一樣什麼都不信，難道就不奇怪？史考特與伊布拉辛的對話之所以耐人尋味，在於它顯示出西歐現存的少數狂熱分子與絕大多數無神論者之間的鴻溝。在伊布拉辛被捕之後，史考特回憶說：「他說，人們都害怕宗教，但大家實在不應該害怕。」[90]

切斯特頓擔心的是，如果英國的基督教衰微，那麼「迷信」將「凌駕於昔日所有的理性主義與懷疑主義之上」。從芳香療法到《禪與摩托車維修技術》，現今的西方的確充斥著後現代的儀式。這些儀式沒有任何一項可以像昔日的新教倫理一樣，提供具有經濟活力或社會凝聚力的事物。更糟的是，這種精神真空使西歐社會容易受到帶有不良企圖的少數民族的傷害，這些少數民族確實擁有宗教信仰——而其政治野心也使他們在定居的國家裡擴展權力與信仰的影響力。激進伊斯蘭教與西方文明之間的鬥爭，用諷刺性的「聖戰與麥當勞世界」來比喻便可大致理解[91]。事實上，西方文明的核心價值已經受到恐怖分子支持的伊斯蘭宗派的直接威脅，諸如伊布拉辛的恐怖分子，受到的影響來自十九世紀瓦哈比派（Wahhabist）的哲馬魯丁（Sayyid Jamal al-din）與穆斯林兄弟會領袖班納（Hassan al-Banna）與庫托布（Sayyid Qutb）的教誨[92]。政教分離、科學方法、法治與自由社會的觀念（包括相對晚近的西方原則，如性別平等與同性性行為的合法性）這些全遭到伊斯蘭主義者的公開反對。

針對西歐各國穆斯林人口所做的估計，數字莫衷一是。其中一項估計顯示，穆斯林總人口從一九九〇年的一千萬，增加到二〇一〇年的一千七百萬[93]。從占各國人口比例來看，穆斯林社群多可以占到法國總人口的九．八%，少則只有葡萄牙的〇．二%[94]。這些數字似乎證明有些學者的警告並不真實，他們認為未來將出現「歐拉伯」（Eurabia）——到了二十一世紀末，歐陸將被伊斯蘭化。然而，如果英國的穆斯林人口持續以每年六．七%的速度增長（也就是二〇〇四到二〇〇八年的成長速度），那麼穆斯林人口占英國總人口的比例將從二〇〇八年的不到四%，增加到二〇二〇年的八%，然後是二〇三〇年的一五%、二〇四〇年的二八%，最後在二〇五〇年時過半[95]。

大量遷徙不一定會沖淡文明的內容，前提是這些移民能擁抱（而且受到鼓勵去擁抱）他們移入的文明價值。但在一些國家裡，移民社群不一定能成功同化，這些移民因此將受到激進意識形態分子的影響，結果將造成整個社會的極度不穩定[96]。真正的關鍵其實不是移民人數，而是伊斯蘭主義組織滲透的程度，例如阿拉伯穆斯林兄弟會、巴基斯坦伊斯蘭主義黨與沙烏地阿拉伯資助的穆斯林世界聯盟與穆斯林青年世界大會。在英國，或許我們可以舉幾個最麻煩的例子：英國穆斯林協會，這是穆斯林兄弟會在英國一個活動相當積極的分支機構；英國伊斯蘭學會及其青年分支單位英國青年穆斯林，它們是伊斯蘭主義黨的附屬單位；另外還有一個組織叫

❿在美國，類似的組織包括北美伊斯蘭學會、美國伊斯蘭關係議會與穆斯林美國學會。此外，穆斯林世界聯盟與穆斯林青年大會在美國也設有分支單位。

「解放黨」。解放黨公然表示它的意圖是讓「英國……在二〇二〇年成為一個伊斯蘭國家！」此外，我們知道一些積極招募恐怖分子的組織，例如蓋達，以及恐怖程度不遑多讓的聖戰者運動（Harakat ul-Mujahideen）。這類滲透活動絕對不僅限於英國[10]。

譚威爾（Shehzad Tanweer）的例子充分顯示激進化的過程有多麼隱微難測。二〇〇五年七月七日，這名自殺炸彈客在倫敦造成一場浩劫，他在艾德門與利物浦街之間的地鐵環線上引爆炸彈，除了炸死自己，也炸死其他六名乘客。譚威爾於一九八三年生於約克夏，家庭並不貧困；他的父親是巴基斯坦移民，經營成功的外帶速食生意，賣炸魚與薯條，開的是賓士車。他並不是沒受過教育，他擁有里茲都會大學的運動科學學位。譚威爾的例子顯示，就算擁有經濟、教育與娛樂的機會，也無法阻止穆斯林移民的兒子在壞人煽動下變成一名狂熱的恐怖分子。就這點而言，伊斯蘭「中心」在大學與其他地方扮演著關鍵角色，而這些中心充其量不過是聖戰的招募處。通常，這類中心擔負的是通往其他國家（例如巴基斯坦）訓練營的入口角色，在這些國家的訓練營中，來自「無信仰國度」的新兵要被送去接受更實際的灌輸形式。從一九九九到二〇〇九年，總共有一百一十九人遭查獲要對英國進行與伊斯蘭主義相關的恐怖攻擊，其中超過三分之二是英國國民。接近三分之一受過高等教育，而曾進入恐怖分子訓練營的比例也大約相同[98]。以英國為基地發動的聖戰，被破獲的可能性部分是靠運氣，部分則是透過有效的反恐措施。比較著名的如二〇〇六年八月的陰謀，一群年輕的英國穆斯林打算在數架飛越大西洋的航班上引爆土製炸彈；而二〇〇九年耶誕節當天，一名出生於奈及利亞的倫敦大學學院畢業生，打算在他搭乘的班機從阿姆斯特丹飛抵底特律附近的機場時，引爆藏在內衣裡面的塑膠炸彈。

西方優勢的終結？

吉朋的《羅馬帝國衰亡史》始於西元一八〇年，終於一五九〇年，中間涵蓋了一千四百年以上的時間。這是一段非常漫長的歷史，吉朋從中提出了幾個羅馬衰亡的原因，從皇帝個人的昏聵，到禁衛軍掌握大權，乃至於一神教的興起。一八〇年奧理略（Marcus Aurellius）死後，內戰成為周而復始的問題，野心勃勃的皇帝們彼此競逐最高權力的戰利品。到了四世紀，蠻族入侵或移民內徙成為常態，而這種狀況更隨著匈人西遷而更形加劇。在此同時，波斯薩珊王朝（Sassanid Persia）對東羅馬帝國的威脅也不斷加強。而從吉朋講述的歷史可以看出，西方文明首次遭到擊潰是一段長期醞釀的過程。

然而，要是政治鬥爭、蠻族遷徙與帝國敵對全都是上古時代晚期的必要特徵——是一種常態，而非遙遠末日的預兆呢？若從這點來看，那麼羅馬的崩潰其實是相當突然而戲劇性的。西羅馬帝國最後的崩解始於四〇六年，當時日耳曼入侵者群起越過萊茵河進入高盧，而後又進入義大利。羅馬於四一〇年遭到哥德人劫掠。哥德人被衰弱無力的羅馬皇帝收編之後，便與汪達爾人（Vandals）爭奪西班牙的控制權，但這只是讓問題延燒到南方。從四二九到四三九年，根塞里克（Genseric）率領汪達爾人在北非接連獲勝，最後攻陷了迦太基。羅馬帝國失去了地中海南部的糧倉，也喪失了大量的稅收來源。羅馬軍隊難以抵擋從巴爾幹向西席捲的匈人阿提拉。到了四五二年，西羅馬帝國已經喪失不列顛全境、絕大部分的西班牙、北非最富庶的省分，以及高盧的西南與東南方。除了義大利之外，西羅馬帝國幾乎已無領土。巴西利斯庫斯

（Basiliscus）是羅馬皇帝雷歐一世（Leo I）的妻舅，他於四六八年嘗試收復迦太基，卻遭遇敗績。拜占庭帝國存續下來，但西羅馬帝國卻遭到消滅。到了四七六年，羅馬淪為斯基利國王歐多阿克爾（Odoacer）擁有的一座采邑[99]。

這段比較現代的歷史解讀，最引人注目的是羅馬帝國崩潰的速度。才五十年的時間，羅馬帝國的人口就減少了四分之三。從五世紀晚期的考古證據（粗劣的房舍、原始的陶器、稀少的錢幣與瘦弱的耕牛）可以看出，羅馬對西歐其他地區的良性影響正快速地消失不見。史家所說的「文明的終結」居然在不到一代的時間就完全實現[100]。

我們自己的西方文明版本是否也會如此快速地崩解消失呢？不可否認，早在一個世紀之前，這個古老的恐懼已經在英國知識分子（從切斯特頓到蕭伯納）腦海中不斷縈繞[101]。然而，現今這層恐懼卻有了更具體的依據。許多科學家支持這項觀點（特別是當中國與其他亞洲及南美大國縮小了西方與世界其他地區的經濟差距時）認為人類正冒著造成災難性氣候變遷的風險。無疑的，排入大氣的二氧化碳量正以史無前例的速度不斷增加。而有些證據也顯示，二氧化碳確實導致平均氣溫升高。我們比較不清楚的是，這些趨勢一旦持續下去，將對地球的天氣產生什麼衝擊。然而我們不難想見，極地冰帽進一步融化將改變洋流的方向，或使低窪沿海地區出現洪災，或者讓原本可以持續從事農業的地區出現沙漠化。除了氣候變遷外，有些環境主義者也擔心，當亞洲人口眾多的國家追隨西方的路線脫貧時，全球對能源、糧食與乾淨飲水的供應將更為吃緊，甚至可能超出負荷。對於氣候變遷的風險抱持懷疑的人，應該花點時間去中國看看，這場人類史上最龐大與最快速的工業革命正造成巨大的——事實上是一目了然的——環境破壞。

絕大多數討論這些議題的人（包括我在內），都不具有衡量這些證據的科學資格。吸引我們關注環境災害觀念的，與其說是資料，不如說是對預言的熟悉。從最早的有紀錄的神話與傳說開始，人類一直受到驚天動地的世界末日這種觀念所吸引，從尼伯龍傳說（Nibelung saga）的「諸神的黃昏」到基督教末世論的關鍵文本，由福音書作者拔摩島的約翰（John of Patmos）寫的《啟示錄》。在《啟示錄》中，彌賽亞或上帝的羔羊將重返人世，在哈米吉多頓的戰爭中擊敗敵基督。之後，撒旦將被捆綁在無底坑裡一千年。高潮來臨，撒旦將從無底深淵中再度出現，並且召來了歌革跟瑪各。這暗示著「閃電、聲音、雷轟、大地震，自從地上有人以來，沒有遇過這樣大、這麼厲害的地震」（《啟示錄》16:18）。耶和華見證人（Jehovah's Witnesses）與基督復臨安息日會（Seventh-Day Adventists）都同意這種預言的字面詮釋，但並不是只有他們這樣想。美國有相當多福音派基督徒也相信末日近了。對很多人來說，問題只在於當「被接往天國」那一刻來臨時，誰會被留下來？有人說苦難的時刻已經開始。據說在二〇〇八年十二月十四日這天，第一個號角響起，因為金融危機已落至谷底。當第二、第三與第四個號角響起，美國將崩潰，並且喪失世界強權的地位。當第五個號角響起，第三次世界大戰將會爆發，殺死數十億人。然後，到了大苦難的最後一天，耶穌基督將如《啟示錄》說的一樣，重回人世拯救真正的信仰者。造訪以色列米吉多（Megiddo）的貧瘠山丘，我看到一群美國人在千禧年信仰的吸引下來到此地，對此我並不感到意外。就像那些持續渴望資本主義崩潰，並且把每次新的金融危機都解釋成資本主義即將終結的頑固馬克思主義者一樣，這些千禧年信徒只要一想到世界末日很可能在他們眼前發生，不禁感到一陣震顫。

我們註定毀滅，這種觀念（衰亡不可避免，事情只會越來越糟）深刻連結著我們自身生命的有限。生而為人，我們終將衰弱死亡，因此我們的本能告訴我們，文明也跟人的生命一樣必定消亡。肉體如同草木，誇耀功業的紀念碑總有一天化為廢墟。在寒風吹拂下，我們的成就僅剩憂鬱的遺跡。

然而我們努力苦思的是，這段衰亡的過程將如何在複雜的社會與政治結構領域中展開。文明是在善惡決戰的末日戰場上轟然一聲瞬時崩解，還是一段漫長徘徊的啜泣過程？唯一能解答這最後問題的方法，就是回到最初的歷史解釋原則。

| 結論 |

競爭對手

安東尼爵士，既然你想要這樣的結果，我們就別再計較過去！年輕人，請記住人總是往前看的。

——謝里登（Sheridan，1751-1816，英國喜劇家）

他覺得，地獄裡的電火部門應該特別準備一套烤架來整治發明了這套表演形式（也就是業餘表演）的人，因為他悖逆了文明的真正精神。

——伍德豪斯（P. G. Wodehouse，1881-1975，英國幽默小說家）

最能說明文明生命循環的莫過於〈帝國的演進〉（The Course of Empire），這是柯爾（Thomas Cole）描繪的五幅系列畫作，這些畫現收藏於紐約歷史學會的美術館裡。身為哈德遜河畫派（Hudson River School）的創立者與十九世紀美國風景畫的先驅，柯爾以美麗的手法捕捉到今日絕大多數人仍拳拳服膺的理論：文明循環理論。

這五幅想像的場景，每一幅都描繪了岩石露頭下大河的出海口。在第一幅畫作〈野蠻狀態〉（The Savage State）中，蔥綠的荒野上住著一群漁獵者，在暴雨來臨的拂曉時刻，他們的出現憑添了原始的存在。第二幅畫作〈田園狀態〉（The Arcadian of Pastoral State）充滿田園牧歌情調：居民清除樹木，種植田野與建造優雅的希臘式神廟。第三幅是最大的畫作〈全盛的帝國〉（The Consummation of Empire）。現在，整個景觀布滿了華麗的大理石海港建築，上一幅畫作裡自足安逸的農民哲學家被磨肩擦踵身穿華服的商人、官員與市民消費者取代。這是生命循環日正當中的時刻。接著來臨的是〈毀滅〉（Destruction）。城市烈焰衝天，在黃昏陰鬱的天空下，入侵者姦淫擄掠，民眾四處竄逃。最後，月亮高掛於〈荒涼〉（Desolation）上。不見任何人影，只剩幾根傾頹的石柱與爬滿荊棘藤蔓的柱廊。

柯爾這五幅構思於一八三〇年代中期的畫作，傳達出清楚的訊息：**所有文明，無論多麼強盛，終有一天會衰亡**。其中隱含的寓意是，柯爾生存當時的美利堅共和國還很年輕，國家若想長治久安，最好能夠堅持田園式的發展原則，避免受到商業、征服與對外殖民的誘惑。

幾個世紀以來，歷史學家、政治理論家、人類學家與一般民眾都傾向於以循環而漸進的角度思考文明的盛衰。波利比奧斯（Polybius）在《歷史》第六卷描述羅馬的興起，其「政體循環」過程如下：

1. 君主制
2. 王制
3. 僭主制
4. 貴族制
5. 寡頭制
6. 民主制
7. 暴民政治

這個觀念在文藝復興時期再度流行，當時的人重新發現波利比奧斯的作品，而他的主張也從馬基維利傳承到孟德斯鳩[1]。但是循環觀還另有獨立的源頭，如十四世紀阿拉伯史家赫勒敦（Ibn Khaldun）的作品，以及明代中國的新儒家[2]。義大利哲學家維柯（Giambattista Vico）在《新科學》（*Scienza nuova*, 1725）描述所有文明「周而復始地」歷經三個階段：神聖、英雄與人類（或理性）時代。人類時代會經由維柯所謂「野蠻的倒退」而回歸到神聖時代。一七三八年，英國政治哲學家波林布羅克子爵聖約翰（Henry St John, Viscount Bolingbroke）表示：「體制完善的政府，就像身體強健的動物，身上潛藏著毀滅的種子：它們會有一段時間成長茁壯，但崩解死亡卻也是轉眼間的事。它們每活一小時，就表示少一小時可活。[3]」亞當斯密在《國富論》提到，經濟成長（他用的是「財富」這詞）最終將陷入「停滯狀態」。

唯心論者與唯物論者都同意這種觀念。黑格爾與馬克思都認為辯證法賦予歷史明確的節奏。德國史家史賓格勒（Oswald Spengler）在《西方的沒落》（*The Decline of the West*, 1918-22）表示，歷史如同季節，十九世紀正值「西方的冬季，唯物主義與懷疑主義，連同社會主義、議會主義與金錢一同歡呼勝利」。英國史家湯恩比（Arnold Toynbee）的十二冊《歷史研究》（*Study of History*, 1936-54）提出挑戰、「創造性少數」（creative minorities）的回應而後衰微（文明的自殺，也就是領導人缺乏充足的創造力來因應眼前的挑戰）的循環。俄裔社會學家索羅金（Pitrim Sorokin）另外提出一個大理論，認為所有主要文明都曾經歷三個階段：「觀念」（在這時代，所謂的現實指的是精神）、「感官」（在這時代，所謂的現實指的是物質）與「唯心」（綜合上述兩者）[4]。美國史家奎格利（Carroll Quigley）在喬治城大學外交事務學院授課時（美國前總統柯林頓也曾是他的學生）提到，文明跟人類一樣有七個階段：混合、孕育、擴張、衝突、普世帝國、衰微與入侵。奎格利曾對生命循環理論提出經典的解釋：

> 一段演化的過程……每個文明誕生……而且……進入一段蓬勃擴張的時期，規模與力量逐漸增強……直到組織危機逐漸浮現為止。成功渡過這段危機之後，文明進行重組……它的活力與朝氣大不如前。文明變得穩定，甚至於停滯。在和平與繁榮的黃金時代之後，內部危機再度產生。這回首次出現道德與物質衰退的現象……文明抵禦外敵的能力開始出現問題……文明日漸衰弱，直到遭外敵擊敗乃至於消失為止[5]。

每個模式各自不同，但都符合歷史具有韻律的假定。

雖然現今幾乎已沒有人閱讀史賓格勒、湯恩比或索羅金的作品——陰謀論者倒是很喜歡閱讀奎格利的作品❶——但類似的思維仍出現在許多現代作者的作品中。甘迺迪（Paul Kennedy）的《霸權興衰史》（*The Rise and Fall of The Great Powers*, 1987）是另一部循環史觀作品，作者指出霸權的興衰取決於一國產業基礎的成長率以及為維持帝國所需的經濟代價。正如柯爾《帝國的演進》所呈現的，帝國在擴張的同時也撒下未來衰敗的種子。甘迺迪寫道：「如果國家在戰略上過度延伸……就必須冒著外部擴張的潛在利益無法支應擴張的鉅額支出的風險。[6]」他認為，這種「帝國過度擴張」的現象是每個霸權都會發生的問題。當甘迺迪的作品問世時，許多美國人都感染了他的恐懼，擔心自己的國家可能罹患這種疾病。

更晚近的是人類學家戴蒙（Jared Diamond），他以盛衰的大理論捕捉了大眾的想像力。戴蒙的《大崩壞》（*Collapse: How Societies Choose to Fail or Succed*, 2005）是綠色時代的循環史觀作品：一

❶在一九六六年的作品《悲劇與希望》（*Tragedy and Hope*）中，奎格利把強權的產生歸因於一個神祕的英美「祕密會社」。據說這個組織是由羅德斯（Cecil Rhodes）、米爾納（Alfred Milner）與記者斯泰德（William T. Stead）創立的，宗旨是致力「擴展大英帝國」並將其轉變成聯邦。奎格利表示，「羅德斯－米爾納團體」及其圓桌成員要為波耳戰爭、凡爾賽條約的弱化以及納粹德國的姑息負責。一九二五年米爾納死後，這個團體仍繼續透過羅德斯信託基金、皇家國際事務研究所（又稱漆咸樓〔Chatham House〕）與紐約外交關係協會發揮惡性的影響。奎格利過度誇大了米爾納活動的神祕性與成果。

連串社會的故事，從十七世紀的復活島，到二十一世紀的中國，這些社會濫用自然環境，因而使自己陷入或即將陷入滅亡的危機。戴蒙引用史蒂芬斯（John Lloyd Stephens）——美國探險家與業餘人類學家，他在墨西哥發現詭異而空無一人的馬雅古城——的說法：「這些是從事耕種、擁有高度文明的獨特民族留下的遺跡，他們經歷民族盛衰的所有階段，他們曾經輝煌過，現在卻煙消雲散。[7]」戴蒙認為，馬雅人陷入典型的馬爾薩斯陷阱中，他們的人口增長太快，脆弱而無效率的農業體系根本無法支撐。更多的人口意味著更多的耕地，但更多的耕地意味著砍伐森林、侵蝕、乾旱與肥力耗盡。結果為了爭奪日漸稀少的資源而引發內戰，最後導致崩潰。

戴蒙言下之意顯然是指現在的世界將步上馬雅人的後塵[8]。臨界點在於環境自殺是緩慢而長期的過程。遺憾的是，不管在哪個社會，無論原始或複雜，政治領袖對於一百年後才會出現的問題總是興趣缺缺。二〇〇九年十二月在哥本哈根舉辦的聯合國氣候變遷會議呼籲各國為下一代「拯救地球」，但這些訴求顯然敵不過迫在眉睫的富國與窮國經濟分配衝突問題。我們愛自己的孫子，但孫子的孫子我們可就管不著了。

然而事實上，這整個概念架構存在著瑕疵。或許柯爾以藝術方式呈現的文明生老病死的巨大循環，是對歷史過程的誤解。如果歷史不是循環與緩慢移動，而是沒有節奏，有時幾乎靜止，有時則劇烈加速呢？如果歷史時間不是像季節那樣變動緩慢而可預測，而是像夢境一樣充滿彈性伸縮自如呢？更重要的是，如果崩潰的產生不一定需要數世紀的演變，而是突然間造成文明傾覆，就像夜晚有人闖空門一樣呢？

如我在本書努力說明的，**文明是高度複雜的系統，它是由大量彼此互動的環節結合而成，而這些環節在組織上並不對稱**。因此，與其說文明像埃及的金字塔，不如說更像納米比亞的白蟻丘。**文明的運作介於秩序與無秩序之間**——以電腦科學家蘭頓（Christopher Langton）的話說，**文明總是處於「混亂的邊緣」**。文明體系看起來可以相當穩定地運作一段時間，外表保持均衡，實際上持續調整適應。但總會在某個時刻，整個系統開始「逼近臨界邊緣」。一個微小的擾亂就能造成「相變」（phase transition），從良性的均衡轉變成危機——一粒沙可以導致一座看似穩定的沙堡自行塌陷。

如果想了解複雜性，那麼對自然科學家如何使用這個概念進行考察，應該能有所幫助[9]。思考五十萬隻白蟻自發地進行自我組織，這種特性使牠們能建造複雜的蟻丘，或者思考水分子（充滿各種變形的六重對稱）構成的雪花所形成的碎形幾何。人類的智能本身就是一個複雜的系統，是中樞神經系統數十億神經元互動的結果——神經科學家謝靈頓（Charles Sherrington）稱為「魔法織布機」。我們的免疫系統也是一個複雜系統，抗體會自行動員對抗外來的抗原。自然界所有複雜的系統都有某些共同的特質。稍微輸入一點東西到這些系統裡，就會產生巨大的、經常出乎意料的變化——科學家稱為「放大效果」[10]。因果關係通常是非線性的，這表示從觀察進行概括的傳統方法（例如趨勢分析與抽樣）已沒有太大用處。事實上，有些理論家甚至認為某些複雜系統完全是不可決定的，意思是說，要根據過去的資料對這些系統的未來行為進行預測幾乎是不可能的。舉例來說，根本不存在所謂典型或平均森林大火。用現代物理學的術語來說，森林在發生大火前是處於「自組臨界性」（self-organized criticality）的狀態；它蹣跚地走在崩潰的邊緣，但崩潰的規模完全未知，因為森林大火分布的規模並不遵循一般熟悉的鐘形曲線，也就是絕大多數的火災都會聚集在平均值，如同絕大多數成年男性的身高集中在五尺九寸一樣。相反的，如果你根據火災規模與發生頻率來繪圖，結果會得出一條直線。下一場火災是小火還是大火，是星星之火還是燎原之火？大概可以確定的是，今年要發生兩倍於去年火災規模的大火，機率大概是四分之一（或者是六分之一或八分之一，端賴森林的大小）。這種模式——稱為「冪律分布」（power-law distribution）——在自然界相當常見。不僅見於森林大火，也出現在地震與瘟疫上。唯一的差別是線的斜率[11]。

人類創造的政治與經濟結構，與複雜系統的特徵有許多共通點。事實上，異端經濟學家如亞瑟（W. Brian Arthur）早在數十年前就已經提出這項論點，甚至走出亞當斯密「看不見的手」的觀念（似乎指引著許多追求最大利潤的個人），此外，海耶克也對經濟計畫與需求管理提出批判[12]。對亞瑟來說，複雜經濟的特徵是零散分布的行為者進行互動，不存在任何中央控制，多重的組織層次、持續的調適、不斷地創造新的市場利基與不存在一般均衡。古典經濟學的核心預測認為競爭將導致報酬遞減。然而與此相反，在複雜經濟中，報酬遞增是很可能發生的。從這一點來看，矽谷本身就是一個運轉中的複雜經濟；網路也是。二〇〇七年開始的金融危機也可以用類似的角度來加以解釋。塔勒布（Nassim Taleb）表示，二〇〇七年春天的全球經濟就像一個過熱的輸電網路。光是美國次級房貸倒債造成的輕微波動，就足以讓整個世界經濟傾斜而造成金融跳電，進而引發國際貿易完全崩潰的危險[13]。聖塔菲研究所（Santa Fe Institute）的研究員目前正在研究這些卓越的見解要怎麼應用在其他面向的集體人類行動上，包括「後設歷史」

（metahistory）[14]。

與金融危機相比，戰爭更是屬於非常態分布的例子，而這點似乎不難理解。物理學家同時也是氣象學家的理查森（Lewis Fry Richardson）❷蒐集了各種「致命爭端」，從殺人到世界大戰，根據它們的規模，總死亡人數以十為底數來計算對數值。因此，如果一場恐怖攻擊事件殺死了一百人，則其規模為二；一場戰爭殺死了一百萬人，規模是六。（注意，規模六加減〇・五在任何地方造成的死亡人數介於三十一萬六千二百二十八人到三百一十六萬二千二百七十八人之間。）理查森以一八一五到一九四五年為考察範圍，發現有三百場以上的衝突，規模在二・五以上（換句話說，造成的死亡人數在三百人以上）。在這些衝突中，兩場規模七的戰爭（兩次世界大戰）殺死至少三千六百萬人（占總死亡人數的六成），而這還沒有計入因戰爭引發的饑荒或疾病所導致死亡的人數。此外，數百萬場規模零的殺人事件（受害者可能是一人、兩人或三人）奪走了九百七十萬條性命（占總死亡人數的一六%）。這些資料乍看之下完全是隨機的，但它們仍舊合於冪律[15]。

如果戰爭的發生與森林大火的發生同樣不可預測，那麼文明盛衰理論的可信度如何便不

---

❷ 理查森，一八八一年生於約克夏，他是貴格會信徒，在第一次世界大戰期間基於自己的信仰而拒絕入伍（不過他還是負責在西線開救護車），而且也是世界語的支持者。令理查森沮喪的是，他找不到證據顯示未來戰爭有減少的趨勢，也找不到任何堅實的統計數據預測戰爭將於何時與何地發生，他只發現兩個相對薄弱的關聯性：戰爭在兩個相鄰國家之間較為普遍，不同宗教的國家比較有可能發生戰爭。

言可喻，尤其戰爭對於複雜社會組織的興盛與衰弱扮演著明顯的因果角色。文明本身就是一個高度複雜的系統。無論名目上存在什麼中央權威，文明實際上都是動態的經濟、社會與政治關係的適應網路。因此，我們不用訝異於所有形式與規模的文明均帶有自然界複雜系統的各項特徵，其中包括了相當快速地從穩定轉變為不穩定的趨勢

我們在上一章看到，西方文明的第一個化身——羅馬帝國——並不是安詳地走向衰亡。羅馬的崩潰不消一個世代的時間，五世紀初蠻族入侵者帶來的混亂使它難以應付。本書也曾提過其他速度足以與之比擬的文明崩潰。一五三〇年，印加人從高聳的安地斯城市俯瞰掌控廣大地區。不到十年的時間，外國入侵者以馬匹、火藥與致命的疾病將印加帝國化為虀粉。明朝在中國的統治也在十七世紀中葉以驚人的速度瓦解。同樣的，從均衡轉折到無政府只花了不到十年的時間。無獨有偶，法國的波旁王朝從勝利到恐怖也以驚人的速度完成。法國出面支持北美殖民地叛軍對抗英國，這個算盤打得也許不錯，卻因此讓法國財政瀕臨破產。一七八九年五月，三級會議的召開引發政治連鎖反應，旋即造成皇室正當性的崩解，不到四年的工夫，國王就被送上剛於一七九一年發明的斷頭臺。當青年土耳其運動於一九〇八年掌權時，鄂圖曼帝國看來仍有改革的可能。到了一九二二年，當末代蘇丹搭乘英國軍艦離開伊斯坦堡時，宣告了帝國一去不返。日本帝國在偷襲珍珠港後，疆域於一九四二年達到頂點。到了一九四五年，日本也走上毀滅的命運。

日不落國殞落的速度也不遑多讓。一九四五年二月，英國首相邱吉爾以「三巨頭」的身分掌握了世界舞臺，他與美國總統小羅斯福及蘇聯領袖史達林在雅爾達主宰了各國的命運。然

而戰爭一結束，邱吉爾就失去首相職位。不到十二年的時間，英國承認緬甸、埃及、迦納、印度、以色列、約旦、馬來亞、巴基斯坦、錫蘭與蘇丹獨立。一九五六年蘇伊士運河危機，證明英國無法違逆美國在中東的利益，確定了大英帝國的終結。雖然一直要到一九六〇年代，英國首相麥克米倫（Harold Macmillan）才將「變革之風」（wind of change）❸吹向撒哈拉以南非洲以及蘇伊士運河以東殘餘的殖民地，但大英帝國的霸權其實早在擊敗德日的十二年內就已經實質瓦解了。

最晚近且最令人熟悉的急速崩解例證當然非蘇聯莫屬。基於後見之明的優勢，史家得以將蘇聯體制內的各種腐敗追溯到布里茲涅夫（Brezhnev）乃至於更早之前的時期。最近的說法指出，一九七〇年代的高油價使蘇聯「免於毀滅」[16]。但當時人們顯然無法看出這點。一九八五年三月，戈巴契夫（Mikhail Gorbachev）出任蘇聯共黨總書記，美國中情局（錯誤地）估計蘇聯的經濟規模大概是美國的六成。蘇聯核武兵工廠確實比美國的核武儲備來得龐大。而當時所謂的第三世界政府，從越南到尼加拉瓜，在過去二十年的絕大部分時間裡，全都傾向於支持蘇聯。然而戈巴契夫掌權後不到五年，蘇聯在中歐與東歐的統治開始瓦解，而後到了一九九一年，連蘇聯也自身難保。要說有哪個帝國的崩潰就像從山崖墜落一樣——而不是和緩地衰退——那就是列寧創立的帝國。

❸譯註：推動殖民地獨立運動。

如果文明是複雜的系統，遲早會出現突發性的與災難性的功能失靈問題，而不是緩慢地從田園牧歌到達極盛，然後再到毀滅，那麼對於今日的西方文明來說，這當中存在著什麼樣的啟示？首先，我們必須提醒自己，西方在一五〇〇年以後是如何崛起支配世界其他地區。

過去曾流行一種觀點，認為直到一八〇〇年為止，中國在經濟上仍與西方並駕齊驅。然而最近的研究推翻了這個觀點，認為早在明朝之時，中國的人均國內生產毛額已經停滯，而且遠遠落後於前工業時代的英國。主要原因在於，中國仍全面地仰賴農業經濟，九成的國內生產毛額仰賴生產力低落的農耕種植，這個比重遠高於前近代的英國。此外，一五二〇年以後的一個世紀，中國的國民儲蓄率是負值。在明代晚期，中國非但沒有資本積累，反而出現資本流失的問題[17]。因此，歷史學家彭慕蘭（Kenneth Pomeranz）說的東方與西方「大分歧」的故事可能比他認定的時間還早。就連已故的經濟史家麥迪森（Angus Maddison）也過度樂觀，他認為一七〇〇年中國平均的居民生活要比當時美洲殖民地的居民來得好。但麥迪森有個想法反而比較符合水準，他估計一六〇〇年英國人均國內生產毛額已比中國高了六成[18]。

往後，中國的產出與人口成長亦步亦趨，個人的所得因而停滯，反觀英語世界（西北歐緊追在後）卻是往上爬升。到了一八二〇年，美國的人均國內生產毛額已是中國的兩倍；一八七〇年，幾乎已超越近五倍；一九一三年，比率已接近十比一。儘管遭受經濟大恐慌的重創，美國蒙受的損失仍沒有中國在二十世紀遭受的苦難巨大：革命熱潮、內戰、日本入侵、再次革命、人為的饑荒以及又再次（「文化」）革命。到了一九六八年，平均每個美國人比中國人富有三十三倍，這個數字已經過購買力平價調整（考慮兩國生活成本的差異）。如果統一用美元匯率計算，則差異最大將達到七十比一。

大分歧表現在各種不同的層面。一五〇〇年，世界前十大城市以北京（其規模是當時悲慘的倫敦的十倍以上）為首，幾乎全位於東方。但是到了一九〇〇年，最大的幾座城市幾乎全位於西方，其中倫敦的規模是亞洲最大城市東京的四倍以上。分歧也具有地緣政治向度。我們提過，一五〇〇年時，日後將成為近代全球帝國的十個歐洲王國，占了世界二十分之一的領土，一六%的人口，與大約五分之一的產出。到了一九一三年，同樣這些國家，連同美國，總共控制了五八%的世界地表，五七%的人口，與七四%的全球國內生產毛額——當中只有一六%流入殖民屬地。西方與世界其他地區的落差成為這個時期世界的主要特徵，除了為白人優越論提供根據，也為非白人的進展設下有形與無形的阻礙。這是最終極的全球不平衡。

在本書中，我以拉瑟拉斯的問題做為開頭：「憑藉什麼方式……歐洲人能如此強大？或者，為什麼歐洲人能如此輕易前往亞非尋求貿易與進行征服？反過來，亞洲人與非洲人為什麼不入侵歐洲海岸，在他們的港口建立殖民地，並且立法讓歐洲的君主遵從？」伊姆拉克的回答是，知識就是力量，但對於歐洲知識為什麼優於其他民族，他也感到困惑。現在，是回應拉瑟拉斯問題的時候了。為什麼是西方支配世界其他地區，而不是反過來？我認為，那是因為西方發展出其他地區缺乏的六項殺手級應用。分別是：

1. **競爭**：歐洲本身由於政治分裂，使得每個王國或共和國宛如多家公司一樣彼此競爭。

2. **科學革命**：十七世紀數學、天文學、物理學、化學與生物學的重大突破都發生在西歐。
3. **法治與代議政府**：英語世界出現了最適用的社會與政治秩序系統，這個系統的基礎是私有財產權，以及讓財產所有者在選舉產生的立法機構中擁有代表權。
4. **現代醫學**：幾乎所有十九、二十世紀醫療上的重大突破，包括熱帶疾病的控制，都是由西歐人與北美人完成的。
5. **消費社會**：工業革命從中產生，除了增加生產力的科技供給，也從棉織衣物開啟更多、更好與更便宜的商品需求。
6. **工作倫理**：西方人是世界上最早結合更廣泛而密集的勞動與較高的儲蓄率的民族，資本因此能持續累積。

這六項殺手級應用是西方崛起的關鍵。我們這個時代的故事——事實上可以追溯到日本明治天皇時代（一八六七－一九一二）——是世界其他地區終於開始下載這六項殺手級應用。但這段過程並不平順。日本人不知道西方文化與制度中哪些才是關鍵元素，因此他們最後把所有的東西都複製下來，從西方的服飾與髮型，到歐洲殖民外族的方式。不幸的是，日本人著手建立帝國的時候，剛好是帝國主義成本開始超越效益之時。其他的亞洲國家，特別是印度，虛擲了數十年的光陰在錯誤的前提上：蘇聯領導的社會主義制度，優越於美國的市場制度。然而，從一九五〇年代開始，有一群不斷成長的東亞國家追隨日本的腳步，模仿西方的產業模式，從紡織業與鋼鐵業起頭，然後逐漸沿著產業鏈往附加價值高的地方攀爬。現在，對西方應用的下載已比較有選擇性。內在競爭與代議政府是亞洲在發展時比較不看重的兩項特徵；它們強調的是科學、醫學、消費社會與工作倫理（很少帶有韋伯所說的新教精神）。現今，新加坡在世界經濟論壇最新的競爭力排行榜上排名第三。香港排名第十一，以下依序是臺灣（第十三）、南韓（第二十二）與中國（第二十七）[19]。這大略反映出這些國家經濟上西化的程度。

現今，中國的人均國內生產毛額是美國的一九%，與三十多年前剛開始改革開放相比，當時只有美國的四%。香港、日本與新加坡早在一九五〇年就已經達到這個比例，臺灣是在一九七〇年時達成，南韓則是一九七五年。根據美國經濟諮詢委員會的資料顯示，新加坡的人均國內生產毛額比美國高了二一%，香港與美國約略相同，日本與臺灣比美國低了約二五%，而南韓則是低了約三六%[20]。想跟人打賭中國在往後數十年不會沿著相同的軌跡成長，需要一點勇氣。中國的工業革命是最大與最快速的工業革命。短短二十六年的時間，中國的國內生產毛額增加了十倍。英國在一八三〇年後，足足花了七十年才成長為四倍。根據國際貨幣基金的資料顯示，中國國內生產毛額（以現價計算）占全球國內生產毛額的比例，將在二〇一三年越過一〇%的門檻。在金融危機之前，高盛（Goldman Sachs）的經濟學家預估中國國內生產毛額將在二〇二七年超越美國[21]。但是金融危機對美國經濟成長的影響遠大於對中國的影響。如果持續目前的成長速度，那麼從國內購買力來看，中國經濟將在二〇一四年超越美國，而從現價來看，則可能是二〇二〇年[22]。就某方面來說，亞洲世紀其實早已來臨。中國即將超越美國在全球製造業的比重，而且早在二十一世紀初就已經超越德國與日本。中國最大的城市上海已遠遠超越任何美國城市，穩坐最新的非西方巨大城市排行榜首位。當然，純以人口數來說，亞洲一直

專利申請國獲得的專利數（1995-2008年）

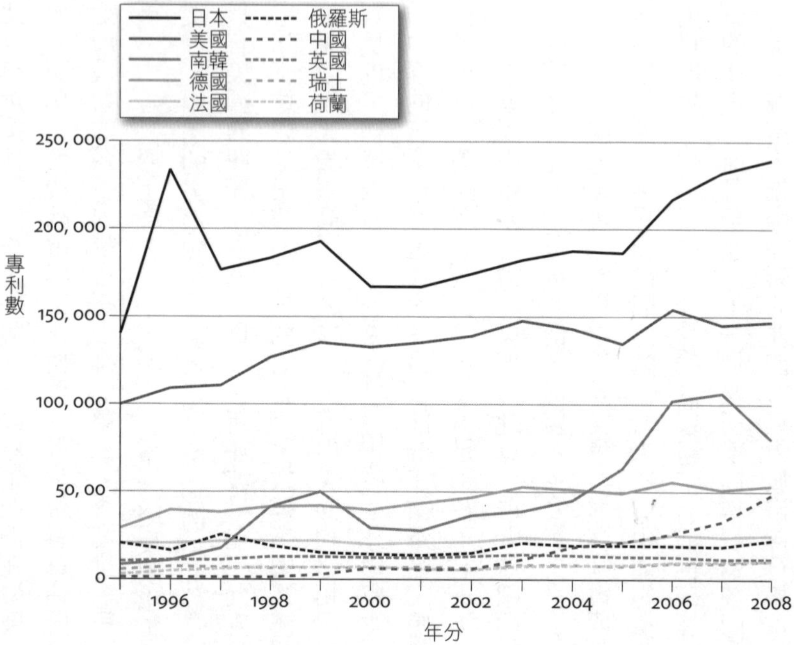

是世界人口最稠密的地區。但非洲人口的快速成長使得西方的沒落幾成定局。一九五〇年，杭廷頓定義的西方——西歐、北美與澳大拉西亞——擁有兩成的世界人口。到了二〇五〇年，根據聯合國的預估，這個數字將只剩一〇%[23]。杭廷頓的資料指出西方在幾個不同的向度出現衰退：語言（從一九五八到一九九二年，西方語言占世界比例減少了三%）；宗教（從一九七〇到二〇〇〇年，只減少一%）；控制的領土（從一九七一到一九九三年，減少了一小部分）；人口（自一九七一年以後，減少了三%）；國內生產毛額（從一九七〇到一九九二年，減少了四%以上）❹；與軍事人力（從一九七〇到一九九一

年，減少了近六%）。如果把衡量的起始年代提前到一九一三或一九三八年，則絕大多數項目衰退得將更加劇烈[24]。

因此，二〇〇七年夏天開始的金融危機，應該理解為西方早已形成的衰退趨勢的加速器。這場危機幾乎可以說是經濟大恐慌的翻版，但最後只成為輕微的經濟大恐慌，之所以如此有三個原因。首先，中國銀行大量放款，緩和了對西方出口疲軟的影響；其次，聯準會主席柏南克（Ben Bernanke）大量擴張貨幣量基數。第三，幾乎所有的已開發國家都大量舉債，美國甚至連續三年舉債金額超過國內生產毛額的九%。這些政策——與一九三〇年代初期的做法完全相反——在二〇〇九年六月讓世界經濟脫離了混亂。然而現在已開發世界正處於接受過多刺激之後的宿醉狀態。基於不同的理由，三個歐元區國家（希臘、愛爾蘭與葡萄牙）的財政政策喪失了債券投資人的信任，因而提高了它們的借款成本與加深了它們的財政困難。只要觀察這些國家公債的長期趨勢，如國際清算銀行在二〇一〇年初所做的，就能知道當中出了什麼問題[25]。**在金融危機的底下，其實是沉痾難治的結構性債務累積問題**。而英國與美國也有相同的問題。但在本書寫作之際，也只有英國著手解決這個問題。

我們必須牢記，**絕大多數文明崩解的原因不僅與戰爭有關，也與財務危機有關**。前面討論

❹ 事實上，在杭廷頓定義為西方的國家中，其美元現價的總國內生產毛額，從一九六〇年以後，就一直穩定維持在全球的六一%與六九%之間。

過的崩潰例子，在崩潰之前都曾經歷過收入與支出尖銳的不平衡，以及難以償還公債的問題。首先是十六世紀的西班牙：一五四三年，西班牙有將近三分之二的歲入必須拿來繳付公債利息（哈布斯堡王朝為了籌措財源而發行公債）。到了一五五九年，公債的總利息已經超出西班牙的歲入；一五八四年，情況也沒好到哪裡去，八四%的歲入要用來繳付利息。到了一五九八年，又回升到一〇〇%。其次是十八世紀的法國：從一七五一到一七八八年革命前夕，利息與分期攤還的本金從歲入的四分之一提高到六二%。然後是十九世紀的鄂圖曼土耳其：債務從一八六八年占歲入的一七%，提高到一八七一年的三二%以及一八七七年的五〇%。而就在兩年前，也就是一八七五年，龐大債務的違約使得鄂圖曼帝國的巴爾幹地區分崩離析。最後則是二十世紀的英國。到了一九二〇年代中期，債息償還已然吸收了四四%的政府總支出，直到一九三七年重新武裝為止，還債的比例一直高於國防支出。但要注意的是，英國真正的問題要等到一九四五年後才浮現，屆時它的龐大債務有很大部分掌握在外國人手裡。二戰結束後，英國高達兩百一十億英鎊的國債中，約有三十四億英鎊是向外國人借的——相當於國內生產毛額的三分之一[26]。

從二〇〇一年開始，往後的十年，公開發行的美國聯邦債務預計將從國內生產毛額的三二%增加到二〇一一年的六六%。根據國會預算辦公室二〇一〇年的預估（這裡使用的是「替代財政方案」，國會預算辦公室基於政治考量，喜歡採取這種方案更勝於「擴大基準方案」），到了二〇二一年，債務可能提高到國內生產毛額的九成以上，到了二〇三一年是一五〇%，二〇四七年則是三〇〇%[27]。要注意的是，這些數字並未包括醫療與社會安全系統未挹注資金的債務，這裡面的金額高達一百兆美元。此外，這些數字也未包括各州快速增長的赤字，以及正急速增加的公務員退休金計畫債務。就這個基礎來看，二〇〇九年美國的財政狀況其實比希臘還糟。希臘的債務歲入比是三一二%，顯然處於相當悲慘的狀況。然而，根據摩根史坦利（Morgan Stanley）的估計，美國的債務歲入比竟然是三五八%[28]。

這些數字很難看，但在財務穩定的領域裡，別人對你的信任經常會比帳面上的數字來得重要。因為今日的世界仍期望在其他方法已經用盡的情況下（這是邱吉爾常用的措詞），由美國來蹚渾水或甚至維護公理正義。一九八〇年代的赤字危機已經平息；到了一九九〇年代晚期，美國聯邦政府已經產生盈餘。所以，有什麼好擔心的呢？這種自滿持續的時間長得令人吃驚，甚至可以持續到統計指標已經亮紅燈了也依然坐視不理。也許有一天，一則看似隨機的壞新聞——或許是評等機構的負面消息——突然在平靜無事中成為報紙的頭條。突然間，不只是少數專家開始擔心起美國財政政策的永續性，連一般大眾，乃至於國外的投資人也開始憂心忡忡。這樣的轉變相當關鍵，當數量相當龐大的構成分子對於自身構成的整體喪失信心時，整個複雜的適應系統有可能陷入極大的麻煩。二〇〇七年夏天，全球經濟的複雜系統突然由盛轉衰，只因為投資人對於次貸違約機率的預測突然有了一百八十度的轉變，致使高度槓桿的數千家金融機構遭受重創。而當同樣這批投資人開始重新評估美國政府的可信度時，眼前的危機也開始邁入第二階段。此時利率降為零或施予財政刺激都無濟於事，因為美國民眾與國外投資人一致認為這些措施只會造成更嚴重的通貨膨脹或更進一步的違約。經濟學家薩金特（Thomas Sargent）早在二十年前就證明，這些決定是可以自我達成的，因為決定通貨膨脹的並不是基礎貨幣供給，而是貨幣流通的速度，而速度的快慢又取決於貨幣持有者的預期心理[29]。同理，決定政府能否償債的並非債務對國內生產毛額比，而是投資者要求的利率。債券收益率可能一飛衝天，如果人們對政府未來的償債能力或通貨穩定的預期出現變化，則新債的利率可能因此攀高，進一步加重已經惡化的財政危機。結果是一種信心不斷流失的死亡迴旋，債券收益率不斷提高，而赤字也持續攀升。這就是二〇一〇年希臘、愛爾蘭與葡萄牙面臨的問題。

不可否認，日本有能力把公債與國內生產毛額的比率提升到比美國還高的程度，而又不會引起任何信心危機。然而，這是因為幾乎所有的日本公債都掌握在日本投資人與投資機構手裡，相反的，美國聯邦債務有一半是公開發行，因此掌握在一些外國債權人手裡，其中大約有五分之一是中華人民共和國的貨幣機構持有。美國因為擁有印製世界首要儲備貨幣的「超級特權」，才能擁有喘息的空間[30]。然而，這項特權卻受到中國政府的嚴厲抨擊。二〇一〇年十月，中國商務部長陳德銘表示：「由於美國發行美元已經失去控制，導致國際商品價格持續上漲。中國也受到輸入型通貨膨脹的攻擊。」[31]中國人民銀行經濟顧問夏斌也認為，美國在印製美元這方面「缺乏控制」又「不負責任」：「只要世界無法針對美元這種全球貨幣進行管制……另一場金融危機的爆發將不可避免。」[32]中國現代國際關係研究院研究員宿景祥主張，量化寬鬆（聯準會買進國庫券）是一種「金融保護主義」的做法[33]。二〇一〇年十一月，大公國際信評公司將美國信用評等從AA降到A^+，對未來抱持負面看法。

中國的焦慮是可理解的。自從危機降到谷底以來，幾乎所有的商品物價都在上漲❺。因此不令人意外地，從二〇〇九年七月到二〇一〇年六月，中國官方明顯減持了一〇%的美國國庫券[34]。

二〇一〇年，即使黃金每盎司處於歷史高點一千四百美元，但中國人長久的經驗認為黃金是抗通膨的最好工具，因此仍持續買進。另一方面，美國擔心的不是通貨膨脹，而是通貨緊縮。從一九五〇年代消費者物價指數開始編製以來，這是價格成長最慢的時期。儘管聯準會盡了一切努力，但廣義貨幣仍不斷萎縮，貸款量也不見起色。就連十年公債的名目收益率也維持在低檔，這表示長期的實質利率在可預見的未來很可能保持正值，而在家庭、銀行與政府背負的承重債務下，將很難像一九二〇年代與七〇年代許多國家一樣輕易找到通往通膨的出口。成長將持續遲緩，表示聯邦政府將持續維持赤字，儘管是規模較小的赤字。而這意味著利息將節節高升。根據國會預算辦公室的替代財政方案，聯邦債務的利息支付將從二〇二〇年占聯邦稅收的九％，提高到二〇三〇年的三六％，乃至於二〇四〇年的五八％[35]。

這些數字也顯示美國在海外的軍事投入不久就會遭到縮減。國會預算辦公室已經開始計算，一旦部署海外的部隊在二〇一三年削減到三萬人時，將可省下多少費用[36]。這就是我們預期的利息支付占聯邦歲入的比重超過軍事支出，而這點不久就會實現。

世界重心從西方轉移到東方，是否表示未來將發生衝突？杭廷頓在一篇極具影響力的論文中預言，二十一世紀將充斥「文明衝突」，西方將與東方的「中華」文明以及穆斯林大中東地

❺從資料豐富的國際貨幣基金資料庫可以看出，從二〇〇九年二月以來，價格唯一沒有上漲的商品是天然氣、木柴、橄欖油、蝦子與雞肉——對於打算想燒烤海陸總匯的人來說是個好消息。

區對抗，或許還要面對前俄羅斯帝國的東正教文明[37]。杭廷頓寫道：「全球政治的主要衝突將發生在民族與民族之間，以及數群不同的文明之間。文明的衝突將支配全球政治。文明之間的斷層線將是未來的戰線。」[38]杭廷頓的作品出版之後，他的預測引發反對聲浪[39]。儘管如此，杭廷頓這種說法似乎要比他先前揚棄的競爭理論更能描述冷戰後的世界：要不是出現後歷史的（或新保守主義的）由美國領導的「單一世界」，就是出現由近兩百個民族國家自由參與的現實主義混戰，再不然就是完全「缺乏核心」，換句話說，就是一團混亂。

然而，杭廷頓的模式有一項重大的缺陷。他的預言並未實現——至少到目前為止是如此。杭廷頓主張，「不同文明的群體衝突，要比相同文明的群體衝突更頻繁、更持續，也更暴力。」這一點並非事實。冷戰結束以後，文明與文明間的戰爭並未增加。不同文明的國家之間的戰爭看起來也沒有比其他衝突持續更久[40]。過去二十年來，絕大多數的戰爭是內戰，而且只有一小部分符合杭廷頓的模式。新世界混亂（New World Disorder）的戰爭多半是杭廷頓口中的某個文明內部不同種族的戰爭。精確地說：在三十起重大的武裝衝突中——這些衝突要不是仍在進行，就是已經在二〇〇五年結束（離杭廷頓最初論文出版已有十二年）——只有九起可以視為文明與文明之間的衝突，而且一方主要是穆斯林，另一方是非穆斯林。十九起本質上是種族衝突，其中最糟糕的是持續荼毒中非的幾場戰爭，緊接著這些戰爭的則是大中東地區戰爭，這當中受害的絕大多數是穆斯林，而殺害他們的也是穆斯林[41]。此外，許多衝突不僅帶有宗教向度，同時也是種族衝突；宗教的連繫通常與晚近傳教士在地方上的成果有關，與歷史悠久的基督徒或穆斯林文明較無關聯。因此，未來似乎更可能出現的是多發性的地方戰爭——絕大多數是位於非洲、南亞與中東的種族衝突——而非文明間的全球性衝突。事實上，這些離心的傾向到最後有可能會撕裂杭廷頓提出的文明。簡單說，「文明的衝突」應解讀成「文明的崩壞」。

在廣受喜愛的電腦遊戲《文明帝國》（*Civilization*）中——梅爾（Sid Meier）於一九九一年推出的遊戲，現在已到了第五代——玩家可以從十六種彼此競爭的文明（從美國到祖魯）中進行挑選。遊戲的挑戰是「建立一個能禁得起時間考驗的帝國」，玩家可以選擇單人或多人遊戲。遊戲的勝利條件有三個版本：帝國存續到現代而且獲得最高分；率先抵達阿爾發半人馬座星系，贏得太空競賽；或者是毀滅所有其他的文明。然而，歷史過程真是如此嗎？如我們所見，西方文明（主要是西歐的王國與共和國）確實在一五〇〇年以後毀滅或征服了世界其他大部分地區。但這個過程很少訴諸公然的衝突，至少跟西方強權自相殘殺時的人數與規模相比是平和多了[42]。**中國的經濟停滯與地緣政治的邊緣化不是鴉片戰爭造成的，而是長期內部僵化的結果，而這種僵化又是遠東種植系統與帝國統治系統固有的性質。**鄂圖曼帝國撤出歐洲大陸，並且從強權淪為「病夫」，表面上看來是軍事失利引起的；但戰敗本身卻是長期未能參與科學革命的結果。北美與南美文明之間沒有大規模的衝突；北美的制度遠優於南美，而且很快就能任意干預南美的事務。非洲的征服不只是馬克沁機槍的功勞，教會學校、電報局與實驗室也發揮了影響力。工業革命與消費社會這兩種事物，不須強加給非西方國家，它們也會自願接受，例如日本。**工作倫理往東方傳布靠的不是武力，而是教育——尤其二十世紀中葉以後，公共衛生與教育的重大改善。**

我們應該從這個角度來了解當前中國的崛起。**儘管中國不斷重申「和平崛起」，但有些評**

論家已經觀察到杭廷頓文明衝突的初期徵兆。二〇一〇年年底，聯準會恢復量化寬鬆的政策，此舉在中美之間點燃了貨幣戰爭。同年九月，美國總統歐巴馬在紐約表示：「如果中國不採取行動」終止操縱匯率的行為，那麼「我們將用別的方法來保護美國的利益」[43]。中國總理溫家寶隨即做出回應：「不要逼迫我們對人民幣匯率進行升值……我們的出口公司將被迫關門，許多移民工人將被迫返鄉。如果中國出現社會與經濟動盪，那麼對全世界會是一場災難。」[44]這類唇槍舌劍，與偶爾發生的中美海軍事件或針對臺灣或北韓的外交口水戰一樣，並不能證明杭廷頓的論點。事實上，這些糾紛就像是皮影戲。**真正的貨幣戰爭其實是中美國（中美聯合經濟體）與世界其他地區的戰爭。如果美國印鈔票，而中國又能有效讓人民幣釘緊美元，那麼雙方都能獲利。輸家是像印尼與巴西這樣的國家**，從二〇〇八年一月到二〇一〇年十一月，兩國的貿易加權匯率（trade-weighted exchange rates）分別升值了一八％與一七％。

無疑的，**中美國已經過了它的全盛期：這場揮霍者與節儉者的經濟聯姻已經顯示出觸礁的跡象**[45]。二〇一〇年年中，中國的產出已經比金融危機前增加了兩成，但美國還比危機前少了二％。情勢很清楚，**兩國的共生關係顯然債權國得利較多**。美國的決策者表示，「他們需要我們，我們也需要他們」，並且重提經濟學家薩默斯（Lawrence Summers）的名言：「相互保證的金融毀滅」。美國當局完全不知道，中國領導者早已計畫要終結中美國與減少對美元儲備累積的依賴，同時對出口進行補貼。這個計畫採取的戰略是**讓中國重新成為亞太地區的支配者**，但在爭取世界霸權的過程中，**中國採取的不是西方帝國主義模式**[46]。如果想簡單說明中國的新擬定的大戰略，最好的方法就是採用毛澤東的口號風格，將中國的計畫稱為「四多」：

1. 多消費
2. 多進口
3. 多投資國外
4. 多創新

每一項經濟策略的變化都將帶來豐厚的地緣政治紅利。

中國增加消費，不僅能減少自身的貿易剩餘，同時也博得了貿易夥伴的好感，特別是其他新興市場。中國才剛取代美國成為世界最大的汽車市場（每年一千四百萬輛，美國則是一千一百萬輛），未來數年它的需求預計將增長十倍。國際能源總署預估，到了二〇三五年，中國將使用全球五分之一的能源，比二〇〇八年增加了七十五％[47]。世界煤礦研究所估計，二〇〇九年中國使用了四六％的全球煤產，此外也消耗了相同比例的鋁、銅、鎳與鋅。從這些數字可以看出這些礦產與其他商品出口國獲得多少利益。中國已是澳洲最大的出口市場，占了澳洲二〇〇九年出口的二二％。另外中國的採購也占了巴西出口的一二％與南非出口的一〇％。中國也向日本與德國大量進口高價值的製造業成品。中國過去是低價商品的主要出口國，現在中國不僅占了全球經濟成長的五分之一，同時也成為其他國家眼中最具活力的外銷市場。這為中國贏得了國際支持。

然而，中國有理由對世界商品市場價格的波動抱持戒心——在經歷二〇〇四到二〇一〇年的物價巨大波動後，中國怎能不對此有所提防？因此對中國來說，合理的做法就是對外投資以獲取能生產商品的資產，包括安哥拉的油田與尚比亞的煤礦。中國曾在單一月份（二〇一〇年一月）在七十五個國家與地區對四百二十個海外企業直接投資了二十四億美元。絕大多數投資位於亞洲（四五%）與非洲（四二%）。其中最大部門是礦業、石化業與通訊運輸基礎設施。[48]中國已經在非洲各地建立了運作模式。中國投資道路與其他基礎設施來換取礦產或農耕地的長期租約，而在交易的過程中，中國從不過問人權或政治腐敗的問題[49]。當有人針對中國在達富爾（Darfur）種族滅絕達到高峰時仍繼續與蘇丹維持經濟關係一事提出抗議時，中國外交部副部長只是淡淡地說：「生意就是生意。[50]」二〇〇八年七月，中國駐非洲特使劉貴今重申中國援助非洲的政策：「我們不碰觸政治問題。我們知道（非洲的）政治與經濟狀況並不理想。但我們不可能等到事事都令人滿意或人權狀況無可挑剔才進行投資[51]。」

增加對自然資源的投資，不僅合乎多角化的戰略，使中國減少暴露在美元貶值的風險下，而且能增強中國的金融實力，建立龐大而具影響力的主權財富基金，例如中國投資有限責任公司，目前該公司的資產已經達到兩千億美元。海外投資之後，中國也野心勃勃地進行海軍擴張。中國東海艦隊副司令海軍少將張華臣表示：「隨著國家經濟利益的擴張，海軍必須更完善地保障國家的運輸路線與重要海路。[52]」南中國海逐漸被視為「國家核心利益」，而中國也在巴基斯坦——瓜達爾（Gwadar），原屬阿曼的領土——緬甸與斯里蘭卡尋覓深水港。這種做法與鄭和的模式不同（見第一章），完全是照著維多利亞時代皇家海軍的劇本在走。

最後，出乎意料的是，中國不再只是「加州設計」商品的裝配線，它的創造發明越來越多，並且致力成為（舉例來說）世界頂尖的風力發電機與太陽能板生產大國。二〇〇七年，中國的專利申請數量已超越德國。再過不久，中國獲得的專利數也會順利超越德國，就像它在二〇〇四年超過英國、二〇〇五年超過俄國與二〇〇六年超過法國一樣。一九九五年以來，中國發明家獲得的新專利數量已成長為原來的二十九倍[53]，這是東方崛起的一項表徵。過去十年來，中國的研發經費增加到原來的六倍，科學家的員額是過去的兩倍以上，現在中國的科學論文產出與超級電腦運算能力在世界上只落居美國之後。中國的論文在國際引用上雖然仍落後不少，但相信這個落差很快就會拉近[54]。**西方衰退而東方崛起最具說服力的證據是教育**。二〇〇五年，經濟合作與發展組織針對二十五到三十四歲民眾的學力進行研究，發現前段國家（如南韓與日本）與後段國家（如英國與義大利）有著驚人的落差[55]。針對十四歲學童進行的數學能力標準測試也顯示出相同的差異，新加坡的學生遠優於蘇格蘭的學生。前者高於國際平均值一九%，後者低於國際平均值三%[56]。

冉冉上升的中國龍可能出現什麼問題？預測中國將犯下錯誤的人至少提出了四項假說。

首先，人們認為**中國勢不可擋的崛起，走的路徑其實跟日本很類似**。日本原先也被認為即將取代美國成為全球最大的經濟強權。因此這項論點指出，中國總有一天將遭遇日本在一九八九年後遭受的命運。由於經濟與政治制度並不是真的具競爭性，一旦不動產或股市泡沫被戳破，整個國家就必須負擔僵屍銀行、經濟零成長與通貨緊縮的後果——長達二十年的時間，日本一直陷於這種困境無法翻身。反對的論點認為，位於歐亞大陸東部的島國永遠無法與美國這種大陸型的霸權相提並論。一個世紀以前，有人預言日本終將趕上英國（與日本類似的西方島

大中華地區（中華人民共和國加上香港、新加坡與臺灣）國內生產毛額占美國國內生產毛額百分比（1950-2009年）

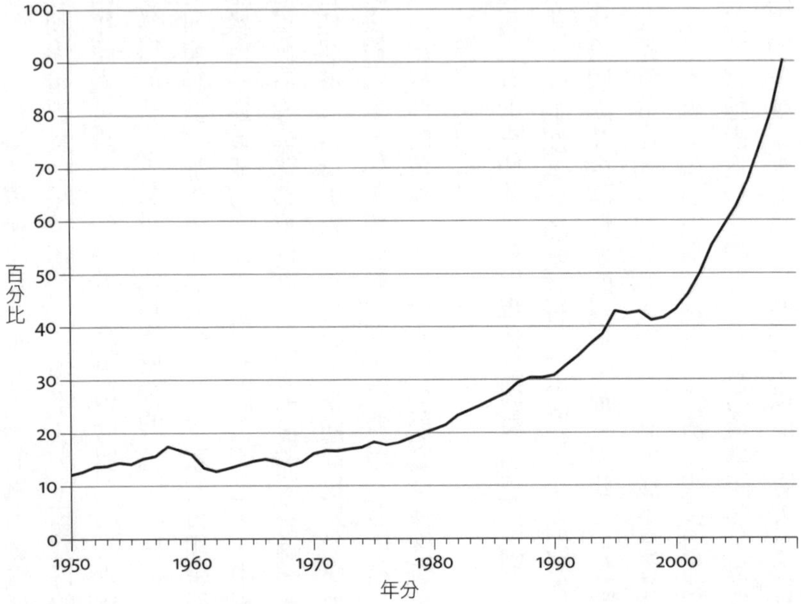

國），這個論點有可信的依據，但拿日本與美國比較則不合情理。此外，日本一九四五年的戰敗，意味著日本完全是在美國的保護下才達成經濟起飛，因此日本或多或少必須屈服於強制性的貨幣升值，如一九八五年的廣場協議（Plaza Accord）。

第二項假說認為，**中國很可能出現社會動盪的局面**，這一點在中國歷史上經常出現。畢竟，中國至今仍然是個窮國，它的人均所得在世界上排名第八十六位，有一億五千萬民眾（幾乎是十分之一）靠著每日頂多一．五美元的所得生存。改革開放之後，貧富差距急遽擴大，中國現在的所得分配本質上已經與美國無異（雖然還不到巴西的

八年級（約十四歲）學生平均數學成績（2007年）**（國際平均值=500）**

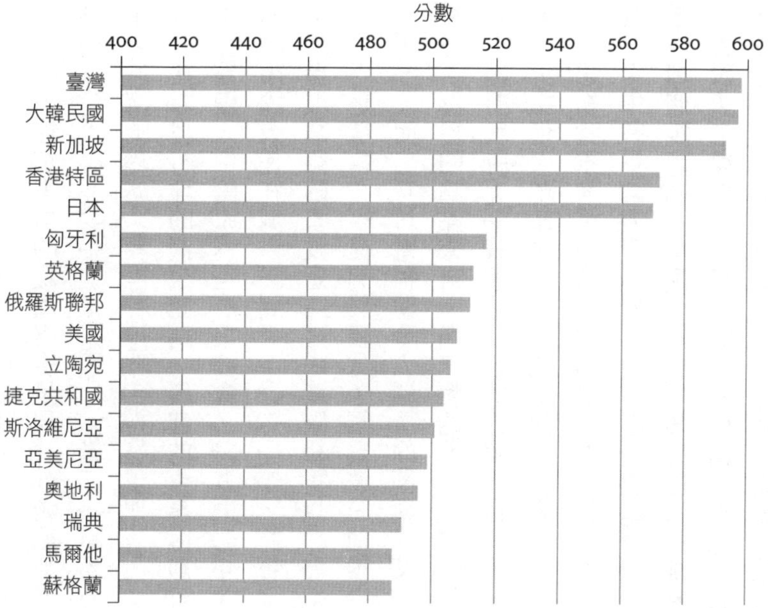

程度）。據估計，目前中國有七成財富掌握在〇・四%的中國家庭手裡。除了貧富懸殊外，中國還存在著空氣、飲水與土地汙染的長期問題，無怪乎窮困的中國農村腹地經常出現暴動抗爭事件。然而，要在貧富差距的基礎上構築革命的場景，我們只能說這是一頭熱的想像。經濟成長也許讓中國變成一個更不平等的社會，但在人民眼裡，目前掌政的資本主義式共產主義政權卻擁有史無前例的高正當性[57]。事實上，調查資料顯示，現今的中國人比美國人更擁護自由市場觀念。真正威脅中國穩定的是人口結構。一九七九年實行的一胎化政策，將使中國在二〇三〇年擁有比人口眾多的鄰國印度更多的老年人口。屆時六十五歲以

上人口將占總人口的一六%，相較之下，一九八〇年僅僅只有五%。有些省分如安徽、海南、廣東與江西，性別失衡的嚴重程度是現代社會絕無僅有的，男性人口比女性人口多了三〇%到三八%。[58]如果中國真有下一場革命，那麼一定是單身漢發起的。但歷史顯示，找不到老婆的年輕男子對於激進民族主義的熱情並不遜於革命。

第三個看似合理的假說認為，**興起的中產階級可能（如西方歷史一樣）會要求比現在更多的政治發言權**。中國原本是農業社會。一九九〇年，每四名中國人就有三名住在鄉村。今天，四五%的中國人住在城市，到了二〇三〇年，將會提高到七成。不只中產階級在中國城市快速發展；手機與網路的普及意味著中產階級可以自發地組成過去所未有的階級網絡。這項挑戰的代表人物不是被關在牢裡的異議分子劉曉波（他獲得二〇一〇年諾貝爾和平獎，是上個世代的活動分子），而是身材魁梧留著大鬍子的藝術家艾未未，他公開為二〇〇八年四川大地震的受難者發聲。反對的論點來自一名年輕的北京電視節目製作人，我在當地做研究時結識此人。有一天晚上她對我說：「我們這一代的人覺得自己很幸運。我們的祖父母碰上了大躍進，我們的父母遇上了文化大革命。但是我們卻能受教育、旅行、賺錢。所以我想我們不會太去關心廣場的事。」起初我不大了解廣場的事是什麼。後來我才想起：她指的是天安門廣場的「事」——一九八九年中共以武力鎮壓要求民主的示威抗議。

第四項假說認為，**中國也許會對周邊國家構成威脅，因此這些國家可能會加入以務實的美國為首的聯盟來與中國抗衡**。近年來中國不斷加強對周邊的影響力，早已引起鄰國的不滿。中國打算截流青藏高原上的水資源，此舉引發孟加拉、印度與哈薩克等國的憂慮。河內方面則是對於中國在越南境內開採鋁土卻只僱用中國人而不僱用越南人感到不耐。中日關係也因為小小的尖閣諸島／釣魚臺列嶼而趨於惡化，中國為了報復日本逮捕闖入釣魚臺海域的中國漁民，於是禁止稀土出口到日本[59]。然而這些爭端與美國自從尼克森與季辛吉於一九七二年和中國重建外交管道的巨大轉折相比，實在太微不足道。儘管白宮第四十四任主人在二〇一〇年年底訪問印度與印尼，給人一種與中國互別苗頭的印象，但要他放棄美國外交政策的務實傳統是絕對不可能的。

「新興的」強權對「沒落的」強權提出的挑戰，往往使後者進退失據、內心苦澀。對英國來說，抗拒德國崛起的成本實在太沉重，但乖乖地充當美國的跟班則輕鬆很多。美國應該圍堵中國，還是討好中國？民調顯示一般美國民眾跟總統一樣，對於這個問題並沒有明確的看法。根據皮優研究中心（Pew Research Center）最近做的調查顯示，四九%的受訪者不認為中國能「取代美國成為世界超強」，但也有四六%的受訪者持相反看法[60]。許多評論者還記得，在蘇聯瓦解之後，要重新適應新的全球秩序有多麼困難。然而冷戰持續也不過四十年，而蘇聯的經濟規模也與美國有一段差距。我們現在經歷的其實是西方五百年來支配的末期。這一次，東方的挑戰者是有備而來，無論在經濟上還是地緣政治上都具有真正的實力。也許現在中國還不到宣稱「自己是獨當一面的師傅」的時候，但它顯然已不是個小學徒。儘管如此，杭廷頓的文明衝突似乎仍隱約出現在遙遠的未來。我們很可能親眼目睹西方過去五百年的優勢遭到逆轉。一個文明逐漸衰弱，而另一個文明崛起強盛。真正的問題不在於這兩個文明是否將發生衝突，而是衰弱的一方是否將突然間失去平衡，而在轉瞬間土崩瓦解。

歐洲、美國、中國與印度占全球國內生產毛額的估計比例（1500-2008年）

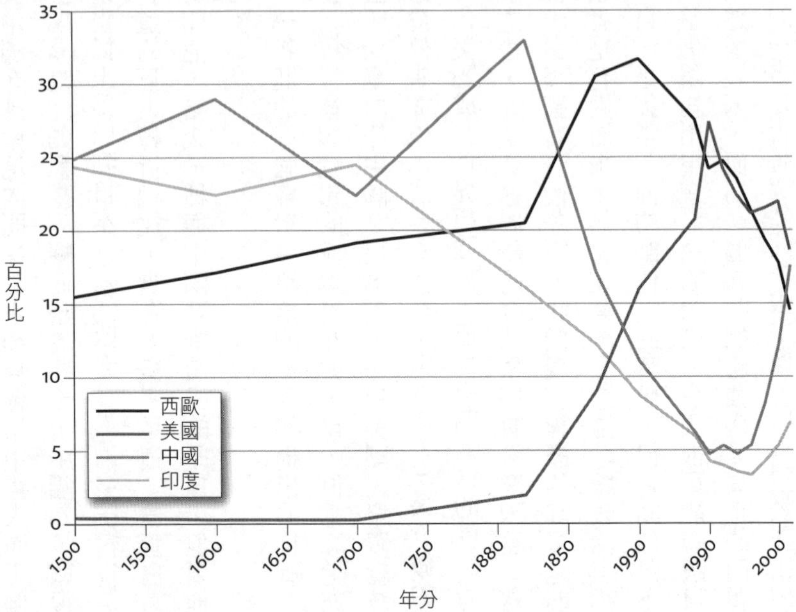

從興都庫什山（Hindu Kush）或美索不達米亞平原撤退，其實就是衰亡的前兆。一九八九年，就在這至關緊要的一年，蘇聯從阿富汗撤軍，沒過多久，蘇聯就於一九九一年解體滅亡。蘇聯的命運就跟五世紀的羅馬一樣，文明的崩解是如此突然而迅速，充分說明文明並非遵循著周而復始而可預測的生命循環：出現、崛起、極盛、衰微，而後消滅。這些只是史家根據各種極端決定論的原因回溯地將文明的崩解描繪成緩慢的過程。**事實上，文明應該是一種複雜的適應體系。**在適應的過程中，文明也許會在無意間進入一段明顯均衡的時期。一旦失衡，文明就可能突然土崩瓦解。

我們可以重新思考柯爾（《帝國的演進》創作者）的用語，從全盛到毀滅再到荒涼，這一連串的轉折其實不是循環，而是猝不及防。更能適切表達複雜系統崩潰的視覺圖像或許是一張年代久遠的海報（這張海報曾經很受歡迎，數千間大學宿舍寢室都貼著這張海報）一列行駛中的蒸汽火車撞進維多利亞式火車站裡，火車頭還衝到街上。一塊磨光的煞車皮，或者睡著了的火車駕駛，都可能是擾亂均衡造成混亂的元凶。

要怎麼做才能讓西方文明避免這樣的災難？首先，我們**不能太宿命論**。的確，西方得以自別於世界其他地區的那些發明，如今已無法壟斷。中國人取得資本主義、伊朗人取得科學、俄羅斯人取得民主、非洲人（緩慢地）取得現代醫學、土耳其人取得消費社會。然而，這正表示西方的運作模式並未衰微，反而在全球各地繁榮發展，只有一小撮人仍負隅頑抗不肯接受。在世界其他地區，有越來越多人的生活舉止與西方人無異，不管是睡眠、沖澡、穿衣、工作、娛樂、飲食，還是旅行[61]。此外，我們曾經提過，西方文明不是只有一件事物：它是一整套的綜合體。西方文明不只擁有資本主義，它還擁有政治多元主義（多重的國家與多重的權威）；它不只是有科學方法，還有思想自由；它不是只倡導民主，還主張法治與財產權。即使到了今日，西方仍對世界其他地區擁有這些制度上的優勢。中國人缺乏政治競爭、伊朗人沒有宗教自由、俄國人可以投票，但他們的法治全是假的。這些國家沒有新聞自由。這些差異或許可以解釋這三個國家為什麼在一些衡量「國家創新發展」與「國家創新能力」的質性指標上仍落後於西方國家[62]。

當然，西方文明並非毫無缺點。在歷史上，西方的惡行可謂罄竹難書，從帝國主義的殘酷暴行到消費社會的庸俗膚淺。西方文明濃厚的物質主義帶來各種令人困惑的結果，佛洛伊德鼓勵我們沉溺於不滿就是一例。而西方現在顯然也丟失了韋伯從新教倫理中發現的值得推崇的節儉與自制精神。

儘管如此，西方一整套的發明卻提供人類社會現有最好的經濟、社會與政治制度——這些制度有助於讓每個人發揮自己的才智巧思，使我們能面對二十一世界的各種問題。過去五百年來，沒有任何文明能比西方更有能力找出人類社會中才智分布最邊緣的天才，並施以教育。最大的問題是，我們是否仍可以認定這套發明是優越的？對民眾而言，文明最真實的地方不在於處於文明中心的雄偉建築，也不在於文明容納的制度能否順利運作。**文明的核心應該是學校裡教導的文本，由學生學習，並且在遭遇磨難時能重溫這些事物**。中國文明過去建立在孔子的教誨上。伊斯蘭文明（伊斯蘭是順從真主的意思）至今仍以《古蘭經》為基礎。那麼，西方文明的基礎文本，也就是個人自由不可侵犯的信仰依據是什麼呢[6]？而我們又該如何好好傳授這些作品，因為我們的教育理論家向來對於形式知識與死記硬背充滿反感？也許真正的威脅並非來自於中國、伊斯蘭世界或二氧化碳，而是我們自己對祖先留給我們的文明缺乏信仰。

我們的文明並非如伍德豪斯所嘲弄的，只是業餘表演（見本章開頭題詞）的反面而已。邱吉爾點出文明的關鍵，他定義「文明的核心原則是：統治階級順從民眾的既有風俗，服膺憲法表達的人民意志」：

> 為什麼（邱吉爾問道）所有的民族不團結在一個更大的體系裡，建立一個為大眾謀福利的法治

制度？我們每個人想必都曾受過激勵，曾懷抱著這樣崇高的希望……

然而，想像是徒勞的……徒具公理原則的宣言……是沒有任何價值的，除非這些原則獲得公民美德與人類勇氣的支持——是的，仰賴這些精神，以及具有力量的制度以及科學，這些勢必是維護公理與理性的最後手段。

文明無法長存，自由無法延續，和平難以維持，除非絕大多數人願意團結起來保衛它們，展現出守護的力量，才能嚇阻野蠻與返祖的傾向，使它們知難而退。[63]

一九三八年，野蠻與返祖的力量傳到了國外，尤其是德國。然而，這些事物與邱吉爾重視的自由與法治一樣，都是西方文明的產物。今日，如同過去，西方文明最大的威脅不是其他文明，而是我們的膽怯，以及令這種膽怯坐大的歷史無知。

❻我會說是欽定版《聖經》、牛頓的《數學原理》、洛克的兩篇《政府論》、亞當斯密的《道德情操論》與《國富論》、伯克的《對法國大革命的反思》與達爾文的《物種原始》——此外還應該添入莎士比亞的劇作，以及林肯與邱吉爾的幾篇演講。如果我只能選擇其中一本做為我的《古蘭經》，那麼我會選擇莎士比亞全集。

注釋

導讀

1 Clark, *Civilisation.*
2 Braudel, *History of Civilizations.*
3 也可見Bagby, *Culture and History* ; Mumford, *City in History.*
4 關於風俗，見Elias, *Civilizing Process.*
5 見Coulborn, Origins of Civilized Societies 與最近的Fernández-Armesto, Civilizations.
6 Quigley, *Evolution of Civilizations.*
7 Bozeman, *Politics and Culture.*
8 Melko, *Nature of Civilizations.*
9 Eisenstadt, *Comparative Civilizations.*
10 McNeill, *Rise of the West.*
11 Braudel, *History of Civilizations* , pp. 34f.
12 見Fernández-Armesto, *Millennium* ; Goody, *Capitalism and Modernity*與*Eurasian Miracle* ; Wong, *China Transformed.*
13 McNeill, *Rise of the West.*也可見Darwin, *After Tamerlane.*
14 資料來自於Maddison, *World Economy.* 與人口數字相比，我們對於全球產出（國內生產毛額）的歷史數字應抱持更審慎的態度，因為Maddison在估算時不得不做出略微偏高的假定，而考慮到相對貧窮國家的非貿易商品的價格偏低，Maddison也利用購買力平價來計算國內生產毛額。
15 詳細資料見Fogel, *Escape from Hunger*, 表1.2, 1.4.
16 數據引自Chandler, *Urban Growth.*
17 以目前的美元匯率計算，資料引自世界銀行世界發展指數線上資料庫。
18 對此，具啟發性的討論見Scruton, *The West and the Rest.*
19 例見Laue, 'World Revolution of Westernization'.
20 Acemoglu et al., 'Reversal of Fortune'; Putterman and Weil, 'Post-1500 Population Flows'.
21 Pomeranz, *Great Divergence.*
22 Elvin, *Pattern of the Chinese Past.*
23 Clark, *Farewell to Alms.*
24 Johnson, *Rasselas* , pp. 56f.
25 Murray, *Human Accomplishment.*
26 Landes, *Wealth and Poverty.*
27 Hibbs and Olsson, 'Geography'; Bockstette et al., 'States and Markets'.
28 Diamond, *Guns, Germs and Steel.*
29 Diamond, 'How to Get Rich'.
30 例見Roberts, *Triumph of the West.*
31 見North, *Understanding the Process of Economic Change* ; North et al., *Violence and Social Orders.*
32 Clark, *Farewell to Alms* , pp. 337–42.
33 Rajan and Zingales, 'Persistence of Underdevelopment'; Chaudhary et al., 'Big BRICs, Weak

Foundations'.

34 Huntington, *Clash of Civilizations.*

35 Wallerstein, *Modern World-System.*

36 Huntington, *Clash of Civilizations.*

37 例見Kagan, *Paradise and Power*與更近期的Schuker, 'Sea Change'.

38 見最近期的Osborne, *Civilization.*

39 Morris, *Why the West Rules.*

40 Brownworth, *Lost to the West.*

41 Cahill, *How the Irish Saved Civilization.*在寫作當時，是否有人會對這本書的讚譽提出反駁還有待觀察。

42 Dawson, *Making of Europe* ; Woods, *How the Catholic Church Built Western Civilization.*

43 Matthews, 'Strange Death'; Guyver, 'England'.

44 Amanda Kelly, 'What Did Hitler Do in the War, Miss?', *Times Educational Supplement* , 19 January 2001.

45 MacGregor, *History of the World.*

第一章

1 Smith, *Wealth of Nations*, Book I, chs. 8, II, Book IV, ch. 9.

2 Montesquieu, *Spirit of the Laws*, Book VIII, ch. 21. 也可見Book VII, ch. 7, Book XIX, chs. 17-20.

3 通論介紹見Bishop, *China's Imperial Way.*

4 Tsai, *Perpetual Happiness*, p. 123.

5 Brook, *Confusions of Pleasure.*

6 Pinker, *Better Angels.*

7 Castor, *Blood and Roses.*

8 Fogel, *Escape from Hunger*, tables 1.2, 1.4.

9 Clark, *Farewell to Alms.*

10 Dardess, 'Ming Landscape', pp. 323f.

11 Needham (ed.), *Science and Civilization*, vol. V, pp. 52, 313.

12 Ibid., vol. VI, pp. 558, 571, 581. 參見Hobson, *Eastern Origins*, p. 201.

13 Mokyr, *Lever of Riches*, pp. 209ff.

14 Needham (ed.), *Science and Civilization*, vol. IV, p. 184.

15 Ibid., vol. V, pp. 61, 157, 354, 421. 參見Hobson, *Eastern Origins*, pp. 207-12.

16 Levathes, *When China Rules the Seas.*

17 Ray, 'Analysis', p. 82.

18 Ibid., pp. 82-4.

19 Duyvendak, 'True Dates'.

20 Cotterell, *Imperial Capitals*, p. 222. 或見Fernández-Armesto, *Millennium*, ch.4; *Pathfinders*, ch. 4

21 Landes, *Wealth and Poverty*, pp. 95f.

22 Keay, *China: A History*, p. 385.

23 根據Nicholas D. Kristof, '1492: The Prequel', *New York Times*, 6 June 1999.
24 Finlay, 'Portuguese and Chinese Maritime Imperialism', pp. 240f.
25 Flynn and Giraldez, 'Born with a "Silver Spoon" ', p. 204.
26 Chirot, 'Rise of the West', pp. 181ff.
27 Cipolla, *Guns and Sails*, pp. 77-82.
28 Hoffman, 'Why Was It that European Conquered the World?' 關於明朝賦稅體系的缺點，見 Huang, *1587*, p. 64.
29 Jones, *European Miracle*, p. 67.
30 Ibid., p. 120.
31 Birch, *Historical Charters*, pp. 3f.
32 Ibid., pp. 19f.
33 Ibid., pp. 61f.
34 詳見Inwood, *History of London*.
35 Burrage and Corry, 'At Sixes and Sevens'.
36 Landes, *Revolution in Time*, pp. 34-42.
37 Barmé, *Forbidden City*.
38 Cotterell, *Imperial Capitals*, p. 222.
39 Cotterell, *China: A History*, p. 178.
40 Catto, 'Written English'.
41 Flynn and Giraldez, 'Arbitrage, China, and World Trade'.
42 Ebrey, *Cambridge Illustrated History of China*, 特別是p. 215.
43 簡明的描述見Goody, *Capitalism and Modernity*, pp. 103-17.
44 Guan and Li, 'GDP and Economic Structure'.
45 見Mintz, *Sweetness and Power*, p. 191; Higman, 'Sugar Revolution'.
46 Clark, *Farewell to Alms*, p. 57.
47 Pelzer and Pelzer, 'Coffee Houses of Augustan London'.
48 關於修正主義的觀點，這種看法低估了英屬東印度公司出口鴉片對當地社會的破壞，見 Newman, 'Opium Smoking in Late Imperial China'.
49 Barrow, *Life of Macartney*, vol. I, pp. 348f.

第二章

1 通論介紹見Bakar, *Tawhid and Science*; Morgan, *Lost History*; Lyons, *House of Wisdom*.
2 Freely, *Aladdin's Lamp*, p. 163.
3 Lyons, *House of Wisdom*, p. 5.
4 hsanoglu, *Science, Technology and Learning*, pp. 16f.
5 Mansel, *Constantinople*, p. 62.
6 Hamdani, 'Ottoman Response'.
7 Forster and Daniel (eds.), *Life and Letters*, p. 221.
8 Hess, 'Ottoman Seaborne Empire'.

9 nalcik and Quataert, *Economic and Social History of the Ottoman Empire*, p. xviii.
10 Stoye, *Siege of Vienna*, p. 32.
11 Ibid., p. 119. 參見Panaite, *Ottoman Law*.
12 Goodwin, *Lords of the Horizons*, p. 229.
13 Lewis, *What Went Wrong?,* pp. 18f.
14 Özmucur and Pamuk, 'Real Wages'; Quataert, *Ottoman Manufacturing*. 與印度一樣，鄂圖曼的傳統紡織業在十九世紀初因歐洲的競爭而大受打擊；但在一八五〇年後，鄂圖曼的經濟仍優於歐洲。
15 Rafeq, 'Making a Living'; Pamuk, 'Institutional Change'.
16 Grant, 'Rethinking the Ottoman "Decline" '.
17 Steinberg, *Five Hundred Years*, pp. 22-5.
18 Eisenstein, *Printing Revolution*, p. 168.
19 Luther, *Concerning Christian Liberty* (1520).
20 Crofts, 'Printing, Reform and Catholic Reformation', p. 376.
21 Holborn, 'Printing and the Growth of a Protestant Movement', pp 134f.
22 Dittmar, 'Ideas, Technology, and Economic Change'.
23 Walsham, 'Unclasping the Book?', p. 156.
24 Hall, 'Intellectual Tendencies', pp. 390f.
25 Bohnstedt, 'Infidel Scourge of God', p. 24.
26 Clark, 'Publication of the Koran', p. 9.
27 Thomas, *Religion and the Decline of Magic*; Levack, Witch-Hunt.
28 Kuhn, *Structure of Scientific Revolutions*.
29 Henry, *Scientific Revolution*, p. 74.
30 Shank, *Newton Wars*, p. 239.
31 Murray, *Human Accomplishment*, 特別是pp. 257f., 297f。或見Basalla, 'Spread of Western Science'.
32 Smith, 'Science and Technology'. 參見Clark, 'Aristotle and Averroes'.
33 Deen, *Science under Islam*, pp. 122ff.; Huff, *Rise of Early Modern Science*, p. 92.
34 Huff, *Rise of Early Modern Science*, p. 75.
35 Deen, *Science under Islam*, pp. 4f.; Faroqhi, *Subjects of the Sultan*.
36 Mansel, *Constantinople*, p. 45.
37 Lewis, *What Went Wrong?,* p. 43.
38 Barkey, *Empire of Difference*, pp. 232f.; hsanoglu, *Science, Technology and Learning*, p.20. 或見Mansel, *Constantinople*, p. 46; Vlahakis et al., *Imperialism and Science*, p. 79.
39 hsanoglu, *Science, Technology and Learning*, p. 4.
40 Barkey, *Empire of Difference*, p. 233.
41 Sprat, *History of the Royal Society*, pp. 63f.
42 Fernández-Armesto, *Pathfinders*, p. 281.
43 Gribbin, *Fellowship*, pp. 253f.
44 Hall, *Philosopher at War*.
45 Stewart, *Rise of Public Science*, p. 258.

46 Allen, *Steam Engine*; Allen, *1715 and Other Newcomen Engines.*
47 Goldstone, *Revolution and Rebellion* , p. 367.參見 Gerber, 'Monetary System'; Pamuk, 'Prices'.
48 Goffman, *Ottoman Empire and Early Modern Europe* , p. 119.
49 Shaw, *History of the Ottoman Empire* , p. 207.
50 Lewis, *Middle East* , p. 126.也可見 Goldstone, *Revolution and Rebellion*, pp. 378f.
51 Lewis, *Modern Turkey* , p. 23.
52 Coles, *Ottoman Impact* , p. 163.
53 Mansel, *Constantinople* , pp. 86–96; Goodwin, *Lords of the Horizons* , p. 168
54 Clark, *Iron Kingdom* , p. 240.
55 T. R. Ybarra, 'Potsdam of Frederick the Great – After William II ', *New York Times* , 10 September 1922.
56 Clark, *Iron Kingdom* , p. 189.
57 Chakrabongse, *Education of the Enlightened Despots* , pp. 52f.
58 Fraser, *Frederick the Great* , pp. 29f.
59 Clark, *Iron Kingdom* , p. 215.
60 Frederick, *Anti-Machiavel* , ch. 26.
61 Clark, *Iron Kingdom* , p. 231.
62 Ibid., pp. 241f.
63 Haffner, *Rise and Fall of Prussia* , pp. 37, 43f.
64 Gerber, 'Jews and Money-Lending'.也可見 Quataert, *Manufacturing and Technology Transfer* .
65 Clark, *Iron Kingdom* , p. 187.
66 Blanning, *Culture of Power* , pp. 108f.
67 Darnton, *Literary Underground* , p. 25.
68 Terrall, *Man Who Flattened the Earth* , pp. 181–5.
69 Aldington (ed.), *Letters of Voltaire and Frederick the Great* , p. 179.
70 Frederick, *Anti-Machiavel* , pp. 400–405.
71 Terrall, *Man Who Flattened the Earth* , p. 235.
72 Shank, *Newton Wars* , p. 475; Fraser, *Frederick the Great* , p. 259.
73 Kant, ' "What is Enlightenment?" '
74 Clark, *Iron Kingdom* , p. 215.
75 Ibid., p. 195.
76 Palmer, 'Frederick the Great', p. 102.
77 Bailey, *Field Artillery* , pp. 165ff.
78 Duffy, *Frederick the Great* , p. 264.
79 Kinard, *Weapons and Warfare* , pp. 157f.
80 Steele, 'Muskets and Pendulums', pp. 363ff.
81 Ibid., pp. 368f.
82 Agoston, 'Early Modern Ottoman and European Gunpowder Technology'.
83 Coles, *Ottoman Impact* , p. 186.
84 Montesquieu, *Persian Letters* , Letter XIX .

85 Mansel, *Constantinople* , pp. 185f.
86 Shaw, *History of the Ottoman Empire* , pp. 236–8.
87 Lewis, *What Went Wrong?* , p. 27.
88 Aksan, *Ottoman Statesman* .
89 I˙hsanoglu, *Science, Technology and Learning* , p. 56.也可見Levy, ' Military Reform'.
90 Reid, *Crisis of the Ottoman Empire* , pp. 59–64.
91 Mansel, *Constantinople* , pp. 237ff.
92 Araci, 'Donizetti', p. 51.
93 I˙hsanoglu, *Science, Technology and Learning* , pp. 170ff.
94 Clarke, 'Ottoman Industrial Revolution', pp. 67f.
95 Findley, 'Ottoman Occidentalist'.
96 Weiker, 'Ottoman Bureaucracy',特別是pp. 454f.
97 Pamuk, 'Bimetallism', p. 16; Davison, *Essays* , pp. 64–7.參見Farley, *Turkey* , pp. 121f.
98 Pamuk, *Ottoman Empire* , pp. 55–9.
99 Kinross, *Ataturk* , p. 386.
100 Mango, *Ataturk* , p. 396.
101 Kinross, *Ataturk* , pp. 442f.
102 Mango, *Ataturk* , p. 412.
103 World Intellectual Property Organization, *World Intellectual Property Indicators 2010* (Geneva, 010): http://www.wipo.in t/ipstats/en/statistics/patents/.
104 Senor and Singer, *Start-Up Nation* .
105 Ferguson, *High Financier* , pp. 317f.

第三章

1 Fernández-Armesto, *Americas*, p. 66.
2 這段經典陳述出自Pomeranz, *Great Divergence*; Williams, *Capitalism and Slavery*. 這項論點的修正說法，見Acemoglu et al., 'Rise of Europe'.
3 Barrera-Osorio, *Experiencing Nature*.
4 Churchill, 'Civilization', pp. 45f.
5 Hemming, *Conquest of the Incas*, p. 28.
6 Markham (ed.), *Reports*, pp. 113-27.
7 Wood, *Conquistadors*, p. 134.
8 Hemming, *Conquest of the Incas*, p. 121.
9 Bingham, *Lost City*.
10 Burkholder, *Colonial Latin America*, p. 46.
11 Ibid., p. 126.
12 Findlay and O'Rourke, *Power and Plenty*, figure 4.4.
13 Lanning, *Academic Culture*.
14 Barrera-Osorio, *Experiencing Nature*.

15 Fernández-Armesto, *Americas*, p. 95.
16 查爾斯頓，南卡羅萊納州檔案與歷史部。
17 Tomlins, 'Indentured Servitude'.
18 Engerman and Sokoloff, 'Once upon a Time in the Americas'.
19 通論介紹見Egnal, *New World Wconomies.*
20 Elliott, *Empires of the Atlantic World*, p. 411.
21 Adamson, 'England without Cromwell'.
22 Clark, 'British America'.
23 Acemoglu et al., 'Reversal of Fortune'.
24 Clark, *Farewell to Alms.*
25 Emmer, *Colonialism and Migration*, p. 35.
26 North et al., *Violence and Social Orders*, 第3章。
27 Fernández-Armesto, *Americas*, p. 159.
28 這段經典陳述是North and Weingast提出的，'Constitutions and Commitment'。關於財政力量與海外擴張的角色，也可見O'Brien, 'Inseparable Connections'。
29 Hobbes, *Leviathan*, 第1部分，第13章。
30 Ibid., 第18章。
31 Ibid., 第2部分，第17與19章。
32 Locke, *Two Treatises*, 第2卷，第3章。
33 Ibid., 第11章。
34 Ibid., 第6章。
35 Ibid., 第9章。
36 Ibid., 第13章。
37 全文見http://avalon.law.yale.edu/17th_century/nco5.asp.
38 Engerman and Sokoloff, 'Once upon a Time in the Americas'.
39 Arneil, *John Locke and America*, p. 98.
40 Locke, *Two Treatises*, 第2卷，第5章。
41 Elliott, *Empires of the Atlantic World*, p. 135.
42 Ibid., p. 40. 也可見Sato, *Legal Aspects of Landownership.*
43 Engerman and Sokoloff, 'Once upon a Time in the Americas'.
44 Ibid.
45 見Clark, *Language of Liberty.*
46 Clark, 'British America'.
47 1767年9月20日，華盛頓寫給克洛佛德的信，見Washington and Crawford, *Washington-Crawford Letters*, pp. 3f.
48 見Jasanoff, *Liberty's Exiles.*
49 Lynch, *Bolívar*, p. 63.
50 http://faculty.chass.ncsu.edu/slatta/hi216/documents/bolivar/sbwar1813.htm.
51 Ortega, 'Earthquakes'.
52 Lynch, 'Bolívar and the Caudillos', pp. 6f.

53 King, 'Royalist View'.
54 Lynch, 'Bolívar and the Caudillos', pp. 16f.
55 Woodward, 'Spanish Army'.
56 Ulrick, 'Morillo's Attempt', p. 553.
57 Hamnett, 'Counter Revolution'.
58 Lynch, *Bolívar*, p. 99.
59 通論介紹見Langley, *Americas in the Age of Revolution*, 特別是pp. 243-84.
60 http://web.archive.org/web/19970615224356/www.umich.edu/~proflame/mirror/etext/bol5.html.
61 Williamson, *Penguin History*, p. 218.
62 http://web.archive.org/web/19970615224356/www.umich.edu/~proflame/mirror/etext/bol5.html.
63 波利瓦寫給克倫爵士（Sir Henry Cullen）的信，1815年9月6日，in Bolívar(ed.), *Selected Writings*, vol, I, p. 114.
64 http://web.archive.org/web/19970615224356/www.umich.edu/~proflame/mirror/etext/bol2.html.
65 http://web.archive.org/web/19970615224356/www.umich.edu/~proflame/mirror/etext/bol5.html.
66 Lynch, *Bolívar*, p. 218.
67 Engerman and Sokoloff, 'Once upon a Time in the Americas'.
68 Brown, *Adventuring*, 表2.2。
69 Lynch, 'Bolívar and the Caudillos', pp. 16ff.
70 資料來自Engerman and Sokoloff, 'Once upon a Time in the Americas'.
71 Lynch, 'Bolívar and the Caudillos', p. 34.
72 Lynch, *Bolívar*, p. 276.
73 Cordeiro, 'Constitutions'.
74 Engerman and sokoloff, 'Once upon a Time in the Americas'.
75 Fage, 'Slavery and the Slave Trade', p. 395.
76 Curtin, *Plantation Complex*, pp. 4-26.
77 Thornton and Heywood, *Central Africans*.
78 Curtin, *Plantation Complex*, p. 26; Klein and Luna, Slavery in Brazil, p. 28. 也可見Prado, *Colonial Background*; Poppino, *Brazil*.
79 Schwartz, 'Colonial Past', p. 185.
80 Schwartz, *Slaves, Peasants and Rebels*, p. 46.
81 Graham, *Patronage and Politics*, p. 26.
82 Elkins, *Slavery*, p. 76.
83 Davis, 'Slavery', p. 72.
84 Thomas, *Salve Trade*, p. 633.
85 Davis, 'Slavery', p. 78.
86 Schwartz, Slaves, *Peasants and Rebels*, p. 42.
87 Elkins, *Slavery*, p. 40.
88 Ibid., p. 50.
89 Elliott, *Empires of the Atlantic World*, p. 283.
90 Davis, 'Slavery', p. 125.

91 Walvin, *Black Ivory*, pp. 16f.
92 見Rostworowski, *Doña Francisca Pizarro.*
93 Wang et al., 'Geographic Patterns'.
94 Carvajal-Carmona et al., 'Strong Amerind/White Sex Bias'; Bedoya et al., 'Admixture Dynammics'.
95 Ferguson, *War of the World*, pp. 20-22.
96 Creel, *Peculiar People.*
97 Eltis, 'Volume and Structure', 表1。
98 Schaefer, *Genealogical Encyclopaedia*; Thornton and Heywood, *Central Africans.*
99 Langley, *Americas in the Age of Revolution*, p. 240. 強調部分為作者所加。
100 Sam Roberts, 'Projections Put Whites in Minority in U.S. by 2050', *New York Times*, 18 December 2009.
101 Haber, 'Development Strategy'.

第四章

1 關於這方面的經典說明，見Jules Ferry於1885年7月28日的演說，引自Brunschwig, *French Colonialism*, pp.76f.
2 Gandhi, *Hind Swaraj*, ch.XI.
3 Twain, *Following the Equator*, p.321.
4 Lenin, *Imperialism*, ch.X.
5 Collier, *Bottom Billion.*
6 Moyo, *Dead Aid.* 也可見Easterly, *White Man's Burden.*
7 Gandhi, *Collected Works*, vol. LIV, pp.233f. http://www.gandhiserve.org/cwmg/VOL054.PDF.
8 Riley, 'Health Transitions', 特別是figure 2, table 1.
9 Ibid., pp.750, 752.
10 Shaw, 'Preface on Doctors', pp.lxvii-lxviii.
11 Burke, *Reflections*, p.151.
12 Ferguson, *Ascent of Money*, p. 154.
13 http://avalon.law.yale.edu/18th_century/rightsof.asp.
14 Burke, *Reflections*, pp.190f.
15 Rousseau, *Social Contract.*
16 Burke, *Reflections*, p.291.
17 Schama, *Citizens*，這仍是最可讀的英文作品。
18 Tocqueville, *Democracy in America*, pp.148-51.
19 Ibid., p.153.
20 Carter et al., (eds.), *Historical Statistics of the United States*, table Ed1-5.
21 http://users.erols.com/mwhite28/wars18c.htm.
22 所有引文出自Clausewitz, *On War*, Book I, chs. 1, 2, 7; Book III, ch.17; Book VII, chs. 4, 5, 6, 22; Book VIII, chs. 1-9.
23 Acemoglu et al., 'Consequences of Radical Reform'.

24 McLynn, *Napoleon*, p.664.
25 Lieven, *Russia against Napoleon.*
26 Ferguson, *Ascent of Money*, pp.81f.
27 Taylor, '1848 Revolutions'.
28 Blanton et al., 'Colonial Style'.
29 Crowder, *Senegal*, pp.6f., 14f.; Cruise O'Brien, *White Society*, p.39.
30 Klein, *Islam and Imperialism*, p.118.
31 R. L. Buell, *The Native Problem in Africa* (1928), 引自 Crowder, *Senegal*, p.23.
32 Cruise O'Brien, *White Society*, p.33.
33 Gifford and Louis, *France and Britain*, p.672.
34 Cohen, *Rulers of Empire*, ch. 1.
35 Brunschwig, 'French Exploration and Conquest'.
36 Conklin, *Mission*, p.13.
37 Fonge, *Modernization without Development*, p.66.
38 Ibid.
39 Berenson, *Heroes of Empire*, pp. 197f.
40 Joireman, 'Inherited Legal Systems'.
41 Cohen, *Rulers of Empire*, pp. 79f.
42 Asiwaju, *West African Transformations*, p.60.
43 Taithe, *Killer Trail.*
44 Echenberg, *Colonial Conscripts*, p.18.
45 Cohen, *Rulers of Empire*, p.38.
46 Lunn, *Memoirs of the Maelstrom*, p.62.
47 Marr, *Vietnamese Anticolonialism*, 完整的英文文本，見 www.fsmitha.com/h2/y14viet.html.
48 Gardiner, 'French Impact on Education', p.341.
49 Sabatier, ' "Elite" Education in French West Africa'.
50 通論性的介紹見 Acemoglu et al., 'Disease and Development'.
51 Iliffe, *Africans*, p.70.
52 Cohen, *Rulers of Empire*, p.23.
53 MacLeod and Lewis (eds.), *Disease, Medicine and Empire.*
54 *Punch*, 16 September 1903.
55 MacLeod and Lewis (eds.), *Disease, Medicine and Empire.*
56 Echenberg, 'Medical Science'; Marcovich, *French Colonial Medicine.*
57 例見 Beck, 'Medicine and Society'.
58 Conklin, *Mission*, pp.56f.
59 Ibid., pp. 51ff.
60 Ibid., pp.48ff.
61 Robiquet (ed.), *Discours et opinions*, pp. 199-201, 210-11.
62 Cohen, *Rulers of Empire*, p.74.
63 Ibid., pp.48ff.

64 Van Beusekom, *Negotiating Development*, p.6.
65 Schneider, 'Smallpox in Africa'.
66 Ngalamulume, 'Keeping the City Totally Clean', p.199.
67 Wright, *Conflict on the Nile.* 也可見Daly, 'Omdurman and Fashoda'; Chipman, *French Power*, p.53.
68 Gide, *Travels in the Congo*, p.35.
69 Crowder, *Senegal*, pp.4ff.
70 Yansané, 'Impact of France', p.350; Gifford and Louis, *France and Britain*, p.697.
71 Betts, 'Establishment of the Medina'; Cruise O'Brien, *White Society*, p. 54. 參見Smith, *Vietnam*, pp.88f.
72 Cohen, *Rulers of Empire,* p.49. 參見Betts, *Assimilation and Association*, pp.64, 152.
73 Echenberg, *Black Death.*
74 Rohrbach, *Deutsche Kolonialwirtschaft*, vol. I, pp.330-33. 參見Steer, *Judgement*, p.61.
75 Madley, 'Patterns', p.169.
76 Deutsch, *Emancipation without Abolition.*
77 Steer, *Judgment*, pp. 55ff.
78 Seiner, *Bergtouren*, pp.267-78.
79 Olusoga and Erichsen, *Kaiser's Holocaust*, p.118.
80 Gewald, *Herero Heroes*, pp.146ff.
81 Rust, *Krieg und Frieden*, pp.6-15; Anon., *Rheinische Mission*, pp.10-16; Leutwein, *Elf Jahre Gouverneur*, p. 466-7; Kuhlmann, *Auf Adlers Flügeln*, pp.42f.
82 Olusoga and Erichsen, *Kaiser's Holocaust*, p.139.
83 全文收錄於Gewald, 'Great General', p.68.
84 Zimmerer, 'First Genocide', p.37.
85 Gewald, *Herero Heroes*, p.173. 關於當時德國人的描述，Bayer, *Mit dem Hauptquartier*, pp. 161-7.
86 Dreshsler, *Südwestafrika unter deutscher Kolonialherrschaft*, pp.251-79. 參見Olusoga and Erichsen, *Kaiser's Holocaust*, p.235.
87 Ibid., p.224.
88 Fischer, *Rehobother Bastards*, pp.302f.
89 Eiermann, 'The Good, the Bad, and the Ugly'.
90 Rohrbach, *Aus Südwest-Afrikas schweren Tagen*, pp. 177f.
91 關於現存龐大研究文獻的概要介紹，見Madley, 'From Africa to Auschwitz'.
92 這個觀點的更詳盡闡述，見Mazower, *Dark Continent.*
93 Strachan, *First World War in Africa.*
94 Strachan, *To Arms*, p.95.
95 Conklin, *Mission*, pp.146-59.
96 Lunn, *Memoirs of the Maelstrom*, p.78.
97 Ibid., p.69.
98 Ibid., p.71.
99 Ibid., p.139.
100 Eichacker, 'Blacks Attack!'

101 Smith et al., *France and the Great War*, p.128.
102 Lunn, *Memoirs of the Maelstrom*, p.140.
103 Winter, *Great War*, p.75; Beckett and Simpson (eds.), *Nation in Arms*, p.11.
104 Kipling, 'France at War', pp. 341f.
105 通論性的介紹見McCullum, *Military Medicine*.
106 Olusoga and Erichsen, *Kaiser's Holocaust*, pp.284f.
107 Evans, 'Anthropology at War'.
108 Madley, 'From Africa to Auschwitz', pp. 453ff. 通論性的介紹見Weindling, *Health, Race and German Politics*.
109 Mazower, *Hitler's Empire*, pp. 147, 584.
110 Levine, 'Film and Colonial Memory'.
111 Riley, 'Health Transitions', table 4.
112 Iliffe, *Africans*, pp.251-3.
113 Singer and Langdon, *Cultured Force*, p.20.
114 Tai, 'Politics of Compromise'.
115 Saxe, 'Changing Economic Structure'.
116 Centre d'Informations Documentaires, *Work of France*, p.17.
117 Hochschild, *Leopold's Ghost*.
118 Mazower, *Hitler's Empire*, p.205.
119 Ibid., pp. 152, 286.
120 Ibid., p.137.
121 Ibid., p.149.
122 Ibid., p.256.
123 Ibid., p.248.
124 Fieldhouse, *Black Africa*.

第五章

1 Okuefuna, *Wonderful World of Albert Kahn*.
2 Galeano, *Open Veins*, p.47.
3 Crafts, 'British Economic Growth', table 6.1.
4 Clark, *Farewell to Alms*, figure 9.2.
5 Gildea, *Barricades and Borders*, pp.6, 145, 181.
6 Mokyr, *Industrial Revolution*, p.109.
7 Esteban, 'Factory Costs', figure 1.
8 Allen, *British Industrial Revolution*, p.156.
9 Morris, *Why the West Rules*, p.497.
10 Jones, 'Living the Enlightenment'.
11 Morris, *Why the West Rules*, p.491.
12 McKendrick et al., *Birth of a Consumer Society*尤其可參。

13 Berg, 'Pursuit of Luxury'.
14 Vries, 'Purchasing Power'.
15 Berg, 'Imitation to Invention'.
16 Findlay and O'Rourke, *Power and Plenty*, tables 6.2 and 6.4.
17 La Porta et al., 'Law and Finance', 'Investor Protection' and 'Economic Consequences'.
18 O'Brien et al., 'Political Components'. 也可見Leunig, 'British Industrial Success', p.93.
19 Guinnane et al., 'Putting the Corporation in its Place'; Lamoreaux, 'Scylla or Charybdis?'
20 Allen, *British Industrial Revolution.*
21 Parthasarathi, 'Rethinking Wages'.
22 Pollard, *Peaceful Conquest.*
23 見Fowler Mohanty, *Labor and Laborers of the Loom*, esp. p. 76. 棉花種植產生的廣泛影響，見Dattel, *Cotton and Race.*
24 Clark, *Farewell to Alms*, p.267.
25 Farnie, 'Role of Merchants', pp. 20ff.
26 Darwin, *Origin*, chs. 3, 4 and 14.
27 Ferguson, 'Evolutionary Approach'.
28 Carlyle, *Past and Present*, Book I, chs. 1-4, Book IV, chs. 4, 8.
29 Kaelble, *Industrialization and Social Inequality.*
30 Evans, *Death in Hamburg.*
31 Grayling, *Light of Liberty*, pp. 189-93.
32 Wilde, *De Profundis*, pp. 21, 23, 33.
33 Berger and Spoerer, 'Economic Crises'.
34 例見Fowler, *Lancashire Cotton Operatives.*
35 Allen, 'Great Divergence in European Wages'. 我要感謝Robert Allen提供薪資資料給我。
36 Allen et al., 'Wages, Prices, and Living Standards'.
37 Mazzini, 'To the Italians'.
38 Bismarck, *Reminiscences*, Vol. I, ch.13.
39 Schorske, *Fin-de-Siècle Vienna.*
40 H. C. Martin, 'Singer Memories': http://.singermemories.com/index.html.
41 Maddison, *World Economy*, tables B-10, B-21.
42 Kennedy, *Rise and Fall*, p. 190.
43 Bairoch, 'International Industrialization Levels'.
44 Broadberry, 'Total Factor Productivity'.
45 Fordham, ' "Revisionism" Reconsidered'.
46 Clark and Feenstra, 'Technology in the Great Divergence', table 8.
47 Dyos and Aldcroft, *British Transport*, table 4.
48 Maurer and Yu, *Big Ditch*, p.145.
49 Clark and Feenstra, 'Technology in the Great Divergence'.
50 Clark, *Farewell to Alms*, table 15.3.
51 McKeown, 'Global Migration', p.156.

52 Carter et al. (eds.), *Historical Statistics of the United States*, tables Ad354-443.
53 Mitchell, *Abstract of British Historical Statistics*, pp. 333f.
54 感謝亨利・普爾公司的Simon Cundey讓我觀看公司歷史悠久的訂單紀錄與其他有用的記載。
55 Beasley, *Japan Encounters the Barbarian.*
56 見Hirano, *State and Cultural Transformation*, p. 124.
57 Keene, *Emperor of Japan*, p. 12. 見1873年天皇的照片，Uchida Kyuichi: http://ocw.mit.edu/ans7870/21f/21f.027j/throwing_off_asia_01/emperor_02.html.
58 Malony, 'Modernity, Gender and Empire'.
59 見*Illustration of the Ceremony Promulgating the Constitution*, 作者不詳（1890）。
60 Penn State University, *Making Japanese* online resource, http://www.east-asian-history.net/textbooks/MJ/ch3.htm.
61 Keene, *Emperor of Japan*, p. 295.
62 Gong, *Standard of 'Civilization'*.
63 Keene, *Emperor of Japan*, p. 194.
64 Japan Cotton Spinners' Association, *Cotton Statistics of Japan: 1903-1924*, table 1.
65 Wall, *Japan's Century*, p.17.
66 Kamisaka, *Cotton Mills and Workers.*
67 Moser, *Cotton Textile Industry*, p.30.
68 Ibid.
69 Farnie, 'Role of Cotton Textiles'.
70 Clark and Feenstra, 'Technology in the Great Divergence'. 關於美國生產力，見Copeland, 'Technical Development'.
71 例見Moser, *Cotton Textile Industry*, p.102.也可見Wolcott and Clark, 'Why Nations Fail.'
72 Upadhyay, *Existence, Identity and Mobilization.*
73 一個好例子是水野年方的木版印刷畫作，收藏於波士頓美術館。
74 Meech-Pekarik, *World of the Meiji Print*, p. 145.
75 引自Lenin, *The State and Revolution* (1918).
76 Cole et al., 'Deflation and the International Great Depression'.
77 Friedman and Schwartz, *Monetary History of the United States.*
78 Keynes, *Tract on Monetary Reform* (1924).
79 Tooze, *Wages of Destruction.*
80 詳細內容見Ferguson, *War of the World.*
81 Harrison, *Economics of World War II.*
82 Westad, *Global Cold War.*
83 Ferguson, *War of the World*, pp. 606-17.
84 資料引自Singer and Small, Correlates of War.
85 Piketty and Saez, 'Income Inequality', esp. figure 20.
86 Hyman, 'Debtor Nation'.
87 感謝同事Diego Comin提供這些數據。
88 Sullivan, *Jeans*, pp. 9, 77.

89 Ibid., pp. 214f.
90 'Coca-Cola as Sold Throughout the World', *Red Barrel*, 8, 3 (March 1929).
91 見Allen, *Secret Formula*, p. 325.
92 2009年作者進行的訪談。也可見Wolle, *Traum von der Revolte*, 特別是pp. 56-61.
93 Debray, 'The Third World', http://www.digitalnpq.org/archive/1986_spring/kalashnikov.html.
94 Suri, *Power and Protest.*
95 Kurlansky, *1968*.
96 Marshall, *Demanding the Impossible*, pp. 551ff.
97 關於1968年塗鴉，見http://www.bopsecrets.org/CF/graffiti.htm.
98 Greer, *Female Eunuch*, p.322.
99 Sullivan, *Jeans*, p. 131.
100 作者進行的訪談，2009年。
101 作者進行的訪談，2009年。
102 Ramet, 'Rock Music in Czechoslovakia', pp. 59, 63.
103 Poiger, *Jazz, Rock and Rebels*, pp. 62ff.
104 Safanov, 'Revolution'.
105 Siefert, 'From Cold War to Wary Peace'.
106 作者進行的訪談，2009年。
107 Bergson, 'How Big was the Soviet GDP?' 概括的介紹見Cox (ed.), *Rethinking the Soviet Collapse.*
108 Fukuyama, *End of History.*
109 Gaddis, *Cold War.*
110 Charlotte Sector, 'Belarusians Wear Jeans in Silent Protest', ABC News, 13 January 2006.
111 作者的訪談，2009年。
112 Ferdows, 'Women and the Islamic Revolution'; Nashat, 'Women in the Islamic Republic'.
113 Ebadi, *Iran Awakening*, pp. 41f.

第六章

1 Gibbon, *Decline and Fall*, ch. 31, Parts III and IV.
2 Scaff, 'Remnants of Romanticism'.
3 Weber, *Max Weber*, p. 292.
4 Weber, *Protestant Ethic*, pp. 112, 154.
5 Ibid., p. 119.
6 Ibid., p. 24. 從現代的角度再加以申論，見Koch and Smith, *Suicide of the West*, pp. 184f.
7 Weber, *Protestant Ethic*, p. 180.
8 Ibid., pp. 70f.
9 Ibid., p. 166. 見Chiswick, 'Economic Progress'.
10 Tawney, *Religion and the Rise of Capitalism.*
11 Cantoni, 'Economic Effects'.
12 Delacroix and Neilsen, 'Beloved Myth'. 也可見Iannaccone, 'Introduction'.

13 Young, 'Religion and Economic Growth'.
14 Grier, 'Effect of Religion on Economic Development'.
15 Becker and Wössmann, 'Was Weber Wrong?'
16 Trevor-Roper, 'Religion, the Reformation and Social Change'.
17 Woodberry, 'Shadow of Empire'.
18 Guiso et al., 'People's Opium?'
19 Barro and McCleary, 'Religion and Economic Growth'.
20 World Bank, World Development Indicators online.
21 Ferguson, 'Economics, Religion and the Decline of Europe'.
22 資料來自Conference Board Total Economy Database, September 2010, http://www.conference-board.org/data/economydatabase/.也可見經濟合作與發展組織的統計數據與出版品。
23 World Value Survey Association, *World Value Survey.*
24 Chesterton, *Short History*, p. 104.
25 Bruce, *God is Dead*, p.67.
26 資料來自http://www.cofe.anglican.org/news/pr2009.html.
27 見Brown, *Death of Christian Britain*, 特別是p. 191. 也可見McLeod and Ustorf (eds.), *Decline of Christendom*收錄的一些論文。
28 Bruce, *God is Dead*, p. 65.
29 Davie, *Religion in Britain*, pp. 119, 121.
30 Davie, *Europe: The Exceptional Case*, pp. 6f.
31 本章開頭引用的這段著名訪談，來自Maureen Cleave, 'How Does a Beatle Live? John Lennon Lives Like This', *Evening Standard*, 4 March 1966.
32 見Barro and McCleary, 'Religion and Political Economy'.
33 Tolstoy, *Kingdom of God*, p. 301.
34 Freud, *Future of an Illusion*, p. 25.
35 Ibid., p. 30.
36 Ibid., p. 34.
37 Ibid., p. 84.
38 Freud, *Civilization*, pp. 55, 59, 69.
39 Szasz, *Anti-Freud: Karl Kraus's Criticism of Psychoanalysis and Psychiatry.*
40 上教堂的比例從1970年代的25%到55%降到今日的18%到22%，但宗教的進行顯然分化成各種不同的方式（透過電視與網路來傳福音），這些都是40年前無法想像的：Putnam and Campbell, American Grace, pp. 74, 105.
41 Sheehan, 'Liberation and Redemption', p. 301.
42 Putnam and Campbell, *American Grace*, p. 326.
43 Barro and McCleary, 'Which Countries Have State Religions?'
44 Iannaconne, 'Introduction'; Davie, *Europe: The Exceptional Case*, pp. 43ff. 流行的說法，見Micklethwait and Wooldridge, *God is Back,* 特別是p. 175.
45 Smith, *Wealth of Nationsi*, Book V, ch. I.
46 Micklethwait and Wooldridge, *God is Back*, p. 175.

47 Zakaria, *Future of Freedom*, pp. 199ff.
48 Putnam and Campbell, *American Grace*, p. 137.
49 Weber, *Protestant Ethic*, pp. 115, 117.
50 從歷史角度來說明這場危機，見Ferguson, *Ascent of Money*.
51 不同的估計，見Aikman, *Beijing Factor*, pp. 7f.
52 Bays, 'Chinese Protestant Christianity', p. 182.
53 Aikman, *Beijing Factor*, pp. 141f.
54 Ibid., p. 285.
55 Ibid., pp. 20-34.
56 Morrison, *Memoirs*, pp. 77f., 288f.
57 Ibid., pp. 335ff.
58 Cohen, *China and Christianity*
59 Taylor, *Hudson Taylor*, pp. 144f.
60 Stott, *Twenty-six Years*, pp. 26-54.
61 Austin, *China's Millions*, pp. 4-10, 86-90, 167-9.
62 Ng, 'Timothy Richard', p. 78.
63 Austin, *China's Millions*, p. 192.也可見Steer, *J. Hudson Taylor*.
64 概括的說明見Kuang-sheng, *Antiforeignism*.
65 Thompson, *Reluctant Exodus*, 特別是pp. 45-50.
66 Aikman, *Beijing Factor*, pp. 53f.
67 Dikötter, *Mao's Great Famine*.
68 Zuo, 'Political Religion', p. 101.
69 Aikman, *Beijing Factor*, pp. 159, 162, 215.
70 見Chen and Huang, 'Emergence', pp. 189, 196; Bays, 'Chinese Protestant Christianity', pp. 194-6.
71 作者於2010年做的訪談。也可見Fenggang, 'Lost in the Market', p. 425.
72 Jianbo and Fenggang, 'The Cross Faces the Loudspeakers'.
73 Jiwei, *Dialectic of the Chinese Revolution*, pp. 150ff.
74 Simon Elegant, 'The War for China's Soul', *Time*, 20 August 2006. 也可見Bays, 'Chinese Protestant Christianity'.
75 Aikma, *Beijing Factor*, pp. 73-89.
76 Fenggang, 'Cultural Dynamics', p. 49. 也可見Sheila Melvin, 'Modern Gloss on China's Golden Age', *New York Times*, 3 September 2007; Timothy Garton Ash, 'Confucius Can Speak to Us Still-And Not Just about China', Guardian, 9 April 2009.
77 Christian Solidarity Worldwide, *China: Persecution of Protestant Christians in the Approach to the Beijing 2008 Olympic Games* (June 2008); Bureau of Democracy, Human Rights and Labor, *International Religious Freedom Report, 2007* (2007).
78 Hunter and Chan, *Protestantism in Contemporary China*, p. 23.也可見Yihua, 'Patriotic Protestants'.
79 Simon Elegant, 'The War for China's Soul', *Times*, 20 August 2006.也可見Potter, 'Belief in Control'.
80 Evan Osnos, 'Jesus in China: Christianity's Rapid Rise', *Chicago Tribune*, 22 June 2008.
81 Hunter and Chan, *Protestantism in Contemporary China*, p. 6.

82 Peng, 'Unreconciled Differences', pp. 162f.; Zhao, 'Recent Progress of Christian Studies'.
83 Aikman, *Beijing Factor,* p. 5.
84 Zhuo, 'Significance of Christianity', p. 258.
85 Aikman, *Beijing Factor*, pp. 245ff.
86 Evan Osnos, 'Jesus in China: Chritianity's Rapid Rise', *Chicago Tribune*, 22 June 2008.
87 Bao, 'Intellectual Influence of Christianity', p. 274.
88 Aikman, *Beijing Factor*, p.17.
89 Chesterton, 'Miracle of Moon Crescent', p.116.
90 Craig Whitlock, '2 British Suspects Came from Africa', *Washington Post*, 27 July 2005.
91 Barber, *Jihad vs. McWorld.*
92 Cox and Marks, *The West, Islam and Islamism.*
93 Pew Forum¸ *Muslim Networks*, p. 6.
94 Tony Barber, 'Tensions Unveiled', *Financial Times*, 16 November 2010, p.9.
95 估計的數字來自UK Labour Force Survey and the United Nations Population Prospects middle projection. 也可見 'Muslim Population "Rising 10 Times Faster than Rest of Society" ', *The Times*,, 30 January 2009.
96 Caldwell, *Reflections.*
97 Pew Forum, *Muslim Networks*, pp. 20-56.
98 Simcox et al., *Islamist Terrorism.*
99 見Goldsworthy, *How Rome Fell*; Heather, *Fall of the Roman Empire.*
100 Ward-Perkins, *Fall of Rome.*
101 Chesterton, 'Patriotic Idea', p. 618; Shaw, *Back to Methuselah*, pp. xv-xvi.

結論

1 Hexter, 'Seyssel, Machiavelli, and Polybius'.
2 Goldstone, 'Cultural Orthodoxy', pp. 129f.; Goldstone, *Revolution and Rebellion*, p. 354.
3 Bolingbroke, *Patriot King*, p. 273.
4 Sorokin, *Social and Cultural Dynamics.*
5 Quigley, *Tragedy and Hope*, pp. 3f. 也可見Quigley, *Evolution of Civilizations.*
6 Kennedy, *Rise and Fall*, p. xvi.
7 Diamond, *Collapse*, p. 158.
8 有趣的批判見Joseph A. Tainter's review in *Current Anthropology* , 46 (December 2005).
9 引導性的說明，見Mitchell, *Complexity.*
10 Ibid., p. 5. 也可見Holland, *Emergence.*
11 Buchanan, *Ubiquity.*
12 Waldrop, *Complexity.*
13 Taleb, 'Fourth Quadrant'.
14 Krakauer et al. (eds.), *History, Big History and Metahistory.* 參見Holland, *Hidden Order.*
15 Richardson, *Statistics of Deadly Quarrels.* 關於現代的觀點，見Hayes, 'Statistics of Deadly Quarrels'

與一些討論，見Pinker, *Better Angels*.
16 Kotkin, *Armageddon Averted*.
17 Guan and Li, 'GDP and Economic Structure'.
18 Maddison, *World Economy*.
19 http://gcr.weforum.org/gcr2010/.
20 http://www.conference-board.org/data/economydatabase/.
21 我要感謝高盛的Jim O'Neill提供相關資料給我。
22 Martin Wolf, 'Will China's Rise Be Peaceful?', *Financial Times*, 16 November 2010.
23 Population Division of the Department of Economic and Social Affairs of the United Nations Secretariat, World Population Prospects: The 2008 Revision, http://esa.un.org/unpp, 27 November 2010.
24 Hungtington, *Clash of Civilizations*, tables 3.1, 3.2, 3.3, 4.3, 4.5, 4.6.
25 Cecchetti et al., 'Future of Public Debt'.
26 詳見Ferguson, *Cash Nexus*.
27 Congressional Budget Office, 'Supplemental Data for the Congressional Budget Office's Long-Term Budget Outlook' (June 2010).
28 Marès, 'Sovereign Subjects', Exhibit 2.
29 Sargent, 'Ends of Four Big Inflations'.
30 Eichengreen, *Exorbitant Privilege*.
31 http://english.peopledaily.com.cn/90001/90776/90883/7179010.html.
32 http://www.reuters.com/article/idUSTOE6A301Q20101104.
33 http://www.businessweek.com/news/2010-11-09/china-researcher-says-u-s-s-qe2-is-financial-protectionism.html.
34 http://www.ustreas.gov/tic/mfh.txt.
35 作者根據國會預算辦公室的資料做的估計。
36 Congressional Budget Office, 'The Budget and Economic Outlook: An Update' (August 2010), table 1.7.
37 Huntington, *Clash of Civilization*.
38 Huntington, 'Clash of Civilizations', p. 22.
39 Sen, *Identity and Violence*; Berman, *Terror and Liberalism*, 也可見Edward Said, 'The Clash of Ignorance', *Nation*, 22 October 2001.
40 Tusicisny, 'Civilizational Conflicts'.
41 Marshall and Gurr, Peace *and Conflict*, appendix, table 11.1.
42 例見Luard, *War in International Society*.
43 David E. Sanger, 'With Warning, Obama Presses China on Currency', *New York Times*, 23 September 2010.
44 Alan Beattie, Joshua Chaffin and Kevin Brown, 'Wen Warns against Renminbi Pressure', *Financial Times*, 6 October 2010.
45 Ferguson and Schularick, 'End of Chimerica'.
46 Jacques, *When China Rules the World*.

47 International Energy Agency, *World Energy Outlook* 2010 (London, 2010).

48 http://en.china.cn/content/d732706,cd7c6d,1912_6577.html.

49 Collier, *Plundered Planet.*

50 Raine, *China's African Challenges*, p. 97.

51 Ibid., p. 164.

52 Economy, 'Game Changer', p. 149.

53 World Intellectual Property Organization, *World Intellectual Property Indicators 2010* (Geneva, 2010): http://www.wipo.int/ipstats/en/statistics/patents/.

54 Mu Rongping, 'China', in *UNESCO Science Report 2010*, pp. 379-98.

55 Organization for Economic Co-operation and Development, *Economic Survey of the UK* (October 2005).

56 Institution of Education Sciences, *Trends in International Mathematics and Science Study* (2007).

57 Pew Global Attitudes Project, 'The Chinese Celebrate their Roaring Economy, as They Struggle with its Costs', 22 July 2008: http://pewglobal.org/2008/07/22/.

58 Nicholas Eberstadt, 'China's Family Planning Policy Goes Awry', American Enterprise Institute for Public Policy Research, 23 November 2010: http://www.aei.org/article/101389.

59 Economy, 'Game Changer'.

60 Pew Research Center for People and the Press, 'Public Sees a Future Full of Promise and Peril', 22 June 2010: http://people-press.org/report/?pageid=1740.

61 Zakaria, *Post-American World.*

62 Rongping, 'China', p. 395.

63 Churchill, 'Civilization', pp. 45f.

全球視野58

文明：決定人類走向的六大殺手級Apps

2012年3月初版　　定價：新臺幣420元

著者 Niall Ferguson
譯者 黃煜文
發行人 林載爵

出版者	聯經出版事業股份有限公司	叢書主編	鄒恆月
地址	台北市基隆路一段180號4樓	編輯	王盈婷
編輯部地址	台北市基隆路一段180號4樓		杜瑋峻
叢書主編電話	(02)87876242轉223		李尚遠
台北聯經書房	台北市新生南路三段94號	封面設計	鄭宇斌
電話	(02)23620308	內文排版	林燕慧
台中分公司	台中市健行路321號		
暨門市電話	(04)22371234ext.5		
郵政劃撥帳戶第	0100559-3號		
郵撥電話	(02)23620308		
印刷者	文聯彩色製版印刷有限公司		
總經銷	聯合發行股份有限公司		
發行所	台北縣新店市寶橋路235巷6弄6號2樓		
電話	(02)29178022		

行政院新聞局出版事業登記證局版臺業字第0130號

本書如有缺頁，破損，倒裝請寄回台北聯經書房更換。　　ISBN 978-957-08-3958-6 (平裝)
聯經網址：www.linkingbooks.com.tw
電子信箱：linking@udngroup.com

國家圖書館出版品預行編目資料

文明：決定人類走向的六大殺手級Apps
/Niall Ferguson著．黃煜文譯．初版．臺北市．
聯經．2012年3月（民101年）．424面．彩色24頁．
14.8×21公分．(全球視野：58)
譯自：Civilization : The West and the Rest

ISBN 978-957-08-3958-6（平裝）

1.文明史 2.現代史

713　　101001576